教育部职业教育与成人教育司推荐教材
中等职业学校汽车运用与维修专业教学用书

汽车运用与维修专业技能型紧缺人才培养培训教材

Qiche Dianxing Diankong Xitong Gouzao Yu Weixiu

汽车典型电控系统构造与维修

主编　解福泉
主审　周建平
　　　刘　锐

人民交通出版社

内 容 提 要

本书是教育部职业教育与成人教育司推荐教材，也是汽车运用与维修专业技能型紧缺人才培养培训教材。由交通职业教育教学指导委员会汽车运用与维修学科委员会根据教育部颁布的《中等职业院校汽车运用与维修专业领域技能型紧缺人才培养培训指导方案》以及交通行业职业技能规范和技术工人等级标准组织编写而成。

本书内容包括：汽车电控系统常用检测设备、电控发动机的构造与维修、电控自动变速器构造与维修、ABS与ASR系统的构造与维修、电控悬架的构造与维修、电控动力转向系统的构造与维修，共6个单元。

本书图文并茂，通俗易懂，信息量大，可作为中等职业学校汽车运用与维修专业教材，也可作为相关行业岗位培训教材或自学用书。

图书在版编目（CIP）数据

汽车典型电控系统构造与维修 / 解福泉主编．—北京：人民交通出版社，2005.7（2007.10 重印）

ISBN 978-7-114-05535-5

Ⅰ．汽… Ⅱ．解… Ⅲ．①汽车－电子系统：控制系统－构造－专业学校－教材②汽车－电子系统：控制系统－车辆修理－专业学校－教材 Ⅳ．U472·41

中国版本图书馆 CIP 数据核字（2005）第 033926 号

书　　名：汽车典型电控系统构造与维修
著 作 者：解福泉
责任编辑：李　斌
出版发行：人民交通出版社
地　　址：（100011）北京市朝阳区安定门外外馆斜街 3 号
网　　址：http://www.ccpress.com.cn
销售电话：（010）59757973
总 经 销：人民交通出版社发行部
经　　销：各地新华书店
印　　刷：北京市密东印刷有限公司
开　　本：787×1092　1/16
印　　张：17.25
字　　数：322 千
版　　次：2005 年 7 月　第 1 版
印　　次：2014 年 7 月　第 9 次印刷
书　　号：ISBN 978-7-114-05535-5
印　　数：26001－28000 册
定　　价：28.00 元

前言 QIANYAN

为深入贯彻《国务院关于大力推进职业教育改革与发展的决定》以及教育部等六部委《关于实施职业院校制造业和现代服务业技能型紧缺人才培养培训工程的通知》精神，全面实施《2003～2007年教育振兴行动计划》中提出的"职业教育与培训创新工程"，积极推进课程改革和教材建设，为职业教育教学和培训提供更加丰富、多样和实用的教材，更好地满足职业教育改革与发展的需要，交通职业教育教学指导委员会汽车运用与维修学科委员会组织全国交通职业院校的专业教师，按照教育部颁布的《中等职业院校汽车运用与维修专业领域技能型紧缺人才培养培训指导方案》的要求，编写了教育部职业教育与成人教育司推荐教材，供中等职业院校汽车运用与维修专业教学使用。

本系列教材符合国家对技能型紧缺人才培养培训工作的要求，注重以就业为导向，以能力为本位，面向市场、面向社会，为经济结构调整和科技进步服务的原则，体现了职业教育的特色，满足了高素质的中、初级汽车专业实用人才培养的需要。

本系列教材在组织编写过程中，认真总结了全国交通职业院校多年来的专业教学经验，注意吸收发达国家先进的职教理念和方法，形成了以下特色：

1. 以《汽车电工与电子基础》、《汽车机械基础》、《汽车发动机构造与维修》、《汽车底盘构造与维修》、《汽车电气设备构造与维修》、《汽车维修质量检验》六门课程搭建专业基本能力平台，以若干专门化适应各地各校的实际需求；

2. 打破了教材传统的章节体例，以专项能力培养为单元确定知识目标和能力目标，使培养过程实现"知行合一"；

3. 在内容的选择上，注重汽车后市场职业岗位对人才的知识、能力要求，力求与相应的职业资格标准衔接，并较多地反映了新知识、新技术、新工艺、新方法、新材料的内容。

《汽车典型电控系统构造与维修》是汽车运用与维修专业领域

技能型紧缺人才培养培训核心课程之一，内容包括：汽车典型电控系统各传感器、执行器及电控单元（ECU）的性能监测方法和手段，并对各电控系统常见故障的诊断方法和步骤作了详细分析。应用举例均为国内常见车型，维修方法和数据具有较强的实用性。使学生具备对汽车典型电控系统的性能检测和故障诊断的技能，为毕业后从事高级轿车的维修奠定良好的基础。

参加本书编写工作的有：河南交通职业技术学院高级讲师解福泉（编写单元一、单元二）、吴祥升（编写单元三）、张俊（编写单元四、单元五）、孙松周（编写单元六）。全书由解福泉担任主编，北京市交通学校周建平、吉林交通职业技术学院刘锐担任主审。

限于编者经历和水平，教材内容难以覆盖全国各地的实际情况，希望各教学单位在积极选用和推广本系列教材的同时，注重总结经验，及时提出修改意见和建议，以便再版修订时改正。

交通职业教育教学指导委员会
汽车运用与维修学科委员会
二〇〇五年三月

目录 MULU

单元一　汽车电控系统常用检测设备

学习目标

知识目标

正确描述汽车专用万用表、解码器、综合电脑检测仪、专用示波器的功能、组成及面板控制。

能力目标

1. 能使用汽车专用万用表测量并分析各传感器的信号电压、参考电压、电阻、电流,测量发动机转速、点火闭合角、占空比;

2. 能使用解码器读取、清除故障码;读取有关传输系统的数据流。

现代汽车电控系统的检修,须借助专用仪器、设备提供的故障信息实施检修作业。目前,汽车电控系统专用仪器、设备主要有专用万用表、解码器、发动机综合电脑检测仪、汽车专用示波器和喷油器性能检测与清洗设备等。

汽车电控系统检测的专用仪器和设备

汽车电控系统专用仪器、设备大多以微处理技术为核心,配以采集信号的传感器,对电控系统的有关资料、参数和数据进行检测和读取,并自动分析、判断、存储和打印,以此来确定故障的最终原因。所以在现代汽车电控系统的诊断检测中,能正确使用专用仪器、设备是十分重要的。

1　汽车专用万用表

1.1　概述

万用表广泛应用于电工、电子测量领域,主要对电工电子电路中的电量、电量的变化及元器件进行测量。常用的万用表可分为数字多用表(DMM)和指针式万用表(模拟指示仪表)两种,由于指针式万用表在量程、精确度、测量速度和输入阻抗等方面大大逊色于数字式万用表,所以在实际测量中,指针式万用表已被数字式万用表所替代。

万用表的应用范围及种类

数字式万用表的优点非常突出。它采用数字式测量技术,使测量结果客观准确,又符合人们的读数习惯。消除了指针的读数视差。数字式万用表的测量范围宽,可满足常规电子测量需要,并且精确度和分辨力远远高于指针式万用表,见表1-1、表1-2。

数字式万用表的优点

数字式万用表输入阻抗高(一般为10MΩ),因此,在测量过程中被测电路中的电流变化极小,不会影响被测电路的工作状态,既减小了测量误差,又可保护电子元器件不被损坏。数字式万用表普遍采用CMOS大规律集成电路A/D转换器,整机功耗很低。$3^1/_2$位、$4^1/_2$位数字式万用表的功耗仅几十毫瓦,可由9V叠层电池供电。

数字式与指针式万用表准确度比较 表1-1

基本准确度 被测量 显示位数	直流电压 DCV	直流电流 DCA	交流电压 ACV	电　阻	典型产品
$3^1/_2$位	±0.5%	±0.5%	±0.8%	±1.0%	DT 830A
$4^1/_2$位	±0.03%	±0.3%	±0.2%	±0.05%	HZ 1942
$5^1/_2$位	±0.002%	±0.04%	±0.07%	±0.0028%	8840A
指针式万用表	±2.5% ±1.0%	±2.5% ±1.0%	±5.0% ±1.5%	±2.5% ±1.0%	500 MF18

数字式万用表最高分辨力指标 表1-2

显示位数	最大显示值	最高分辨率(μV)	最高分辨率(%)	备注
$2^1/_2$	199	1000	0.5	$1\mu V = 10^{-6}V$
$3^1/_2$	1999	100	0.05	
$3^3/_4$	3999	100	0.025	
$4^1/_2$	19999	10	0.005	

由于微电子技术的不断发展,使数字式万用表的外围电路更加简单,集成度高,外形轻巧,测量速率加快。同时,数字式万用表还具有测试功能全,过载保护能力强,抗干扰性能好等优点。

对汽车的电气设备进行故障诊断和检测时,万用表是必不可少的仪表。对于传统汽车来讲,要检测电路中的电压、电流、电阻等参数,使用普通指针式万用表即可。但现代汽车均采用微机控制,使用低阻抗指针式万用表,会对车载电脑及传感器造成损坏。所以,必须采用高阻抗的数字万用表。

一般的数字式万用表只能测量直流和交流电压,直流电流、电阻、二极管、晶体管和电路的通断等。对于现代电控汽

车来讲，只检测上述参数是远远不够的，还必须检测转速、闭合角、占空比、频率、压力、时间、电容、电感、温度等。这些参数，对于电控汽车的故障诊断是十分重要的。用一般的数字式万用表是无法检测上述参数的。因此，现代电控汽车的检测及故障诊断必须采用汽车专用万用表。

汽车专用万用表也是一种数字式多用表，其外形、结构和工作原理与数字式万用表相同。它承袭了数字式万用表的一切优点，并使其扩展至汽车检测领域。汽车专用万用表的种类很多，大多为进口仪表，虽然面板形式不同，但功能相近，对上述提到的各种参数均能进行检测，常用的有笛威TWAY9206A、TWAY9406A；美国艾克强（Actron）MODEL 2882，MODEL3002，Sunpro Cp7678；萨美特（Summit）SDM586，SDM786，OTC 系列汽车万用表；我国台湾省产品EDA 系列汽车万用表等。有的专用数字电表还增加示波器、运行记录器、发动机分析仪的功能，在其外形尺寸不变的情况下，做到了专用数字电表的多功能、多用途。

汽车专用万用表的种类

为实现汽车专用万用表的某些功能，例如测量转速和温度，它还配备了一些配件，如热电偶适配器、热电偶探头、电感式拾取器和感应式电流夹钳等。

不论是哪种型号的汽车专用万用表，除具备一般常规功能外，还具有以下特殊功能。

汽车专用万用表的特殊功能

（1）发动机转速检测；

（2）温度检测；

（3）电控系统传感器的测试；

（4）频率、时间（ms）的测试；

（5）电磁线圈占空比的检测；

（6）闭合角的检测；

（7）具有测量数据保持功能；

（8）具有最大值、最小值的检测功能。

1.2　面板介绍

汽车专用万用表因型号不同，其面板布置形式各异。但一般包括液晶显示器、功能按键、选择开关和表笔插孔等部分。下面以 SUMMIT SDM586（图 1-1）为例说明汽车专用万用表面板的功能和用途。

汽车专用万用表的组成

1.2.1　选择开关

打开仪表开关，所有的功能字符将出现在显示器上 1s，同时，仪表进行自检，随后仪表才能进行正常操作。选择开关

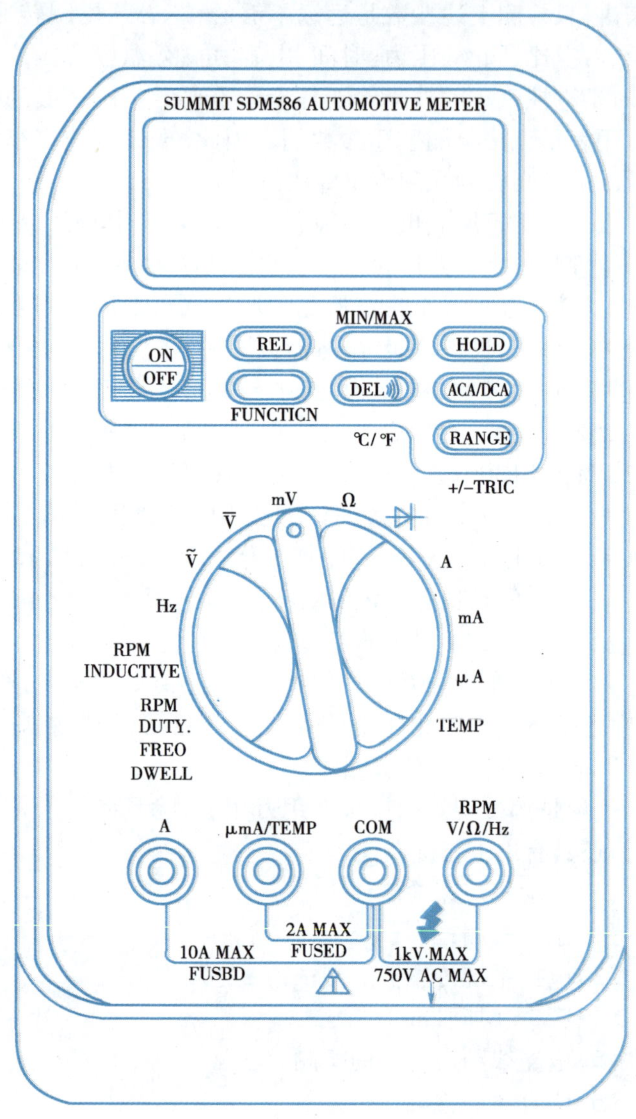

图 1-1　SUMMIT SDM586 汽车专用万用表外形

如图 1-2 所示。

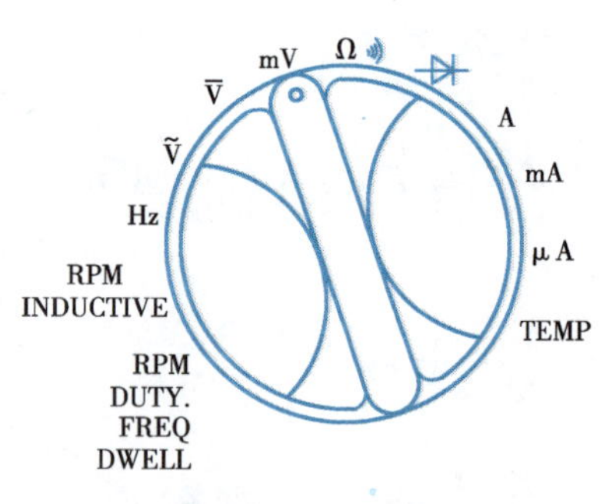

图 1-2　SDM586 选择开关

RPM(DUTY FREQ DWELL):使用表笔进行转速、占空比、脉宽、闭合角和频率测量;

RPM(INDUCTIVE):感应式转速测量;

Hz:频率测量,量程:200Hz、2kHz、20kHz、200kHz;

Ṽ:交流电压测量,量程:4V、40V、400V、1000V;

V̄:直流电压测量,量程:4V、40V、400V、1000V;

mV̄:直流电压毫伏测量,量程:400mV;

Ω·))):欧姆与连续性测量,量程:400Ω、4kΩ、40kΩ、

400kΩ、4MΩ、40MΩ；

⊳|：二极管测量，量程：3V；

A：交、直流电流测量，量程：4A、10A；

mA：交、直流电流毫安测量，量程：40mA、400mA；

μA：交、直流电流微安测量，量程：400μA、4000μA；

TEMP：温度测量，量程：摄氏：-40℃ ~ +1370℃；

华氏：-40°F ~ +2498°F。

选择开关档位的含义

1.2.2　功能按键

当功能键被按下时，相应的符号将出现在显示器上，同时蜂鸣器响，如果转选择开关，功能自动缺省。功能按键控制面板如图 1-3 所示。

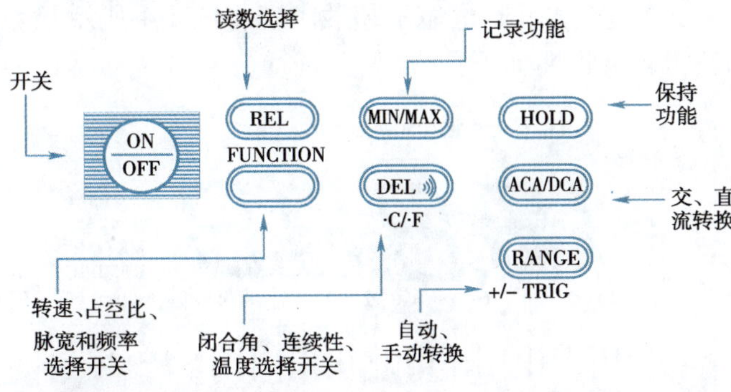

图 1-3　SDM586 功能键

功能按键的使用

(1)仪表开关。

(2)选择相对读数功能；

再次按下退出该功能。

(3)选择记录功能；

再次按下依次显示最大值、最小值、平均值和目前读数；

按下并保持 3s，退出该功能。

(4)保持目前读数功能；

再次按下退出该功能。

(5)交流、直流电流选择键。

(6)在自动测量范围(AUTO Rance)下，按下选择手动范围；

按下并保持 3s，返回自动测量范围；

在进行脉宽，占空比和频率测量时，按下可选择触发相位的"+"或"-"；

在进行感应式转速测量时，可选择发动机的冲程数；

在使用表笔进行转速测量时，可选择发动机的气缸数。

(7)在 RPM(DUTY FREQ DWELL)档时，可选择闭合角

测量;

在欧姆档时,可选择连续性测量;

在进行温度测量时,可选择摄氏或华氏。

(8)在 RPM(DUTY FREQ DWELL)档时,按下可依次选择转速、占空比、脉宽和频率的测量。

1.2.3 液晶显示器

显示器除显示测量数值外,还将正在进行的测量项目符号显示在显示器上。如果输入信号稳定,测量结果将很精确,如果输入信号是变化的,可以通过观察显示器下方线柱的高低,完成测量。如果变化值太大,超出线柱显示范围,显示器将显示超载。在占空比(Duty Cycle)测试中,如果信号很高、很低或无信号,显示器也显示超载。现将图 1-4 所示显示器上的符号含义说明如下:

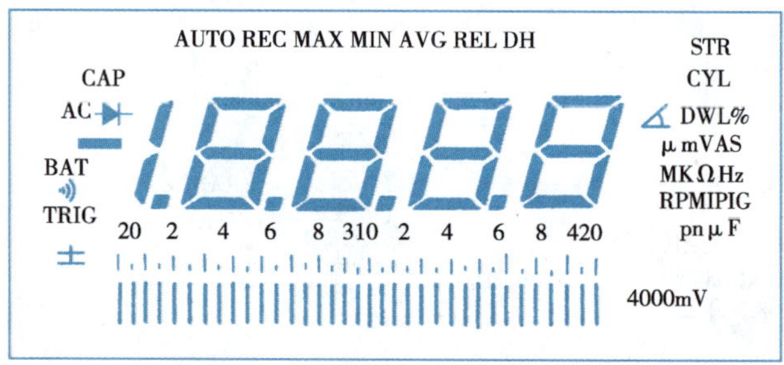

图 1-4 SDM586YE 液晶显示器

液晶显示器的符号含义

AUTO:自动选择最佳测量范围;

REC:记录功能;

MAX:记录功能所记录的最大值;

MIN:记录功能所记录的最小值;

AVG:记录功能所记录的平均值;

REL:相对读数;

DH:数值保持功能;

CAP:电容测量;

AC:交流电流或电压测量;

BAT:仪表电池低电压显示;

TRIG:十、一触发器;

STR:发动机冲程数选择,2 或 4;

CYL:发动机气缸数选择,最多至 8 缸;

∠DWL:闭合角;

RPM IP:使用感应式夹钳测量转速,将夹钳夹在一缸高压线上;

RPM IG:使用表笔测转速。将表笔接在点火线圈低压接柱上;

V:电压档;

mV:毫伏电压档;

A:电流档;

mA:毫安电流档;

μA:微安电流档;

%:占空比测量;

Ω:欧姆或阻抗测量;

kΩ:千欧;

MΩ:兆欧;

Hz:频率测量;

kHz:千频测量;

ms:毫秒测量,使用于喷油脉宽;

C/F:摄氏或华氏温度测量;

⊣▷⊢:二极管测量;

·))):显示连续性。

1.3　汽车专用万用表的操作方法

汽车专用万用表型号不同,其操作方法也有所不同,具体方法应阅读说明书。下面以 SUMMIT SDM586 为例,介绍汽车专用万用表的操作方法。

1.3.1　使用注意事项

汽车专用万用表使用注意事项

(1)在使用仪表之前,详细阅读说明书;

(2)工作区域内禁烟火;

(3)测量前正确选择测量档位;

(4)当需新选择测量档位时,应将其中一支表笔脱开;

(5)要在通风良好、合适的温度(0~40℃)和湿度(RH < 85%)下使用;

(6)长时间不使用仪表时,将电池取出;

(7)输入端的电压或电流不应超过插孔旁的警告指示值,以免损坏内部电路。

1.3.2　测量方法

汽车专用万用表的测量方法

现代电控汽车在进行检测与诊断时,需要测量的参数很多,现将一些特殊参数的测量方法介绍如下。

1.3.2.1　占空比的测量。以电控喷油器的占空比信号为例介绍如下:

占空比的测量步骤

(1)仪表开机,将选择开关转至 RPM(DUTY FREQ

DWELLl)档；

(2)按下功能键 FUNCTION,直至占空比符% 出现为止；

(3)测量表笔与仪表连接方法如图 1-5 所示；

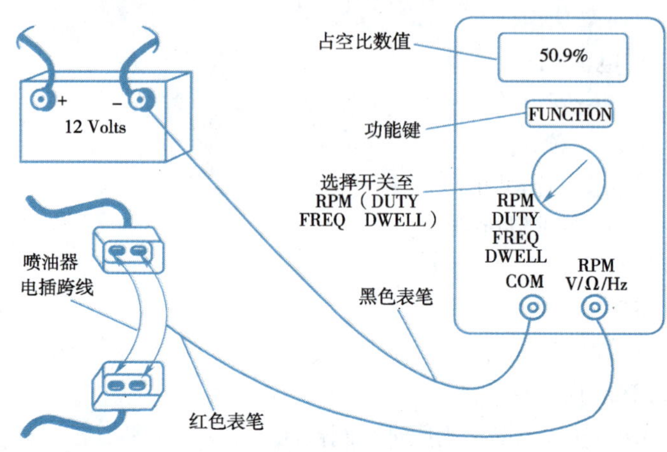

图 1-5 占空比测量

(4)黑色测量表笔良好接地。红色测量表笔接喷油器电插的信号线。

起动发动机。从显示器上即可读占空比的数值。

1.3.2.2 氧传感器输出电压信号的测量：

氧传感器输出电压信号的测量步骤

(1)仪表开机,将选择开关转至 DC 档；

(2)测量表笔与仪表的连接方法如图 1-6 所示；

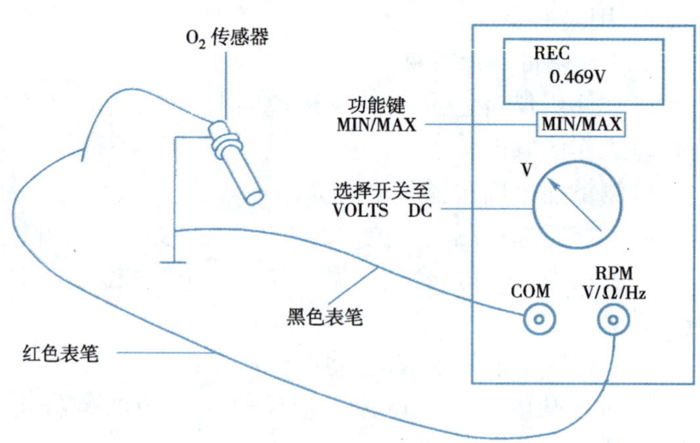

图 1-6 氧传感器输出电压的测量

(3)黑色测量表笔良好接地,红色测量表笔接氧传感器输出信号线；

(4)按下仪表上功能键 MIN/MAX,选择记录功能；

(5)起动发动机并至快怠速；

(6)按下功能键 MIN/MAX,仪表显示氧传感器的最低输

出电压。

再次按下功能键 MIN/MAX，仪表显示氧传感器的最高输出电压。

1.3.2.3　发动机转速测量：

发动机转速的测量步骤

(1)仪表开机，将选择开关转至 RPM(DUTY　FREQ　DWELL)档；

(2)按下功能键 RANGE，选择发动机的冲程数；

(3)按下 DEL 键，然后按下 RANGE 键，选择发动机的缸数；

(4)再次按下 DEL 键，返回到 RPM 功能；

(5)测量表笔与仪表、点火线圈的连接如图 1-7 所示。

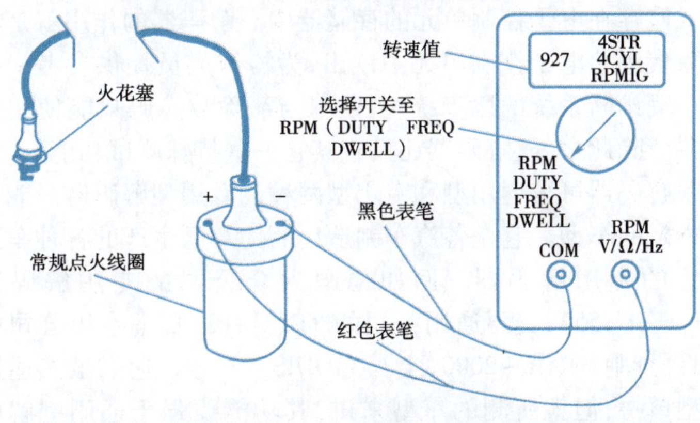

图 1-7　发动机转速测量

起动发动机。发动机转速将显示在仪表上。

1.3.2.4　电控喷油器喷油脉宽的测量：

(1)仪表开机，将选择开关转至 RPM(DUTY　FREQ　DWELL)档；

电控喷油器喷油脉宽的测量步骤

(2)按下 FUNCTION 键，直至显示器出现 ms；

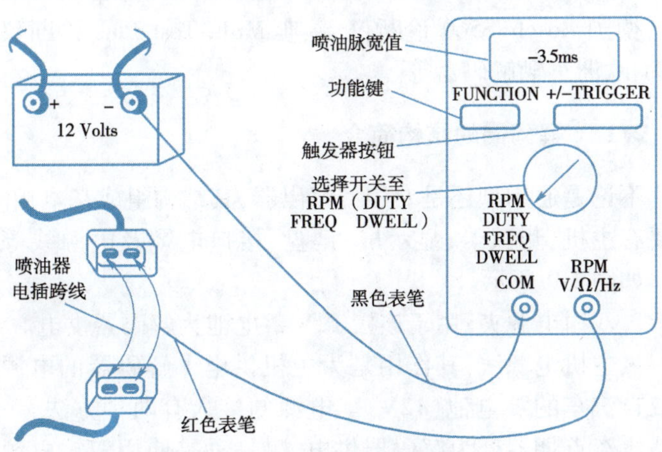

图 1-8　喷油脉宽的测量

(3)按下 +/-TRIG 键,直至“-”出现在显示器上;

(4)测量表笔与仪表连接方法如图 1-8 所示;

(5)黑色测量表笔良好接地,红色测量表笔接喷油器电插的信号线;

(6)起动发动机,喷油脉宽的数值即出现在仪表上。

2 解 码 器

汽车在行驶过程中,一旦电控系统出现故障,电子控制单元将利用自身的自诊断功能将故障检测出来,并以故障码的形式储存在电子控制单元的存储器中。解码器的作用就是将故障代码从电子控制单元中读出,为检修人员提供参考。由于车辆诊断系统的逐步统一,读取与清除故障码只能使用解码器。除此之外,解码器还具有其它一些特殊测试功能。

解码器简介

解码器可分通用型和专用型两种。专用型解码器只能检测指定的车型。它是各汽车制造厂商为自己生产的各种车型设计的专用解码器。例如德国大众公司的专用解码器 V·A·G1552,美国通用公司的 TECH-2、日本本田公司的 HHT、奔驰 STAR-2000、宝马 MODIS-3 等。它们虽然适用车型单一,但就所测的车型来讲,其功能要强于通用型解码器,所以各车型的特约维修站均配置该车型的专用解码器。

通用型解码器的适用车型广,基本上函盖了美、欧、亚及国产车系,其功能也与专用型解码器相近。能够满足用户的基本需要。这类仪器的种类很多。国产的有 HY-222B 修车王,431ME 电眼睛,金奔腾汽车电脑解码器,检测王 2000M 等。进口的有美国 OTC 诊断仪和 Scanner 诊断仪(俗称红盒子),德国 BoschFS560 诊断仪,瑞典 Multi-Test Plus 诊断仪和 OB91 欧洲车辆解码器等。

2.1 解码器的结构简介

解码器的结构组成

不论是通用型还是专用型解码器,其结构组成基本相同。主要有主机、测试卡、显示屏、键盘、接口电缆及电源线等构成。如图 1-9 所示。

· 双钳电源夹:用于连接 12V 蓄电池为解码器供电。

· 主机电源线:其作用是为主机供电。解码器的电源一般取自汽车的蓄电池(12V)。电源的接入有两种方法,一种是从汽车点烟器处为解码器供电,另一种是使用双钳电源线直接从汽车蓄电池处为解码器供电。具体使用哪种方法主要

根据诊断接口的位置而定。当使用 OBD－II 诊断系统时，则不需要专用主机电源线。

· 检测接口：该接口用于连接各种车系测试线缆。

· 显示屏：显示屏是人机对话的界面，操作菜单、测试结果、维修资料均能通过显示屏显示。显示屏一般为液晶显示。不同型号的解码器其显示屏的大小及形状各异。

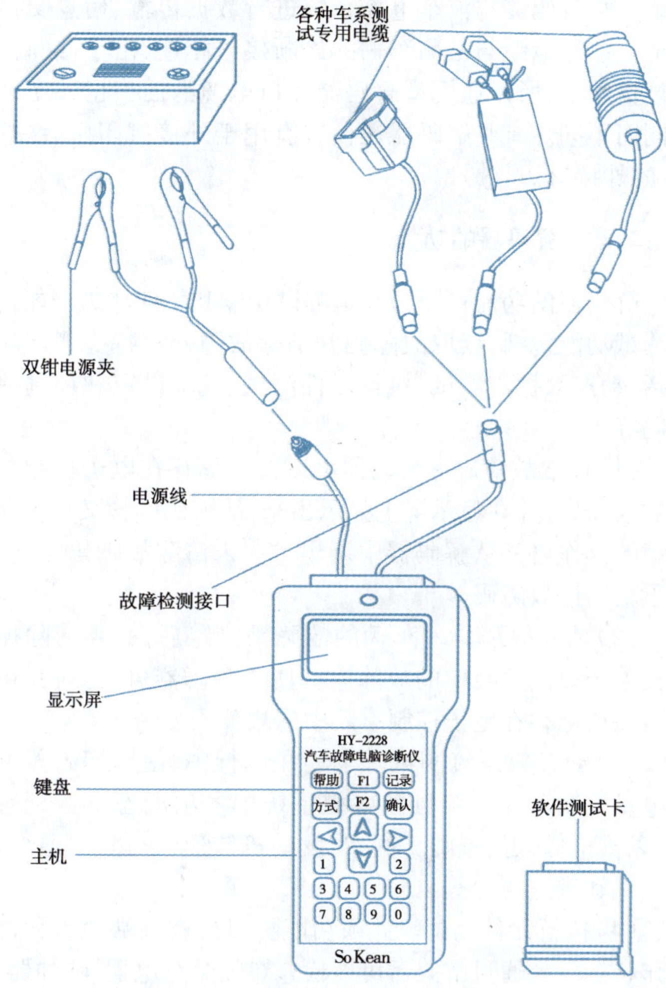

图 1-9　修车王解码器

· 键盘：键盘是仪器的输入元件，当需往解码器内输入信息或执行某种功能时，可通过按键操作来完成。解码器键盘按键数量、相互间的位置和各按键的功能随型号的不同而不同。有些解码器为使操作更简单，键盘的按键大为减少，如 Scanner，常用按键只有 2 个，外加 1 个选择滚轮。

· 主机：主机即为解码器的电路板组件，主机上有安装测试卡的卡槽,有测试电缆接口和电源接口。有的解码器还配有外接仪器接口。

·测试卡:测试卡也称软件卡,内存有被测车系的故障测试程序、故障说明及维修资料。一般情况下,一块测试卡只能测试一种车系。随着时间推移,测试卡可以升级换代。

·接口电缆:接口电缆是连接解码器与被测车辆的专用线缆。是解码器与汽车电控系统进行数据传输、信息交换的通道。接口电缆与被测车辆的诊断接口相连,由于诊断接口的规格繁多,所以通用型解码器接口电缆的插头也随车系的不同而不同。有些解码器还设置有用于外接打印机、终端或PC的外接口。

2.2 解码器的功能

解码器的功能

解码器的功能可分为基本测试功能和特殊测试功能。基本测试功能包括:读取故障码和清除故障码。特殊测试功能包括:动态数据流测试、执行元件测试、基本设定和控制单元编码等。

(1)读取故障码。解码器可以读出储存在电子控制单元中的故障码,并在显示屏上显示出来,故障码的含义也可通过按键的操作将其从解码器中调出。在未清除故障码之前,可以重新阅读故障码。

(2)消除故障码。车辆的故障被排除后,必须清除掉储存在电子控制单元中的故障码。使用解码器可以方便、快捷的清除掉储存在电子控制单元中的故障码。

(3)动态数据流测试。车辆在运行中,使用解码器可以将电子控制单元检测到的电控系统中各项动态参数记录下来,以供检修人员查阅。例如:发动机转速、车速、水温、节气门位置和进气压力等。

(4)执行元件测试。此项功能可以检查终端执行元件的工作状态。如通过解码器可以检查燃油泵继电器、喷油器、废气再循环阀、怠速控制阀、空调离合器、A/T 电磁阀等执行元件是否工作。

(5)基本设定。此项功能可以对汽车上电控系统进行基本设定。当电控系统某些部件维修后,或更换电子控制单元,由于电控系统中的初始值发生变化,所以必须进行重新设定。例如:点火正时的设定、节气门控制部件与电子控制单元的匹配,发动机开闭环的控制等。

(6)控制单元的编码。如果控制单元编码没有显示或更

换了控制单元之后，必须对控制单元进行编码。如果发动机电脑编码错误将导致油耗增大，变速器寿命缩短，直至发动机无法起动。

解码器的功能随车型、车系不同而异。而对同一车型、车系的测试，不同型号解码器，其测试功能也不尽相同。对于车辆的测试范围，不同型号的解码器也各不相同。有的只能检测一个系统，有的则可检测多个系统，包括发动机、A/T、ABS、SRS、防盗系统、巡航、A/C、悬架、仪表、TCS 等。

对于特定车系来讲，专用型解码器的功能要强于通用型解码器。如对车载电脑的程序进行重新编写。车载音响的解码等，许多通用型解码器则无法做到。

2.3 解码器的使用方法

下面以修车王 HY—222B 和 Scanner 为例介绍解码器的基本使用方法。

2.3.1 修车王 HY—222B 的使用方法，以桑塔纳或奥迪汽车为被测对象

修车王 HY—222B 的使用步骤

(1)按照图 1-10 所示，在车上找到诊断座。将大众·奥迪 II 软件测试卡插入主机底部接口(有↑的朝上)，并确认到位，检测接口电缆与主机故障检测接口连接好后，选定大众·奥迪 II 专用检测电缆，并与检测接口电缆另一端连接好后，将电缆插头插入诊断座。

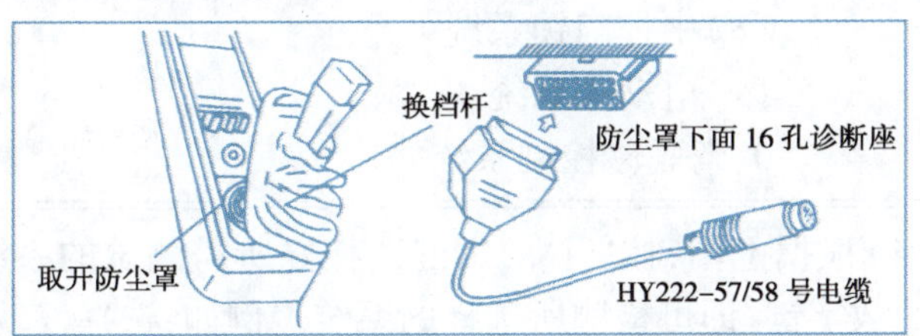

图 1-10 大众·奥迪车诊断座位置示图

(2)将修车王电源插头插入汽车点烟器中或利用双钳电源夹与汽车蓄电池相连接，红色夹正极，黑色夹负极。

(3)将点火开关转到 ON 位置，但不发动发动机。修车王主机的屏幕上依次自动显示：

专 利 产 品 仿 冒 必 究

汽车测试资料卡
II
大众 VW·奥迪 AUDI
三原企业出品

请选择测试
(1)引擎系统
(2)自动变速器系统 ↓
(3)防抱刹车/车轮 H

注：

①屏幕右侧的"↑、↓"符号是告诉您，可以按"↑、↓"键整屏翻阅显示内容。

②屏幕右下侧的"H"提示，按"帮助"键，可提供给您相关的帮助信息。以下类推。

③按"↓"键，屏幕显示：

差速控制系统
(4)安全气囊测试系统 ↑
(5)空调系统 ↓
(6)仪表板系统 H

(7)防盗系统
(8)中控门锁系统 ↑
(9)电动窗系统 ↓
0、驾驶座控制系统 H

(4)根据上图，按"↑、↓"键选择好所需测试的系统，按对应的数字键，即可检测所选择的系统。例如：选择发动机系统，请按"1"键，屏幕显示：

通讯联接，请稍等
……

若通讯联接通过，则显示控制电脑版本(型号)，系统名称(X缸、排气量、XXL以及燃油系统)，软件版本、经销商代码。

请按"方式"键，就会进入系统测试，例如：测试发动机系统，屏幕显示：

请选择测试功能 (1)读取电脑版本 (2)读取故障码 ↓ (3)清除故障码

按"↓"键,继续显示测试功能:

(4)终端元件测试 (5)读取数据流 ↑ (6)设置数据流 ↓ (7)设置电脑编号

(8)调整数据流 (9)停止测试 ↑

(5)选择(2)读取故障码:请按"2"键,则修车王主机通过引擎电脑控制系统读取故障码,如有故障,屏幕则显示:

(1)故障码:17514　P1106 (2)故障码:17515　P1107

(6)不管被检测的汽车有多少个故障码,修车王都会按排列的顺序在屏幕上显示出来,按相应的数字键,查看各故障码的内容。下图是按"1"键,读上图故障码 P1106 的故障内容:

含氧传感器线路电压 太低或气体泄漏(2 缸 1 号传感器)。　H

(7)上图屏幕右下侧出现的"H",是告诉您按"帮助"键,可显示此条故障码的故障分析和维修数据资料。按"帮助"键,显示:

(1)当起动发动机后123s,冷却水
温度值高于30℃含氧传感器信号
控制在混和比过浓,起动40s,

按"↓"键,屏幕显示连接上图的内容:

则产生此故障。
(2)检查传感器接线插头↑
状态,传感器在车辆乘↓
客侧的通道触媒净化器

(8)在选择测试功能中,若选择(3)清除故障码,请按数字键"3",则由修车王自动清除故障码后,屏幕显示:

故障码已清除!

(9)终端(执行)元件测试。按数字键"4",屏幕显示某系统的执行元件名称。

终端元件:04EB
J17
确认键继续,方式退出

通过观察,您可以判断,现在执行元件04EB-J17,即发动机系统,燃油泵继电器(FUEI PUMP REIAY)是否工作正常,若该车执行元件不工作,则需要进行检查,是否是电器元件,插头线束或机械部位存在故障。

按"确认"键可继续检查下一个执行元件。按"方式"键,退出执行元件诊断。

注意事项

检测执行元件,要求将点火开关转到ON位,但不能发动发动机。当希望再一次选择执行元件检测时,一定要先关闭点火开关20s后,再进入第二次检测。

(10)读取数据流。在"请选择测试功能"屏幕上,选择5,读取数据流,屏幕会显示:

请输入分类号
分类号:0
按↑↓确认键选择

所谓分类号(也称分组号),是由于大众·奥迪数据流的测量值比较多,厂家为了能表达清楚,采用了分组显示办法,将四个数值分成一组。桑塔纳2000分成9组。每组数据所代表的意义及标准值见相关资料。

Scanner的使用步骤

2.3.2 Scanner(图1-11所示)的使用方法,以桑塔纳或奥迪汽车为被测对象

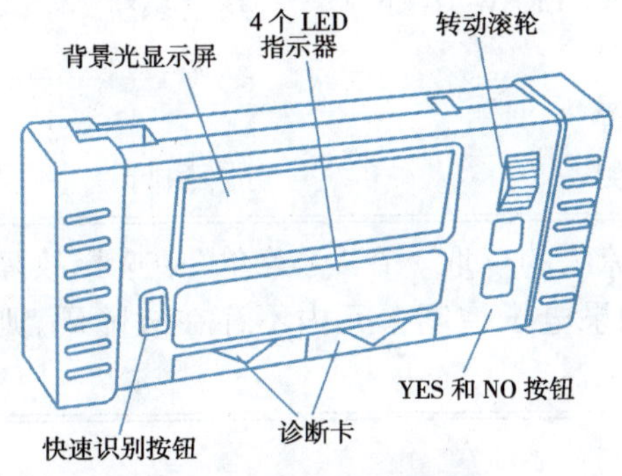

图1-11 SCANNER外观示意图

(1)选择大众、奥迪诊断卡,将卡轻轻推入仪器的卡座内,如图1-12所示。

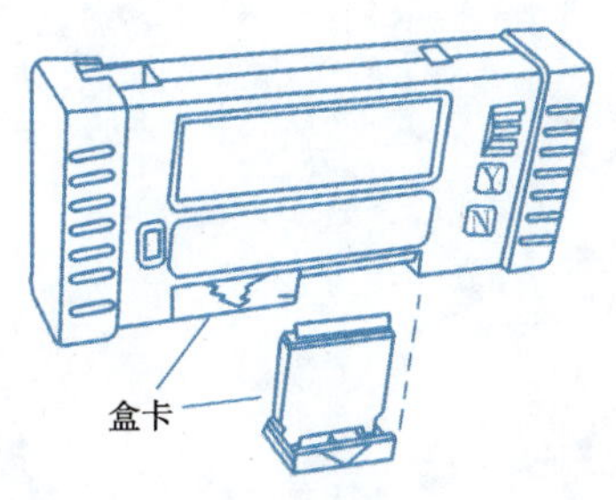

图1-12 盒卡的安装

注意事项

本仪器有两个卡座,不能同时将两块诊断卡插入卡座内。

(2)按下快速识别按钮进行车辆识别:首先选择汽车厂家,其次是发动机型号,然后是变速器与空调信息;所有的选择均是通过转动滚轮移动屏幕光标进行。确认后按下“Y”键完成车辆识别。松开快速识别按钮。

注意事项

在车辆识别过程中,不要松开快速识别按钮。

(3)将数据线缆与仪器相连。将正确的适配接头与数据线缆相连,适配接头的另一端与发动机诊断接头相连(诊断接头位置可根据仪器屏幕提供的信息寻找),如图1-13所示。将电源线缆的一端插入诊断适配接头内,另一端与汽车蓄电

池或点烟器相连。

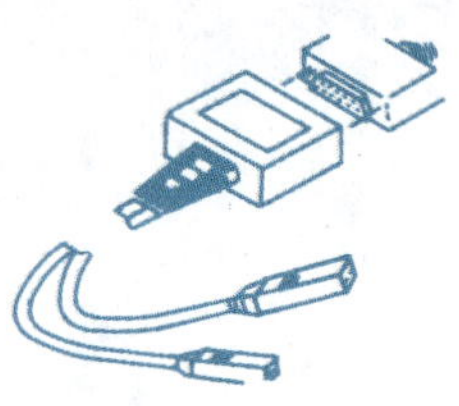

图 1-13　VW-1 适配接头

注意事项

进行上述仪器与汽车相连时，应确认点火开关 OFF。使用 OBD—II 适配接头时，不需连接电源线缆。

（4）按 Y 键，打开点火开关，通过滚轮移动光标选择发动机管理系统，屏幕将出现如下菜单：

主菜单的每个选择都具有屏幕在线提示信息。为了获得主菜单选择的信息，只需将光标箭头指向该选择并按 N 键。下图给出了怎样使用主菜单功能的流程表。

主菜单-VOLKSWAGEN	其它系统
>故障码	数据
用户设置	
功能检测	故障排除

（5）故障码的读取。在“主菜单”中选择故障码选项，并按 Y 键。如果电子控制单元内不存在故障码，则 SCANNER 将显示：

> 无故障码存在
> 按 Y 或 N 键退出

如果存在故障码，SCANNER 将按其产生的顺序显示这些故障码及其说明，如下图所示：

> 00520（2232）　空气流量传感器-70/G19
> 接地电路开路或短路。
> 偶然发生故障。
> 按 Y/N 键退出。用滚轮上下选择故障码。

如果存在两个以上故障码，则转动滚轮以查看所有其它的故障码。如果在检测过程中发生故障，并且设置了故障码，该故障码将被添加到故障码表中。对于 VAG 汽车，你可以通过 SCANNER 清除故障码。对于这些车型，将在退出菜单中出现“清除故障码”选项。

（6）退出菜单操作。当在“故障码”功能下按 N 键时，SCANNER 将显示退出菜单。退出菜单可能会因识别的车型不同而稍有变化。典型的退出菜单如下：

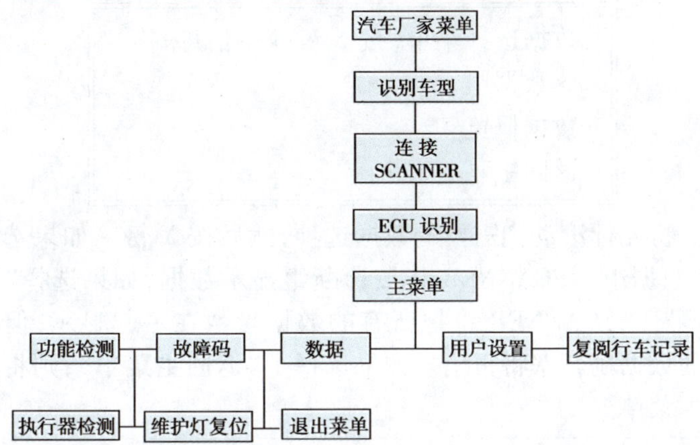

> >恢复　　　　LED 菜单
> 打印故障码
> 打印所有的故障码
> 清除故障码[按 N 键返回主菜单]

再次按 N 键将返回主菜单。若你不想返回主菜单，可转动滚轮让光标指向需要的选项，按 Y 键既可。

(7)清除故障码。大多数车型能够用 SCANNER 清除汽车电子控制单元中的故障码。退出菜单中的清除故障码选项为：

> 清除电子控制单元故障码

SCANNER 将返回原“故障码”屏幕，并显示“无故障码存在”，表示故障码已经被清除。

如果由于某种原因故障码清除操作失败，当你返回“故障码”时，以前的故障码将重新出现。

此时，按 N 键返回退出菜单，重新进行“清除故障码”操作。

注意事项

消除故障码时，发动机熄火，SW－ON，并保证故障确已排除。

(8)发动机故障码的读取与清除时，发动机处于静态(不起动发动机，SW－ON)和动态(发动机运转)均可。

(9)数据。当从主菜单中选择“数据”时，SCANNER 将显示以下信息：

数据选择菜单(按 N 键获得信息)
>数据组
数据概览
返回主菜单

将光标滚动到需要的数据选项,然后按 Y 键。如果选择了“数据组”,SCANNER 将按诊断组显示数据,如果选择“数据概览”,SCANNER 将把所有的数据参数在一起显示,但显示的数据刷新率将很慢。如果选择了“返回主菜单”,则将显示主菜单。

注意事项

在进行该项操作时,发动机应处于运转状态,或车辆处于行驶状态。

(10)数据组。“数据组”模式将首先显示以下组名行:

按 Y 键选择组
001 – 怠速控制
003 – 控制发动机负荷
007 – 高度修正因子

对于不同的车型,数据组项目将有所不同。对于某些车型,数据组列表可能很短,只有 2 组;有些车型却很长,有 25 组。

滚动光标选择任何组,然后按 Y 键,或在第 1 组上按 Y 键,SCANNER 将显示:

＊＊＊＊高度修正因子＊＊＊＊
综合霍尔效应和发动机转速信号______61
高度修正因子______1.04
有限的机械工作(跛行)______否

当 SCANNER 第一次进入该组时,它将显示该组的名称和三行数据。向下滚动屏幕,SCANNER 将显示该组的其它数据,直到出现“组结束”。

ADP 停止(超时)______否
怠速开关______闭合
＊＊＊＊＊组结束＊＊＊＊＊
转动滚轮查看下一组。

此时,如果滚过的这一行,SCANNER 将试图与数据组列表中的下一组进行通讯,同时显示:

> 请求数据组
> 请等待
> 正在进行。

在通讯重新建立后,SCANNER 将显示被检测车的下一组数据。

> * * * * 怠速控制 * * * *
> 发动机转速(RPM)____________992
> 冷却液温度(℃)____________38
> λ 传感器(V)____________0.46

(11)退出菜单操作。当在“数据”功能按 N 键时,SCANNER 将显示退出菜单。退出菜单可能会因识别的车型不同而稍有变化。典型的退出菜单如下:

> >恢复
> 打印数据组
> 行车记录
> [按 N 键返回数据组选择菜单]

再按 N 键将返回“数据组选择菜单”。若你不想返回“数据组选择菜单”,可转动滚轮让光标指向需要的选项,按 Y 键即可。

3 发动机性能分析仪

发动机性能分析仪简述

对发动机使用仪器、仪表进行不解体的诊断与检测,已逐步代替了传统的人工直观诊断方法。它特别适用于现代电控发动机。发动机性能分析仪正是适应这一诊断与检测的发展趋势应运而生。发动机性能分析仪是现代微电子技术发展的结晶,它集传感技术、动态采集技术和信号处理技术于一身,可对发动机的点火、供油、冷却、润滑、进排气、电控系统、传感元件、排放、特性和动力性等进行动态综合检测并能进行故障分析,使发动机的各种运行参数准确无误的呈现在人们面前。为人们诊断故障原因,调试发动机参数,评定发动机性能提供科学依据。由于它良好的不解体诊断检测性能,使之应用范围比较广泛，不仅应用于汽车维修企业，对科研、教学与设计制造厂商也适用。

发动机性能分析仪的型号

针对现代电控发动机进行诊断与检测的发动机性能分析仪，其型号很多，大多为进口产品，主要有美国 Bear40-200、SunMCS4000、Ferret6（3）Kal-Equip9500。德国 Bosch560、600 和 350，Hermann HMS990 等。国内的产品有元征 EA1000、金德 K100 和济南无线电六厂 QFC－5 等。进口产品的性能稳定、功能强大、设计合理且精度较高，但是价格昂贵，人机界面大多为英语，不适合国内基层汽修行业的实际情况，特别是其检测内容与方法与我国现行的汽车检测规范有一定的不同，使操作者在前期使用中有一定的不适应感。近年来，国产发动机性能分析仪在数据采集、数据处理、动态识读、程序设计等方面的水平已有很大提高，其性能已接近国际水平，并且克服了进口产品的一些不足。由于现代科技的快速发展，发动机性能分析仪将朝着智能化、多功能、小型化与网络技术紧密结合的方向发展。

3.1 发动机性能分析仪的结构简介

发动机性能分析仪是以微处理机为核心的数据采集和处理系统，它通过各种传感器从发动机各系统中的电子元件处采集不同信号，这些信号经过放大处理后送往 PC，并在相应软件支持下，通过键盘操作完成对发动机各种参数测量并自动分析判断发动机各系统的性能好坏。检测结果由显示器显示并能存储与打印。发动机性能分析仪主要由主机和信号采集装置组成。SUN MCS4000 发动机性能分析仪主机的结构由以下部分组成。如图 1-14、图 1-15 所示。

发动机性能分析仪的组成

3.1.1 发动机性能分析仪的基本组成

A. PC 机。发动机性能分析仪主要对所采集的信号进行数据处理，不需要处理复杂的图像、声音和多媒体信息。因此，分析仪所配置的 PC 机为普通的个人计算机，对其 CPU、内存、硬盘的要求都不高。但是，随着网络的发展，发动机性能分析仪通过网络与厂商进行数据交换、远程通讯以及对软件的升级换代已成必然，因此，现代发动机性能分析仪所配置的 PC 机应充分考虑这一点。操作系统目前大多为 Windows，发动机性能分析软件均为各厂商独立开发。它是进行发动机性能分析的关键程序。

B. 显示器。所有的检测结果、分析报告均有显示器显示。一般为 14″以上彩色显示器。

C. 软盘驱动器和光盘驱动器。通过软驱可以重新安装测试软件并能将检测结果与客户信息拷贝到软盘上。汽车的维修资料与信息一般存储在光盘上,通过光驱可以查看其内容。

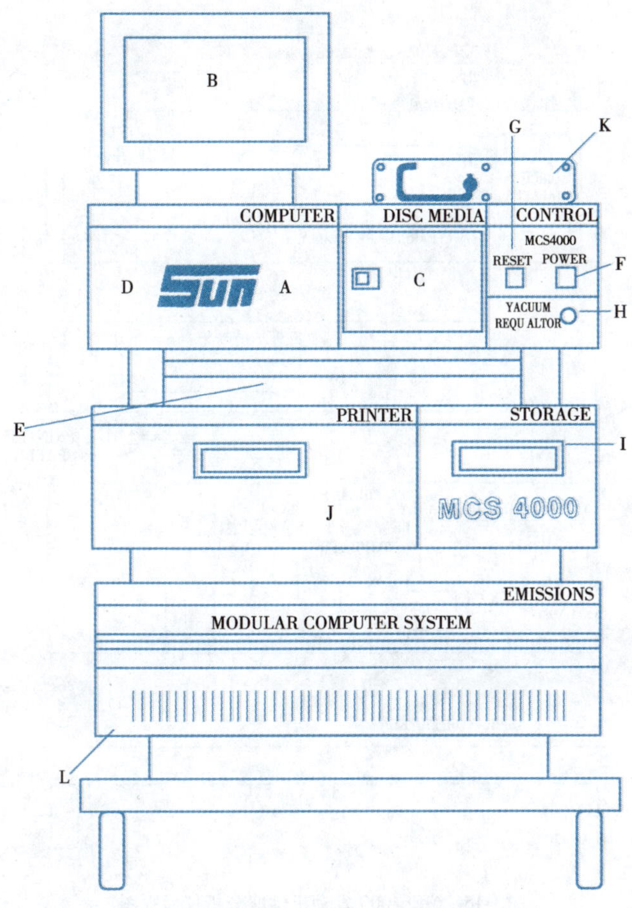

图 1-14　MCS4000 发动机性能分析仪前视图

A-PC 机;B-显示器;C-软盘驱动器和光盘驱动器;D-硬盘驱动器;E-键盘;F-仪器电源开关;G-热起动开关;H-真空旋钮;I-储藏室;J-打印机;K-数据处理器;L-尾气分析仪

D. 硬盘驱动器。所有的测试软件、技术服务信息和其它的一些功能软件均事先安装到硬盘内,并在出厂前已被格式化。

E. 键盘。一般为标准的 101 键盘。为了更方便地选择仪器的功能,一般情况下键盘 F1 至 F12 的功能含义与普通 PC 键盘不同,功能键的具体定义随厂家不同而异。F1 大多为帮助键。

F. 仪器电源开关。

G. 热起动开关。使用该开关会使屏幕信息、内存信息、当前的测试数据丢失。

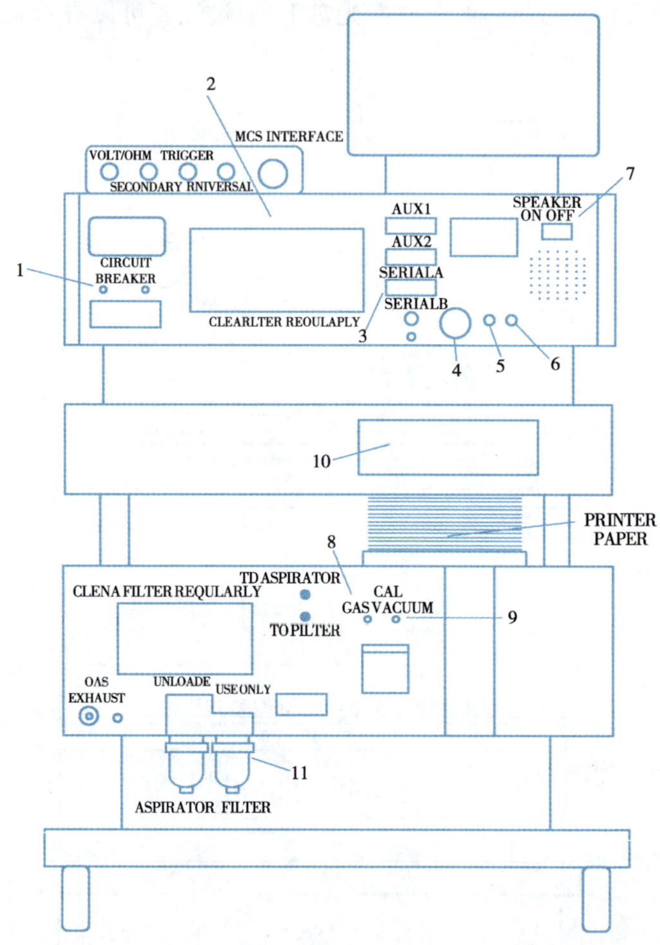

图 1-15　MCS4000 发动机性能分析仪后视图

H. 真空旋钮。当需要有特殊真空测试时，通过此旋钮可以调整真空度大小。例：通过调整真空度大小，观察受真空控制的 EGR 阀的开度，从而判断 EGR 真空电磁阀的性能。

I. 储藏室。存放连线、磁盘和手册之用。

J. 打印机。大多发动机性能分析仪所配置的打印机为 24 针式打印机。

K. 数据处理器。仪器通过测试探头从发动机上采集到的传感器和执行器信号大多为模拟信号，少部分为数字信号。数据处理器将大多数的模拟信号通过 A/D 转换器转换成数字信号，并将采集到信号滤去杂波送往 PC 机。所有的测试探头都连到数据处理器上。

L. 尾气分析仪。尾气分析仪一般为选配件。如果要真

正发挥发动机性能分析仪的功能,必须选配尾气分析仪。大多分析仪所配的尾气分析仪均为四气体分析仪,即 CO、CO_2、O_2 和 HC。

图 1-15 中各代号的简介如下:

1-断路保险。SUN MCS4000 发动机性能分析仪的断路保险为 10A。

2-滤清器。为使仪器内部保持清洁所设,因为仪器的使用场所大多废气较多。

3-串行接口。可以串接鼠标,也可串接调制协调器进行远程数据交换,调取厂家最新的数据资料、诊断参数和对软件的升级。

4-数据处理器接口。数据处理器通过线缆与此接口相连,把数字信号传输到 PC。

5-遥控接口。由于发动机性能分析仪体积大,移动不便,具体操作需要两人密切配合,一人操作仪器,一人控制发动机,如果使用仪器的键盘操作,在发动机噪声的影响下,不便于两人交流。SUN MCS4000 配备的有线遥控很好地解决了这一问题。使用遥控器上的按键完全可以完成测试过程。但它的功能有限。

6-解码器接口。为了扩展仪器的测试功能,SUN MCS4000 预留了此接口。仪器可以兼容各种解码器。对大多数发动机性能分析仪来说,解码器为选配件。而有些仪器把解码器作为标准配置。

7-声音提示开关。打开此开关,可以使你在完成每一项测试和输入完每个参数后听到声音提示。

8-标准校验气体接口。SUN MCS4000 把尾气分析仪作为标准配置。有些仪器则把尾气分析仪作为选配件。尾气分析仪使用一段时间后,为不使测试精确度下降,必须使用标准气样进行校验。该接口就是为连接标准气样所设。

9-真空度接口。需要进行特殊真空测试时,可以用真空管将发动机的真空源与此接口相连。

10-打印机通道。当分析仪的打印机需要更换修复以及安装打印纸时,可以由此通道操作。

11-尾气分析仪滤清器。发动机尾气进入尾气分析仪时,必须进行水气分离及杂质过滤。该滤清器的作用即在此。滤清器的滤心属易损件,分析仪运行一定时间后应及时更换。

3.1.2　发动机性能分析仪的测试探头

发动机性能分析仪的另一组成部分为信号采集装置——

测试探头。分析仪所要处理的信息均是通过各种连接到发动机各电子元件的测试探头而获得的。分析仪所要采集的是发动机各系统的信号,因此,测试探头的种类和作用各不相同。通过图1-16、图1-17,我们可以了解到各种测试探头作用以及它们与发动机是如何连接的。发动机的测试探头主要有以下组成。

发动机测试探头的组成

(1)蓄电池探头。用于连接蓄电池+极、-极、使分析仪显示蓄电池电压。如图1-16所示。

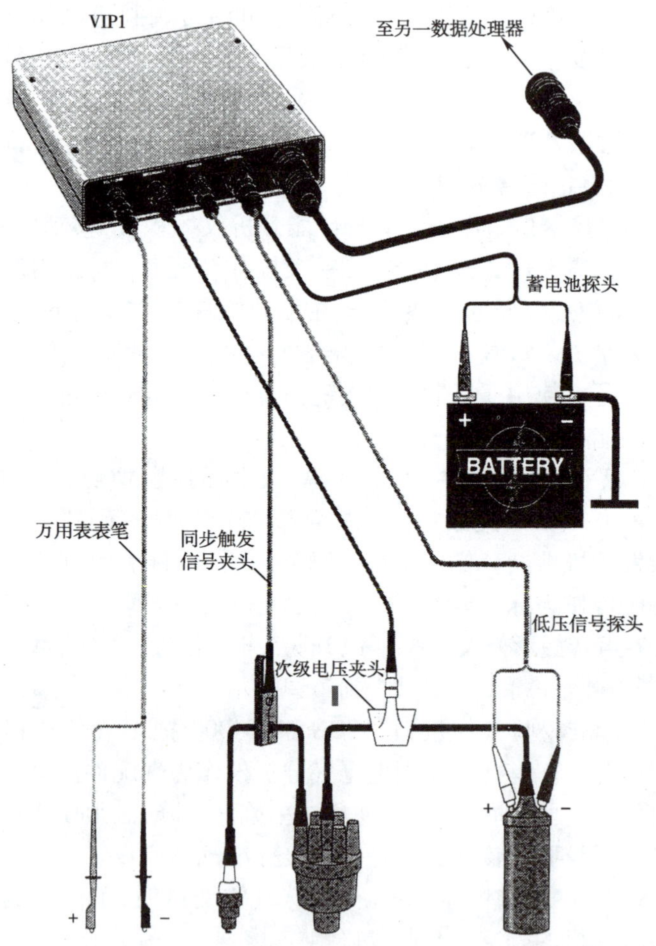

图1-16 MCS4000 1号数据处理器上的测试探头

(2)低压信号探头。分析仪获取点火系统初级回路电压信号之用。连接到点火线圈的+和-接线柱上。该探头还用于测试传感器与执行器的信号波形。如图1-16所示。

(3)次级电压夹头。夹在点火线圈与分电器之间的中央高压线上,用于获取次级电压信号。图1-16所示的次级电压

夹头是只用在传统的有分电器的点火系统中,对于无分电器点火的发动机,应使用专用夹头。

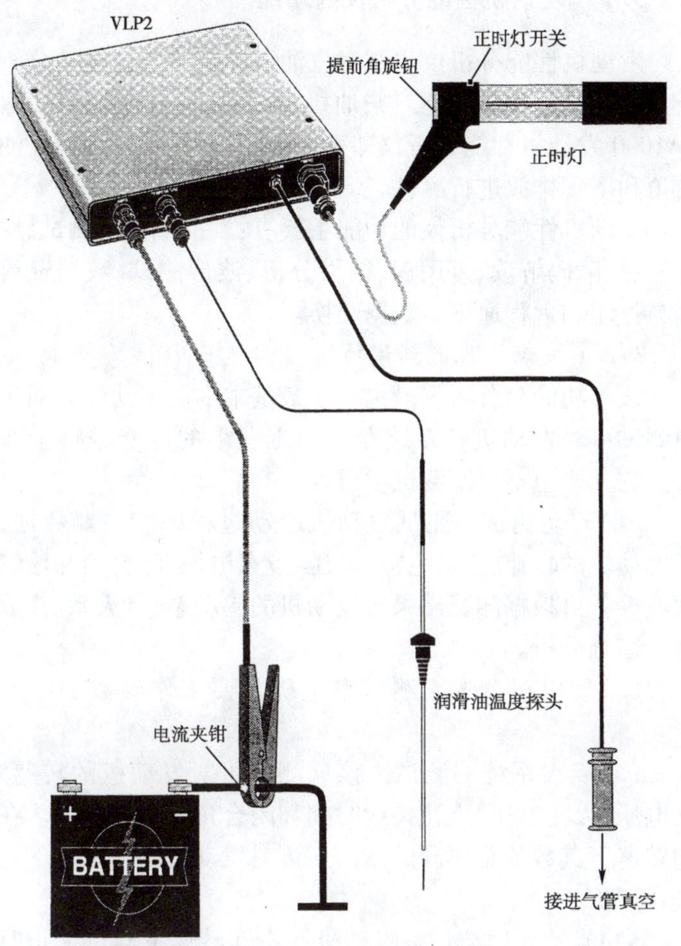

图 1-17　MCS4000 2 号数据处理器上的测试探头

(4)同步触发信号夹头。该夹头一般接到发动机 1 缸高压线上。

(5)万用表测量表笔。

(6)点火正时灯。用于测试发动机点火正时。对装有磁性正时的发动机,应使用磁性正时探头。

(7)真空探头。该探头接在发动机真空源上,用于测试发动机真空度的大小。

(8)润滑油温度探头。用于测试发动机润滑油温度,从而判断发动机的暖机状态。该探头插入到发动机润滑油尺管内。

(9)电流夹钳。用于测试发动机的充电、起动和负载电流。该夹钳接到蓄电池接线上,但需注意夹钳上的箭头指向应与电流的方向相同。

3.2 发动机性能分析仪的功能

发动机性能分析仪主要对汽油机进行综合性能的分析判断。但有些分析仪也能对柴油机供油系进行测试,例如国产EA1000发动机性能分析仪即可对柴油机的喷油压力、喷油提前角和尾气排放进行测试。

发动机性能分析仪的功能

发动机性能分析仪的功能主要有:发动机性能测试、尾气分析、故障码解读、万用表、结果分析、波形测试、数据资料存储与打印和远程通讯与数据交换。

3.2.1 发动机性能测试功能

该项功能是分析仪最主要和最基本的测试功能。通过该项测试可对发动机各系统在不同工况下的性能进行全面评价。它主要包括以下测试项目。

发动机性能测试功能

(1)起动测试。测试发动机起动过程中的主要数据,包括发动机的转速、起动电流、电压、点火电压、闭合角和尾气排放值等。可根据测试结果对发动机的起动系、点火系、排放等进行综合分析。

(2)发电机测试。测试发电机主要工作参数和电流波形。

(3)点火系统的测试。该项测试可对发动机的转速、点火电压、火花电压、火花持续时间和闭合角等进行测试。在不同转速下其数值是不同的。由此可对发动机点火系统的性能进行评价。

(4)点火正时测试。发动机在不同转速下其点火正时是不同的。该项测试可动态测试发动机转速和点火正时,其中包括发动机的基础正时。

(5)空燃比和尾气测试。该项测试能对发动机电控系统的控制性能进行综合评估,它是一项非常有用的测试项目。分析仪能测试出发动机在不同工况下的空燃比数值和尾气排放出的CO、CO_2、O_2和HC的数值,从而判断空燃比的控制情况与发动机是否在闭环下工作。

(6)相对缸压的测试。通过测试起动电流间接测试气缸压缩压力的变化量,以此判断分析气缸的密封性能。活塞在上止点时,密封性能较好的气缸,由于气缸压缩压力的反作用,促使所需的起动电流加大,而密封性较差的气缸,所需的起动电流相对较小。

(7)动力平衡测试。该项测试有两种方式,一是短接动

力平衡—断缸法，一是快速动力平衡—不断缸法。使用断缸法测试各缸动力平衡问题，对安装有“三元催化转换器”等排气净化装置的发动机而言，是很危险的；而对没有安装“三元催化器”等排气净化装置的发动机进行测试时，也必须使怠速电机与EGR阀失效。使用不断缸法测试现代电控发动机各缸的动力平衡问题，既安全又快速。它通过分析仪的大容量储存器所提供的数万组点火与转速数据，从而判断出发动机在不同工况下的综合动力性能及各缸的动力平衡。

3.2.2　尾气分析功能

尾气分析功能

对发动机的排放进行分析，是发动机性能分析仪重要项目之一，由于发动机尾气分析仪本身的价格比较昂贵，一般情况下，发动机性能分析仪不把尾气分析仪作为其标准配置。而带有尾气分析功能的性能分析仪，则能对发动机在各工况下所排放的CO、CO_2、O_2和HC的数值进行测定，从而确定空燃比数值，进而判断发动机在各工况下的开/闭环状态，这一点对电控发动机非常重要。

3.2.3　解码器功能

解码器功能

解码器一般不作为性能分析仪的标准配置，但性能分析仪都为解码器预留了串行接口，视用户需求而增减。而有些性能分析仪直接将解码器作为标准配置，以便扩展其功能范围。

3.2.4　万用表功能

万用表功能

数字万用表是发动机性能分析仪必备功能之一。但其测试范围没有汽车专用万用表广，一般只测试电控系统中一些电压、电阻、频率、占空比和连续性等信号。

3.2.5　结果分析报告

这是发动机性能分析仪的一大特点。分析仪在对发动机进行全面、综合的性能测试后，分析仪会自动根据测试结果进行分析，指出发动机哪些系统存在问题，并根据所测数据、参数，确定造成这些问题的大致范围和可能原因。但要真正查出问题的症结所在，还必须由检修人员来完成。结果分析报告的作用可以使检修人员少走弯路、节省时间。

3.2.6　波形测试功能

波形测试功能

发动机性能分析仪所出结果分析报告和测试者根据测试参数所分析的故障原因，只是大致的范围，检修人员还必须使用万用表或示波器对可能出现故障的传感器、执行器做进一步检查，所以波形分析也是性能分析仪中必备功能之一。

3.2.7　存储与打印功能

存储与打印功能

该项功能可以很方便地查看所测车辆以往的记录，便于对比分析，使检修人员更准确地掌握车辆技术状况，快速诊断出故障原因。

远程通讯与数据交换功能

3.2.8 远程通讯与数据交换功能

发动机性能分析仪本身存储有大量已上市的世界各主要生产厂商所生产的车辆信息和发动机基本数据。但使用者不可能对世界上各主要车型的数据进行随时更新，靠数据资料的升级也不能解决现实问题，这就使分析仪对新车型的测试不能做到完全、彻底。另外，检修人员不可能对所有车型的电控线路图、各传感器、执行器的安装位置等了如指掌。这就增加了具体的诊断难度和延长检修时间。随着网络的发展，测试者可以通过网络，随时与生产厂商的数据库或汽车数据库信息商（如 Mitchell 公司、Master Tech 公司）进行远程数据通讯与交换，则可以解决上述两大问题。

3.3 发动机性能分析仪的使用方法

下面以深圳元征公司生产的在国内保有量较大的 EA1000 发动机性能分析仪为例，介绍分析仪的使用方法。

发动机性能分析仪安全操作注意事项

3.3.1 安全操作注意事项

（1）发动机排出的废气应引出室外；

（2）起动发动机前，应拉好驻车制动器，将变速器置于空档或 P 档；

（3）在连接信号探头前，先开启并运行本分析仪，暖机 20min；

（4）本设备与发动机的连接必须在发动机关闭的情况下进行；

（5）测试时请备至少一个灭火器；

（6）检测燃油系统时，请释放系统压力；

（7）测试时请勿佩带戒指、手表等金属饰物。

发动机性能测试测前准备

3.3.2 测前准备

（1）开机预热 20min。分析仪在开机后会自动运行自检程序。分析仪对数据处理器与主机的通讯、各种测试适配器与探头进行逐一自检。如适配器未安装或安装有误，屏幕会提示。

（2）用户及车辆信息输入。系统经过自检后即进入用户数据设定界面（图 1-18）。测试者将被测试车辆的型号、发动机基本参数及用户信息输入即可。

（3）选择测试种类。用户数据输入完毕后点击“确定”，

进入测试主菜单，如图 1-19 所示。

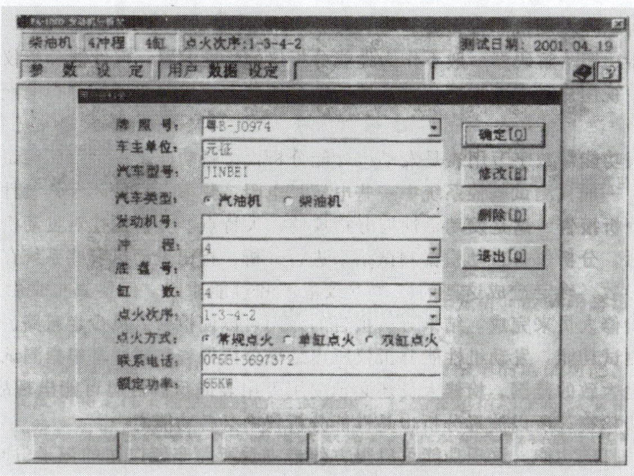

图 1-18　用户数据设定

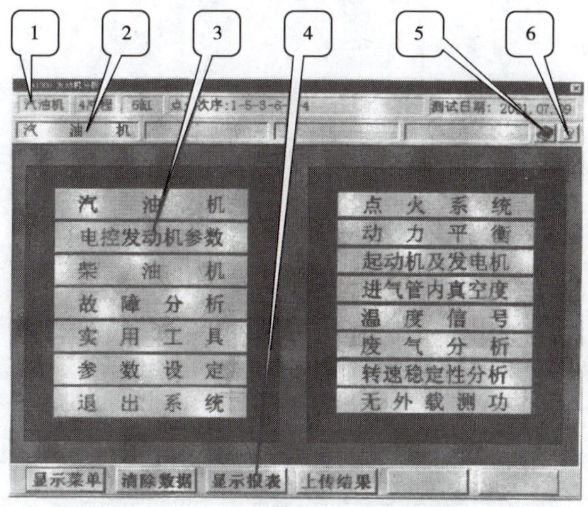

图 1-19　主菜单

1-发动机的类型、缸数、冲程数、点火次序及测试日期；2-各级下拉菜单的名称；3-左边为主菜单，右侧为当前所选主菜单项目的下一级菜单；4-六个软开关；5-汽车维护数据按钮；6-技术指导按钮

3.3.3　发动机性能测试

发动机性能测试项目

（1）点火系统测试。将分析仪的适配器和探头按图 1-20 或图 1-21、图 1-22 所示连接到发动机上。从屏幕菜单中选择点火系统，在其子菜单中根据需要选择初级信号、次级信号、点火提前角等项目。然后起动发动机，所选择的测试项目信息将出现在屏幕上如图 1-23、图 1-24、图 1-25、图 1-26、图 1-27、图 1-28 所示。在次级信号测试中，分析仪将能测试出击穿电压、火花电压、火花持续时间、闭合角和重叠角等 5 个重要次级信号参数。所有的测试波形和数据均能存储与打

印。

(2)动力平衡测试。测试前，将一缸信号夹夹在一缸高压线上，初级信号夹夹在点火线圈上。如图 1-20 所示。从分析仪屏幕菜单上选择“动力平衡”选项。起动发动机即可进行动力平衡测试，断缸前、后转速的下降率均显示在屏幕上，如图 1-29 所示。注意发动机转速应稳定在其怠速的 150% 左右。

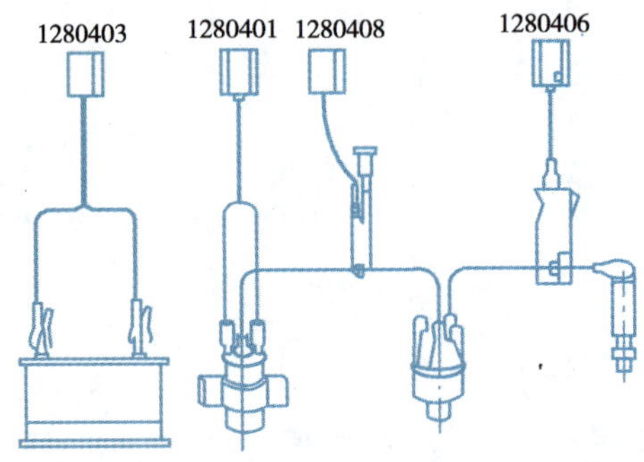

图 1-20　常规点火系统接线图

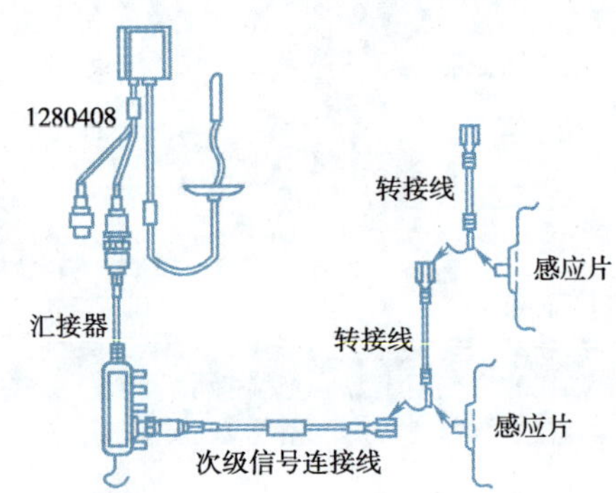

图 1-21　单缸独立点火系统接线图

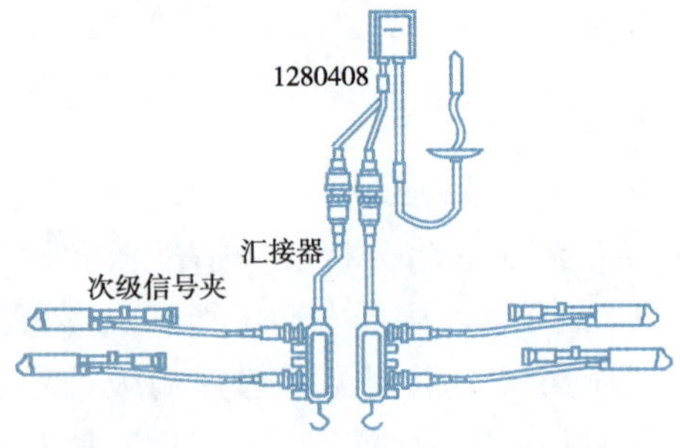

图 1-22　双缸独立点火系统接线图

(3)起动测试与充电测试。测试前，将相应适配器与探头连接到发动机上，如图 1-30、图 1-31 所示。从分析仪的菜单上选择“起动机与发电机”选项进行相对缸压的测试；从菜

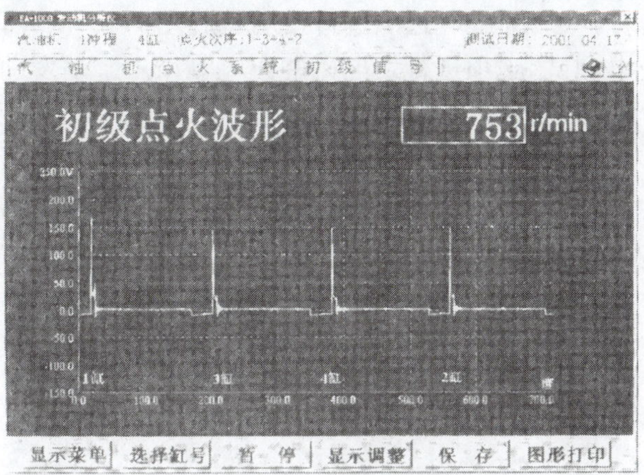

图 1-23 初级点火信号

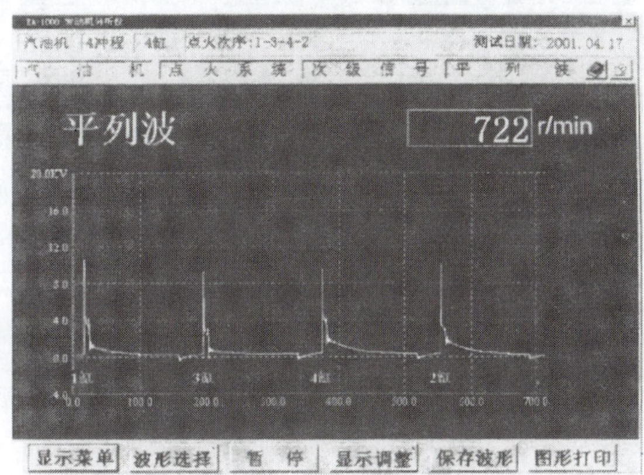

图 1-24 次级平列波

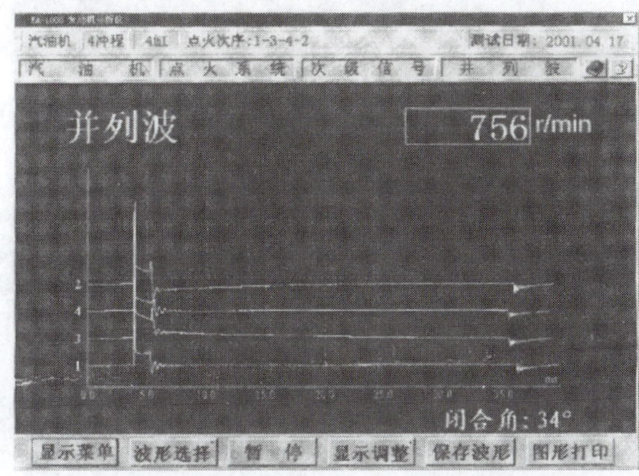

图 1-25 次级并列波

单上选择“起动测试”选项进行发动机起动测试；从菜单上选择“充电测试”选项进行发电机的充电测试。起动发动机，即可进行相应测试项目的测试。其信息显示如图1-32、图1-33、图1-34所示。

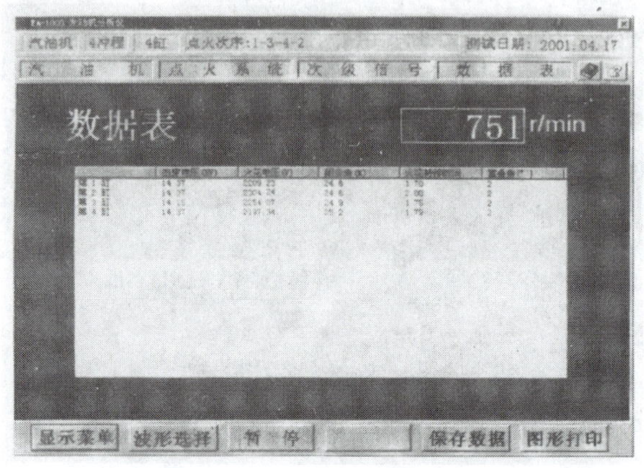

图1-26　次级数据表

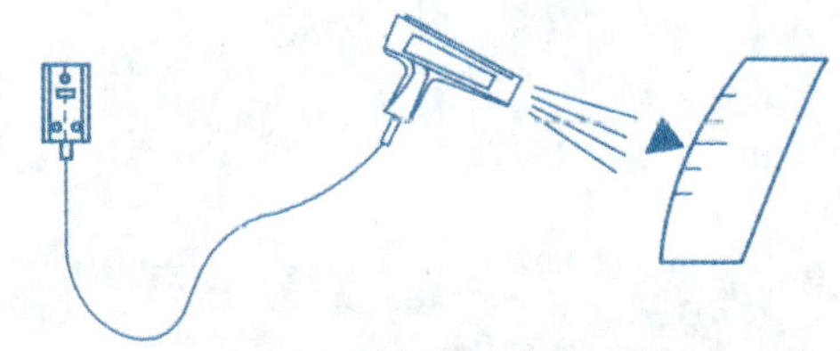

图1-27　点火提前角频闪灯测试法

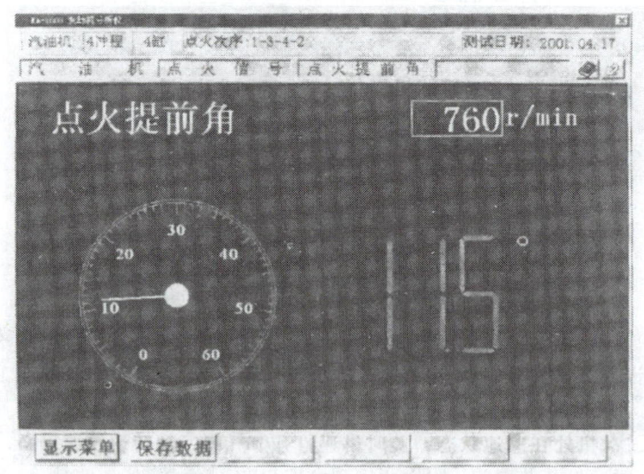

图1-28　点火提前角

（4）进气管真空度测试。测试前，将真空度传感器上的橡胶软管通过三通连接到发动机真空管的接头处，将一缸信号钳夹在一缸高压线上，如图1-35所示。在分析仪屏幕菜单上选择“进气管真空度”选项。起动发动机进行真空度测试，

其信息显示如图 1-36 所示。

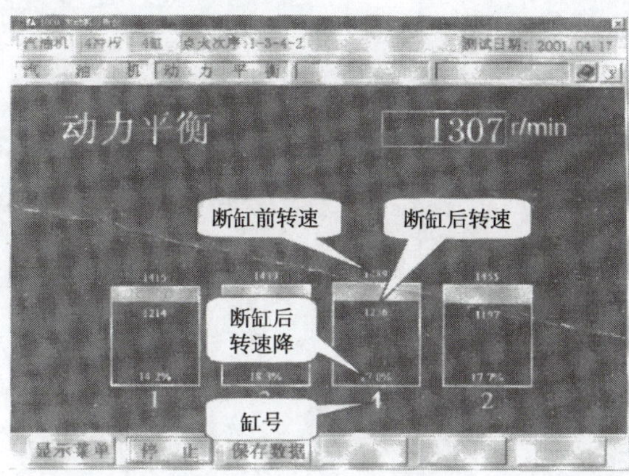

图 1-29　动力平衡测试

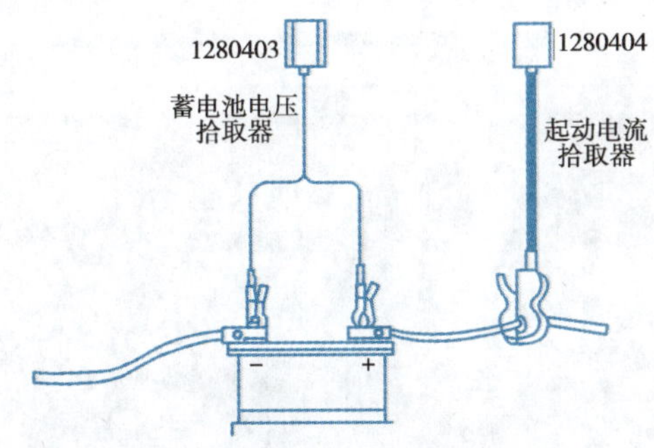

图 1-30　起动测试连线图

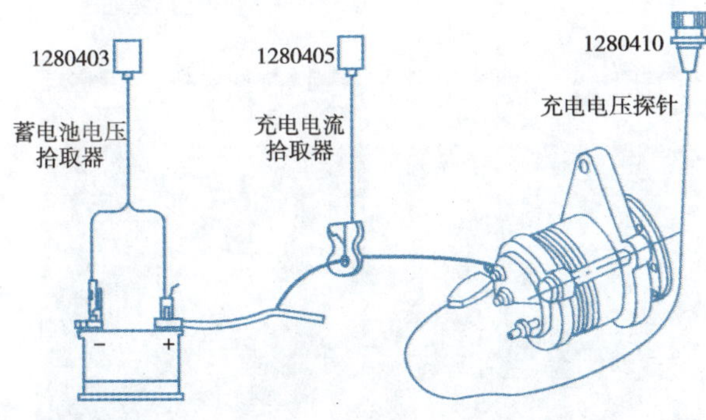

图 1-31　充电测试连接线图

(5)无外载测功。测试前,将一缸信号钳夹在一缸高压线上,从分析仪屏幕菜单上选择“无外载测功”选项进入测试界面,如图 1-37 所示。设定起始转速 n_1(发动机怠速的150%),终止转速 n_2(发动机最高转速的 75%)和当量转动惯量(小车:0.2 ~ 0.5;大车:2.0 ~ 5.0)。起动发动机,使发动机处在怠速状态,此时迅速打开节气门,使转速迅速提高,当转速超过设定的终止转速 n_2 时，松开节气门。发动机回到怠速状态，测试完毕。

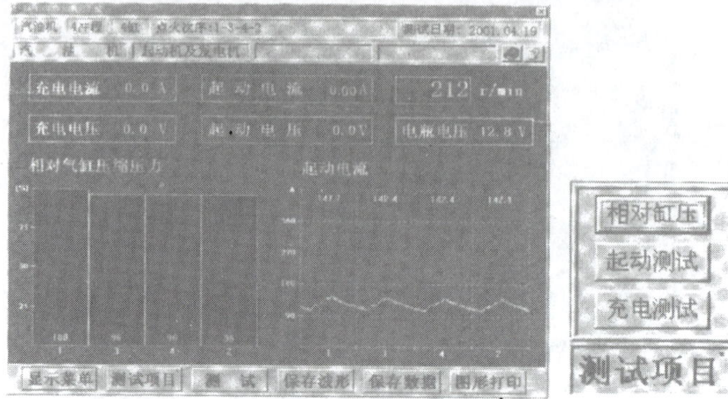

图 1-32　相对缸压测试

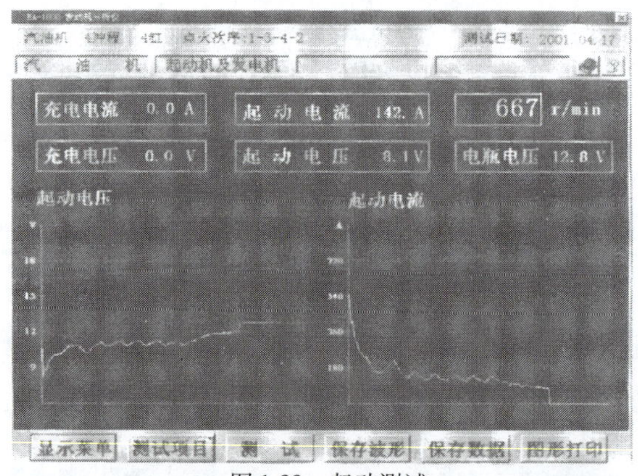

图 1-33　起动测试

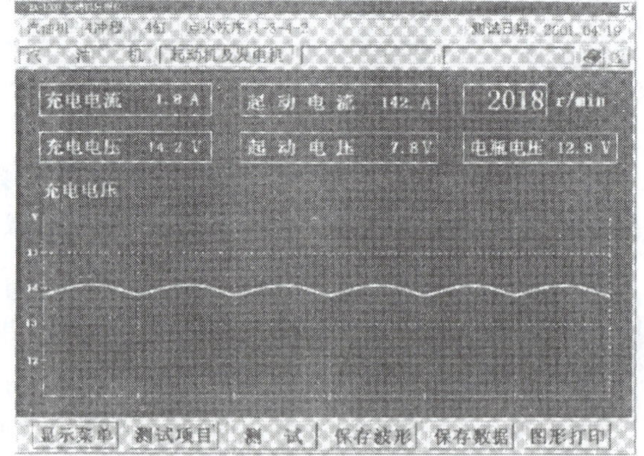

图 1-34　充电测试

从理论讲，对于一定结构形式的发动机，其当量转动惯量被认为是一定的。但实际上，随着发动机技术状况的变化，其转动惯量则会发生变化，加之在很短时间时，分析仪对转速的

采集误差较大，所以无外载测功不能准确反映在用发动机功率大小。只能用于车辆维修前后的动力性对比。一般进口的发动机性能分析仪均无此项功能。

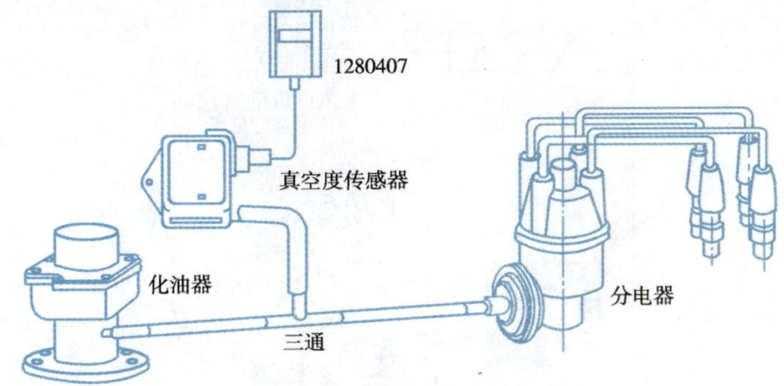

图 1-35　真空度测试连接图

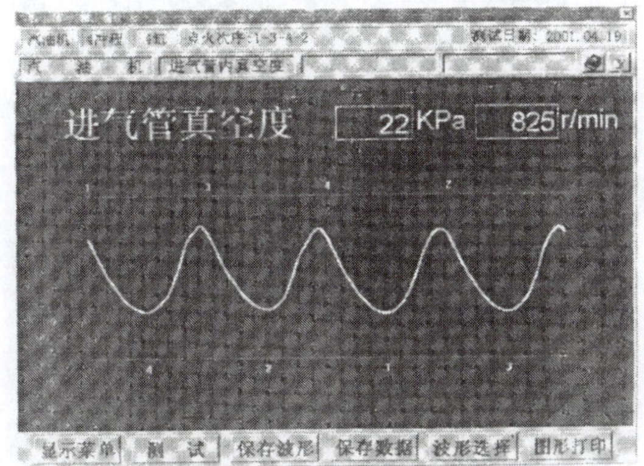

图 1-36　进气管真空度测试

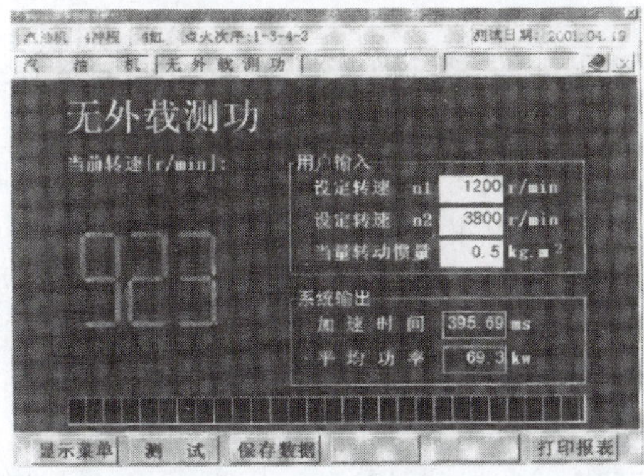

图 1-37　无外载测功测试

EA1000 发动机性能分析仪除能对汽油机综合性能进行分析测试外，还可以对电控发动机上的各种传感器、执行器进行测量，对柴油机的性能进行测试。EA1000 发动机性能分析仪功能结构如表 1-3 所示。

EA1000 功能结构表　　表 1-3

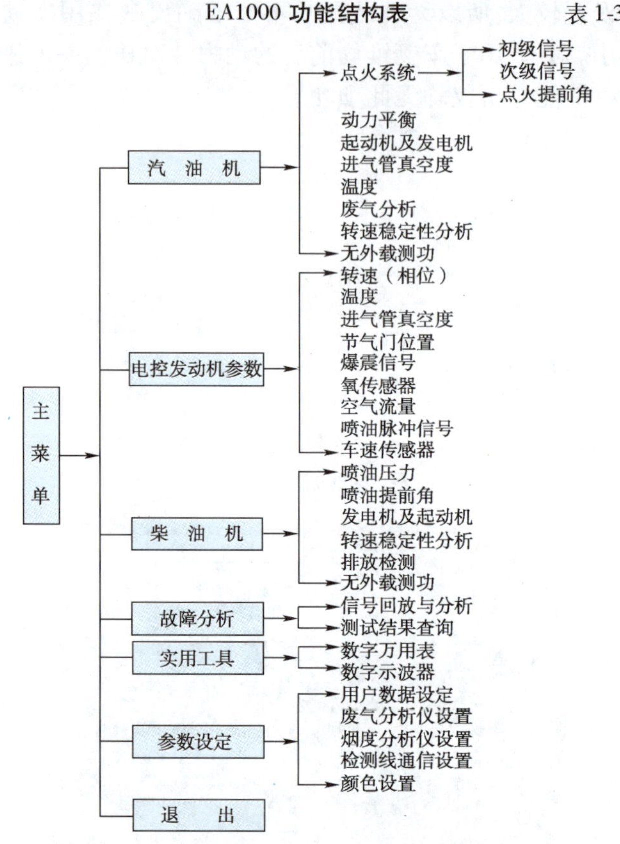

4　汽车专用示波器

汽车专用示波器的作用

在发动机电控系统工作中，电控单元不断接收到各种传感器的输入信号，经判断处理后再向各种执行器输出控制信号使执行器动作。电控系统一旦出现故障，我们可以通过调取故障码来显示故障的大致部位，而无法知道引起故障的原因是传感器本身还是配线故障或电脑本身故障。例如：故障码显示 TPS（节气门位置传感器）故障，但并非是 TPS 本身故障所引起，我们可以用汽车专用示波器测试 TPS 的信号波形及信号电压的变化情况，从而进一步确定 TPS 性能的好坏。因此，在现代电控发动机的诊断与检测中，汽车专用示波器是必不可少的设备之一。

对于电控单元的输入与输出信号来讲，基本上可分为两类，模拟信号和数字信号，其波形如图 1-38 所示：

目前汽车电控系统中大约有 80% 的信号是模拟信号，而数字信号大约为 20% 的比例。汽车专用示波器可以准确地

将上述信号显示出来。我们可以通过对波形的变化来分析判断故障，还可以将实测波形与标准波形进行对比来发现问题。

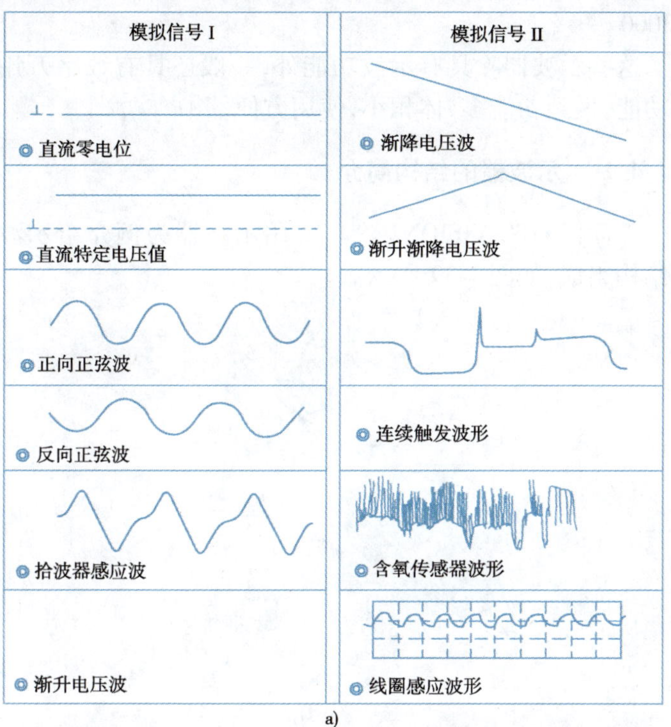

a)

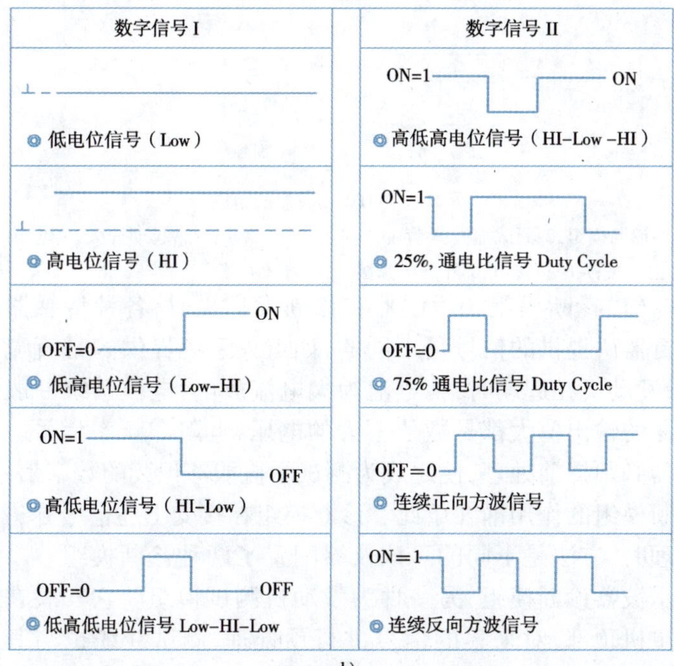

b)

图 1-38　模拟与数字信号波形
a）模拟信号；b）数字信号

汽车专用示波器的种类

目前汽车专用示波器的种类型号较多，进口的主要有OTC系列、KAL(艾克强)系列、Fluk98等，国产的主要有金德W2000。

这些示波器除具有示波功能外，一般还具有数字万用表的功能，做到功能多，体积小，使用方便。

4.1 示波器的结构简介

汽车专用示波器的结构组成

下面以OTC VISION2汽车专用示波器为例介绍示波器的结构组成，如图1-39所示。

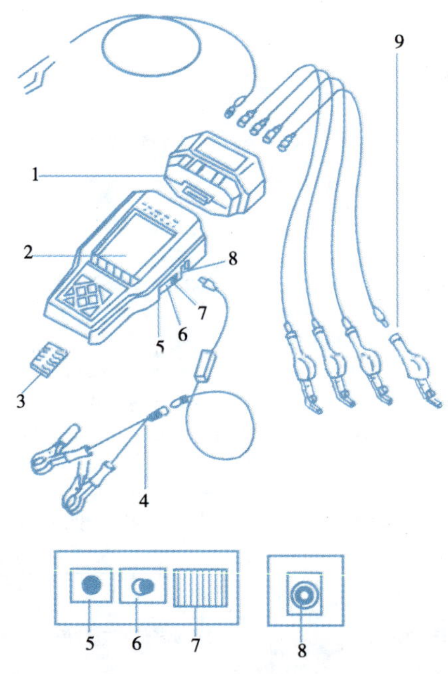

图1-39 OTC示波器的组成

1-诊断模组;2-测试主机;3-存储卡;4-外接电源线;5-热起动开关;6-电源主开关;7-串行接口;8-外部电源接口;9-测试电缆

(1)诊断模组。示波器在诊断发动机时，各种传感器和执行器所提供的信号是不同的，如点火系统提供的是直流高压；发动机在起动时，蓄电池为大电流放电；电控系统一般传感器的输出值大都是数值不大的电压、电阻和频率信号。示波器必须提前处理，使之成为测试主机能够识读的数字信号。诊断模组的作用即在于此。诊断模组在接受上述信号并进行处理时，方法是不同的。该仪器配置了两种诊断模组。一种是示波器诊断模组，另一种为发动机测试模组。它安装在测试主机顶部，对采集的信号进行预处理，测试线缆也与其相连。

(2)测试主机。测试主机主要包括显示屏、键盘和电路

板组，显示屏为人机对话的界面，操作菜单、测试结果、所测波形均通过显示屏显示。键盘为仪器的输入元件，测试元件的选择、波形的分析等功能均通过键盘来完成。

(3)存储卡。存储卡能够为主机提供额外内存、最新的软件程序。为使示波器的功能加强，只需对存储卡进行升级即可。存储卡安装在测试主机底部的卡槽内，一般只有升级时才需拔出。

(4)外接电源线。该仪器的电源为直流12V，可通过夹钳接在车辆12V蓄电池上或用A/C充电器为仪器供电。

(5)热起动开关。当仪器正在工作时，一旦出现死机现象，可通过热起动开关重新起动仪器。

(6)仪器主电源开关。

(7)串行接口。该接口用于连接打印机、PC电脑或废气分析仪等。

(8)外部电源接口。

(9)测试线缆。测试线缆一端连接到诊断模组的通道接口，另一端为测试探头。该仪器有4根不同颜色测试线缆，分别为黄色、蓝色、红色和绿色，另有一根黑色接地线缆，如图1-40、图1-41所示。线缆分通用型和专用型。在进行高能点火测试以及对DLI点火系统进行测试时，需用专用测试适配器。对于这些专用线缆，不论是国外产品还是国内产品，大多为选购件。示波器内均装有可充电电池，当电池电能不足时，可使用外接电源。

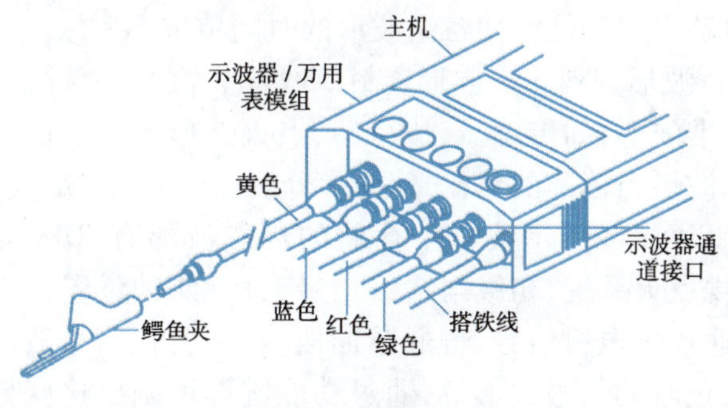

图1-40　测试电缆连接

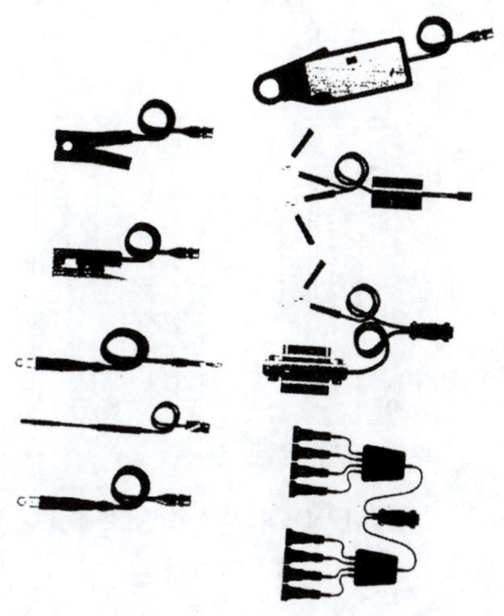

图1-41　各种测试线缆与适配器

4.2　示波器的基本功能

汽车专用示波器的功能分为基本功能和附加功能。基本功能就是对汽车电控系统中的模拟与数字信号进行波形显示。附加功能包括万用表及发动机的性能测试等。除此之外其外形、屏幕大小和按键数量与布置也有所不同。图1-42、图1-43所示为两种不同型号示波器的外形。

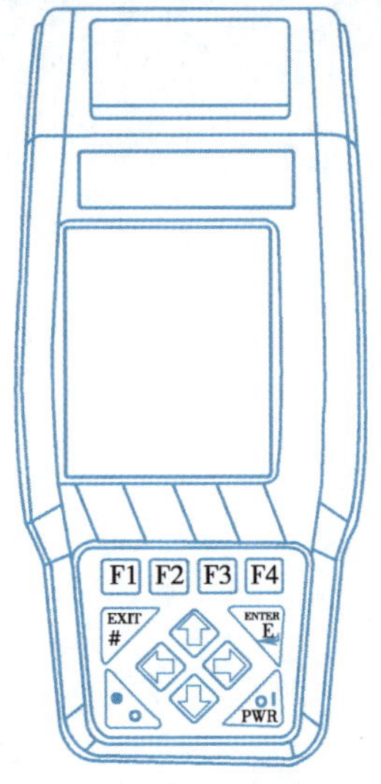

图1-42 OTC示波器外形

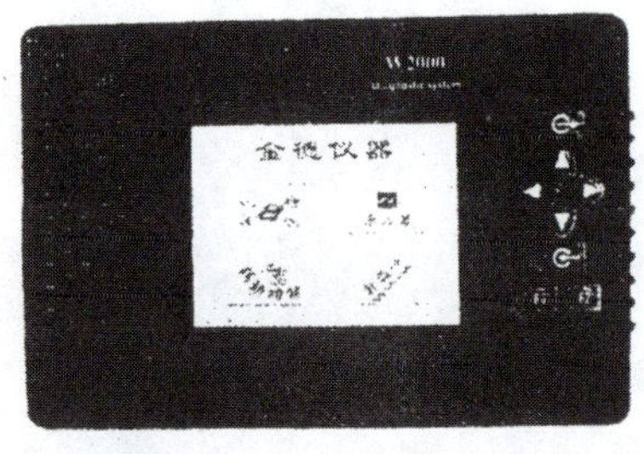

图1-43 金德W2000示波器外形

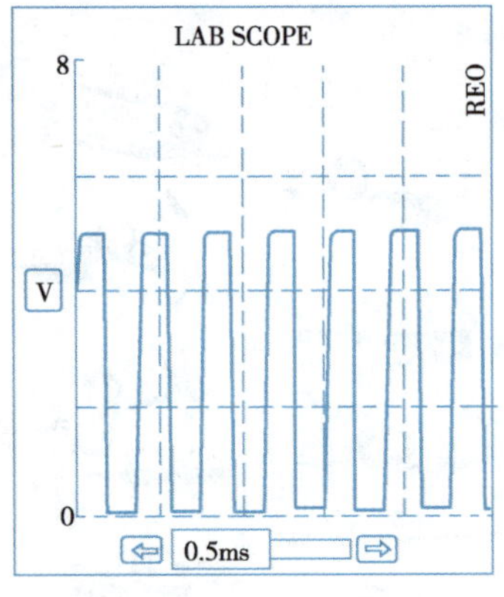

图1-44 MAF和MAP数字信号波形

4.2.1 示波功能

(1)测试电控系统中主要传感器与执行器的信号波形(如图1-44、图1-45所示),如进气压力传感器、空气流量计、节气门位置传感器、氧传感器、温度传感器、凸轮与曲轴传感器、车速传感器、轮速传感器。喷油器、怠速控制阀、EGR阀、混合气控制阀(MC)和点火系统的初级与次级信号电压等波形。

(2)多通道显示。现代示波器至少为双通道显示,有的为四通道显示。示波器含有多通道接口,能够同时显示出多组波形,把示波器连接到车辆上四个不同的传感器与执行器,即能将四种信号波形同时显示出,便于对比分析与判断。图1-46所示为四通道显示屏幕,它同时测试了两个喷油器的点火时间与参考电压等四个信号波形。

(3)信号波形的锁定与存储功能。当被测信号波形是需要的或需要对波形进行分析时,可以通过功能键操作对波形进行锁定并存储,以便仔细对波形进行分析判断,同样可以通过功能键的操作对存储的波形进行重新查看和删除。

(4)设定功能。通过设定信号电压的大小,改变扫描时间的长短,可以确定所测波形的形状大小与屏幕坐标相配,使人们更加方便的观测与分析,当然也可以通过自动设定功能,使波形的显示自动与坐标相配,但在多组波形间同时显示时,使用自动设定功能会使各组波形的时间单位不一致。

(5)波形资料库。波形资料库收集有汽车各系统电子元件的标准波形,如传感器、执行器、点火波形等。我们可以通过实测波形与标准的对比,使波形分析变得方便、明了。例如OTC VISION专用示波器中存储的标准波形有:DIS点火系统、常规点火系统、初级与次级信号电压、曲轴位置传感器信号、怠速步进电机信号、普通脉冲信号、二极管信号波形和电控点火正时的信号波形等,通过功能键即可调出这些标准波形。

4.2.2 万用表的功能

为扩大示波器的功能,方便使用者,一般示波器均含有万用表的功能。虽然对于较为复杂的信号例如点火波形与喷油器波形,利用示波器可以显示出它的变化规律与浮动范围,但对于一些简单特定的信号,使用万用表则更直接、易懂和方

便。示波器附带的万用表功能较之汽车专用万用表,其功能要少许多。

4.2.3 发动机的性能测试

该项功能也是专用示波器的附加功能。通过一些附加测试探头与车辆的连接,主要测试发动机的起动电流、交流发电机的二极管、气缸的效率和功率平衡(只针对非电控发动机)等。发动机性能分析仪的功能远远强大于示波器的该项功能,但作为发动机性能的单项测试它还不失为一个很好的选择。

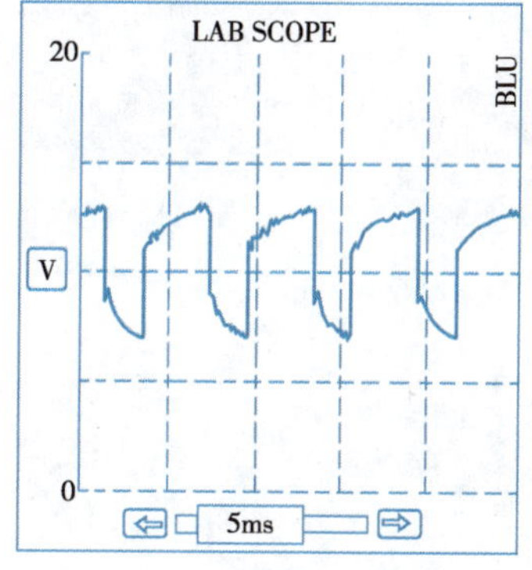

图1-45 怠速控制阀模拟信号

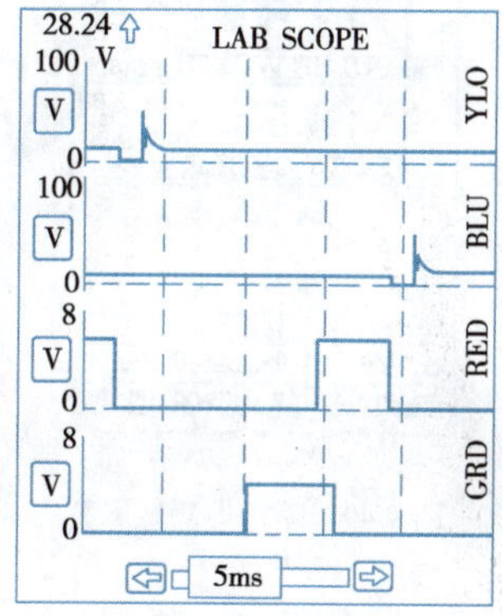

图1-46 四通道显示屏

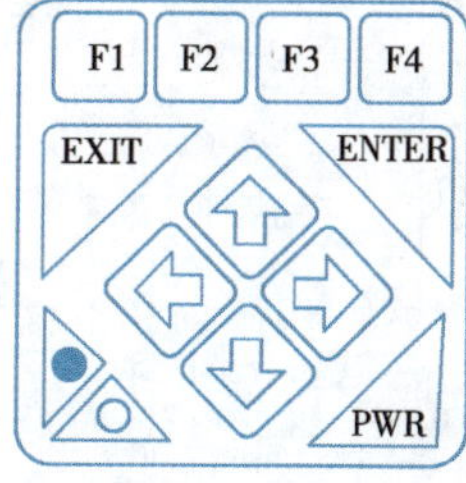

图1-47 OTCVISION2 键盘

4.3 示波器的使用方法

以 OTC VISION2 为例介绍示波器基本使用方法。

4.3.1 安全操作注意事项

(1)确定被测车辆处于 P 档且已拉上驻车制动器;

(2)确定车轮在地面上被锁上;

(3)车辆处于通风顺畅的地方;

(4)在断开信号测试接头之前,首先断开搭铁接头;

(5)避免喷射液进入仪器中。

4.3.2 键盘使用

键盘的结构如图 1-47 所示,使用说明见表 1-4。

4.3.3 电控喷油器的测试

(1)首先按图 1-48 所示进行接线;

(2)起动发动机,并暖机;

(3)按 PWR 键使示波器开机;

在主菜单中选择 AUTO METERS(汽车电表)项。

注意事项

在主菜单中 LAP SCOPE(示波器)键也可以对电控喷油器进行测试,但只能显示出喷油器的信号波形,而得不到喷油器的脉宽和占空比数值,而这些数值对喷油器来说是很重要的。

(4)选择 INJECTOR 即可进行喷油器的测试。示波器测试屏幕(图 1-49)上方显示为脉宽的最大值、最小值与现在值,中间值为占空比,同时显示占空比的最大值与最小值,下方的波形为喷油器工作时的触发波形。横坐标为时间,纵坐标为电压。可以设定不同的转速与工况下观察测试数值。以便得到更为详细的数据。图 1-50 为喷油器故障波形。

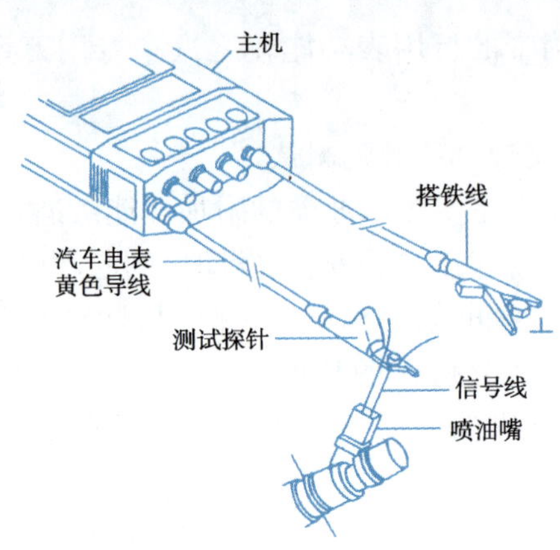

图 1-48　电控喷油器测试

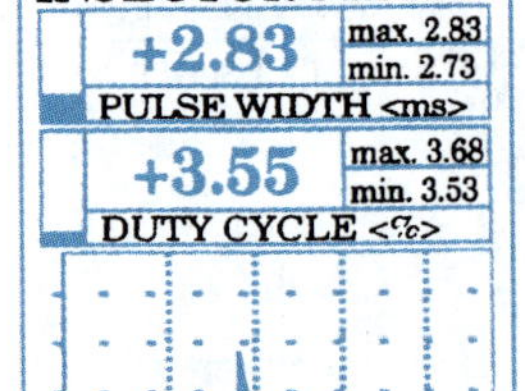

图 1-49　喷油器测试屏幕

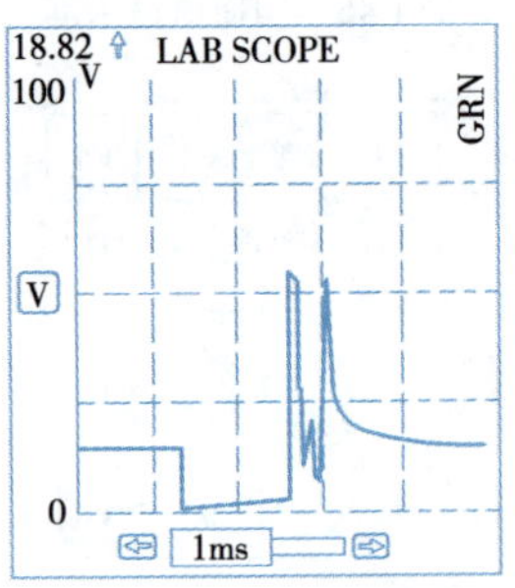

图 1-50　喷油器故障波形

OTC VISION2 键盘使用　　　　表 1-4

作　　用	按　　键	举　　例
增加屏幕显示的对比度		按住并保持则可以看到屏幕会逐渐变黑
减弱屏幕显示的对比度		按住并保持则可以看到屏幕会逐渐变清与淡
打开屏幕背光		同时压下这两个按键，则可以看到背光显示出来，以利于在光线较弱的条件下进行测试，同时用户可以在“Manging power”里设定背光显示的时间，然后熄掉
作出选择	ENTER	按“ENTER”可使你进入选择的屏幕
显示在屏幕上的功能键	F1 F2 F3 F4	这四个功能键主要根据屏幕上的说明来改变其属性，一般来讲 F1 代表帮助信息—HELP
向下移动屏幕 改变纵坐标的数值（向下变化）		当屏幕上出现该箭头时，移动光标到该处，然后再按“ENTER”，则坐标或屏幕向下变化

续上表

作　用	按　键	举　例
向上移动屏幕 改变纵坐标的数值（向上变化）	⇧	功能基本同上，但方向正好相反
向左移动屏幕 改变模坐标的数值（向左变化）	⇦	如改变数值，左为减少，移动图像、光标到右边
向右移动屏幕 改变横坐标的数值（向右变化）	⇨	如改变数值，右为增大 移动图像、光标到右边
退出屏幕或菜单	EXIT	从主菜单到帮助信息 最后到 INTERRO 注册商标
打开或关闭 OTC	PWR	按“PWR”键使 OTC 在“ON”“OFF”间切换，尽管电源已关闭，但存储的信息并没有消除

4.3.4　氧传感器的测试

（1）按图 1-51 所示进行接线；

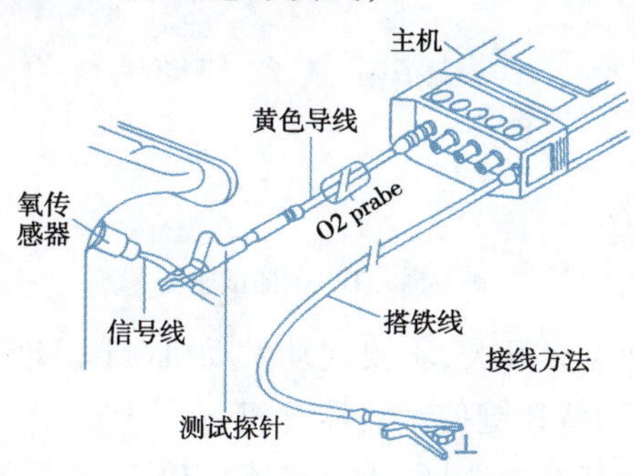

图 1-51　氧传感器测试连线图

注意事项

对氧传感器进行测试时，必须用高阻抗的专用线缆，否则，测试结果的精确度将变差。

（2）起动发动机进入暖机状态，发动机必须达到正常工作温度并进入闭环状态，测试结果才精确；

（3）按 PWR 键示波器开机；

（4）从主菜单中选择 AUTO METERS（汽车电表）项；

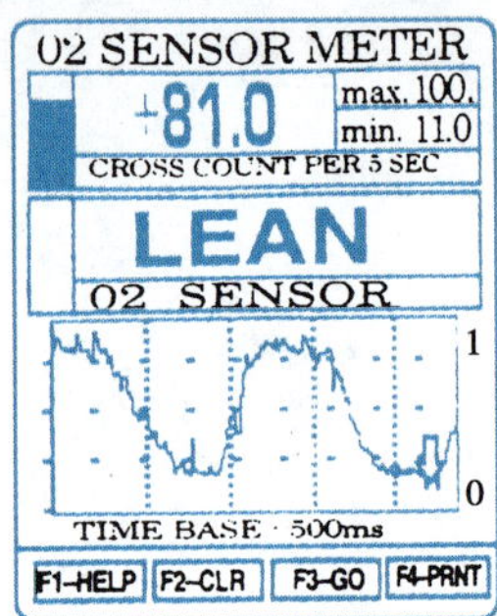

图 1-52　氧传感器测试屏幕

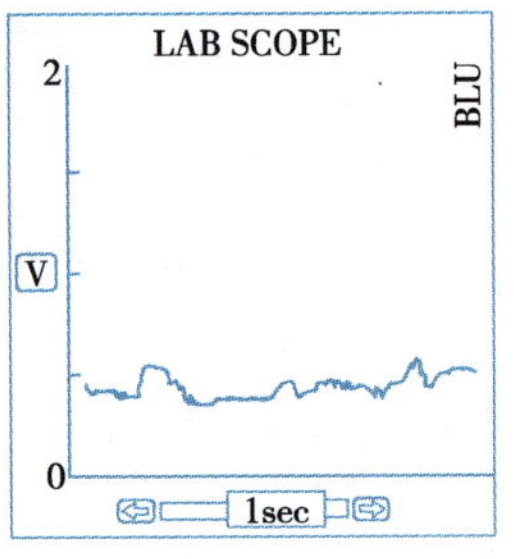

图 1-53　氧传感器故障波形

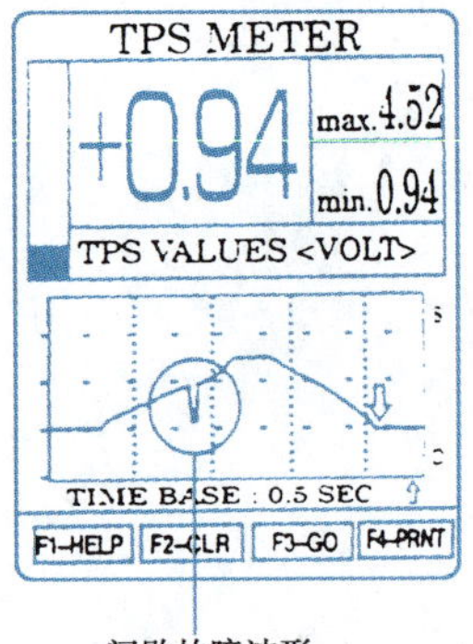

LAB SCOPE
YLO
8
V
0
5sec

图 1-56　良好的 TPS 信号波形

注意事项

在 AUTO METERS 项中，不仅能观测到氧传感器的信号波形，还可以观测到氧传感器的变动率及混合气的稀/浓状态。

(5)选择 02 SENSOR 项，即可对氧传感器进行测试；

(6)提高发动机转速，使其离开怠速工况。因为有些发动机在怠速时是不进入闭环状态的。

测试屏幕(图 1-52)上方为氧传感器变动率的统计数值(屏幕上为每 5s 的变动率)同时显示其最大值与最小值，中间显示的为混合气稀/浓状态(屏幕中为稀)，图 1-53 所示为氧传感器信号的故障波形。

4.3.5　节气门位置传感器的测试

(1)按图 1-54 所示进行接线；

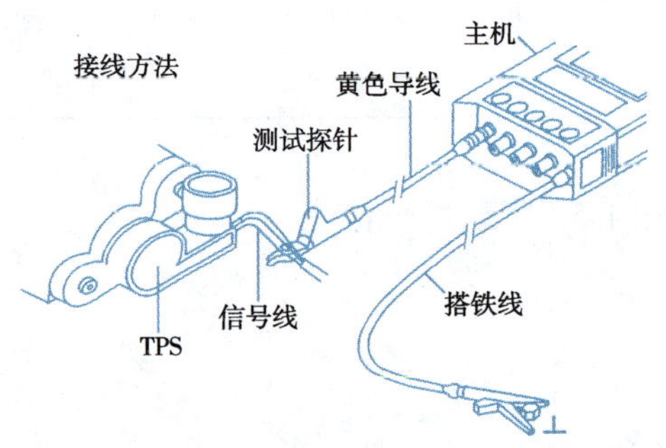

图 1-54　TPS 的测试连线

(2)打开点火开关，不要起动发动机测试 TPS；

(3)按开 PWR 键使示波器开机；

(4)从主菜单中选择 AUTO METERS 项；

注意事项

从主菜单中选择 LAB，SCOPE 项同样能测试出 TPS 信号波形，但不能显示出 TPS 的信号电压数值。

(5)选择 TPS 开始测试(图 1-55)；

(6)打开节气门，读取 TPS 信号波形(图 1-56)；

(7)慢慢全开和全关节气门，观察信号波形是否中断或尖锐的实变。

思考与练习

一、判断题

1. 汽车专用万用表与普通数字式万用表的区别主要是测量精度高。 ( )

2. 解码器只有读取和清除电控发动机故障码的功能。 ( )

3. 根据解码器提示的故障信息可直接判定传感器的性能。 ( )

4. 利用解码器可以对车载电脑进行基本设定。 ( )

5. Scanner 解码器上有两个卡座，为了测试方便，可以同时将两个测试卡插入卡座中。 ( )

6. 汽车专用示波器同样具有故障码信息的功能。 ( )

7. 通用型和专用型解码器没有区别。 ( )

8. V. A. G1552 诊断仪可检测的系统包括发动机、自动变速器、防抱死制动系统、安全气囊系统等。 ( )

二、选择题

1. 汽车专用万用表内电阻高的主要目的是( )。

A. 为了提高测量精度

B. 为了增强测试功能

C. 为了防止测试中产生瞬时高电压

2. 根据故障码可以直接断定故障在( )。

A. 传感器或执行器

B. 电控单元 ECU

C. 传感器或执行器、电控单元 ECU 或控制线路

3. 利用 OBD—II 诊断插座读取故障信息时，解码器的电源支持方式为( )。

A. 通过点烟器插座提供

B. 通过电缆由蓄电池直接提供

C. 无需再添加电源连接线

4. 解码器开机后，显示屏上“H”字符的提示含义是( )。

A. 高度调整功能

B. 帮助功能

C. 温度调整功能

5. OTC VISION2 示波器对氧传感器进行测试时，必须使用高阻抗电缆的目的是( )。

A. 避免测试中产生瞬时高电压

B. 为了测试连线方便

C. 防止测试结果精度变差

6. 电控单元 ECU 的输入与输出信号主要有(　　)。

A. 数字信号

B. 模拟信号

C. 数字信号、模拟信号两种

三、简答题

1. 汽车专用万用表由哪些部分组成?

2. 简述汽车专用万用表的功能。

3. 简述利用汽车专用万用表测量喷油器占空比的方法步骤。

4. 解码器主要由哪些部分组成?

5. 简述发动机综合分析仪安全使用注意事项。

6. 示波器由哪些部分组成? 有哪些主要功能?

7. 示波器使用安全操作注意事项有哪些?

8. 发动机性能分析仪有哪些主要功能?

9. 发动机性能分析仪使用安全注意事项有哪些?

10. 常见的解码器有哪些类型?

单元二　电控发动机的构造与维修

学习目标

知识目标

1. 简单叙述各传感器的构造、工作原理和性能检测原理；

2. 正确描述电控发动机的组成及各组成部分的作用；

3. 正确描述各传感器作用、安装位置及性能检查内容。

能力目标

1. 能够安全正确拆装传感器；

2. 能够正确使用检测设备判断传感器的性能和控制电路。

1　概　述

1.1　电控发动机的组成及功能

电控发动机以电控单元（ECU）为控制核心，以空气流量和发动机转速为控制基础，以喷油器的喷油量、喷油时刻、发动机怠速和点火装置等为控制对象，保证获得与发动机各种工况相匹配的最佳空燃比和点火提前角，同时适时调整发动机怠速。电控发动机主要由空气供给系统、燃油供给系统、点火系统和电子控制系统所组成。

电控发动机的组成

空气供给系统将清洁适量的空气根据发动机工况的要求，定时供到气缸内，驾驶员可通过加速踏板对进气量进行控制。发动机进气量由空气流量传感器计量后，作为主要控制信号告知电控单元（ECU），据此确定汽油的基本喷射量。节气门关闭（怠速）时，进气量由电控单元（ECU）通过怠速阀控制。

燃油供给系统将具有一定压力的清洁汽油通过喷油器适时喷射到进气歧管内，系统油压由燃油压力调节器控制在规定的范围内，喷油量和喷射时刻均由电控单元(ECU)根据各传感器的信号确定。为了使发动机具有良好的低温起动性能，在冷车起动发动机时，冷起动喷油器由电控单元(ECU)或由温度—时间开关控制和主喷油器同时喷油。

电控发动机各系统的组成及主要功能

点火系统主要由电子点火组件、点火线圈、火花塞、高压线和电控单元(ECU)等所组成。

电子控制系统的核心部件是电控单元(ECU)，在发动机工作时，电控单元(ECU)接收各传感器的信号，经分析、比较、计算后，确定控制对象和范围，发出指令控制执行器，使发动机有最佳的进气量、空燃比、点火时刻，同时视情调节发动机怠速。

电控单元(ECU)根据转速、负荷和水温传感器的信号确定实际工况的最佳点火提前角，再由发动机转速传感器(曲轴位置传感器或凸轮轴位置传感器)确定活塞在气缸内的实际位置，并发出指令控制电子点火组件(电子点火器)，由电子点火组件完成点火线圈初级电路接通和断开的控制，从而在点火线圈次级绕组内产生出2万伏左右的高电压，高压击穿火花塞间隙产生电火花，点燃可燃混合气。

1.2 电控发动机的分类

电控发动机的分类

电控发动机的种类繁多，可按照喷油器安装位置、燃油喷射部位、喷射方式、喷射时序、控制方式和进气量检测方式的不同进行如下分类。

1.2.1 按喷油器安装部位分类

按喷油器安装部位不同可分为两类。

(1)电子控制单点汽油喷射系统(SPI)。单点喷射系统是指由安装在节气门体上的一只或两只喷油器(如图2-1a)所示)，向进气歧管中喷射汽油，与高速流动的空气相混合形成可燃混合气。由于这种喷射系统的喷油器安装在节气门体上对发动机各缸进行集中喷射，故又称之为集中喷射系统。

(2)电子控制多点汽油喷射系统(MPI)。多点喷射系统是指在每一个缸的进气门前均安装一只喷油器(如图2-1b)所示)，喷油器对各缸适时进行喷油。由于这种喷射系统中空气和汽油是在进气门附近形成混合气，因此，混合气向各缸的分配较均匀。

多点喷射系统有利于各缸可燃混合气浓度的控制；而单点喷射系统则有利于简化结构、降低成本、提高可靠性。

1.2.2 按汽油喷射部位分类

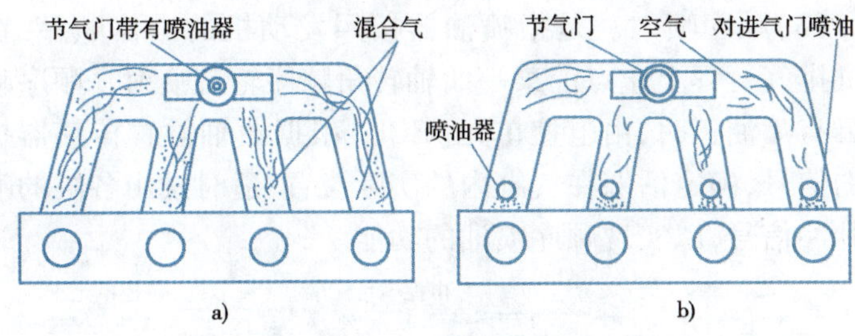

图 2-1 喷油器安装位置示意图

a）单点喷射系统；b）多点喷射系统

按喷射部位的不同可分为两类。

（1）缸内喷射。缸内喷射是将汽油直接喷入气缸内，它与柴油机的供油系很相似，但由于汽油较柴油粘度低，高压（3～4MPa）喷射困难很多，不仅制造成本高，且可靠性能差，故目前除了部分二冲程汽油机采用缸内喷射外，四冲程汽油机基本上都是采用缸外喷射。

（2）缸外喷射。缸外喷射是通过喷油器将具有一定压力（0.3～0.4MPa）的汽油，喷射到气缸外进气管内相应的部位。

1.2.3 按汽油喷射方式分类

按喷射方式的不同可分为两类。

（1）连续喷射方式。连续喷射方式大多应用于机械控制式或机电混合控制式汽油喷射系统中。在发动机运转期间汽油连续不断地由喷油器喷出，其喷油量的大小取决于系统压力的高低。也有部分电子控制单点喷射系统采用连续喷射方式，它都是将汽油喷射在进气道内，而且大部分汽油是在进气门关闭期间喷射的。因此，汽油是在进气道内蒸发并与空气形成可燃混合气。

（2）间歇喷射方式。也称为脉冲喷射方式，广泛地应用于现代电控汽油喷射系统中，在发动机运转期间汽油适时间歇地由喷油器喷出，其供油量的大小，在喷射压力一定的情况下，取决于喷油器针阀开启时间的长短，即电控单元（ECU）指令的喷油脉冲宽度的长短。

1.2.4 按汽油喷射时序分类

间歇喷射方式按喷射时序的不同又可分为同时喷射、分组喷射和顺序喷射三类，如图 2-2 所示。

（1）同时喷射。是指发动机在运转期间，各缸喷油器同时开启同时关闭，由电控单元（ECU）的同一个喷油指令控制所有的喷油器同时动作。

（2）分组喷射。是指将喷油器分成几组交替喷射，电控单元(ECU)发出指令,每路指令控制一组喷油器。

(3)顺序喷射。是指喷油器按照发动机的工作顺序,在各缸排气行程上止点前某一曲轴转角顺序轮流喷射。顺序喷射具有喷油正时,由电控单元(ECU)根据曲轴位置传感器提供的信号,确定活塞在气缸内的实际位置,适时发出各缸的喷油脉冲信号,以实现顺序喷油的功能。

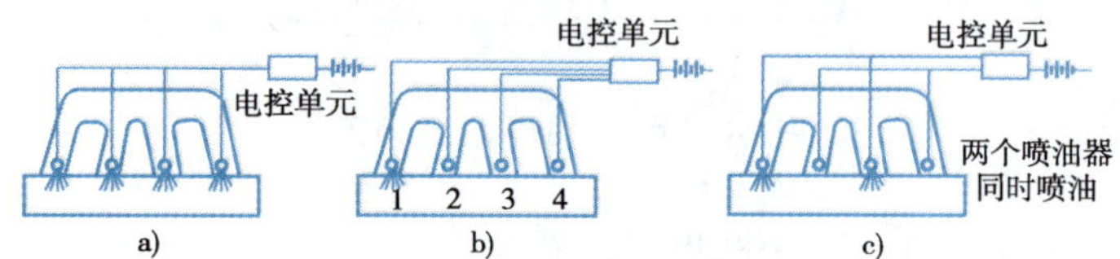

图 2-2 喷油器喷射时序
a)同时喷射;b)顺序喷射;c)分组喷射

1.2.5 按汽油喷射的控制方式分类

按照控制方式的不同可分为机械控制式(K 型)、机电混合控制式(KE 型)和电子控制式(EFI)三类。

(1)机械控制式(K 型)。早在 20 世纪 50 年代就运用于汽车上,属连续喷射方式,可为单点或多点喷射。该系统汽油的计量是通过机械传动与液力传动实现的。

为满足冷起动、暖机和全负荷等工况要求,K 系统还设有冷起动喷油器、暖机调节器、怠速稳定调节器及全负荷加浓器等装置,以便根据发动机不同工况对基本喷油量做修正。

(2)机电混合控制式(KE 型)。是在机械控制式汽油喷射系统的基础上加以改进的产品,它与机械控制式汽油喷射系统的主要区别在于,在燃油分配器上安装了一个由电控单元(ECU)控制的电液式压差调节器。

电控单元(ECU)根据水温、节气门位置等传感器的输入信号控制电液式压差调节器工作,通过改变燃油分配器燃油计量槽进出口油压差,以调节燃油供给量,达到对不同工况混合气空燃比修正的目的。

(3)电子控制式(EFI)。是根据各种传感器送至电控单元(ECU)的发动机运行状况信号,经分析、比较、计算后,发出控制喷油量和点火时刻等多种执行指令,通过对燃油喷射时间的控制调节喷油量,从而改变混合气的浓度,实现了空燃比的高精度控制。目前在汽车上得到了广泛应用。

1.2.6 按空气量的检测方式分类

按空气量检测方式的不同可分为歧管压力计量式(D型)、翼片式(叶片式)、卡门旋涡式(卡门旋涡超声波式和卡门旋涡光电感应式)、热线式和热膜式。翼片式、卡门旋涡

式、热线式和热膜式汽油喷射系统也称之为“L”型喷射系统，如图 2-3b)所示。

D 型电控发动机是通过检测进气歧管的真空度来间接测量发动机吸入的空气量，如图 2-3a)所示。广泛应用于德国大众系列车上。“D”是德文“压力”的第一个字母。由于空气在进气管内的压力波动，决定了该方法的测量精度较差。L 型电控发动机是利用空气流量计直接测量发动机吸入的空气量。“L”是德文“空气”的第一个字母。其测量精度高于 D 型，故可更精确地控制空燃比。

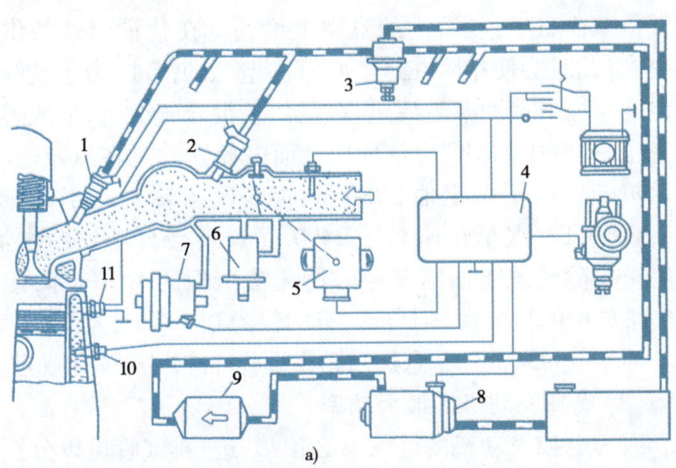

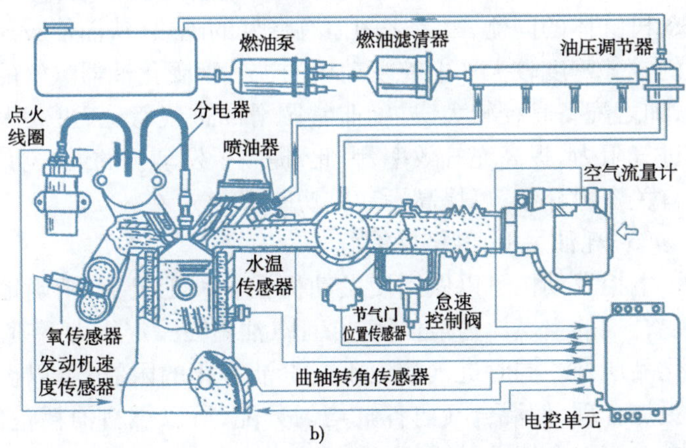

图 2-3　电子控制汽油喷射系统

a)EFI-D 型汽油喷射系统；b)EFI-L 型汽油喷射系统

1-主喷油器；2-冷起动喷油器；3-燃油压力调节器；4-电控单元(ECU)；5-节气门位置传感器；6-怠速控制阀；7-进气压力传感器；8-电动汽油泵；9-汽油滤清器；10-水温传感器；11-温度时间开关

1.3 电控发动机的优点

电控发动机与传统的化油器式发动机相比具有如下优点。

(1)降低排放污染。

汽油直接喷射系统,能根据发动机的各种不同工况迅速准确地提供与其相匹配的最佳空燃比,使汽油完全燃烧,同时与三元催化剂配合使用可以有效的减少CO、HC和NOx有害气体的排放量。尤其是在发动机急减速时,具有断油的功能。急减速时,节气门关闭,但发动机仍高速旋转,进入气缸内的空气量减少,进气歧管内的真空度增高。在化油器式的供油系统中,此时会使粘附在进气歧管内壁上的汽油,由于歧管内真空度急剧升高而蒸发后进入气缸,使混合气变浓,造成燃烧不完全,排气中的HC含量增加。而电控发动机在急减速时,发动机转速高于一定值(如Cherokee汽车转速高于2000r/min;TOYOTA汽车转速高于2400r/min),会自动切断供油,可完全排除传统化油器减速时所无法清除的HC气体,使其废气排放中的污染物小于1%,有的仅为0.5%,大大低于我国GB 3842—1993《汽油车怠速污燃物排放标准》中5%的规定。

电控发动机的5大优点

(2)提高发动机的最大功率。

因为电控发动机的进气不必预热,进、排气管可以分别布置在发动机缸体的两侧,如为了结构紧凑,进、排气管布置在发动机缸体的同侧,二者之间需有良好的隔热,从而使吸入气缸的空气密度较大。电控发动机的进气不受化油器喉管的限制,加之配备直径较大、过度非常圆滑的进气管道,可大大减小进气阻力,提高充气效率,因此,提高了发动机的最大功率。据有关资料介绍,可提高发动机功率10%左右。

(3)耗油量低,经济性能好。

电控发动机可以做到使发动机在各种工况下,精确地控制混合气的空燃比为最佳值,并且汽油是在一定压力下喷出,雾化品质好。同时进气管道不受汽油雾化的限制,可以设计的更加合理,使混合气向各缸均匀分配,所以燃料消耗量低。据有关资料介绍,油耗可降低10%左右。

(4)改善了发动机的低温起动性能。

化油器式发动机起动时,进气流速低,汽油供给量少,且雾化不好,发动机起动不良。而电控发动机内设有补充空气调节器和冷起动喷油器(冷起动阀),且汽油的供给量不受进气流速的限制,因此,可改善发动机的低温起动性能。

(5)怠速平稳,工况过渡圆滑,工作可靠,灵敏度高。

电控发动机由于计算机的运算速度极快,它能根据各个传感器输入的电信号迅速作出反应,及时而准确地将适量汽油喷入进气门附近,所以发动机的怠速稳定,加速性能好,工况过渡圆滑,操作灵敏度高,且故障率低,发动机电控单元(ECU)在10万千米内的故障率仅为千分之一。

2　电控发动机的控制电路分析

2.1　燃油系统控制电路

2.1.1　电动汽油泵的控制电路

电动汽油泵的控制电路

电动汽油泵为容积泵,即在转速一定的情况下,单位时间内的泵油量不变。要实现其泵油量与发动机的工作情况相适应,必须对电动机的转速和工作时间进行控制。其控制方式有以下三种,分别讨论其工作原理。

2.1.1.1　ECU控制。电控单元(ECU)对电动汽油泵的控制电路如图2-4所示。断路继电器是控制回路中重要的组成部分,其作用是在发动机运转时接通电源至油泵的电路。

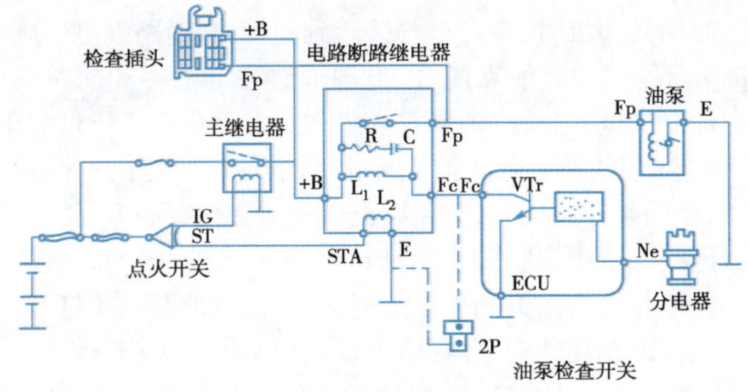

图2-4　ECU控制的油泵电路

当接通点火开关时,主继电器磁化线圈中有电流通过,触点闭合,电源向汽油喷射系统供电,电控单元(ECU)接收到点火开关闭合信号后,由于无转速信号输入,只控制汽油泵短时间工作(2~4s),使供油管路中的油压增高,为发动机起动作好准备。

起动发动机时,将点火开关转到起动档,接通断路继电器磁化线圈 L_2 的电路,在电磁吸力的作用下,使其触点闭合,电源通过主继电器和断路继电器向油泵供电。其电流为:电源正极→主继电器触点→断路继电器触点→油泵电机→搭铁回到电源的负极。电动汽油泵投入工作。

发动机在工作过程中，电控单元(ECU)接收到来自转速传感器的信号，使晶体管 T_r 导通，断路继电器中的磁化线圈 L_1 通电，在电磁吸力的作用下，使其触点继续保持闭合状态，电动汽油泵继续工作。

发动机停止运转时，由于主继电器磁化线圈断电，触点打开，切断电源向汽油喷射系统的供电回路，同时电控单元(ECU)中晶体管 T_r 截止，断路继电器触点打开，油泵电路中断，电动汽油泵停止工作。

2.1.1.2　油泵开关控制。其控制电路如图 2-5 所示。

接通点火开关，主继电器触点闭合，电源向燃油喷射系统供电。

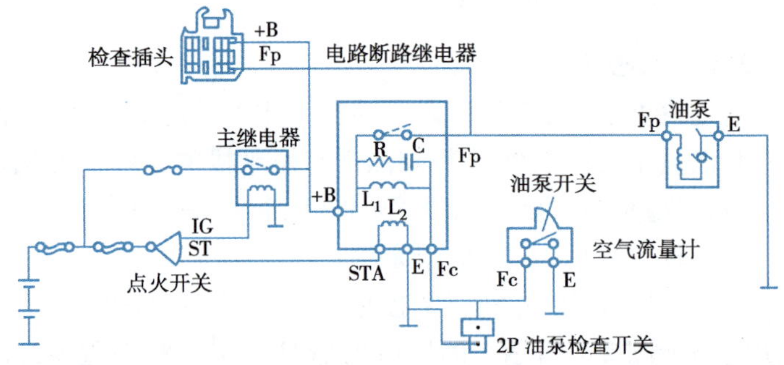

图 2-5　油泵开关控制的油泵电路

起动发动机时，将点火开关转到起动档，断路继电器磁化线圈 L_2 通电，使其触点闭合，电源通过主继电器和断路继电器向油泵供电，电动汽油泵投入工作。发动机在工作过程中，吸入发动机的空气流经空气流量计，空气流量计内的测量板转动，使油泵开关接通，断路继电器中的磁化线圈 L_1 通电，其触点继续保持闭合状态。发动机停止运转时，空气流量计测量板在复位弹簧张力的作用下复位，从而使油泵开关打开，断路继电器即刻切断油泵电路，电动汽油泵停止工作。

2.1.1.3　具有转速控制的油泵控制电路。其控制电路如图 2-6 所示。电路特点是在电控单元(ECU)控制电路的基础上增设了油泵控制继电器。

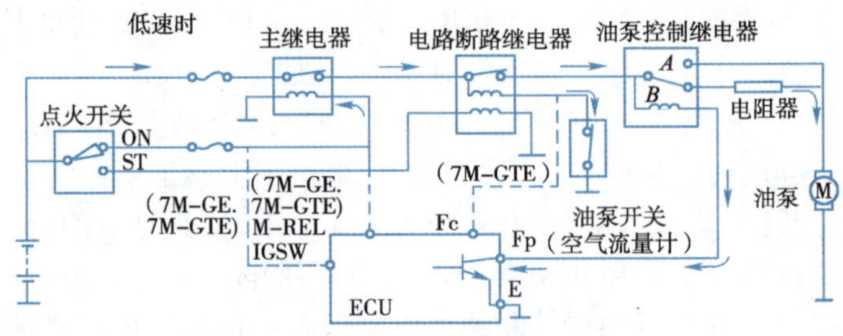

图 2-6　具有转速控制的油泵控制电路

接通点火开关,主继电器触点闭合,电源向燃油喷射系统供电。

当发动机在怠速或中小负荷下工作时,电控单元(ECU)发出指令接通油泵控制继电器磁化线圈的搭铁回路,磁化线圈通电,产生电磁吸力,使油泵控制继电器常开触点(*B*)闭合,此时的油泵电路为:电源正极→主继电器触点→断路继电器触点→油泵继电器触点 *B*→附加电阻→电动汽油泵→搭铁回到电源的负极。由于附加电阻串入电路,故油泵以较低的转速运转,噪声和供油量均较小。

当电控单元(ECU)通过接收的信号判断发动机为大负荷运转,需要适当加大供油量时,电控单元(ECU)发出指令切断油泵控制继电器磁化线圈的搭铁回路,在弹簧张力的作用下,继电器常开触点(*B*)打开,而常闭触点(*A*)复位(由打开转变为闭合),短路附加电阻。由于油泵电机的电流加大,转速提高,泵油量加大,从而满足了发动机大负荷工作对供油量的要求。

2.1.2　喷油器的控制电路

喷油器的控制电路

电控单元(ECU)对喷油器的控制形式有同时喷射控制、分组喷射控制和顺序喷射控制之分。控制内容主要有喷油时刻的控制和喷油量的控制。

2.1.2.1　喷油时刻的控制:

(1)同时喷射控制。同时喷射控制电路如图 2-7 所示。

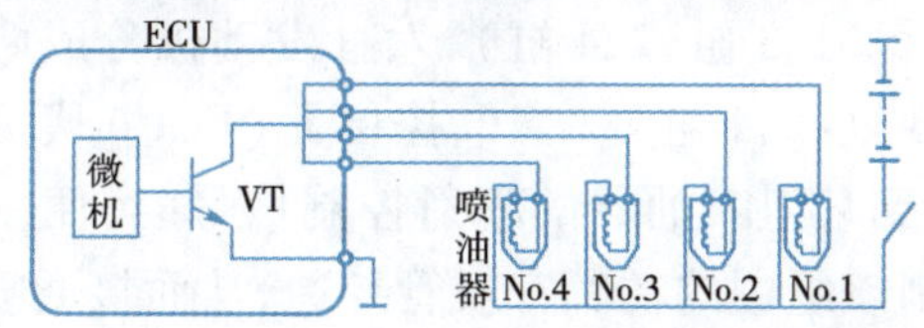

图 2-7　同时喷射控制电路

由图中可以看出,所有喷油器均为并联连接。当点火开关置于“ON”时,电源“+”极便同时加到四个喷油器电磁线圈的一端。电控单元(ECU)根据发动机转速传感器输送的喷油基准信号,向喷油器发出喷油控制指令,控制功率三极管的导通和截止,从而控制各喷油器电磁线圈的电路同时接通和切断,使各缸喷油器同时喷油。

通常曲轴每转 360°,各缸喷油器同时喷油一次。由于在发动机的一个工作循环中各缸同时喷油两次,因此,这种喷射方式也称之为同时双次喷射。两次喷射的汽油,在进气门打开时一起进入气缸。图 2-8 所示为同时喷射控制的喷油正时。

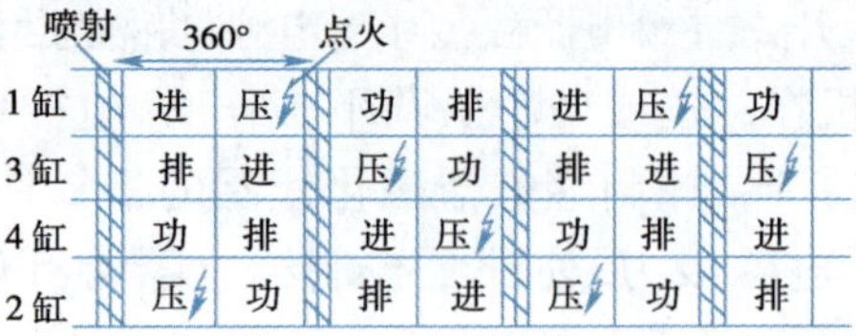

喷射
360°
点火
1缸 进 压 功 排 进 压 功
3缸 排 进 压 功 排 进 压
4缸 功 排 进 压 功 排 进
2缸 压 功 排 进 压 功 排

图 2-8　同时喷射控制正时图

由于这种喷射方式是所有各缸喷油器同时喷射，所以喷油正时与发动机进气、压缩、作功、排气的工作循环没有关系。其缺点是由于各缸所对应的喷射时间不可能最佳，会造成各缸的混合气形成不一样。但这种喷射方式不需要气缸判别信号，且控制电路结构和软件较为简单，因此，目前这种喷射方式仍有一定的应用。

（2）分组喷射控制。分组喷射控制电路如图 2-9 所示。

ECU
微机
VT1
VT2
喷油器
No.4
No.2
No.3
No.1

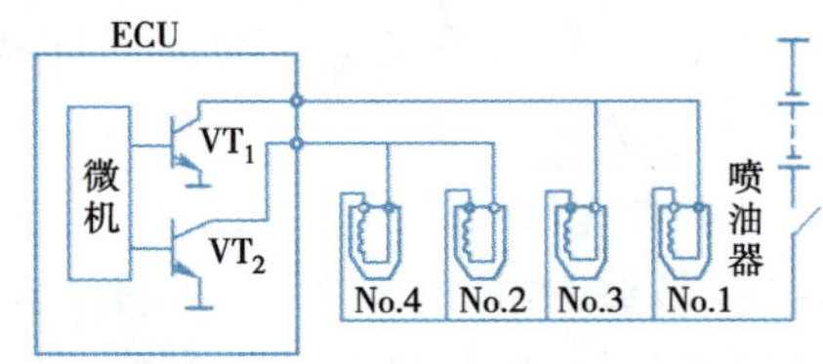

图 2-9　分组喷射控制电路

由图中可以看出，每组中的喷油器为并联连接，两组喷油器的搭铁回路分别由不同的功率三极管控制。一般是四缸发动机分成两组（1、3 缸，2、4 缸），六缸发动机分成两组或三组（1、5 缸，3、6 缸，2、4 缸）。当电控单元（ECU）从发动机转速传感器接收到某组喷油器的喷射控制信号时，便发出喷油控制指令，控制该组中的功率三极管导通，从而接通喷油器电磁线圈的电路，喷油器开始喷油。

发动机每一工作循环中，各缸喷油器均喷射一次或两次。一般多是发动机每转 360°，只有一组喷油器喷油。图 2-10 所示为分组喷射控制的喷油正时。

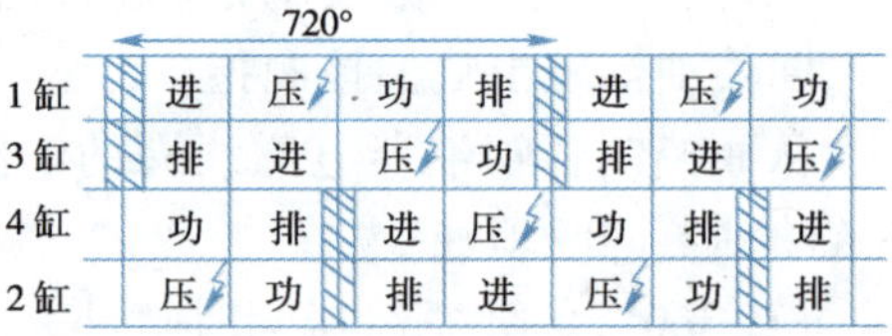

720°
1缸 进 压 功 排 进 压 功
3缸 排 进 压 功 排 进 压
4缸 功 排 进 压 功 排 进
2缸 压 功 排 进 压 功 排

图 2-10　分组喷射控制正时图

（3）顺序喷射控制。顺序喷射也称之为独立喷射。发动机一个工作循环中，各缸喷油器顺序依次轮流喷油一次，由于其控制精度高，目前在汽车上得到广泛的应用。北京切诺基

汽车发动机就是采用的顺序喷射控制。顺序喷射控制电路如图 2-11 所示。

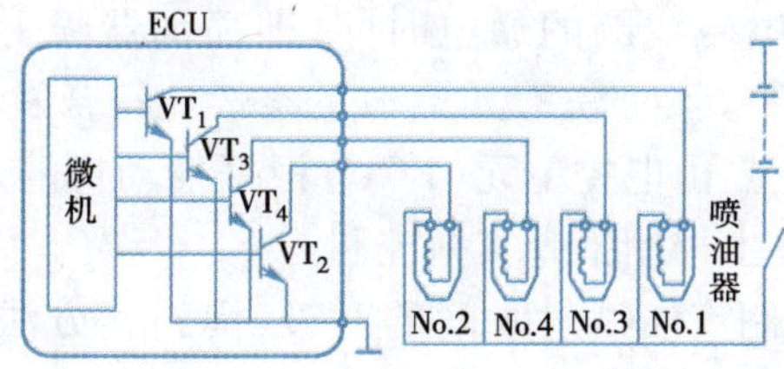

图 2-11　顺序喷射控制电路

由图中可以看出，顺序喷射控制各缸喷油器分别由电控单元（ECU）独立进行控制，控制电路数与发动机气缸数相等。

在顺序喷射控制中，电控单元通过发动机转速和曲轴位置传感器的信号，可以确定瞬间活塞在气缸内的具体位置，即是哪一缸正在向上止点运动，是压缩行程还是排气行程。当确知某缸在排气行程上止点前一定角度时，便向该缸发出喷油控制指令，与其对应的功率三极管导通，接通喷油器电磁线圈的电路，喷油器开始喷油。北京切诺基汽车发动机喷油时刻为排气行程上止点前 64°曲轴转角。喷油顺序为：四缸发动机 1—3—4—2；六缸发动机 1—5—3—6—2—4。图 2-12 所示为顺序喷射控制的喷油正时。

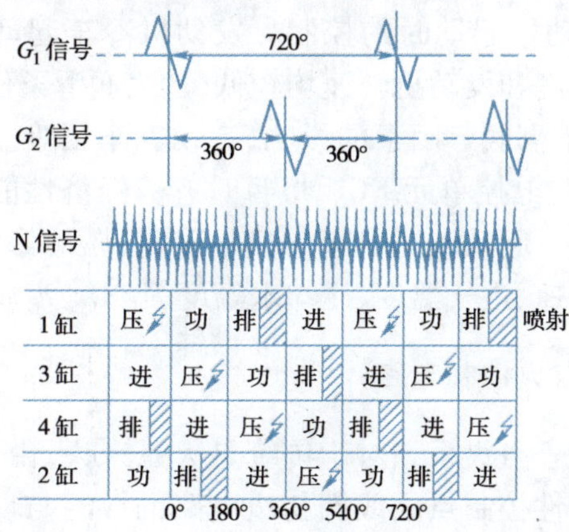

图 2-12　顺序喷射控制正时图

由于顺序喷射可以在最佳时间喷油，有利于混合气的形成，可提高发动机的动力性和燃油经济性，并降低排放污染，故目前在汽车发动机上得到广泛的应用。但是控制电路结构和软件较复杂。顺序喷射控制既适合进气歧管内喷射，也适用于气缸内喷射。

2.1.2.2　喷油量的控制：

在系统压力和喷油器针阀升程一定的情况下，喷油量的大小取决于电磁线圈的通电时间，即喷油器喷射持续时间。喷油量的控制其目的是使混合气的空燃比符合发动机燃烧的要求，实际上是由电控单元（ECU）根据发动机的运转工况及影响因素，发出控制指令实施控制。

ECU 控制汽油喷射时间的对策、措施和方法，不同生产厂家是不一样的。但基本控制理论相同。

汽油喷射持续时间的控制大致可分为两大类：一是发动机起动后运行时的控制，它是根据发动机吸入的空气质量计算得出的；二是发动机起动时的控制，它不是根据吸入空气质量计算得出的。

（1）发动机起动后的控制。发动机起动后，冷却水温度正常情况下的持续喷射时间，是以一个进气行程中填充气缸的空气质量为基准而计算的。一个进气行程填充气缸的空气质量，由进气压力传感器（D 型）或空气流量传感器（L 型）信号检测确定。在基本喷油量被确定的基础上，电控单元 ECU 在根据发动机转速传感器、冷却水温度传感器、进气温度传感器、氧传感器和爆震传感器等信号，对喷油量作进一步修正，即考虑到发动机动力性、经济性，又兼顾相应性和排气净化等性能。

（2）发动机起动时的控制。发动机冷车起动过程中，由于冷却水温度和发动机转速均较低，加之润滑条件、混合气质量差，排放不彻底等因素的影响，起动着车困难。因此，在起动发动机时，电控单元 ECU 将暂时忽略经济性能，适当增大燃油喷射量。起动工况由起动信号确定，燃油修正信号主要有发动机转速、进气温度、冷却水温度等。

2.2　点火控制电路

点火控制电路简述

普通电子点火系相对于传统点火系来说，由于利用晶体管的开关特性控制点火线圈初级电路的导通与切断，取消了分电器内的断电器，增加了闭合角控制，动、静态控制等，使点火系的性能有了很大的提高。但普通电子点火系对点火提前角的调整，仍采用真空和离心式机械点火提前机构控制，其调整精度距发动机最佳点火提前角的要求相差很远。离心和真空式点火提前角调整机构工作时，对点火提前角的调整量和发动机在转速和负荷变化时理想点火提前角的改变量如图 2-13 所示。从图中可以看出，普通电子点火系不能很好地满

足发动机对最佳点火提前角的要求。

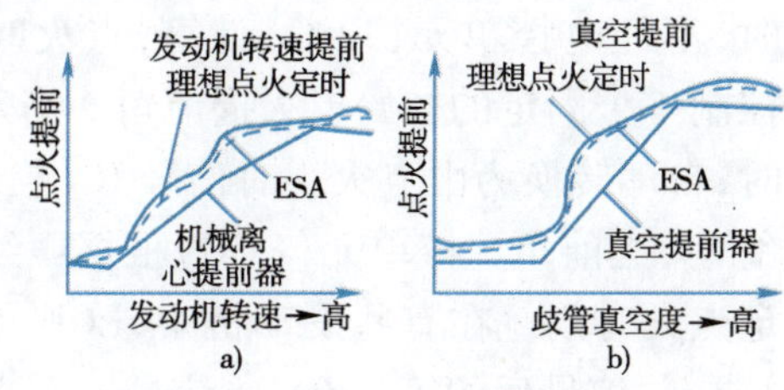

图 2-13　发动机转速及歧管真空度对点火提前角的影响
a）转速对点火提前角的影响；b）歧管真空度对点火提前角度的影响

影响发动机点火提前角的因素除转速和歧管真空度以外，还有燃烧室的形状、发动机温度、空燃比、燃油品质、大气压力等。因此，在发动机工作过程中，调整点火提前角始终为最佳值，普通电子点火系是无法实现的。电子控制汽油机点火系统，废除了真空和离心式点火提前装置，提前角由电控单元（ECU）控制，从而使发动机在各种工况下都有最佳的点火提前角，提高了发动机的动力性和经济性，且保证排放污染为最小。

2.2.1　微机点火系统的组成

微机控制点火系统主要由电控单元（ECU）、执行器（电子点火器）、点火线圈、火花塞和各种传感器组成。如图 2-14 所示。可分为有分电器和无分电器两种点火系统。无分电器点火系统又有同时点火和单独点火方式之分。

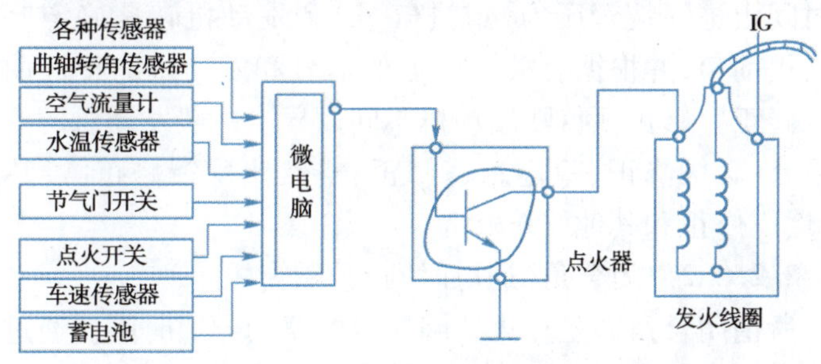

图 2-14　电控点火系统的组成

2.2.2　点火提前角和闭合角的控制

微机点火系统的组成及点火控制

点火控制包括点火提前角控制、闭合角控制和爆震控制三个方面。闭合角控制即是对点火线圈初级绕组通电时间的控制。下面分别讨论点火提前角控制和闭合角控制的控制方法。

2.2.2.1　点火提前角控制：

在点火提前角控制系统中，根据有关传感器送来的信号，电控单元（ECU）计算出最佳的点火时刻（即点火提前角），输出点火正时信号(IGt信号),控制电子点火器实现点火。在发动机起动时,不经电控单元(ECU)计算,点火时刻直接由传感器信号控制一个固定的初始点火提前角。当发动机转速达到一定值时,自动转换为由点火正时信号IGt控制。

(1)初始点火提前角。控单元(ECU)根据压缩行程上止点的位置确定点火时刻。在有些发动机中,ECU把曲轴位置传感器中G_1或G_2信号后的第一个Ne信号过零点定为压缩行程上止点前10°曲轴转角,在ECU计算点火时刻时,就把这一点作为参考点,这个角度就称作初始点火提前角,其大小随发动机不同而异,如图2-15所示。

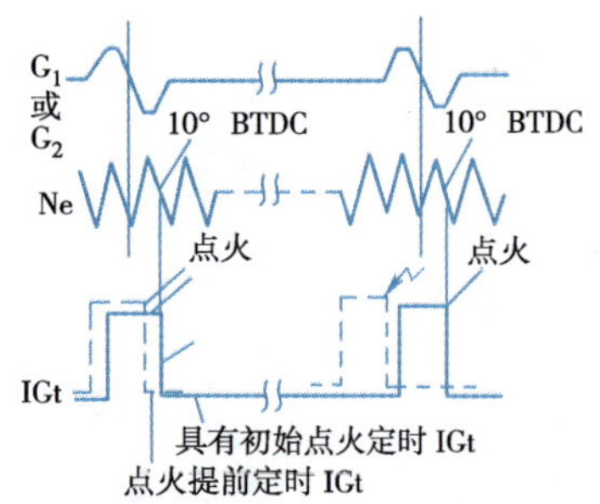

图2-15　初始点火提前角

(2)点火提前角的计算。发动机工作时,电控单元(ECU)根据进气歧管压力(或进气量)和发动机转速,从存储器储存的数据中找到相应的基本点火提前角,再根据有关传感器信号值加以修正,便得出实际点火提前角,计算方法如图2-16所示。

实际点火提前角=初始点火提前角+基本点火提前角+修正点火提前角(或延迟角)。

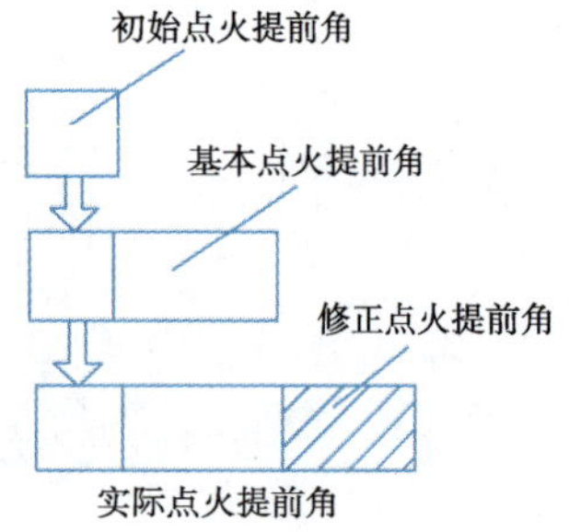

图2-16　点火提前角的计算

(3)点火提前角的控制。点火提前角的控制包括两种基本情况:一是起动时的点火提前角控制:发动机在起动时,以固定的初始点火提前角点火,与发动机的工况无关。二是起动后发动机正常工作期间的点火提前角控制:正常工作中,点火时间由进气歧管压力(或进气量)和发动机转速确定基本点火提前角,并根据有关传感器的信号和发动机的特性曲线加以修正。修正项目随发动机不同而异。一般发动机的修正项目有:暖机修正、稳定怠速修正、空然比反馈修正、过热修正、爆震修正和其他修正。

2.2.2.2　闭合角(通电时间)控制:

所谓闭合角即是点火线圈初级电路的导通时间。通过对电子点火系的学习我们已经知道,对电感储能式电子点火系来说,当点火线圈的初级电路被接通后,初级电流是按指数规律增长的,变化关系为:

$$i_1=\frac{U_e}{R}(1-e^{-\frac{Rt}{L}})$$

从公式中可以看出,当时间趋于无穷大时,初级电流趋于一恒定值(也是最大值)。但在工作过程中,初级电路被切断时的电流并非是其最大值,电能转换成为磁场能的多少与电路切断时电流(称之为初级断开电流)的平方成正比,初级断开电流的大小取决于初级电路的导通时间—即闭合角的大

小。初级电路导通时间(通电时间)越长—即闭合角越大,初级断开电流越大,能量转换越多(即点火能量越大),点火越可靠。但闭合角不但影响点火电压的高低,而且对电子点火器[或电控单元(ECU)内的开关控制电路]中的大功率晶体管的消耗和点火线圈的发热量有严重的影响。闭合角过大会由于功率管和点火线圈的发热量增加而带来一些负面影响。

然而发动机转速的变化,会带来点火周期的增长和缩短,从而使点火线圈的通电时间增长和缩短。同时,电源电压的变化也对初级断开电流的大小有影响,当蓄电池电压下降时,在相同的通电时间内,初级电流减小,因此,在电源电压发生变化时,必须对闭合角(通电时间)进行修正。图 2-17 所示为蓄电池电压与通电时间之间的关系。

综上所述,为了消除由于发动机转速和电源电压的变化而带来点火特性的变化,点火控制系统应能在发动机工作过程中根据其实际工况自动调节点火线圈的通电时间。使发动机在任何转速下,都能保持有足够的点火能量,而又不会对控制电路和点火线圈造成威胁。

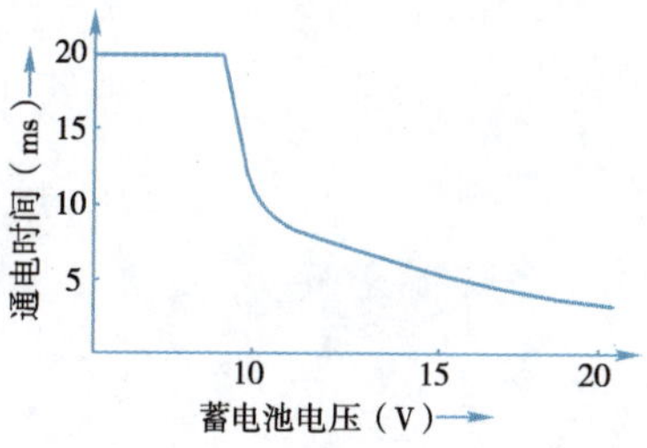

图2-17　蓄电池电压与通电时间之间的关系

在电子控制点火系中,为了减小转速对点火电压的影响,提高点火能量,采用了初级线圈电阻很小的高能点火线圈,其电流最大值可达 30A 以上。为了防止初级电流过大烧坏点火线圈,在点火控制系统中增加了恒流控制电路,保证发动机在任何转速下初级电流都能达到规定值(7A),改善了点火性能。图 2-18 所示为具有恒流控制电路的电子控制系统。

2.2.3　发动机爆燃的控制

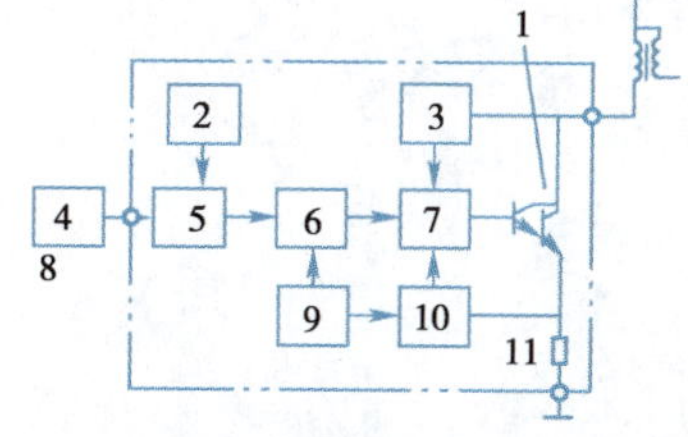

图2-18　具有恒流控制的点火控制电路
1-达林顿功率管;2-偏流回路;3-过电压保护电路;4-电磁敏感元件;5-整形电路;6-通电率发生电路;7-放大电路;8-发火器;9-通电率控制电路;10-恒定电流控制电路;11-电流检测电阻

汽油发动机是利用火花塞跳火将混合气点燃,火焰在燃烧室内不断传播进行燃烧。火焰在传播过程中,如果气缸内压力出现异常升高,一些部位的混合气不等火焰到达,自行着火瞬间爆发燃烧,这种现象称之为爆震燃烧(简称爆燃)。发动机爆燃的主要危害是:一是噪声大。爆震燃烧时,气缸内伴随有压力波产生,当压力波与缸壁相撞时,便发出类似发动机敲缸的声音,使其工作噪声增大。二是发动机工作过程中如果持续产生爆震,火花塞电极或活塞就可能产生过热、熔损等现象,造成严重地机械损伤。爆震燃烧还会带来发动机动力性和经济性的下降,因此,必须防止发动机爆燃的产生。

试验证明发动机发出最大功率时的点火时刻在开始产生爆燃时刻的附近。无论传统点火系、电子点火系还是电子控制点火系,为了使发动机在最恶劣的条件下,也不产生爆燃,其点火时刻均应设定在爆燃边缘并留有一定的余量。无爆燃控制的点火系统所留余量必须大些，但过大的余量会因点火过晚使发动机的功率降低，燃油消耗量增加。爆燃控制系统则能实现使发动机发出最大功率而又避免爆燃的发生。

发动机爆燃的控制

避免发动机爆燃的方法有：①采用抗爆性能好的汽油；②改进燃烧室的结构；③加强冷却水循环；④减小点火提前角等。电子控制点火系统中，即是利用减小点火提前角的方法防止爆燃的发生。爆燃与点火时刻之间的关系如图 2-19 所示。

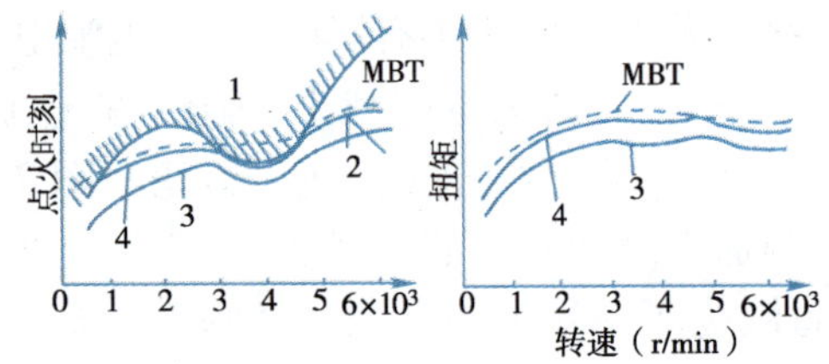

图 2-19 爆燃与点火时刻之间的关系

1-爆燃范围；2-余量幅度；3-无爆燃控制时；4-有爆燃控制时

电控发动机是根据爆震传感器的信号确定爆震的发生和强度，进而发出指令调整点火提前角的方法来控制爆震的。控制原理如图 2-20 所示。

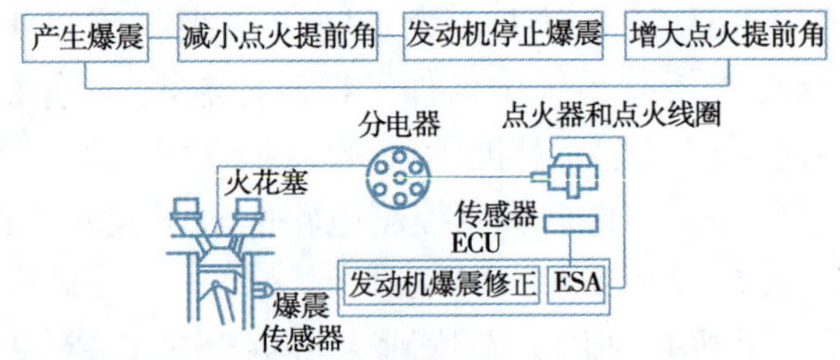

图 2-20 爆震控制的基本原理

在发动机工作过程中，不同振动频率的振动，传感器产生不同的电压信号，当发动机发生爆燃时，爆震传感器的感应性能最好，产生的信号电压最大，如图 2-21 所示。因来自爆震传感器的信号中含有各种不同的频率，因此，首先须经滤波电路将爆燃信号与其它振动信号分离，只允许特定范围频率的爆燃信号通过滤波电路，再将此信号的最大值与爆震强度基准值进行比较，如大于基准值，则将爆震信号电压输入到电控单元（ECU），表示已发生爆燃，由电控单元（ECU）进行处理后发出控制指令。电控单元（ECU）对爆燃现象的判断原理如图 2-22 所示。

在发动机强烈振动时，为了只检测爆燃信号，防止发生错误的爆燃判断，爆燃信号的输入并非随时进行。它有一个判

断范围如图 2-23 所示，只限于判断发动机点火后爆燃可能发生时的振动，在这个范围内，爆震传感器的信号才被输入比较电路。

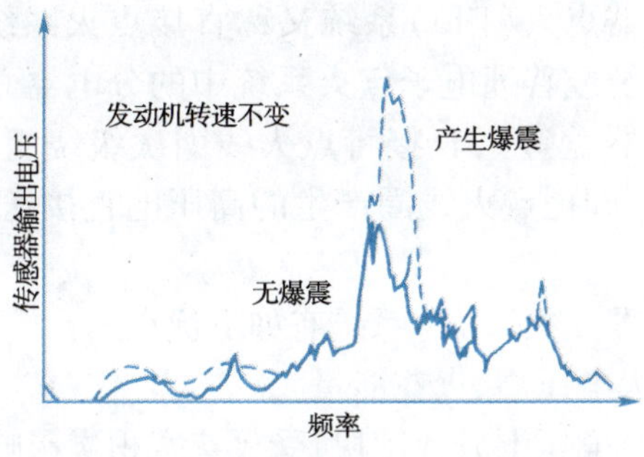

图 2-21　爆震传感器检测频率与输出电压

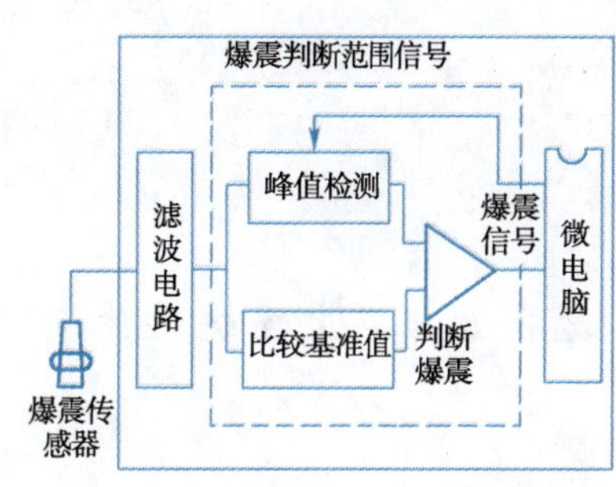

图 2-22　爆燃现象的判断原理

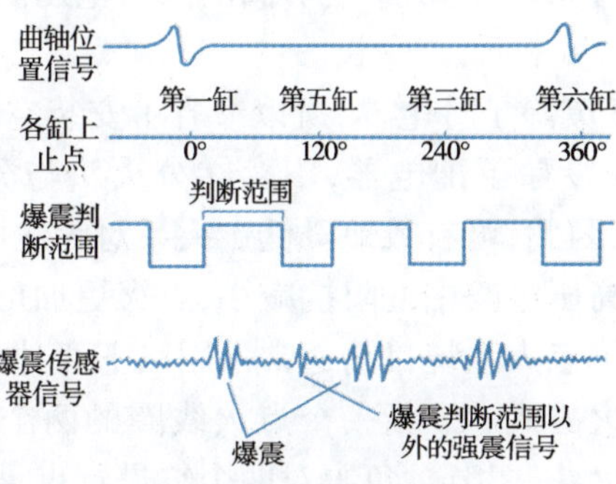

图 2-23　爆燃判断的范围

爆震强度的判断：爆震强度以超过基准值的次数来衡量，超过次数越多，则爆燃强度越大；反之，则爆燃强度越小，电控单元（ECU）对爆燃强度的判断如图 2-24 所示。电控单元（ECU）将根据爆燃强度的大小确定点火提前角调整的幅度。当爆燃消失后，恢复正常的点火提前角。

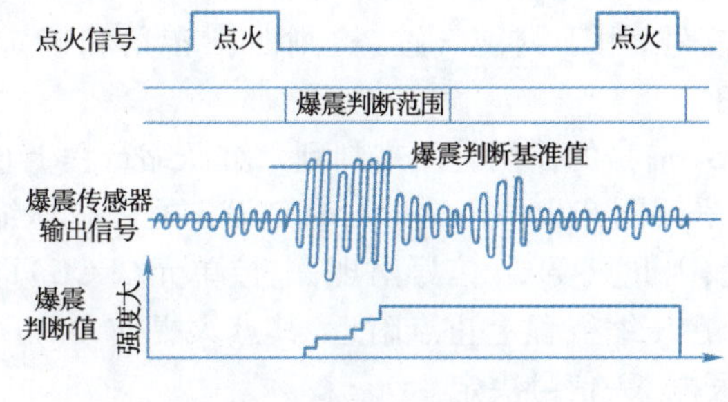

图 2-24　爆燃强度的判断

2.2.4　典型电控点火系统

汽油发动机电控点火系统有无分电器点火和有分电器点

火之分。无分电器点火(DLI)系统较有分电器点火系统性能优越,但有分电器点火系统较无分电器点火(DLI)系统结构和工作原理简单。

无分电器点火(DLI)系统又称直接点火系统,它取消了传统点火系统或普通电子点火系统中的分电器总成(包括分火头和分电器盖等),直接将点火线圈次级绕组的两端与火花塞相连接,即把点火线圈产生的高压电直接送至火花塞进行点火。

无分电器点火系统的优点

无分电器点火(DLI)系统有如下优点:

(1)点火电压高,火花能量大。

(2)点火电压上升速度快,受火花塞积炭影响较小。

(3)改善了传统点火系的点火特性,在发动机低速起动和高速运转时间,均能供给足够高的点火电压。

(4)维护频率低,寿命长。

(5)由于废除了分电器,所以节省了安装空间。

(6)由于废除了配电器,不存在分火头与分电器旁电极间的电火花,因此,可有效地降低点火系对无线电的干扰。同时因点火系高压电路中的阻抗减小,点火更加可靠。

无分电器点火系统目前通常采用以下两种方式:

同时点火方式——指一个点火线圈的两个高压输出端,分别与两个火花塞相连,负责对两个缸进行点火,即两个缸共用一个点火线圈。

单独点火方式——指每个气缸配用一个点火线圈单独进行点火。

2.2.4.1 无分电器同时点火方式:

下面以丰田(TOYOTA)皇冠汽车为例分析无分电器同时点火系统的基本控制原理。其控制电路如图2-25所示。曲轴位置传感器可向电控单元(ECU)输出G_1、G_2和Ne三个信号,用于判别气缸、检测曲轴转角和确定初始点火提前角。

(1)G_1信号的作用是用来判别六缸压缩行程上止点的位置:G_1信号线圈产生电压波形的时刻设定在六缸压缩行程上止点附近,因此只要G_1信号出现,电控单元(ECU)即可断定为六缸处在压缩行程上止点附近,其点火提前角和闭合角仍由ECU根据Ne信号决定。

(2)G_2信号与G_1信号波形相同,但两信号相隔180°(360°曲轴转角)。因此,其作用是用来判别一缸压缩行程上止点的位置,即当G_2信号出现时,表示一缸在压缩行

程附近，点火提前角和闭合角由电控单元（ECU）Ne 信号决定。

（3）Ne 信号的转子上有 24 个齿，每旋转一周（发动机旋转两周）产生 24 个信号，其波形与 G_1 和 G_2 信号波形基本相同。每个 Ne 信号波形表示 15°凸轮轴转角（即 30°曲轴转角），由于每个波形表示的曲轴转角过大，点火控制会引起较大误差，因此需要通过转角脉冲发生器将传感器一转 24 个脉冲转变成为 1440 个脉冲，即每个 Ne 波形表示 0.5°曲轴转角，从而提高了点火提前角和闭合角的控制精度。实际点火控制就是以 G 信号为基准信号，根据 Ne 信号确定点火提前角和闭合角。

在起动发动机的瞬间，如果已超过了 G_1 信号的产生期，而 G_2 信号的产生期又未到，此时电控单元（ECU）将无法判别气缸，因此，必须等到 G 信号产生判别气缸的信号后，电控单元（ECU）才能执行点火控制。

（4）电控单元（ECU）通过曲轴位置传感器接收到 G_1、G_2、Ne 信号后，向电子点火器输出 IGt、IGdA、IGdB 三个信号。其中 IGt 信号是点火正时信号，IGdA 和 IGdB 信号是 ECU 输送给点火器的判断信号，它存于电控单元的存储器中，如图 2-26 所示。电控单元（ECU）根据 G_1、G_2、Ne 信号查表选择 IGdA 和 IGdB 的信号状态（见表 2-1），以确定各缸的点火顺序。

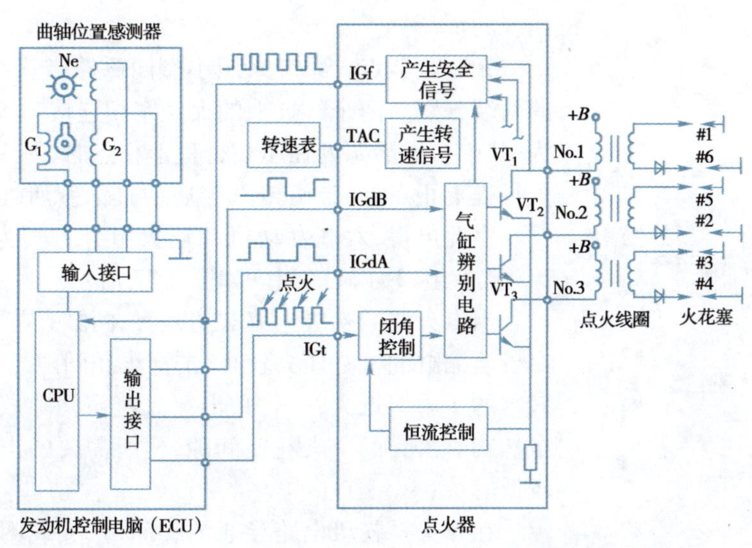

图 2-25　丰田（TOYOTA）皇冠汽车无分电器点火系统

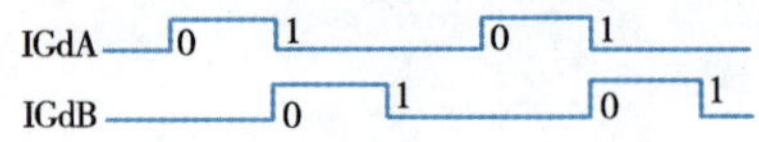

图 2-26 IGdA 和 IGdB 信号

IGdA 和 IGdB 的信号状态 表 2-1

点火线圈 \ 信号状态	IGdA	IGdB	结果	点火线圈 \ 信号状态	IGdA	IGdB	结果
No.1 No.6	0	1	点火	No.5 No.2	0	0	点火
No.3 No.4	1	0	点火				

电子点火器中的气缸判别电路根据输入的 IGdA 和 IGdB 的信号状态，决定接通哪条驱动电路，并将点火正时的 IGt 信号送往与此驱动电路相连接的点火线圈，由点火线圈产生高电压完成某缸的点火。例如，当输入的 IGdA 和 IGdB 的信号状态分别为 0 和 1 时，气缸判别电路使 VT_1 管导通，ECU 将点火正时信号送往一缸和六缸的点火线圈。当输入的 IGdA 和 IGdB 的信号状态分别为 0 和 0 时，气缸判别电路使 VT_2 管导通，ECU 将点火正时信号送往五缸和二缸的点火线圈。同样当输入的 IGdA 和 IGdB 的信号状态分别为 1 和 0 时，气缸判别电路使 VT_3 管导通，ECU 将点火正时信号送往三缸和四缸的点火线圈。

在点火系完成正常点火的同时，电子点火系向电控单元(ECU)反馈 IGf 点火确认信号，即将点火线圈初级电路通、断的信号反馈给电控单元(ECU)。在发动机工作过程中，当 IGf 点火确认信号连续 3～5 次无反馈时，电控单元(ECU)则判断为点火系有故障，发出指令强制停止喷油器工作，以免造成缸内喷油过多，使发动机再次起动困难或加大三元催化剂系统的负荷。

无分电器点火系统采用小型闭磁路点火线圈，次级绕组的两端分别与两个气缸上的火花塞相连接。气缸的组合原则为：其中一缸活塞处在压缩行程上止点时，另一缸活塞处在排气行程上止点，曲轴旋转 360°后两缸活塞所处的行程正好相反。由此可得，六缸发动机的点火组合方式为：1、6 缸一组，2、5 缸一组，3、4 缸一组。如图 2-27 所示。

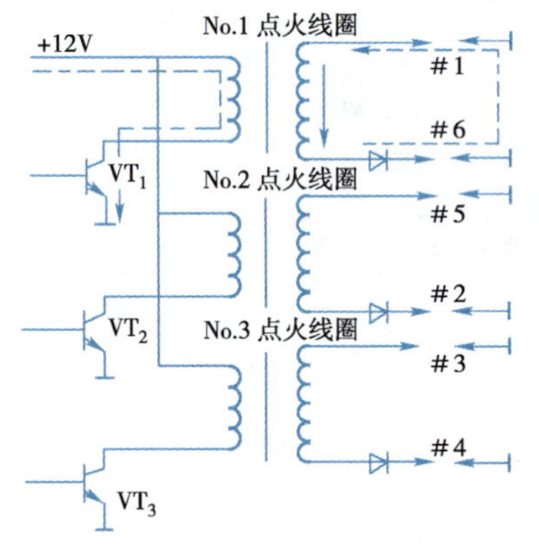

图 2-27 六缸发动机的点火组合方式

当点火线圈初级电路被切断时，两缸火花塞同时跳火，但由于压缩缸的气缸压力较高，击穿火花间隙放电较为困难，排气缸的压力接近大气压力，击穿火花塞间隙放电容易，因此，虽然同时击穿两个火花塞间隙，但所需要的击穿电压增高却较低。

在点火系初级电路导通的瞬间，点火线圈次级绕组内产生 1500V 左右的高电压，此时活塞正处在进气行程末期与压缩行程初期之间，气缸内压力较低，火花塞间隙容易击穿，若

火花塞在此时跳火,则发动机不能正常运转,并会产生回火现象。为了避免此现象的发生,电路中设置有高压二极管。当初级电路导通时,次级绕组产生的1500V高压反向加在二极管的两端,二极管截止,高压无法使火花塞跳火。当大功率管截止时,次级绕组产生高电压,二极管导通,可使火花塞顺利地跳火。

2.2.4.2　无分电器单独点火方式:

无分电器单独点火方式在德国1983年开发并采用。这种点火方式特别适合在四气门发动机上应用,如图2-28a)所示。从图中可以看出,火花塞安装在两根凸轮轴的中间,每缸火花塞上直接压装一个点火线圈,在布局上很容易实现。

图2-28b)所示为奥迪汽车四气门五缸发动机点火线圈的安装情况。每个点火线圈通过导向座用螺钉固定在气缸的盖板上,然后再扣压到各缸火花塞上。

单独点火方式的控制电路

无分电器单独点火方式的控制电路基本相同,但随车型不同也存在一些差异。图2-28c)所示为日产公司无分电器点火系的电路控制原理图。它主要由各缸分别独立的点火线圈和电子点火器及电控单元(ECU)、火花塞等所组成。各缸点火线圈的初级绕组分别由电子点火器中的一个大功率管控制。整个点火系统的工作由ECU控制。发动机工作时,电控单元(ECU)根据曲轴位置及发动机转速传感器、空气流量传感器、冷却液温度传感器、爆震传感器、点火开关等有关输入信号,与存储器中储存的数据相比较,并经分析、计算后适时地向电子点火器输出点火信号,由电子点火器中的大功率管分别接通与切断各缸点火线圈的初级电路,在点火线圈次级绕组中产生出高电压,击穿火花塞间隙,点燃可燃烧混合气。

图2-28d)所示为奥迪五缸发动机采用的无分电器点火系统的电路控制原理图。该点火系中的五个点火线圈分别由两个电子点火器N122和N127控制。其中N122控制1、2、5缸的点火,N127控制3、4缸的点火。两电子点火器由电控单元(ECU)控制。控制原理与日产公司无分电器单独点火系统基本相同,不再重复。

单独点火方式的优点

单独点火方式的优点是:

(1)由于无机械分电器和高压导线,因而能量损失、漏电损失小,各缸的点火线圈和火花塞均由金属罩包覆,其电磁干扰大大减小。

(2)由于采用了与气缸数相同的特制点火线圈,该点火线圈的充放电时间极短,能在发动机转速高达9000r/min时,提供足够的点火电压和点火能量。

(3)由于无机械分电器,又恰当地将点火线圈安装在双凸轮轴的中间,充分利用了有限空间,因而节省了发动机周围的安装空间,使其结构更加紧凑,安装更加合理。

2.3 怠速控制电路

所谓发动机怠速是指发动机在无负荷情况下的最低稳定转速。发动机在怠速工况下工作时,只需克服其内部各运动副之间的摩擦阻力,而对外无输出功率。但发动机怠速的高低,不但对燃油消耗有严重的影响(实践证明,在交通密度大的道路上行车,怠速油耗约占30%),而且对发动机的排放污染、暖机时间和使用寿命等也有一定程度的影响。因此,使发动机在各种工况下能自动调节其怠速具有十分重要的意义。一般在以下几种情况下需要提高发动机怠速(也称发动机快怠速)。

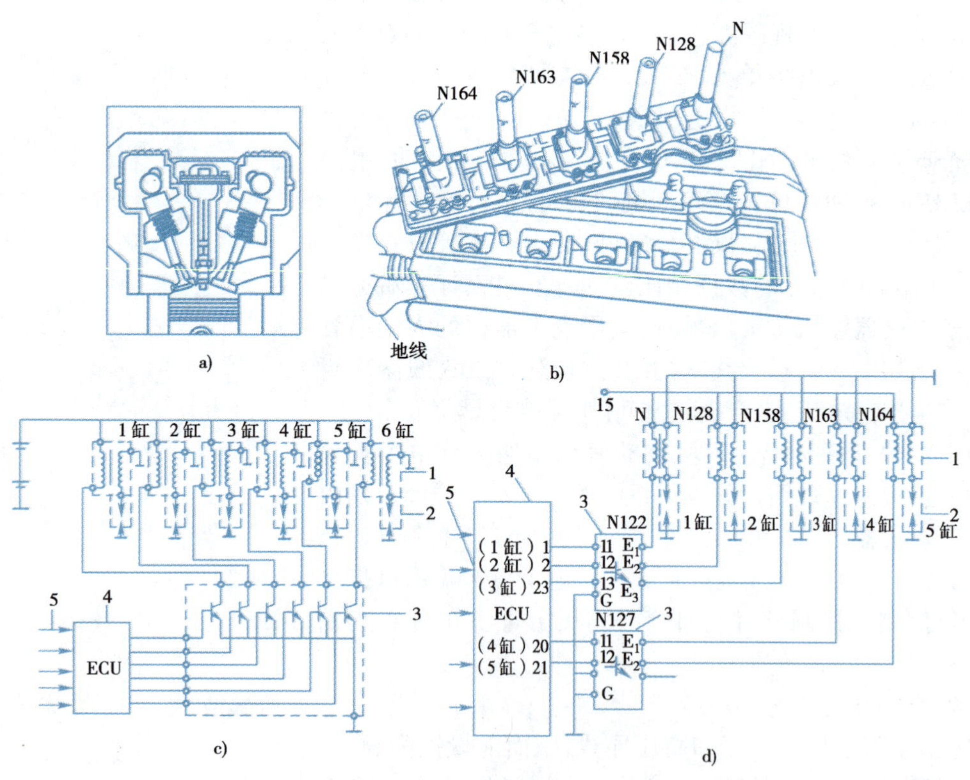

图2-28 无分电器单独点火系统

1-点火线圈;2-火花塞;3-点火器;4-发动机ECU;5-各传感器和开关输入信号

(1)发动机起动后,冷却水没有达到正常温度之前,应自动提高发动机的怠速。以免发动机运转发抖、不稳或停转,同时缩短暖机时间。

(2)在发动机怠速运转使用空调时,由于发动机负荷加大,需要自动提高发动机怠速,以免发动机由于负荷加大而停转。

(3)对动力转向伺服机构来说,在发动机低速转向行驶时,需自动提高发动机怠速,使转向轻便、可靠。

(4)在发动机转速急剧降低到怠速时,需要不同程度地自动提高发动机怠速,以免急抬加速踏板时发动机停转,同时减少排放污染。

2.3.1 发动机怠速控制的组成及分类

怠速控制的实质是对怠速时新鲜充气量的控制。燃油喷射量按照充气量的多少增减,以达到适宜的空燃比。

怠速控制的方式随车型有所不同,对电控发动机来说,目前可分为两种类型:一是控制旁通空气道的空气流量,称之为“旁通空气道式”;二是直接控制节气门的开度,称之为“节气门直动式”。怠速控制方式如图 2-29 所示。

发动机怠速控制系统的组成见表 2-2。

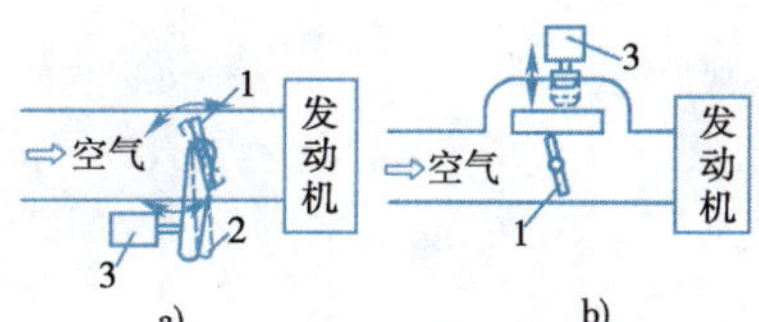

图 2-29 发动机怠速控制方式

a)节气门直动式;b)旁通空气道式

1-节气门;2-节气门操纵臂;3-执行元件

发动机怠速控制系统的组成 表 2-2

组件		功能
传感器	转速传感器(Ne)信号	检测发动机转速
	节气门位置传感器	检测发动机怠速状态
	冷却水温度传感器	检测发动机冷却水温度
	起动开关信号	检测发动机的起动工况
	空调开关(A/C)信号	检测空调的工作状态(ON 或 OFF)
	车速传感器	检测汽车行驶速度
	空档起动开关(P/N)	检测换档手柄位置
	液力变矩器负荷信号	检测液力变矩器的负荷变化
	动力转向开关信号	检测动力转向装置的工作状态
	发电机负荷信号	检测发电机负荷的变化
执行器	怠速控制阀	控制节气门旁通空气道的流通面积
电控单元 ECU		根据各传感器输入的信号,把发动机的实际转速与各传感器信号所确定的目标转速进行比较。根据比较得出的差值,确定相当于目标转速的控制量,驱动执行机构,使怠速保持在目标转速上

2.3.2 发动机怠速控制的工作原理

2.3.2.1 旁通空气道式。图2-30所示为旁通空气道式怠速控制原理图，在节气门附近的旁通空气道内设置有一阀

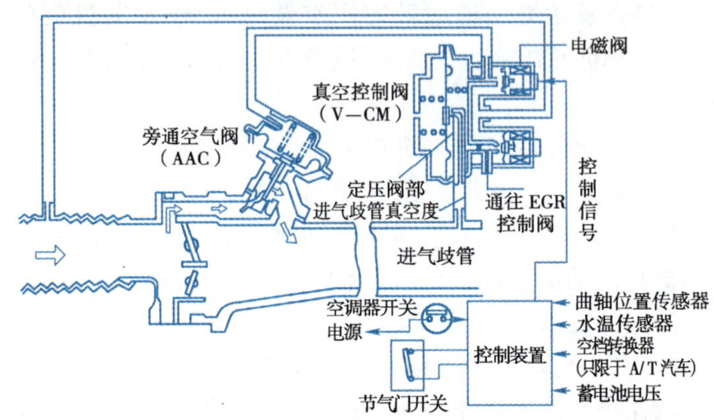

图2-30 发动机怠速控制原理图

门（怠速阀）。阀门（怠速阀）的开度直接控制旁通空气道的流通面积，阀门开度增大，旁通空气道截面积增大，则怠速提高；反之，则怠速降低。怠速阀的控制方式有以下几种：

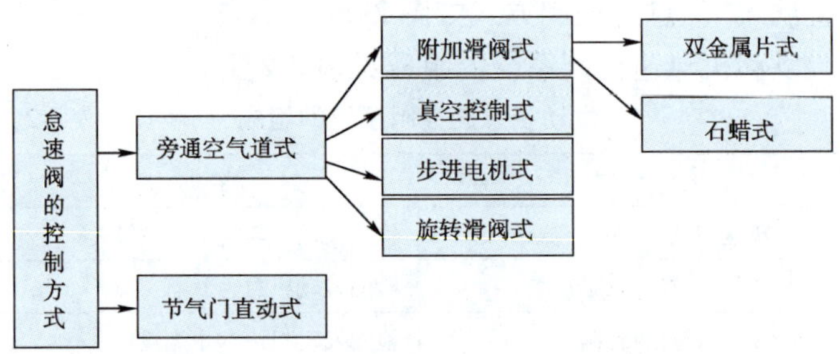

发动机怠速控制原理

下面对真空控制式、步进电机式和旋转滑阀式怠速控制原理分别进行分析。

（1）真空控制式。在日本生产的汽车上，发动机怠速控制常采用真空控制方式。主要由旁通空气阀和真空电磁控制阀所组成，如图2-30所示。真空电磁阀由电控单元（ECU）控制。

旁通空气阀的作用是增大或减小旁通空气道的流通面积，以改变发动机怠速时的旁通空气流量，该阀在日产汽车上称为AAC阀（丰田汽车上称为ACV阀）。从图2-30中可以看出，旁通空气控制阀内腔中间用一膜片分开，膜片下侧与大气相通；膜片上侧称为膜片室，它通过管路与真空电磁控制阀相通。在真空吸力和复位弹簧张力的共同作用下，膜片上下

运动，从而带动阀心上下运动。当膜片室的真空度增大时，膜片压缩弹簧向上运动，阀门的开度增大，流过旁通空气道的空气量增加，发动机怠速增高；反之，当膜片室的真空度减小时，在复位弹簧张力的作用下，膜片下移，阀门开度减小，流过旁通空气道的空气量减少，发动机怠速降低。因此，控制膜片室真空度的大小，即可改变阀门的开度，也就可以控制流经旁通空气道的空气量，进而控制发动机的怠速。

真空电磁控制阀的作用是控制膜片室内的真空度。该阀在日产汽车上称为 VCM 阀（丰田汽车上称为 VSV 阀）。真空电磁控制阀由电控单元（ECU）根据水温等传感器的信号进行控制，其结构如图 2-31 所示，主要由定压阀和电磁阀两部分所组成。

定压阀中的左半部内设置有一靠压力差开闭的膜片阀。膜片左边与大气相通，右边与进气歧管相通。当膜片右边的真空度低于一定值时（－16kPa），在左右弹簧张力的作用下，膜片向左运动，使阀门开度增大，膜片右边真空度增加；当膜片右边的真空度高于－16kPa 时，在弹簧张力的作用下，膜片向右移动，阀门开度减小，膜片右边的真空度减小。如此反复，将膜片右边的真空度保持在－16kPa。

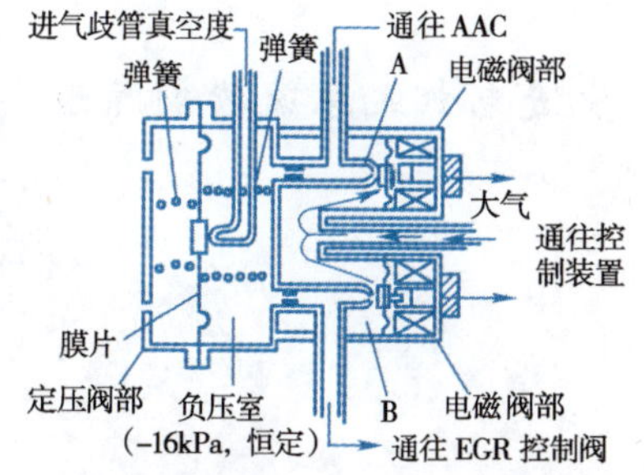

图 2-31　真空电磁控制阀的结构和工作原理

电磁阀由 A、B 两个组成。它们分别用来操纵旁通空气控制阀和排气再循环控制阀（EGR 阀）。电磁阀 A 的作用实际上是控制通往旁通空气控制阀空气膜片室的真空度。电磁阀由电控单元（ECU）控制，电磁阀线圈通电时，电磁阀打开，阀口与大气相通，此时通往旁通空气阀管道内的真空度相对减小，使旁通空气控制阀的开度减小，发动机转速降低；电磁阀线圈断电时，电磁阀关闭，管道内的真空度增大，在真空吸力的作用下，使旁通空气控制阀的开度增大，发动机转速升高。

电磁阀线圈的通电时间由电控单元（ECU）根据相关输入的信号确定，通过占空比（一个脉冲循环内，通电时间所占的比例）进行调整。一般汽车占空比等于基本特征值、空调和自动变速器档位修正系数、减速修正系数、起步修正系数及起步后修正系数之和，即：

占空比＝基本特征值＋空调和自动变速器档位修正系数＋减速修正系数＋起步修正系数＋起步后修正系数

基本特征值的大小取决于发动机冷却水的温度。在使用空调和自动变速器空档继电器断开时，由于发动机负荷增加，需要相应提高其怠速转速，因此，需要对占空比加以修正。当发动机从高速减速时，若节气门突然关闭，附着在进气管道内壁上的汽油，会因进气真空度突然增大而急剧蒸发，出现短时混合气过浓的现象，增大排放污染，加大三元催化剂的负荷。因此，发动机减速时应对占空比加以修正。当汽车速度在8km/h以下、节气门位置传感器怠速触点由接通变为断开，即汽车起步时，为了避免负荷加大造成发动机熄火，因此，起步时也应对占空比加以修正。为了消除汽车起步后发动机的“喘气”现象（燃烧不稳定），使发动机转速圆滑上升，也应对起步后的进气量做进一步的修正。上述修正内容均是通过调整旁通空气道的流通面积实现的。

（2）步进电机控制式。步进电机式的发动机怠速控制系统目前在汽车上有广泛的应用，它能使发动机在各种情况下都有最佳的怠速。步进电机由电控单元（ECU）控制，如图2-32所示为步进电机式怠速控制的控制原理。

步进电机式怠速控制原理

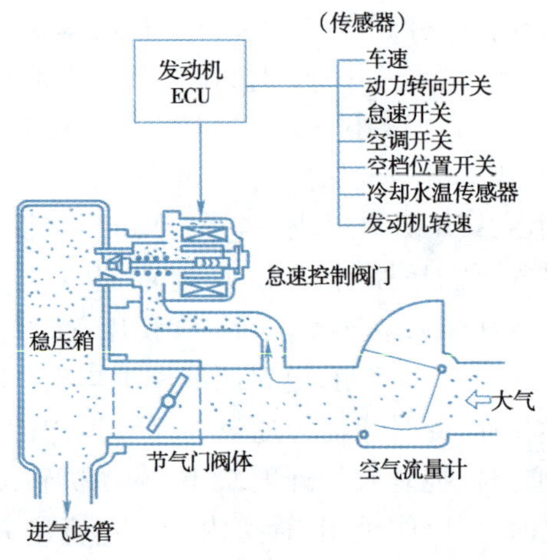

图2-32 步进电机控制式怠速控制系统

步进电机式怠速控制程序

电控单元（ECU）进行怠速控制时，一般控制程序如图2-33所示。电控单元（ECU）首先根据节气门全关信号（节气门位置传感器提供）、车速信号，来判断发动机处于怠速状态。然后再根据发动机水温传感器、空调器、动力转向及自动变速器等负荷情况，按照存储器中储存的参考数据，确定相应的目标转速。再根据发动机转速传感器的信号，使发动机的实际转速与目标转速进行比较，由比较所得的差值确定目标转速的控制量，驱动步进电机，改变旁通空气道的流通面积（或节气门位置），实现怠速控制。步进电机的控制电路如图2-34所示。电控单元（ECU）按照一定顺序使晶体管 VT_1 ~

VT_4 适时导通，分别给步进电机定子绕组供电，驱动步进电机旋转，使其前端的阀门移动，改变阀门与阀座之间的间隙，调节旁通空气道的空气流量，使发动机怠速转速达到所要求的目标转速。

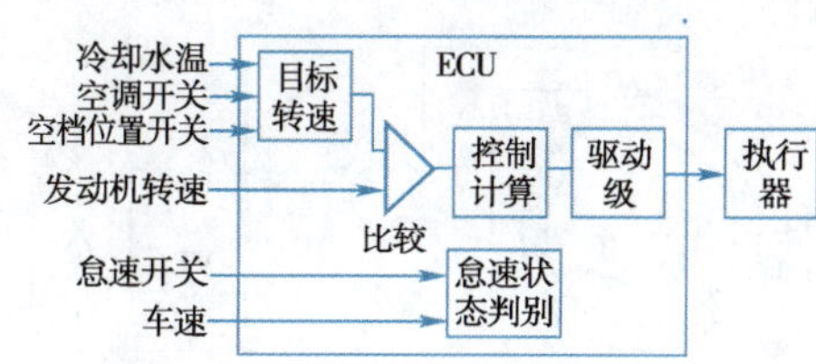

图 2-33 步进电机式怠速控制程序图

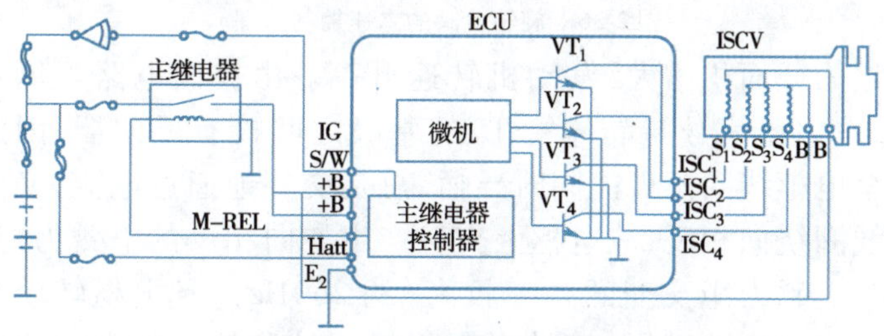

图 2-34 步进电机控制原理电路

(3)旋转滑阀式。旋转滑阀式怠速控制方式是：在发动机工作过程中，由电控单元(ECU)将检测到的怠速转速实际值与其所储存的设定目标值相比较，随时通过旋转滑阀校正怠速旁通空气道的流通截面积，使发动机的怠速转速实际值与其所储存的设定目标值相一致。

图 2-35 所示为旋转滑阀的结构。主要由永久性磁铁 3、电枢 4、旋转滑阀 6、螺旋复位弹簧和电刷及电插等所组成。旋转滑阀固装在电动机的电枢轴上，与电枢轴一起转动，用于控制通过旁通空气道的空气量。电枢位于永久性磁铁的磁场中，电枢铁心上绕有绕向相反的电磁线圈 L_1 和 L_2，当线圈 L_1 通电时，电枢带动滑阀顺时针方向旋转，旁通空气道的截面积增大；当线圈 L_2 通电时，电枢带动滑阀逆时针方向旋转，使旁通空气道的截面积减小。线圈 L_1 和 L_2 的两端分别与电刷滑环相连，经电刷引出接向电控单元(ECU)，其工作原理如图 2-36 所示。

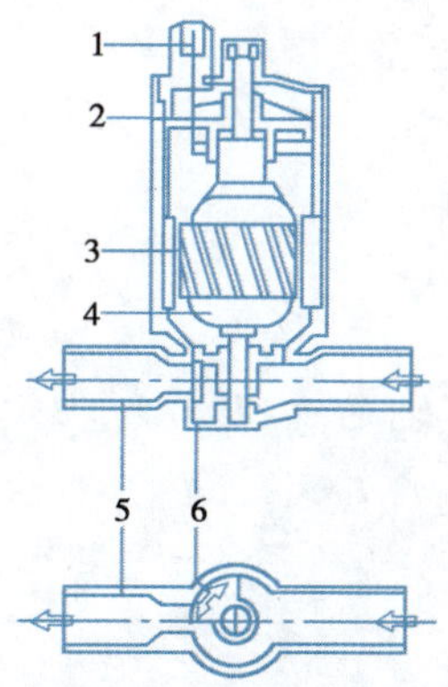

图 2-35 旋转滑阀式怠速控制阀

1-电插；2-外壳；3-永久性磁铁；4-电枢；5-旁通空气道；6-旋转滑阀

接通点火开关，蓄电池的电压通过电刷“2”加到线圈 L_1 和 L_2 的公共端，但其搭铁回路受电控单元(ECU)的控制。当晶体管 T_1 导通时，线圈 L_2 通电，其电流方向为：B_+→电刷→滑环→线圈 L_2→滑环、电刷→晶体管 T_1 的集电极→发射极→搭铁→回到电源的负极。电枢带动滑阀逆时针方向转动，使旁通空气道的截面积减小,发动机的转速降低。当晶体管T_2导通时,线圈L_1通电,电流方向为:B_+→电刷→滑环→线圈L_1→滑环、电刷→晶体管T_2的集电极→发射极→搭铁→回到电源的负极。电枢带动滑阀顺时针方向转动,使旁通空

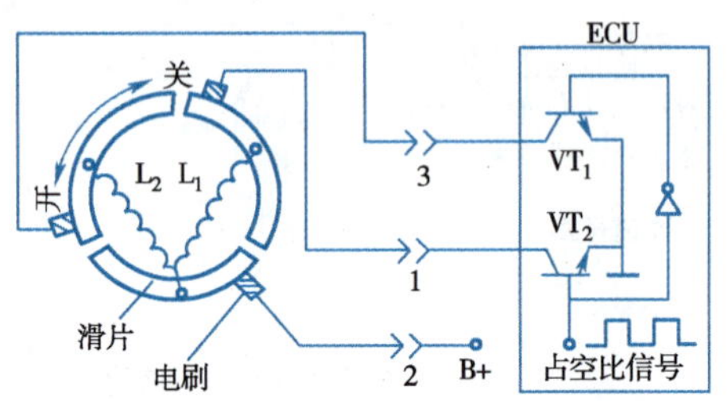

图 2-36 旋转滑阀的怠速控制原理

气道的截面积增大,发动机转速升高。由控制电路可以看出,占空比信号与晶体管T_1的基极之间接有反向器,因此两个电枢线圈不可能同时导通,总是交替地通过电流,又因两线圈绕向相反,故电枢上交替产生方向相反的电磁力矩。由于电磁力矩交变的频率较高(约250Hz),且电枢转动具有一定的惯性,所以旋转滑阀将根据控制信号的占空比转动一定的角度而稳定。旋转滑阀式的怠速控制原理电路如图2-37所示。

旋转滑阀式怠速控制原理

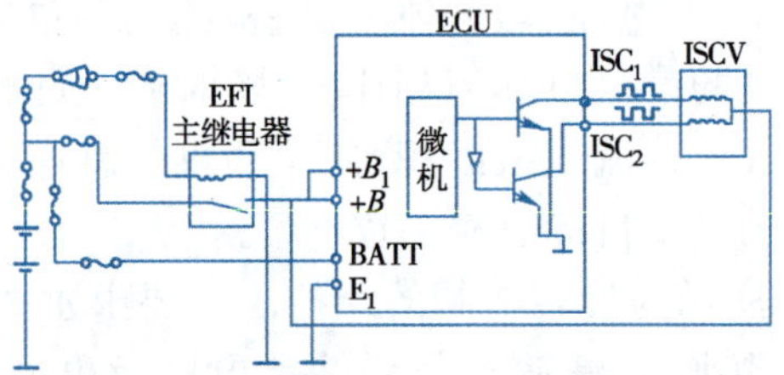

图 2-37 旋转滑阀式怠速控制电路

占空比的含义

在电控单元(ECU)的存储器中预存有不同发动机水温所对应的占空比。所谓占空比是指线圈L_2与L_1平均通电时间之比。由此可见,占空比的大小,决定着滑阀的旋转方向和旋转角度。当占空比为50%时,线圈L_1和L_2的平均通电时间相等,二者产生的电磁力矩大小相等,方向相反,电枢轴停止旋转。当占空比小于50%时,线圈L_1的平均通电时间长,合成电磁力矩使电枢带动旋转滑阀顺时针旋转,旁通空气道的流通面积增大,发动机怠速升高。反之,则发动机怠速升高。

在整个怠速范围内,电控单元(ECU)根据冷却水温度等传感器输入的信号,确定发动机所处怠速工况的占空比,对怠速转速进行控制。

2.3.2.2　节气门直动式。节气门直动式怠速控制，是通过控制节气门开启程度，调节空气通道的面积，达到控制进气量，从而实现怠速控制的，目前在单点喷射系统中最为常见。节气门直动式的控制结构如图2-38所示。

从图中可以看出，怠速执行机构由直流电动机、减速齿轮、丝杠等部件组成。怠速执行机构的传动轴与节气门操纵臂的全闭限制器相接触。当电控单元（ECU）控制直流电动机通电时，直流电动机产生旋转力矩，通过减速齿轮后，旋转力矩被增大。最后通过丝杠变角位移为传动轴的直线运动。通过传动轴的旋入或旋出，调整节气门全闭限制位置，达到调节节气门开度，进而实现怠速控制的目的。

这种节气门直动式怠速控制机构，具有较强的工作能力，控制位置稳定性好。但由于为了克服节气门关闭方向复位弹簧的作用力，使用了减速机构，使节气门的变位速度下降，从而造成响应性能不太好，同时怠速执行机构的外形尺寸也较大，所以目前较少采用。

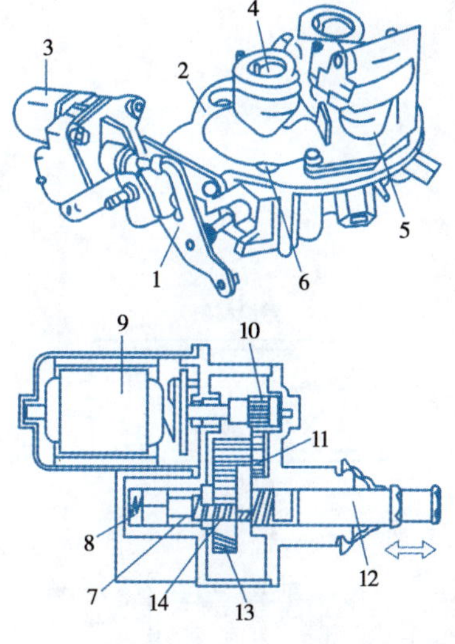

图2-38　节气门直动式怠速控制执行机构

1-节气门操纵臂；2-节气门体；3-怠速执行机构；4-喷油器；5-压力调节器；6-节气门；7-防转动角孔；8-弹簧；9-直流电动机；10、11、13-减速齿轮；12-传动轴；14-丝杠

2.4　进、排气控制

2.4.1　排气净化与排放控制

在大气污染中，汽车排放所造成的污染占有相当的比重。据有关部门资料介绍，大气中所含CO的75%、HC和NOx的50%来源于汽车的排放。特别是在一些汽车保有量大的国家，其排放污染早已成为严重的社会公害。为此，发达国家均建立了严格的排放法规加以限制。汽车排放中的有害物质主要是CO（汽油不完全燃烧产生）、HC（汽油不完全燃烧和缸壁淬冷产生）、NO_x（高温条件下，氧和氮反应产生），除此而外，汽油蒸发对大气也会造成一定程度的污染。CO、HC和NO_x与空燃比之间的关系如图2-39所示。

汽车发动机作为一大气污染源，应该采取各种有效的措施加强治理和改进。关于汽车发动机排放的控制与净化问题，各国都进行了大量的研究工作，研制了不少切实可行的技术措施，例如三元催化转换器、废气再循环（EGR）、二次空气喷射和活性炭罐系统等。下面分别对以上排放控制系统的构造、工作原理和控制方法进行讨论。

2.4.1.1　三元催化转换器、氧传感器与闭环控制系统。现代汽车发动机上普遍采用三元催化转换器，它不仅能促使CO、HC的氧化反应，也能促使NOx的还原反应，从而使CO、HC和NOx三种有害气体都得到净化。三元催化转换器安装在排气管中。其结构如图 2-40 所示。外观像排气消声器，壳体由耐高温、耐腐蚀的材料制造而成，内部设置有催化床（催化剂），装在靠近发动机的位置上。在较好的使用条件下，其寿命可达 8 ~ 10 万千米。

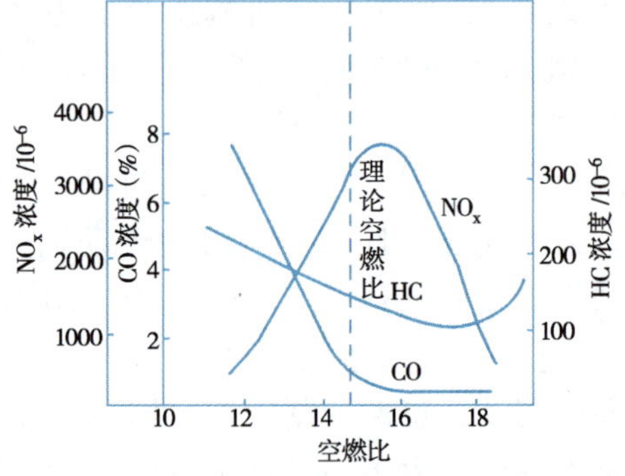

图 2-39　CO、HC 和 NOx 与空燃比之间的关系

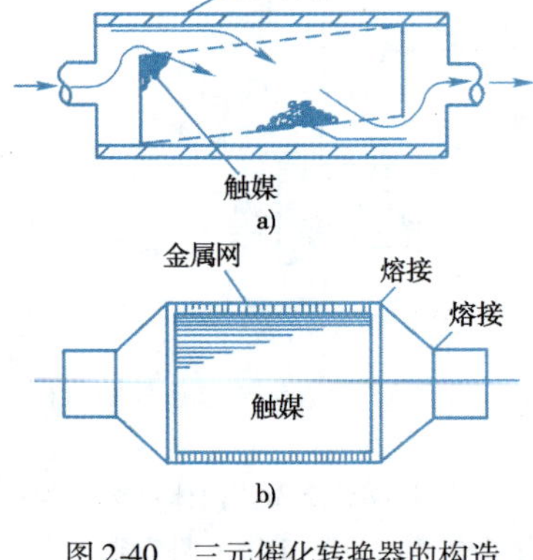

图 2-40　三元催化转换器的构造
a）丸状结构；b）整块式

三元催化剂是金属铂（或钯）和铑的混合物，它能够与 HC、CO 和 NOx 发生反应。但是只有当空燃比保持稳定时，其转换效率才得到精确控制。图 2-41 所示为三元催化转换器转换效率与空燃比的关系曲线。从图中可以看出，在理论空燃比（14.7∶1）时，三元催化转换器的转换效率最佳，因此，为了保持有良好的废气转换效率，必须对空燃比进行精确地控制，即把空燃比保持在理论空燃比附近很窄的范围内。

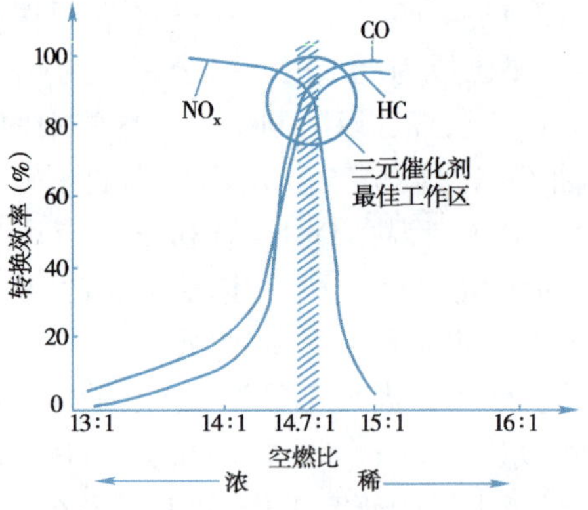

图 2-41　三元催化转换器转换效率与空燃比之间的关系

在电控发动机开环控制系统中，电控单元（ECU）只是根据转速、进气量、进气压力、温度等信号，从理论上确定汽油的喷射量，即控制混合气空燃比。但对实际空燃比的控制不是很精确的，很难将实际空燃比控制在理论空燃比 14.7 附近很窄的范围内。

为了将实际空燃比精确地控制在14.7附近,在电控发动机喷射系统中普遍采用由氧传感器组成的空燃比反馈控制方式,即闭环控制方式。在三元催化转换器前面(或前、后)的排气歧管或排气管内装有氧传感器,其功能是用来检测排气中的氧气含量,以确定实际空燃比比理论空燃比大还是小,并向电控单元(ECU)反馈相应的电压信号。ECU根据氧传感器反馈的信号,对喷油量做进一步修正,确保实际空燃比能够在14.7附近。

氧气传感器的结构和工作原理相关课程已经学习,不再重复。在闭环控制过程中,当实际空燃比比理论空燃比小(混合气浓)时,氧气传感器向电控单元(ECU)输送的是高电压信号(0.75~0.9V),此时电控单元(ECU)将发出指令减小喷油量,空燃比增大。当空燃比增大到理论空燃比14.7时,氧传感器输出电压信号将突然下降至0.1V左右,电控单元(ECU)接收此信号电压后立即发出控制指令增加喷油量,空燃比减小。如此反复,将空燃比精确地控制在理论空燃比14.7附近一个极小的范围内,保证三元催化转换器工作在最佳状态。

催化剂的表面活性作用是利用排气本身的热量激发的,其使用温度范围,应以活化开始温度为下限,以过热导致转换器出现故障的极限温度为上限。一般排气中有害成份的开始转化温度高于250℃。发动机起动预热5min后才能达到此温度,一旦转换反应开始,催化床便因反应放热而自动地保持高温。使用最佳温度范围为400~1000℃,在此温度范围内,既能保持有高的净化率,又能延长转换器的使用寿命。当温度超过1000℃时,催化剂会由于过热而加快老化,以至于完全丧失催化功能。因此,使用中必须保证点火系可靠的工作,如火花塞缺火或点火不正时,未燃烧的混合气进入转换器,使催化床温度急剧升高(可达1400℃),转换器负荷加大,寿命降低。另外,排气中的铅化物、碳烟、焦油等物质也会造成转换器过早的损坏,因此,为了提高三元催化转换器的使用寿命,汽油发动机应使用无铅汽油。

2.4.1.2　废气再循环控制(EGR)系统。废气再循环是在发动机工作过程中,将一部分废气引到吸入的新鲜空气(或混合气)中,返回气缸内进行再循环的方法,其作用是用来减少NO_x的排放量。NO_x化合物是一种对人体危害极大的气体,主要是在高温富氧的条件下生成的。在发动机工作过程中,如适时、适量地将部分废气再次引入气缸内,废气可将燃烧产生的部分热量吸收并带出气缸，并对混合气有一定的稀释作用，因此降低了发动机燃烧的最高温度和氧含量，从而减少了 NO_x 化合物的生成量。

但是过度的废气再循环将会影响发动机的正常工作，特别是在怠速、低转速小负荷及发动机处于冷态运行时，再循环的废气将对发动机的性能产生严重的影响。因此，应根据发动机的实际工况及工作条件的变化，能够自动调整参与再循环的废气量。实践证明，根据发动机结构的不同，参与再循环的废气量一般在6% ~13%之间变化为宜。

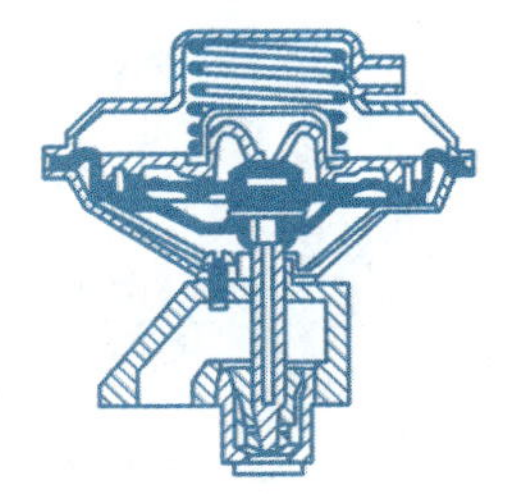

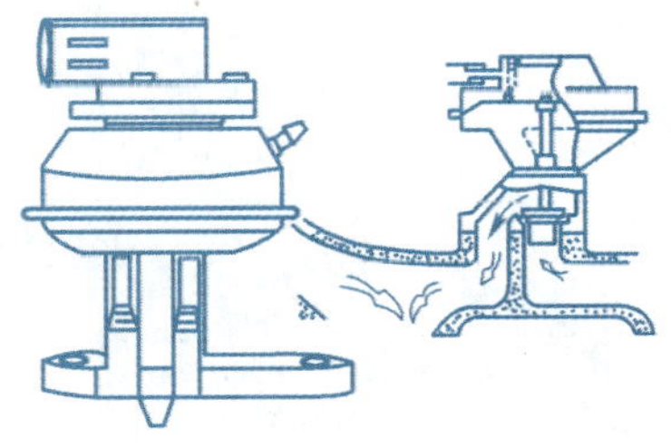

图 2-42　废气再循环控制阀(EGR 阀)

在废气再循环(EGR)系统中，通过一个特殊的通道将排气歧管与进气歧管接通，在该通道上安装有废气再循环控制阀(称为 EGR 阀)，通过控制 EGR 阀的开度，控制参与再循环的废气量。EGR 阀的结构如图 2-42 所示。主要由膜片、复位弹簧、阀门和阀座等组成。阀门的开启与关闭由膜片上方真空气室的真空度控制，当真空度增大时，膜片压缩弹簧上移，阀门打开；反之在复位弹簧张力的作用下阀门关闭。EGR 阀气室内的真空度受废气再循环真空电磁阀(称之为 EGR 真空电磁阀)控制。废气再循环控制系统如图 2-43 所示。图中 CVC 阀的作用是保持进入 EGR 电磁阀的真空度恒定不变。下面对废气再循环控制系统的工作原理分析讨论如下。

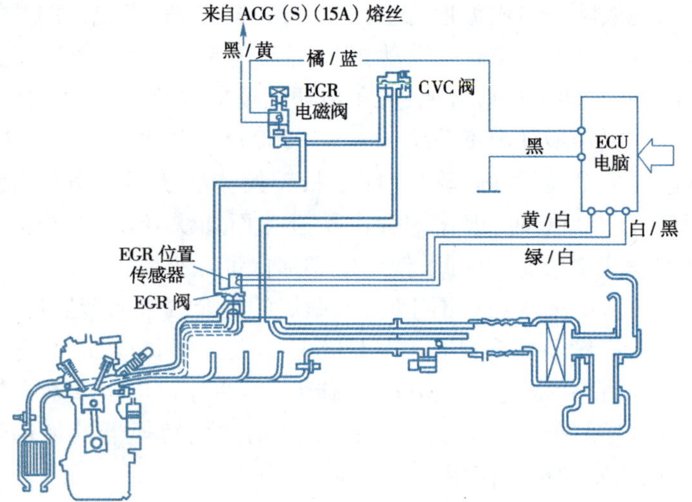

图 2-43　废气再循环控制系统

在发动机工作过程中，电控单元(ECU)根据发动机转速、空气流量、冷却水温度、点火等信号，控制 EGR 电磁阀磁化线圈通电时间的长短，从而控制 EGR 控制阀真空气室上方的真空度，间接地使 EGR 控制阀的开启状态发生变化，改变

参与再循环的废气量。从图 2-43 中可知，在 EGR 控制阀上还装有一个 EGR 阀位置传感器，其作用是检测 EGR 阀的开度，并利用电位计将开启位置转变为电压信号，反馈给电控单元（ECU），作为其控制废气再循环的参考信号。

背压修正阀的作用

图 2-44 为装有背压修正阀的废气再循环系统。背压修正阀安装在 EGR 真空电磁阀与 EGR 控制阀之间的真空管路中，其作用是根据排气歧管中的背压，附加控制废气再循环。即当发动机在小负荷排气背压低时，背压修正阀使 EGR 控制阀保持关闭状态，不进行废气再循环；只有在发动机负荷增大，排气歧管背压增大时，背压修正阀才允许 EGR 控制阀打开进行废气再循环。

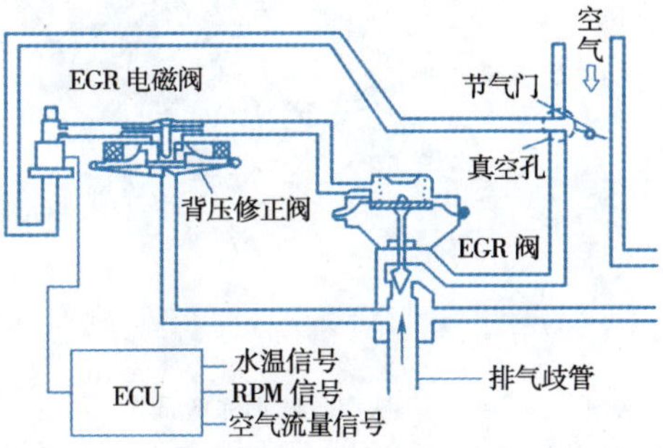

图 2-44　装有背压修正阀的废气再循环系统

背压修正阀的工作原理

背压修正阀的工作原理如下：排气歧管的背压通过管路作用在背压修正阀的背压气室下方。当发动机小负荷排气背压低时，在阀门弹簧张力的作用下，气室膜片向下移动使修正阀门关闭真空通道。此时 EGR 控制阀在其弹簧的作用下保持关闭状态，废气再循环系统停止工作。

当发动机负荷增大，排气歧管内背压增高时，修正阀背压气室下方的背压升高，使膜片克服阀门弹簧张力向上运动使修正阀门打开。由 EGR 真空电磁阀控制的真空度通过背压修正阀进入 EGR 控制阀的真空气室内，EGR 控制阀打开废气再循环的通道，系统再次投入工作。

2.4.1.3　二次空气喷射系统。二次空气喷射系统是为了消除从燃烧室到排气管中未完全燃烧的 HC 和 CO 而设置的。为了区别于发动机的正常进气，把这种向排气系统中供给空气的装置称为二次空气喷射系统。

二次空气喷射系统的布置如图 2-45 所示。主要由空气泵 1、空气分流阀 2、空气转向阀 4 和真空开关 7 等所组成。空气泵为叶片式，由发动机驱动，在发动机工作过程中，空气经分流阀、转向阀等到达各缸的排气门附近（或排气管道），利用燃烧后的高温，使废气中残留的HC和CO与空气相混合后再次燃烧，以达到排气净化的目的。

通常二次空气喷射系统需要与热反应器配合使用，以达到更好的排气净化效果。

热反应器也是一种用来降低HC和CO排放量的后处理装置。它安装在发动机排气道的出口处。其结构如图2-46所示。主要由壳体、外筒和内筒三层壁组成，壳体与外筒之间是保温层，其间填充有绝热材料，使其内部保持有一定的高温，以利于HC和CO的再燃烧。

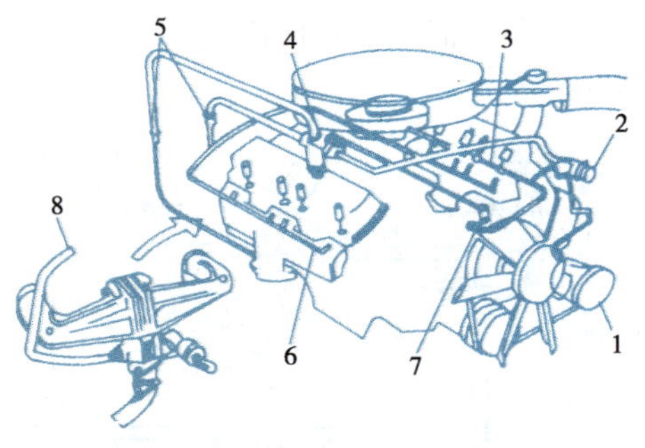

图2-45　二次空气喷射系统简图

1-空气泵；2-空气分流阀；3-真空度传感管路；4-空气转向阀；5-单向阀；6-空气喷射入口；7-真空开关；8-来自空气转向阀

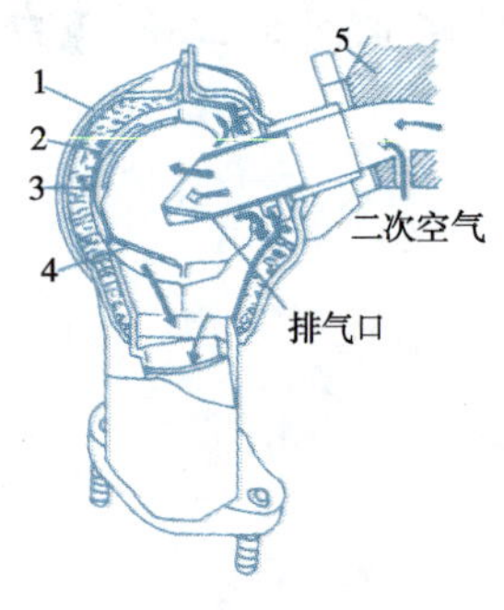

图2-46　热反应器的结构

1-外壳；2-绝热材料；3-外筒；4-内筒；5-气缸盖

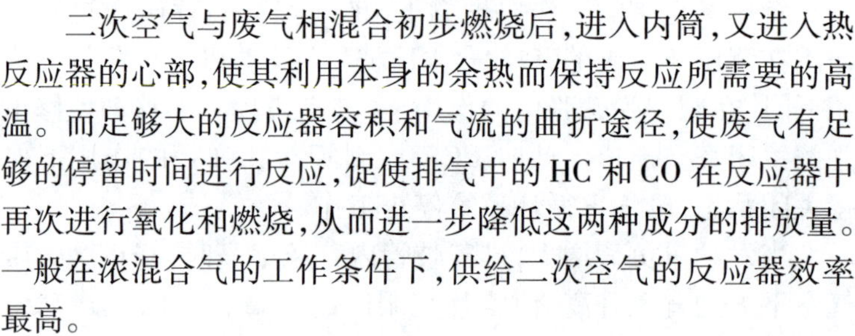

二次空气与废气相混合初步燃烧后，进入内筒，又进入热反应器的心部，使其利用本身的余热而保持反应所需要的高温。而足够大的反应器容积和气流的曲折途径，使废气有足够的停留时间进行反应，促使排气中的HC和CO在反应器中再次进行氧化和燃烧，从而进一步降低这两种成分的排放量。一般在浓混合气的工作条件下，供给二次空气的反应器效率最高。

2.4.1.4　活性炭罐蒸发污染控制装置。为了防止汽油箱向大气排放燃油蒸气而产生污染，在电控发动机控制系统中普遍采用了由电控单元（ECU）控制的活性炭罐蒸发污染控制装置。

活性炭罐的功能就是储存汽油蒸气，炭罐本身是一个抗油性的尼龙或塑料容器，里面装满了活性炭颗粒，其结构如图2-47所示。

图2-48所示为活性炭罐蒸发污染控制装置图。油箱的燃油蒸气通过单向阀进入活性炭罐上部，空气由活性炭罐下部进入清洗活性炭。在炭罐右上方有一定量排放小孔及受真

空控制的排放控制阀，排放控制阀上部的真空度由炭罐控制电磁阀控制，而炭罐控制电磁阀受电控单元(ECU)控制。

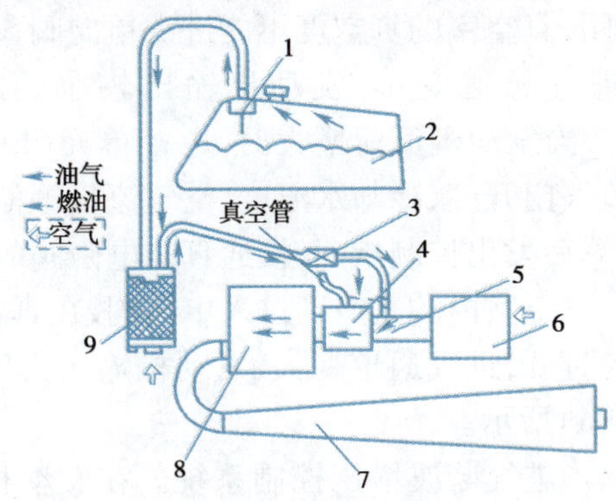

图 2-47　活性炭罐的构造与炭罐控制装置

1-油气分离器；2-油箱；3-油气清除控制阀；4-节流阀体；5-空气导管；6-空气滤清器；7-排气管；8-发动机；9-活性炭罐

发动机工作时，电控单元(ECU)根据发动机转速、冷却水温度、空气流量等信号，控制炭罐电磁阀的开闭，进而控制排放控制阀上部的真空度，从而达到控制排放控制阀开度的目的。当排放控制阀打开时，汽油蒸气将通过排放控制阀被吸入进气歧管，随进气一起进入气缸内燃烧。

2.4.2　进气控制

为了改善发动机的动力性能，使其输出功率能够根据负荷的变化在一定范围内自动调整，采用了发动机进气控制系统。它主要有动力阀控制系统、进气谐波增压控制系统和废气涡轮增压控制系统等。下面分别讨论各系统的控制原理。

2.4.2.1　动力阀控制系统。动力阀控制系统能够根据发动机的不同负荷，改变进气量进而改变发动机的动力性能。其控制原理如图 2-49 所示。

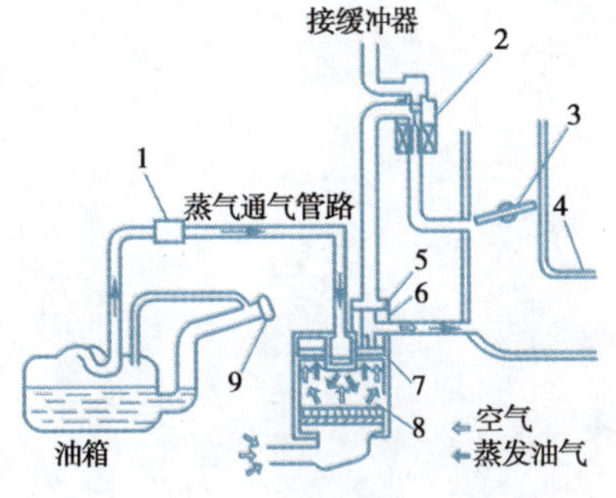

图 2-48　活性炭罐蒸发污染控制装置

1-单向阀；2-EGR 和碳罐控制电磁阀；3-节气流孔；4-进气歧管；5-主节门室；6-排放控制阀；7-定量排放小孔；8-活性碳罐；9-油箱盖附真空泄放阀

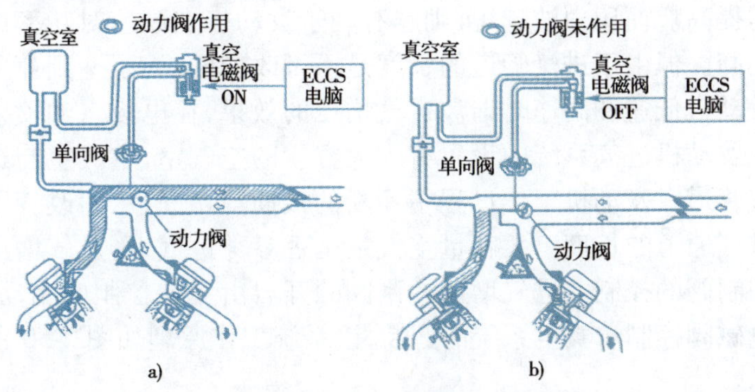

图 2-49　动力阀控制系统

动力阀安装在进气歧管上，其作用是控制进气管空气通

道的大小,动力阀的开闭状态受真空电磁阀、单向阀的控制。当发动机小负荷运转时,由电控单元(ECU)控制的单向阀真空电磁阀关闭,真空室的真空度不能进入单向阀,动力阀处于关闭状态,进气通道变小,发动机输出较小的功率,如图2-49b)所示。当发动机负荷增大时,电控单元(ECU)根据发动机转速、节气门开度、冷却水温度、空气流量等信号,通过分析、比较、计算后发出控制指令,接通真空电磁阀的电路,真空电磁阀打开,真空室内的真空度进入单向阀,在真空吸力的作用下,动力阀打开,进气通道变大,发动机输出大的功率和扭矩,如图2-49a)所示。

进气谐波增压控制系统

2.4.2.2　进气谐波增压控制系统。在发动机工作过程中,进气歧管内不断地有高速流动的空气(或混合气)流。当气体高速流向进气门时,如果进气门突然关闭,进气门附近的气体流动将会突然停止,但由于惯性,仍有气体继续冲进进气管内,于是进气门附近的气体便被压缩,压力升高。当流动气体的惯性过后,被压缩的气体开始膨胀,向着进气流相反的方向流动,进气门附近的压力开始下降。膨胀气体的压力传到进气管口时,又被反射回来,在进气管内从而形成一定的压力波,称之为进气谐波。进气谐波对可燃混合气(或空气)在各缸分配的均匀程度有着严重的影响,形成进气干涉。但如果使这一脉动压力波与进气门的开闭相配合,即使被反射的压力波集中于将要打开的进气门旁,进气门打开时就会有增压进气的效果。进气谐波增压控制系统正是根据这一原理制造而成的。

进气谐波的波长与进气管道的长度有着密切的关系,进气管道越长,则波长越长,进气管道越短,则波长越短。大量实践证明,压力波越长,越有利于发动机在中低速范围内功率的提高。而压力波越短,则越有利于发动机在高速时功率的提高。但由于进气管道的长度是不可改变的,为了达到兼顾发动机低速和高速时谐波进气增压的效果,在电控汽油喷射式发动机进气系统中设置有一大容量的空气室,空气室与进气管道在发动机工作过程中不断的接通与切断,从而改变了进气通道的长度。大容量空气室是否参与进气,受进气增压控制阀的控制。进气增压控制阀的开启由真空控制阀驱动,电磁阀控制着真空系统的通断,该系统工作原理如图2-50所示。

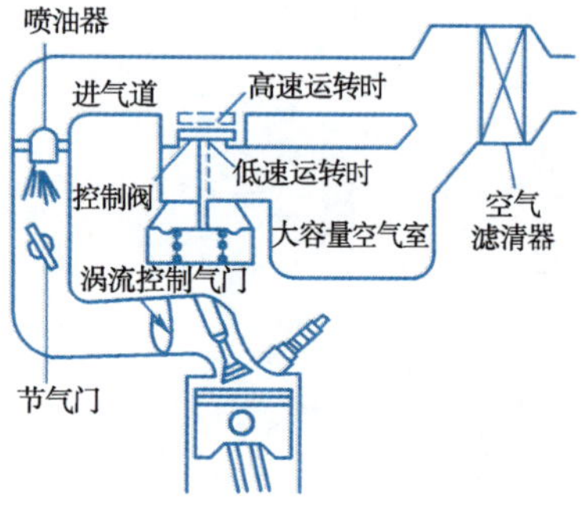

图2-50　进气谐波增压系统原理图

当进气室出口的控制阀关闭时,进气管道内脉动压力波的传递路线由空气滤清器到进气门,由于这一距离较长,波长

较大，因此，适应于发动机在中低速区域内形成气体动力增压效果。当空气室阀门打开时，由于大容量空气室的参与，使进气脉动压力波只能在空气室出口与进气门之间传播，这样便缩短了压力波的传递距离，使发动机在高速区也能得到较好的气体动力增压效果。

进气谐波增压系统的控制原理如图 2-51 所示。电控单元(ECU)根据转速信号控制真空电磁阀的开闭。

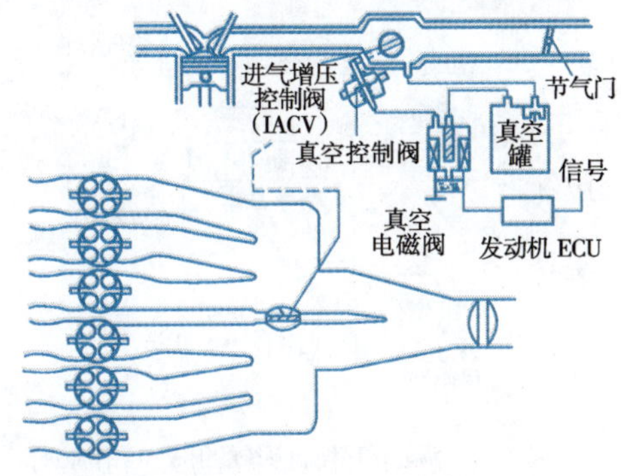

图 2-51　进气谐波增压系统控制原理图

发动机低速时，电控单元(ECU)切断真空电磁阀的电路，真空通道关闭，真空罐的真空度不能进入真空控制阀的气室，受真空控制阀控制的进气增压阀处于关闭状态。此时进气管的长度较大，压力波长大，以适应发动机低速区域形成气体动力增压的效果。发动机高速时，电控单元(ECU)接通真空电磁阀的电路，真空阀打开，真空罐的真空度进入真空控制阀的气室，在真空吸力的作用下，从而将真空增压控制阀打开，由于大容量气室的参与，缩短了压力波的传播距离，使发动机在高速区也能得到了良好的气体动力增压效果。

废气涡轮增压控制系统

2.4.2.3　废气涡轮增压控制系统。废气涡轮增压控制系统的组成和工作原理如图 2-52 所示。控制废气流动路线的切换阀受驱动气室的控制，在涡轮增压器出口与驱动气室之间的管路上，装有受电控单元(ECU)控制的释压电磁阀。释压电磁阀控制进入驱动气室的气体压力，当电控单元(ECU)检测到进气压力在 98kPa 以下时，受 ECU 控制的释压电磁阀的搭铁回路切断，释压电磁阀关闭。此时由涡轮增压器出口引入的进气压力，经释压阀进入驱动气室，克服气室弹簧的压力推动切换阀将废气进入涡轮室的通道打开，同时将旁路通道关闭，此时，废气流经涡轮室使进气增压。当电控单元(ECU)检测到进气压力高于 98kPa 时，电控单元(ECU)将释压电磁阀搭铁回路接通，释压电磁阀打开，通往驱动气室的压力空气被切断,在气室弹簧张力的作用下,驱动切换阀关闭废气进入涡轮室的通道。同时将排气通道口打开,废气不经涡轮室直接排出,增压器停止工作,进气压力将下降,直到进气压力降低到规定的压力时,电控单元(ECU)又将释压阀关闭,切换阀又将废气进入涡轮室的通道口打开,增压器又开始工作。如此反复,从而提高了发动机的进气压力,使其动力性能得到了有效的改善。

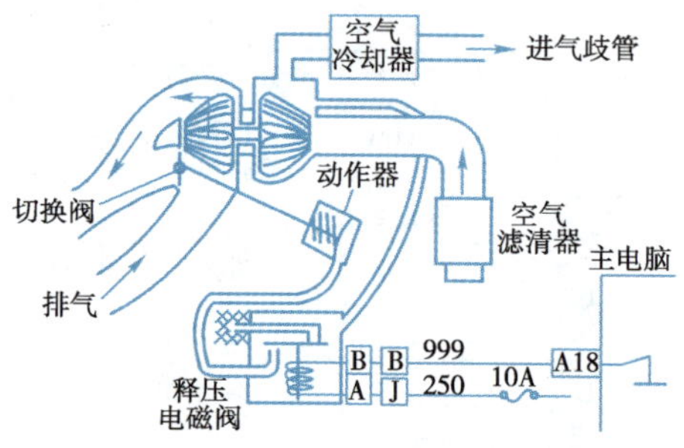

图2-52 废气涡轮增压控制系统的组成和工作原理

3 电控发动机的维修

3.1 电控发动机各传感器的性能检测

3.1.1 发动机水温和进气温度传感器

温度传感器的结构与原理

3.1.1.1 结构与原理。发动机冷却液温度对可燃混合气的形成质量及浓度有一定的影响,而发动机工作中进气量的多少又与当时吸入空气密度有关。水温和进气温度传感器的作用就是将温度转变成电信号,从而使ECU能够根据其信号电压的高低对喷油量作进一步的修正。水温传感器一般安装在缸体水道或节温器上,进气温度传感器安装在空气流量计、进气管道或空气流量计内,如图2-53所示。

水温和进气温度传感器的控制电路如图2-54所示。

水温和进气温度传感器多采用负温度系数的热敏电阻。电控单元(ECU)中的固定电阻 R 与传感器的热敏电阻串联组成一分压器。接通点火开关,电控单元(ECU)首先通过固定电阻 R 给传感器输出一个5V(或12V)的参考电压,热敏电阻的阻值变化时,固定电阻R所分得的电压值(即传感器信号电压)随之变化。

温度低时,热敏电阻的阻值大,电路中的电流减小,固定电阻上的电压降较小,电控单元(ECU)检测到高的信号电

压；随着温度的增高，热敏电阻的阻值逐渐减小，电路中的电流增大，固定电阻上的电压降逐渐增大，因此，电控单元（ECU）检测到的信号电压逐渐降低，根据此信号，ECU 将适当修正喷油量。

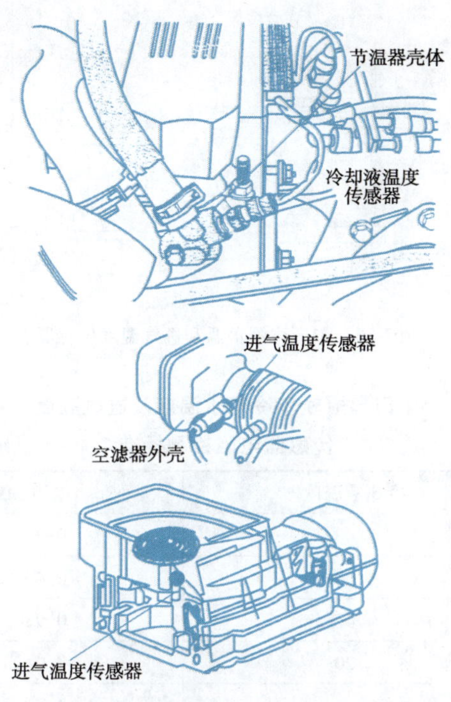

图 2-53　水温传感器和进气温度传感器的安装位置

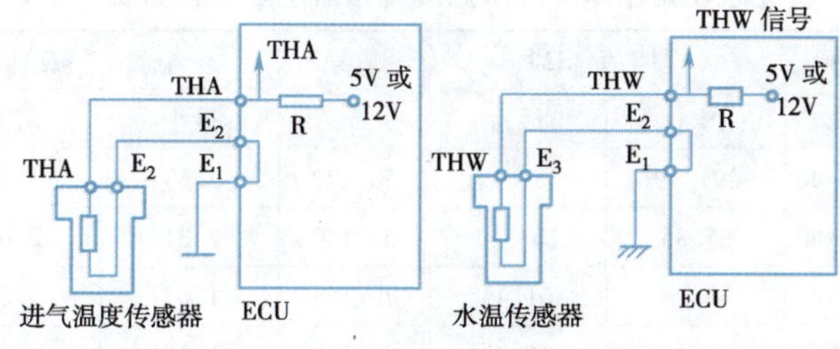

图 2-54　水温和进气温度传感器的控制电路

3.1.1.2　性能检测：

（1）就车检测。点火开关 OFF，拔下传感器上的电插，用数字式高阻抗万用表欧姆档，按图 2-55 所示的方法检测传感器两端子间的电阻值，其电阻值应与温度成反比。

（2）车下检测。从发动机上拆下传感器，将其置于烧杯内的水中，加热杯中的水，同时用万用表欧姆档测量在不同水温条件下，传感器两端子间的电阻值，如图 2-56 所示。将测得的值与标准值（丰田皇冠 3.0 车标准值如表 2-3 所示，北京

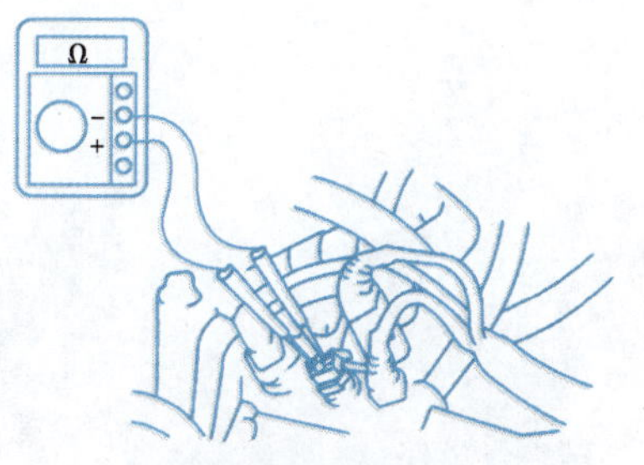

图 2-55　就车检测水温和进气温度传感器

切诺基车标准值如表2-4所示)相比较。若不符合标准,则应更换水温传感器。

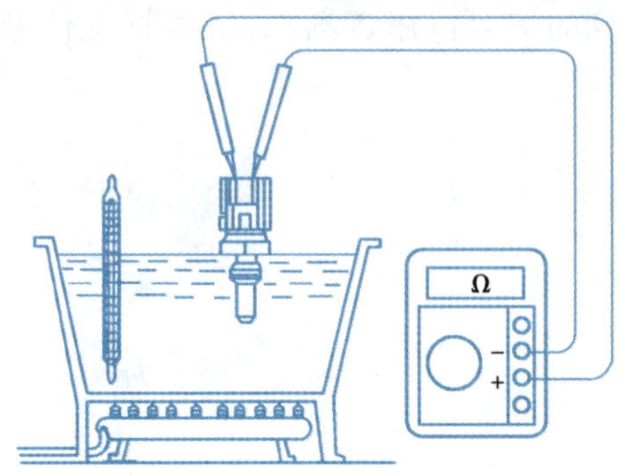

图2-56　车下检测水温和进气温度传感器

丰田皇冠轿车冷却水温度及进气温度传感器电阻检测标准　　表2-3

检测端	冷却液温度℃	电阻(kΩ)
$THW-E_2$	80	0.2~0.4
	60	0.4~0.7
	40	0.9~1.3
	20	2.0~3.0
	0	4.7~7.0

北京切诺基车冷却水温度传感器电阻检测标准　表2-4

温度(℃/℉)	电阻值(kΩ)		温度(℃/°F)	电阻值(kΩ)	
	最小	最大		最小	最大
-40/-40	291.49	381.71	50/122	3.33	3.88
-20/-4	85.85	103.37	60/140	2.31	2.67
-10/14	49.25	61.43	70/158	1.63	1.87
0/32	29.33	35.99	80/176	1.17	1.34
10/55	17.99	21.81	90/194	0.86	0.97
20/68	11.37	13.61	100/212	0.64	0.72
25/77	9.12	10.88	110/230	0.48	0.54
30/86	7.37	8.75	120/248	0.37	0.41
40/104	4.90	5.75			

3.1.1.3　传感器输出信号电压的检测。点火开关置于"OFF",插好传感器上的电插,点火开关置于"ON",用数字万用表电压档测量传感器或电控单元(ECU)上"THW"、"THA"与"E_2"端子之间的电压信号,不同温度下的信号电压值应符

合规定。

3.1.1.4　水温和进气温度传感器的示波器检测。用汽车专用示波器检测，按使用说明书进行示波器的初始设定和测试接线。起动发动机后，持续观测温度变化时电压信号的变化情况，其电压显示线条应平顺地向下移动。如果有波纹出现的干扰反应，表示传感器的热敏电阻反应不良，如图2-57所示。

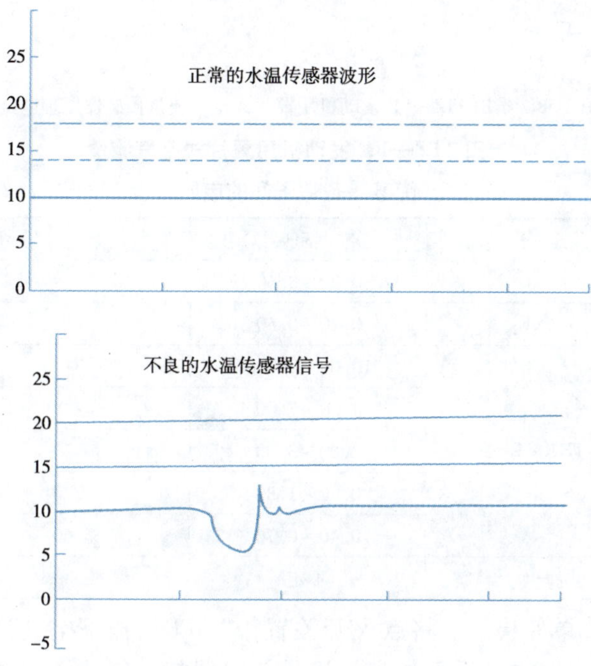

图2-57　水温和进气温度传感器信号电压波形

3.1.2　空气流量传感器

空气流量传感器是L型电控燃油喷射系统确定喷油量的重要传感器之一，安装在空气滤清器和节气门体之间，有翼(叶)片式、热线式、热膜式、卡门旋涡(光电感应和超声波)式。其作用是将吸入发动机气缸内空气量转变成为电信号输送到ECU。

空气流量传感器的类型及作用

3.1.2.1　翼片式空气流量传感器：

(1)丰田车翼片式空气流量传感器的检测。图2-58所示为丰田2TZ—FE发动机用翼片式空气流量传感器原理电路图，有5端子(没设油泵开关)和7端子(内置油泵开关)之分，其检测方法有就车检测和单件检测两种。

①就车检测。将点火开关置于“OFF”，拔下该流量传感器上的电插，用万用表欧姆档测量电插内各端子间的电阻。

其阻值应符合表 2-5 中的规定，否则，应更换空气流量传感器。

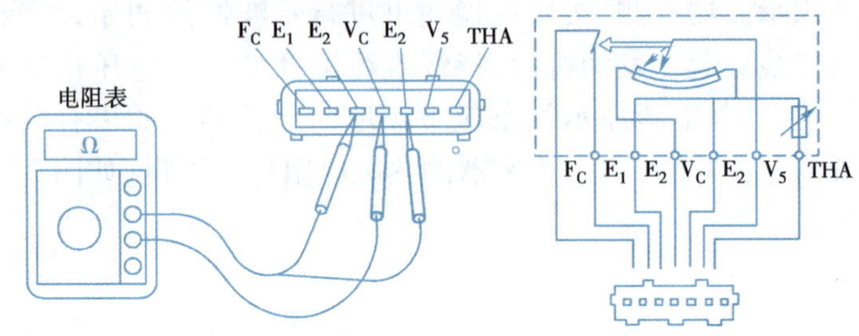

图 2-58 丰田 2TZ—FE 发动机用翼片式空气流量传感器原理电路

丰田 2TZ—FE 发动机用翼片式空气流量传感器各端子间的电阻 表 2-5

端　子	标准电阻(kΩ)	温度(℃)
V_S-E_2	0.20～0.60	—
V_C-E_2	0.20～0.60	—
THA－E_2	10.00～20.00	－20
	4.00～7.00	0
	2.00～3.00	20
	0.90～1.30	20
	0.40～0.70	60
F_C-E_1	不定	—

②单件检测。将点火开关置于“OFF”，拔下空气流量传感器上的电插，拆下与空气流量传感器与空气滤清器和节气门体之间的连接软管，取下空气流量传感器。

汽油泵开关的检查：用万用表欧姆档测量 E_1-F_C 端子。在测量片全关闭时，E_1-F_C 间不应导通，在测量片开启后的任一位置上，E_1-F_C 端子间均应导通。

电位计的检查：用螺丝刀推动测量片，同时用万用表欧姆档测量电位计滑动触点 V_S 与 E_2 端子间的电阻（如图 2-59 所示）。在测量片由全闭至全开的过程中，电位计的检查：用螺丝刀推动测量片，同时用万用表欧姆档测量电位计滑动触点 V_S 与 E_2 端子间的电阻（如图 2-59 所示）。在测量片由全闭至全开的过程中，电阻值应连续无跳跃地逐渐变小，且符合表 2-6 中规定，否则，须更换空气流量传感器。丰田 5M-E 发动机翼片式空气流量传感器各端子间电阻的标准值见表 2-7。电阻值应连续无跳跃地逐渐变小，且符合表 2-6 中规定，否则，须更换空气流量传感器。丰田 5M-E 发动机翼片式空气

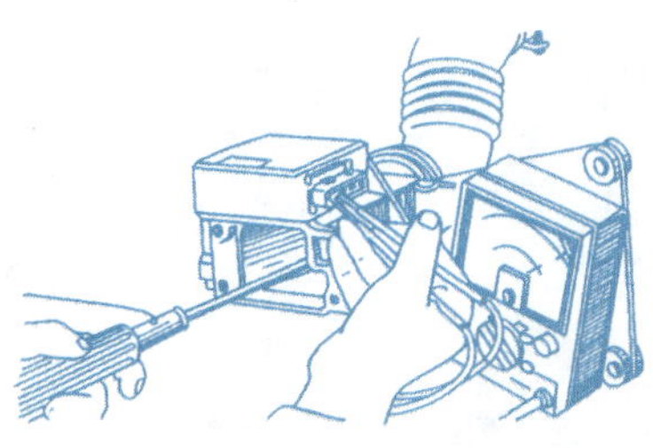

图 2-59 翼片式空气流量传感器电位计的检查

流量传感器各端子间电阻的标准值见表 2-7。

丰田车 2TZ—FE 发动机用翼片式空气流量传感器各端子间的电阻　　表 2-6

端子	标准电阻(Ω)	测量片位置
$F_C - E_1$	∞	测量片全关闭
	0	测量片开启
$V_S - E_2$	20 ~ 600	全关闭
	20 ~ 1200	从全关到全闭

丰田 5M-E 发动机用翼片式空气流量传感器各端子间的电阻　　表 2-7

端子	温度℃	测量片位置	标准电阻(kΩ)
$E_2 - V_S$	—	完全关闭	0.2 ~ 0.10
	—	从全闭到全开	0.02 ~ 1.00
$E_1 - F_c$	—	完全关闭	∞
	—	任何开度	0
E_2 - THA	0	—	4.00 ~ 7.00
	20	—	2.00 ~ 3.00
	40	—	0.90 ~ 1.30
	60	—	0.40 ~ 0.70
$E_2 - V_C$	—	—	0.10 ~ 0.30
$E_2 - V_B$	—	—	0.20 ~ 0.40
$E_2 - F_C$	—	—	∞

(2) 日产车翼片式流量传感器的检测。图 2-60 所示为日产车翼片式空气流量传感器的检测(端子"标记"有新旧两种)。用万用表欧姆档测量各端子之间的电阻时,旧"标记"端子之间应符合表 2-8 中的规定,新"标记"端子之间应符合表 2-9 中的规定。否则,应更换空气流量传感器。

日产车空气流量传感器旧"标记"各端子间电阻值　　表 2-8

触点	端子	标准电阻值(Ω)	测量片位置
电动汽油泵开关		∞	测量片关闭(触电打开)
	36 ~ 39	0	测量片打开(触电关闭)
电位计	6 – 9	250 ~ 350	—
	6 – 8	150 ~ 250	—
	8 – 9	50 ~ 150	—
	7 – 8	0 ~ ∞	测量片由全闭到全开

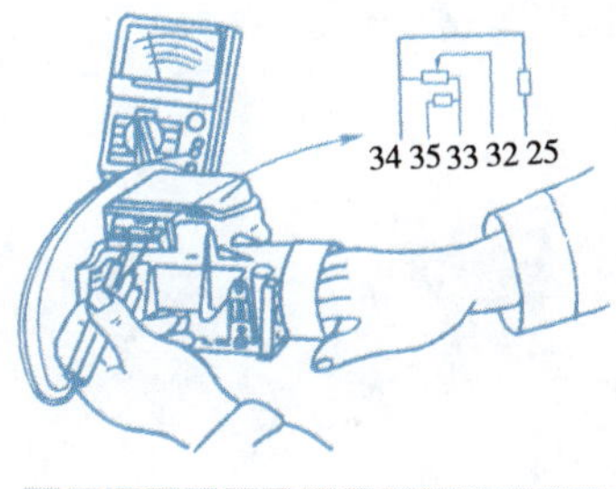

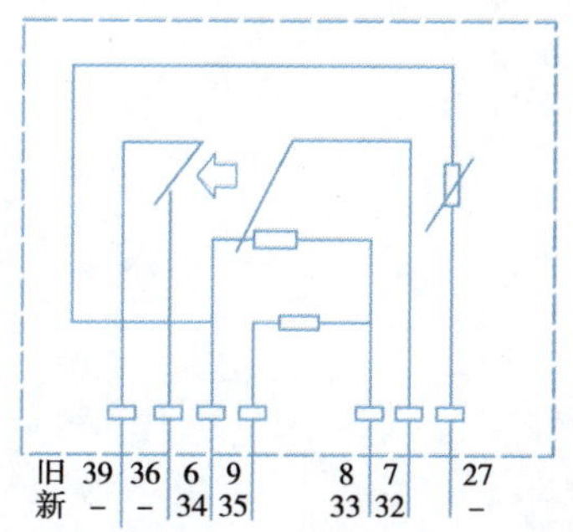

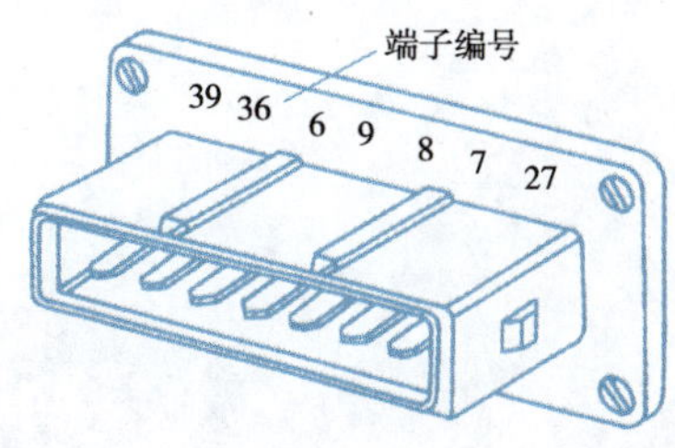

图 2-60　日产车空气流量传感器的检测

(3)五十铃车翼片式空气流量传感器的检测。电位计与空气流量计的内部接线如图 2-61 所示。工作时,滑动臂在电位计的电阻片上滑动,端子 7 与 8 之间的电压 U 和端子 6 与 9 之间的电压 U_B 作为输出信号输送到电控单元(ECU)中。

日产车叶片式空气流量传感器新"标记"

各端子间电阻值　　　　表 2-9

端子	电阻值(Ω)	测量片位置
33 - 35	约 100	—
33 - 34	约 200	—
32 - 33	0 ~ ∞	测量片滑动时
32 - 34	0 ~ ∞	测量片滑动时
25 - 34	阻值随外界温度而定	

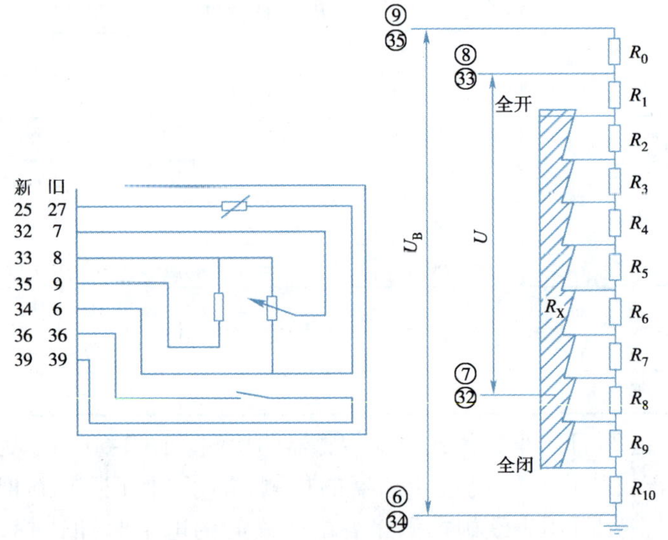

图 2-61　五十铃翼片式空气流量传感器的电路图和内部接线

在检查时,取下空气流量传感器上的电插,将万用表(电阻档)接在(6)7 端子上,使测量片平稳的张开,其间的电阻值是逐渐变化的;6 与 9 端子之间的电阻值为 350 ~ 400Ω,进气温度传感器 27 与 6 之间的电阻值为 0.3 ~ 10kΩ。

电动汽油泵触点 39 和 36 端子之间在测量片全闭时不导通(断开);测量片只要稍一转动,39 和 36 端子之间便导通。

(4)翼片式空气流量传感器的示波器检测。连接示波器至翼片式空气流量传感器的电位计端子,起动发动机并怠速运转,缓慢地增加发动机转速,同时观测显示结果。测试波形如图 2-62 所示。测试中可利用螺丝刀柄轻轻敲击传感器壳体,如传感器内部的连接有松动,将会造成提速不顺或迟滞。

3.1.2.2 卡门涡旋式空气流量传感器。以丰田凌志LS400轿车1UZ—FE发动机用卡门涡旋光电感应式空气流量传感器为例，介绍卡门涡旋式空气流量计的性能检测内容和方法。该传感器的控制电路如图2-63所示。

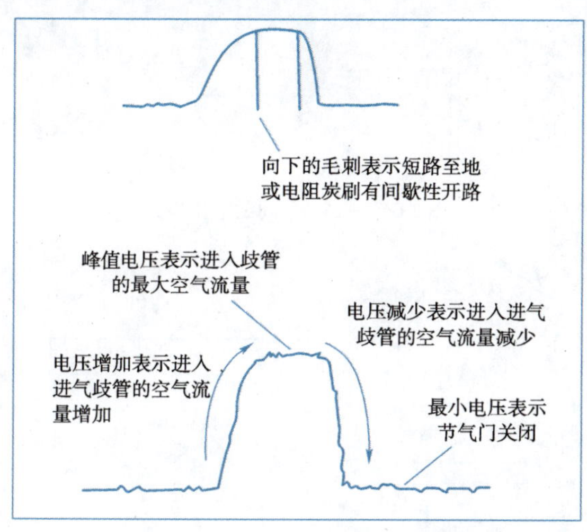

图2-62 翼片式空气流量传感器的示波器检测波形

(1)电阻的检测。将点火开关置于“OFF”，拔下空气流量传感器上的电插，用万用表欧姆档测量传感器上“THA”与“E_1”端子之间的电阻，其标准值如表2-10所示，如果电阻值与标准值不符，则应更换空气流量传感器。

(2)空气流量传感器的电压检测。插好此空气流量传感器上的电插，用万用表电压档检测发动机ECU端子THA—E_2、Vc—E_1、Ks—E_1之间的电压，如图2-64、图2-65所示，其测量应符合表2-11中的规定。

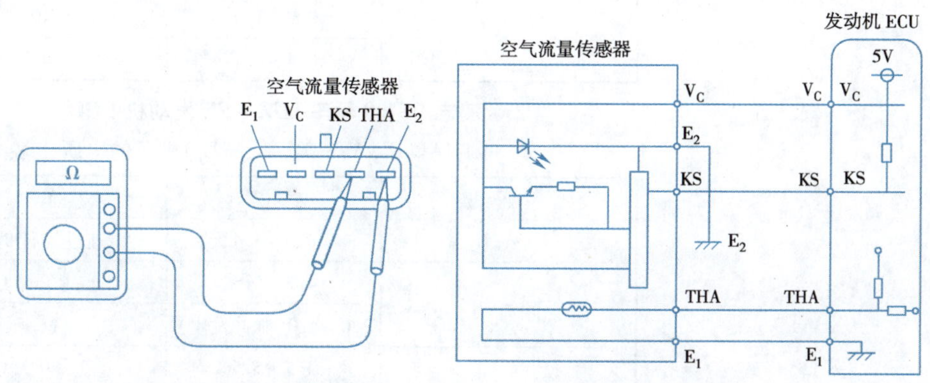

图2-63 凌志LS400车卡门涡旋式空气流量传感器的控制电路

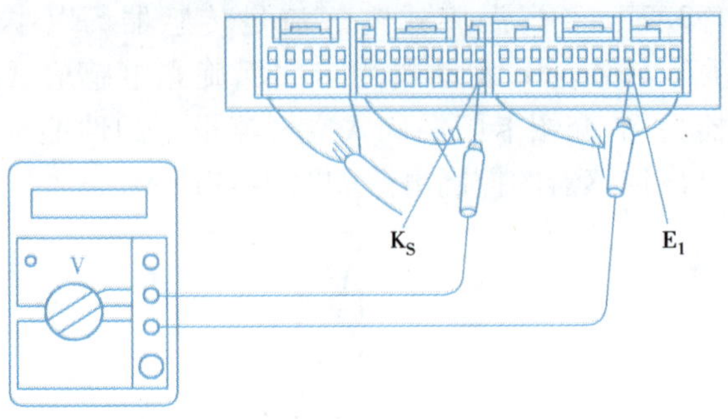

图 2-64　K_S—E_1 间的电压检查

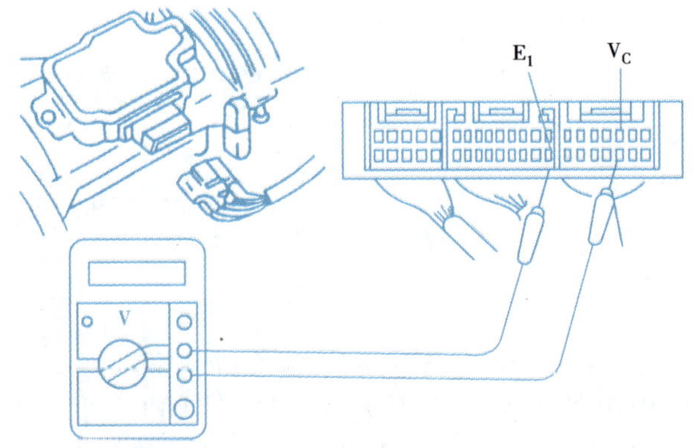

图 2-65　V_c—E_1 间的电压检查

卡门涡旋式空气流量传感器 THA－E1 端子间的电阻(凌志 LS400 轿车)　　表 2-10

端子	标准电阻(kΩ)	温度(℃)
THA—E_1	10.0～20.0	－20
	4.0～7.0	0
	2.0～3.0	20
	0.9～1.3	40
	0.4～0.7	60

凌志 LS400 轿车 1UZ－FE 发动机 ECU (THA—$E_{(2)}$ V_C—$E_{(1)}$ K_S—E_1)端子的电压　　表 2-11

端子	电压(V)	条件
THA－E_2	0.5～3.4	怠速进气温度 20℃
K_S－E_1	4.5～5.5	点火开关 ON
	2.0～4.0(脉冲发生)	怠速
V_C－E_1	4.5～5.5	点火开关 ON

3.1.2.3　热线式空气流量传感器:

(1)日产 VG30E 发动机热线式空气流量传感器的检测。

图 2-66 所示为日产 VG30E 发动机热线式空气流量传感器的控制电路。检查空气流量传感器输出信号，拔下此空气流量传感器上的电插，拆下空气流量传感器；按图 2-67 所示的方法，将蓄电池的电压施加于空气流量传感器的端子 D 和 E 之间（电源极性应正确），然后用万用表电压档测量端子 B 和 D 之间的电压。其标准电压值应为 1.6 ±0.5V。如其电压值不符合规定，则须更换空气流量传感器。

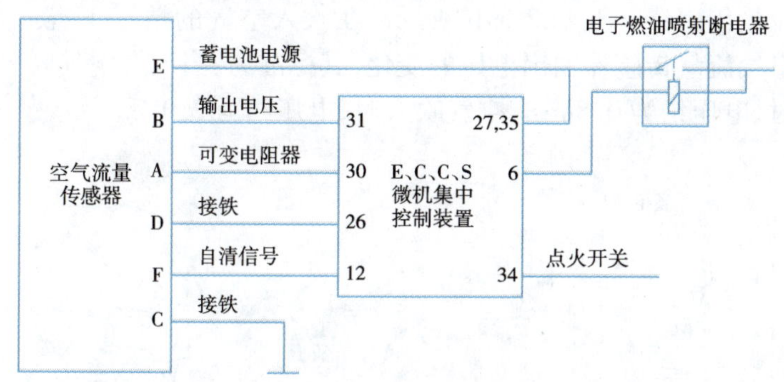

图 2-66　日产 VG30E 发动机热线式空气流量传感器的电路

在进行上述检查之后，给空气流量传感器的进气口吹风，同时测量端子 B 和 D 之间的电压，在吹风时，电压应上升至 2 ~4V。如电压值不符，则须更换空气流量传感器。

检查自清洁功能：装好热线式空气流量传感器及其连接电插，拆下此空气流量传感器的防尘网，起动发动机并加速到 2500r/min 以上。当发动机停转后 5s，从空气流量传感器进气口处，可以看到热线自动发出的光亮（加热到 1000℃左右）约 1s。如无此现象发生，则须检查自清洁信号或更换空气流量传感器。

（2）日产 CA18E 型发动机热线式空气流量传感器的检查：

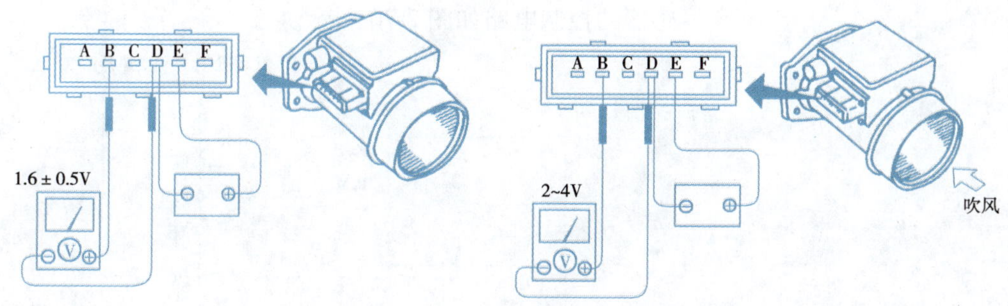

图 2-67　热线式空气流量传感器输出信号的检查

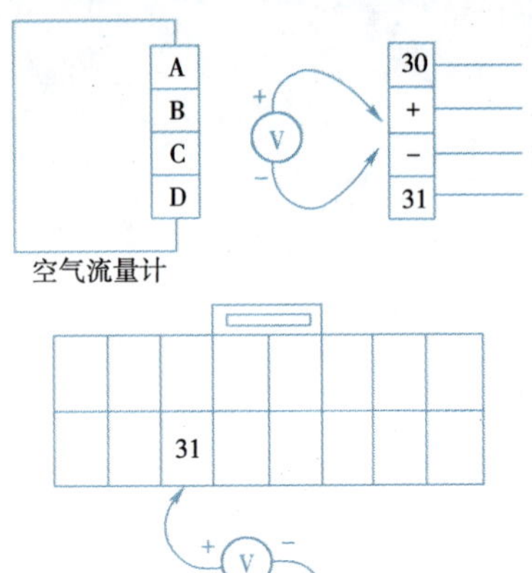

图 2-68 热线式空气流量传感器就车检查

①就车检查。先拆下空气流量传感器上的电插,检查线束一侧 B 端子与搭铁间的电压,其基准电压为 12V,如图 2-68 所示。其次,则按单件检查方法检查端子 31 与搭铁端之间的电压。

②单件检查。如图 2-69a)所示,在 B、C 两端子间加上 12V 电压,然后检查 D、C 两端子间的输出电压。应该注意,外加电源的极性不能接错(B 端子与蓄电池正接线柱相连,C 端子与蓄电池的负接线柱相连)。否则,就有可能损坏空气流量传感器。按图 2-69b)所示,在吹入空气的情况下,测量空气流量传感器输出电压的变化,其标准为:当没有空气吹入时,电压约为 0.8V;有空气吹入时,电压约为 2.0V。

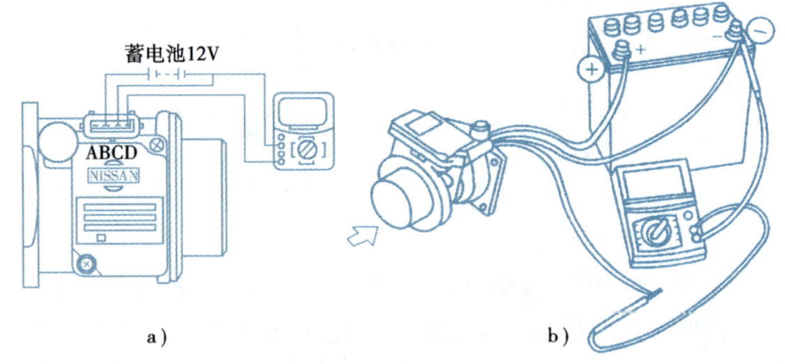

图 2-69 热线式空气流量传感器的单件检查

3.1.3 进气压力传感器

进气压力传感器是 D 型电控燃油喷射系统中确定燃油喷射量的主要传感器之一。安装在发动机室内振动较小的地方,其作用是将发动机进气歧管内的绝对压力转变成为电信号输送到 ECU,据此间接确定发动机的进气量。应用较为广泛的有半导体压敏电阻式、三线高灵敏度可变电阻式和真空膜盒传动式等。

3.1.3.1 皇冠 3.0 轿车 2JZ－GE 发动机用进气压力传感器的检测。皇冠 3.0 轿车 2JZ－GE 发动机用进气压力传感器的控制电路如图 2-70 所示。

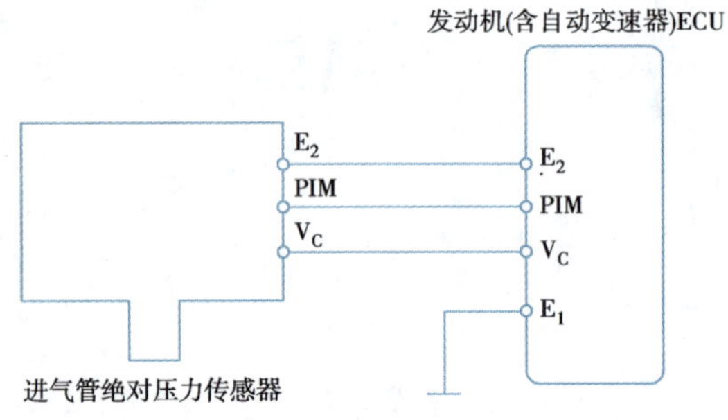

图 2-70 进气压力传感器的控制电路

(1)传感器参考电压的检测。将点火开关置于“OFF”位置,拔下进气压力传感器上的电插,然后将点火开关置于“ON”位置(不起动发动机),用万用表电压档测量电插中的 V_C 和 E_2 端子之间的电压(如图 2-71 所示),其电压值应为 4.5~5.5V。如有异常,应检查进气压力传感器与 ECU 之间的线路是否导通。若断路,应更换或修理线束。

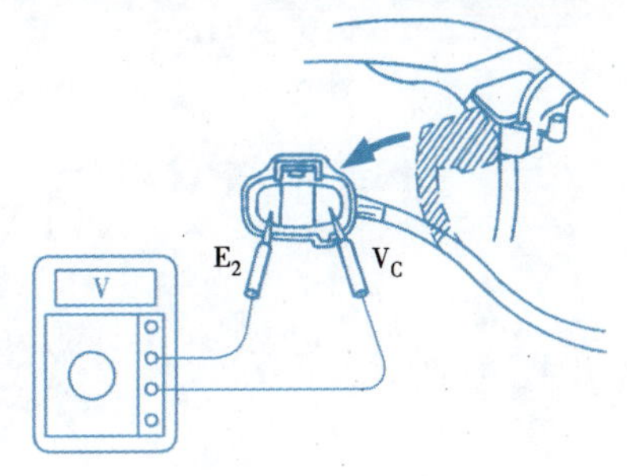

图 2-71 传感器参考电压的检测

(2)传感器输出电压的检测。将点火开关置于“ON”位置(不起动发动机),拆下进气压力传管器与进气歧管间的真空软管(如图 2-72 所示)。在 ECU 导线插接器一侧用万用表电压档测量进气压力传感器 PIM - E_2 端子间的输出电压(如图 2-73),并记录所测电压值;然后用真空泵向进气压力传感器内施加真空,从 13.3kPa(100mmHg)起,每次递增 13.3kPa(100mmHg),一直增加 66.7kPa(500mmHg)为止,然后测量在不同真空度下进气压力传感器(PIM - E_2 端子间)的输出电压。该电压应能随真空度的增大而不断下降。将不同真空度下的输出电压下降量与标准值相比较,如不符合规定或有跳跃性的变化,应更换进气压力传感器。丰田 2JZ - GE 和 2RZ - E 发动机进气压力传感器的标准输出电压值如表 2-12 所示。

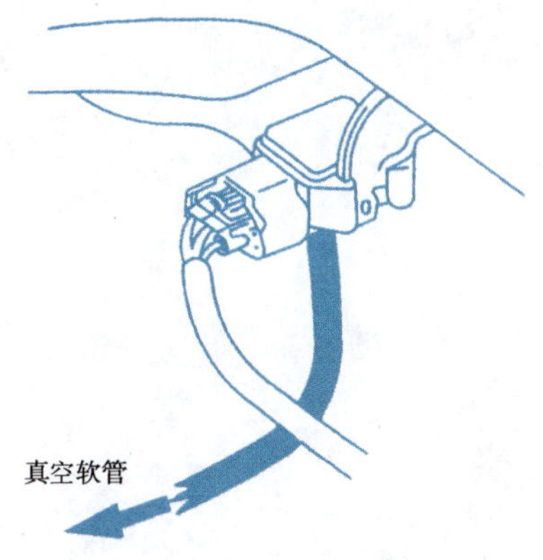

图 2-72 拆下传感器真空软管

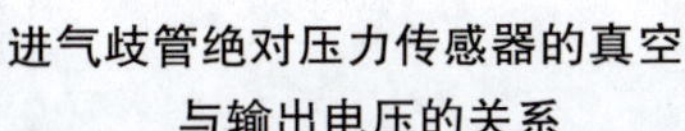

进气歧管绝对压力传感器的真空度与输出电压的关系 表 2-12

真空 kPa(mmHg)	13.3(100)	26.7(200)	40.0(300)	53.5(500)	66.7(500)
电压值(V)	0.3~0.5	0.7~0.9	1.1~1.3	1.5~1.7	1.9~2.1

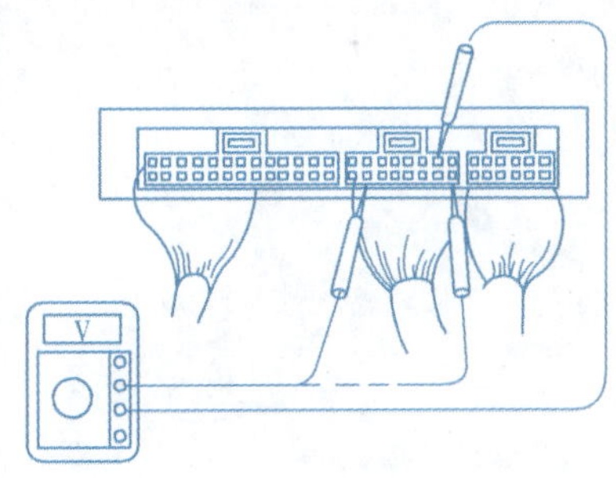

图 2-73 测量传感器的输出信号

3.1.3.2 北京切诺基轿车用进气压力传感器的检测。北京切诺基轿车用进气压力传感器的控制电路如图 2-74 所示。传感器与 ECU 之间有三根连接导线,即 ECU 向传感器提供的参考电压线(为 4.8~5.1V),传感器的信号输出线和接地线。在发动机怠速运转时,进气歧管的真空度高(绝对压力低),传感器的电阻值大,如图 2-75 所示,传感器输出 1.5~2.1V的低电压信号;当节气门全开时,歧管真空度低(绝对压力高),传感器电阻小,传感器输出 3.9~4.8V 的高电压信号。

(1)传感器参考电压的检测。点火开关置于“ON”,用万用表测试传感器端子 C 的电压值,正表笔接端子 C,负表笔搭铁。电压表指示应为 5V ±0.5V。否则为传感器参考线断路或电插接触不良。

(2)传感器输出电压的检测。用万用表的电压档测试传

感器端子 B 的输出电压。当点火开关接通而发动机未起动时，传感器的输出电压值应为 4 ~5V；当发动机在热机空档怠速运转时，输出电压应降到 1.5 ~2.1V。此时，如从 ECU 线束侧 1 端子处测试，其电压值也应是上述数值；如不符，则为信号线路、传感器有故障或电插接触不良。发动机节气门开度发生变化时，电压表指示信号电压的数值应圆滑无跳跃的变化。否则，说明传感器有故障。

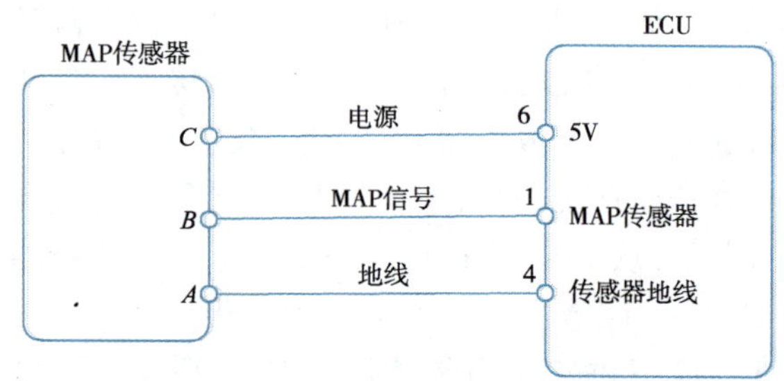

图 2-74 进气压力传感器的控制电路

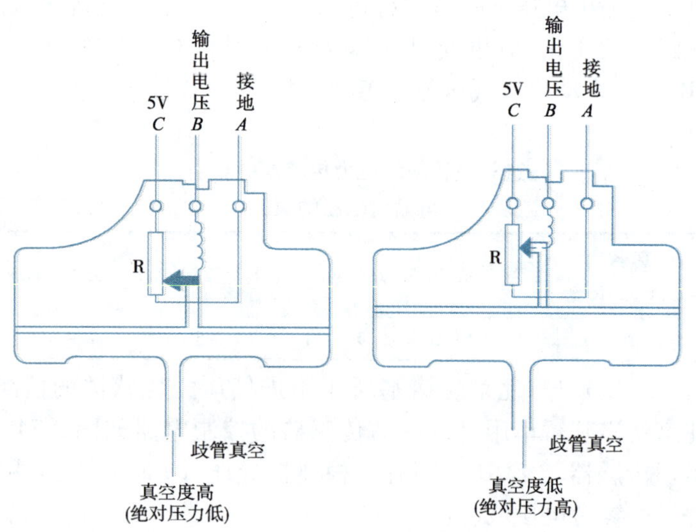

图 2-75 进气压力传感器的工作示意图

3.1.3.3 真空膜盒式进气歧管绝对压力传感器。由于这种传感器(早期波许 D—Jetronic 系统用)是利用 12V 电源完成变压作用的，所以拔下插座就无法检测传感器的好坏。检测时，将万用表(电压档)的表笔分别插入电插内与两端子连线接触(如图 2-76)，测量其输出电压。测量方法如下：在不动插座的情况下闭合点火开关，将万用表表笔与 Vs、E 端子接触。拔下真空管，电压值约为 1.5V，而在真空源的作用下，电压值应从 1.5V 逐渐无跳跃地下降；发动机怠速运转

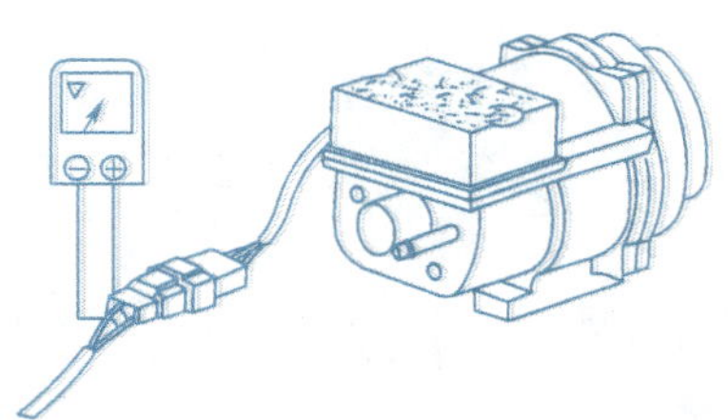

图 2-76 真空膜盒式进气压力传感器输出电压的测量

时,电压值约为0.4V,而当发动机转速升高时,此电压值逐渐升高。

3.1.3.4　进气压力传感器的示波器检测。进气压力传感器有半导体压敏电阻式、真空膜盒传动式、电容式和表面弹性波式等。当压力变化时,压电晶体的电阻发生变化产生模拟信号。而电容陶瓷装置则利用进气歧管真空来改变两块板之间的距离,输出数字信号。测试时,起动发动机,检测由怠速逐渐加速的信号。测试波形如图2-77所示。

3.1.4　节气门位置传感器

节气门位置传感器安装在节气门体上,其作用是将节气门的开度转换成电信号输送给ECU,有开关(三端子)式和可变电阻(四端子)式两种。下面分别对两种不同形式节气门位置传感器的检测进行讨论。

3.1.4.1　开关(三端子)式节气门位置传感器的检测。以丰田1S—E和2S—E发动机为例,介绍开关节气门位置传感器的检测方法和检测内容。

(1)就车检查端子间的导通性。点火开关置于“OFF”,拔下节气门位置传感器上的电插,在节气门限位螺钉和限位杆之间插入适当厚度的厚薄规;如图2-78所示,用万用表欧姆档在节气门位置传感器的各端子上测量怠速触点和全负荷触点的导通情况。

当气节门全闭时,怠速触点(IDL)应导通;当节气门全开或接近全开时,全负荷触点(PSW)应导通;在其它开度下两触点均应不导通。具体情况如表2-13所示。否则,应调整或更换节气门置传感器。

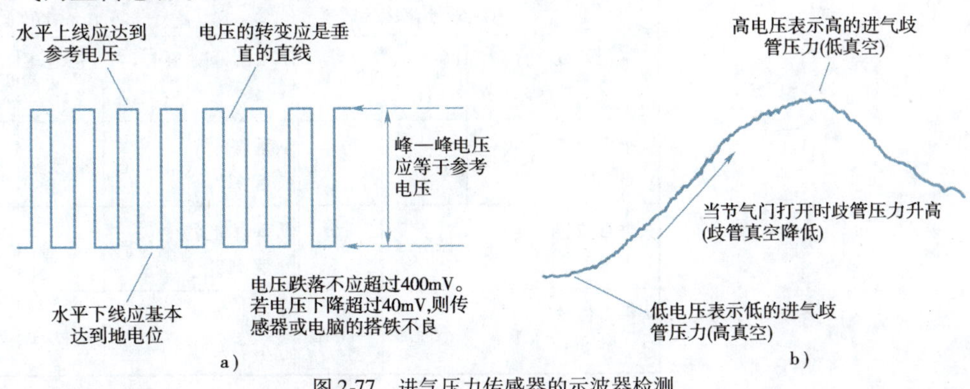

图2-77　进气压力传感器的示波器检测

a)数字式压力传感器;b)模拟式压力传感器

(2)节气门位置传感器的单体检查。作如图2-79所示的

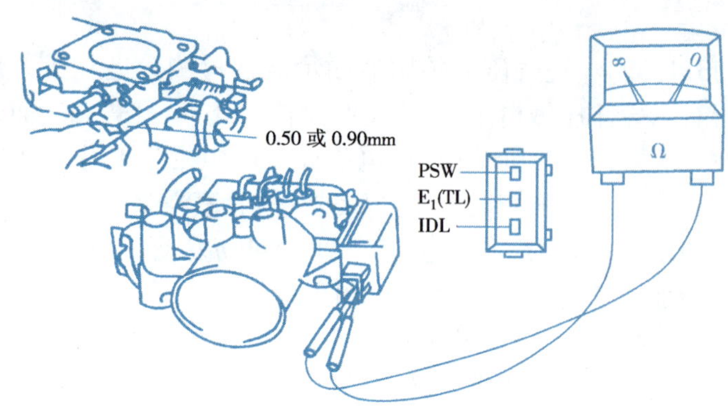

图2-78 节气门位置传感器端子间导通性检查

直角坐标图,使节气门处于下列开度位置:有三元催化转换器的为71°或81°,无三元催化转换器的为41°或51°(节气门完全关闭时的度数为6°)。然后用万用表的欧姆档,检查各端子间的导通性,其结果应如表2-14所示。

端子间导通性检查要求 表2-13

限位螺钉和限位杆之间的间隔	端子		
	IDL-E(TL)	PSW-E(TL)	ISL-PSW
0.5mm	导通	不导通	不导通
0.9mm	不导通	不导通	不导通
节气门全开	不导通	导通	不导通

注:车型不同,插入厚薄规厚度不同,可参考有关维修手册

端子间的导通性检查要求

(丰田1S-E和2S-E) 表2-14

节气门开度	有三元催化转换器			节气门开度	无三元催化转换器		
	IDL-E(TL)	PSW-E(TL)	IDL-PSW		IDL-E(TL)	PSW-E(TL)	IDL-PSW
从垂直位置起71°	不导通	不导通	不导通	从垂直位置起41°	不导通	不导通	不导通
从垂直位置起81°	不导通	导通	不导通	从垂直位置起51°	不导通	导通	不导通
从垂直位置起小于7.5°	导通	不导通	不导通	从垂直位置起小于7.5°	导通	不导通	不导通

(3)开关式节气位置传感器的调整。如果检查结果不符合要求可进行如下调整:松动节气门位置传感器的两个固定螺钉,在节气门限位螺钉和限位杆之间插入0.7mm(丰田1G-EU车为0.55mm)的厚薄规,并将万用表欧姆档的表笔

连接节气位置传感器的端子 IDL 和 E(TL),如图 2-79 所示,逆时针平稳地转动节气位置传感器,直到万用表有读数为 0.44mm或 0.66mm,再检查端子 IDL 和 E(TL)之间的导通性:限位杆与限位螺钉之间的间隙为 0.5mm(丰田 1G - EU 车为 0.44mm)时导通;间隙为 0.9mm(丰田 1G - EU 车为 0.66mm)时不导通。

3.1.4.2 可变电阻(四端子)式节气门位置传感器的检测(皇冠 3.0 车):

(1)怠速触点导通性检测。点火开关置于"OFF",拔下节气门位置传感器上的电插,用万用表欧姆档在节气门位置传感器的电插上测量怠速触点"IDL"的导通情况,如图 2-80 所示,将两个固定螺钉固定;然后再换用 0.50mm 或 0.9mm 的厚薄规(丰田 1G - EU)。当节气门全闭时,IDL—E_2 端子间应导通;当节气门打开时,IDL—E_2 端子间应不导通。否则应更换节气门位置传感器。

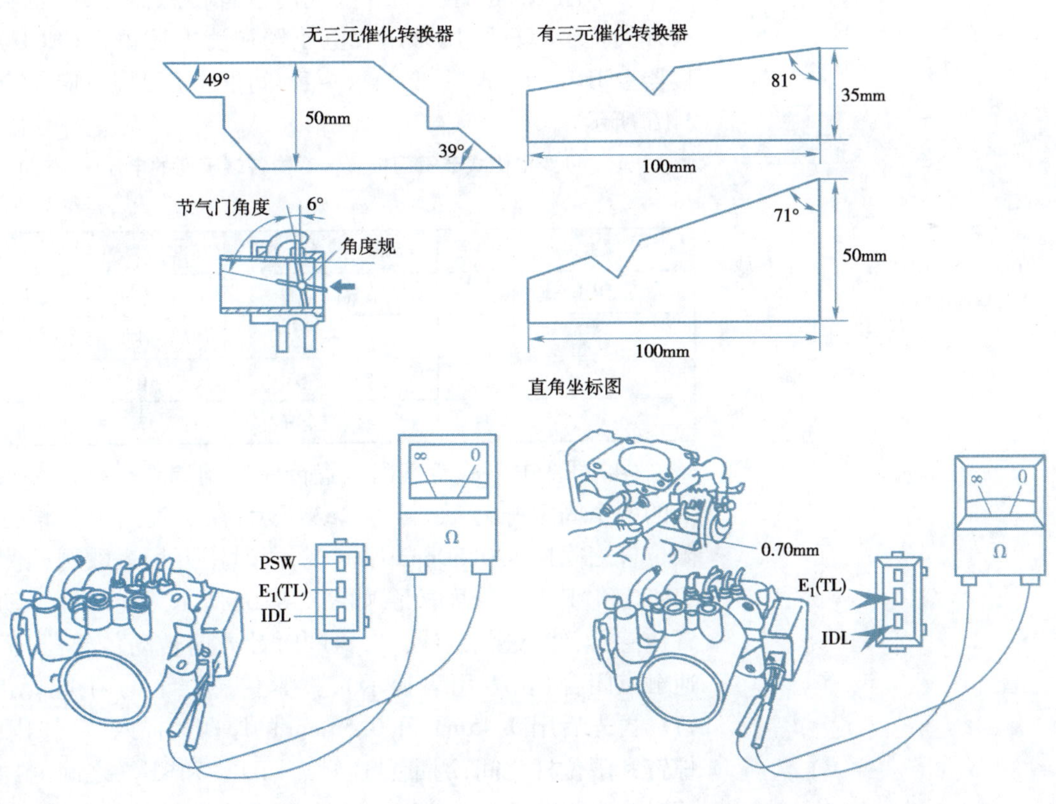

图 2-79 直角坐标图与端子间的导通性检查

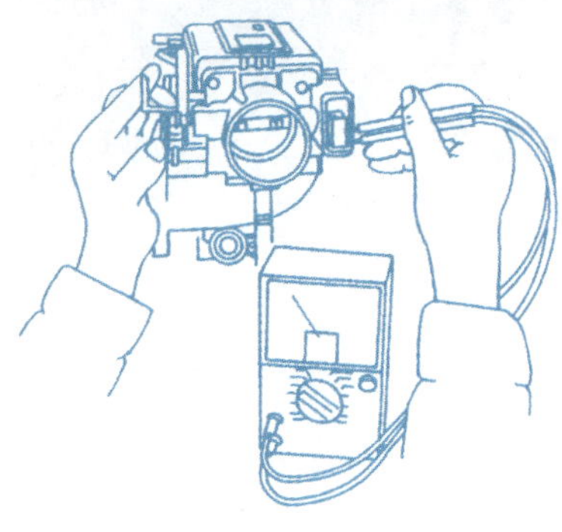

图 2-80　怠速触点导通情况检查

(2)测量线性电位计的电阻。点火开关置于“OFF”,拔下节气门位置传感器上的电插,用万用表的欧姆档测量线性电位计的电阻(图 2-81 中 E_2 和 V_{TA}之间的电阻),该电阻应能随节气门开度增大而呈线性增大。

在节气门限位螺钉和限位杆之间插入适当厚度的厚薄规,用万用表欧姆档测量此传感器电插上各端子间的电阻,其电阻值应符合表 2-15 所示。

可变电阻式节气门位置传感器各端子间的电阻(皇冠 3.0)　　表 2-15

限位螺钉与限位杆间隙(或节气门开度)	端子名称	电阻值
0mm	$V_{TA}-E_2$	0.36~6.30kΩ
0.45mm	IDL—E_2	0.50kΩ 或更小
0.55mm	IDL—E_2	∞
节气门全开	$V_{TA}-E_2$	2.40~11.20kΩ
—	V_c—E_2	3.10~7.20kΩ

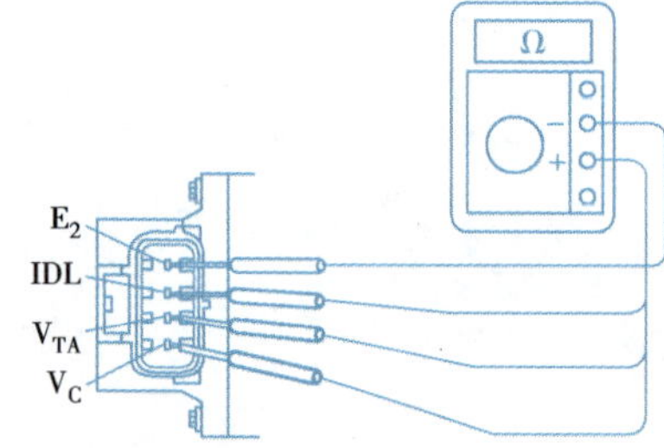

图 2-81　可变电阻式节气门位置传感器的检测

(3)电压的检查。插好节气门位置传感器上的电插,点火开关置于“ON”,用万用表电压档检测电控单元(ECU)插接器上 IDL-E_2、V_c-E_2、$V_{TA}-E_2$ 间的电压,数值应符合表 2-16 所示。

可变电阻式节气门位置传感器各端子间的电压

表 2-16

端　子	条　件	标准电压
IDL-E_2	节气门全开	9~14V
V_c-E_2	—	4.0~5.5V
$V_{TA}-E_2$	节气门全闭	0.3~0.8V
	节气门全开	3.2~4.9V

(4)可变电阻式节气门位置传感器的调整。松动传感器上的两个固定螺钉,如图 2-82a)所示,在节气门限位螺钉和限位杆之间插入 0.50mm 厚薄规,同时用万用表欧姆档测量“IDL”和“E_2”的导通情况,如图 2-82b)所示。逆时针转动位置传感器,使怠速触点断开,再顺时针方向转动传感器,至怠速触点闭合(由万用表显示),拧紧传感器上的两个固定螺钉。再先后用 0.45mm 和 0.55mm 的厚薄规插入节气门限位螺钉和限位杆之间,测量怠速触点“IDL”和“E_2”之间的导通情况。当厚薄规为 0.45mm 时,“IDL”和“E_2”端子间应导通;当厚薄规为 0.55mm 时,“IDL”和“E_2”端子间应不导通。否则,应重新调整节气门位置传感器。

(5)节气门位置传感器的示波器检测。按要求连接好示波器,点火开关置于“ON”,但发动机停转,将节气门转到全开的位置,然后再转到全关的位置(或将节气门由全闭的位置然后再转到全开的位置)。开关式节气门位置传感器的波形如图2-83所示。可变电阻式节气门位置传感器的波形如图2-84所示。

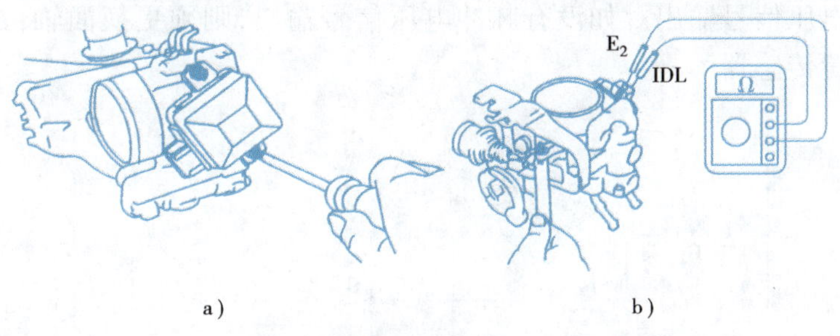

图2-82　节气门位置传感器的调整

a)拧松固定螺钉;b)测量端IDL和E_2间的导通情况

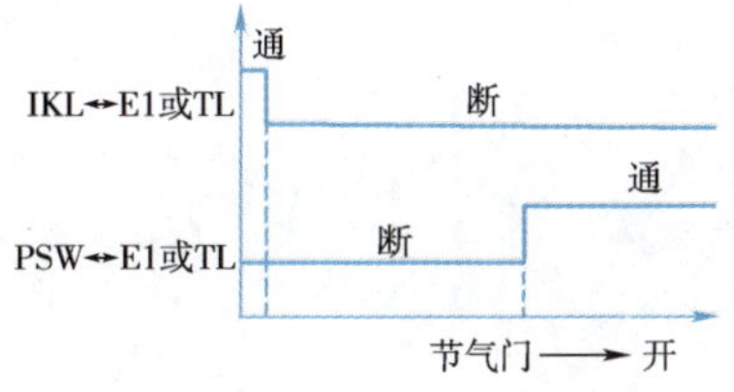

图2-83　开关式节气门位置传感器的波形

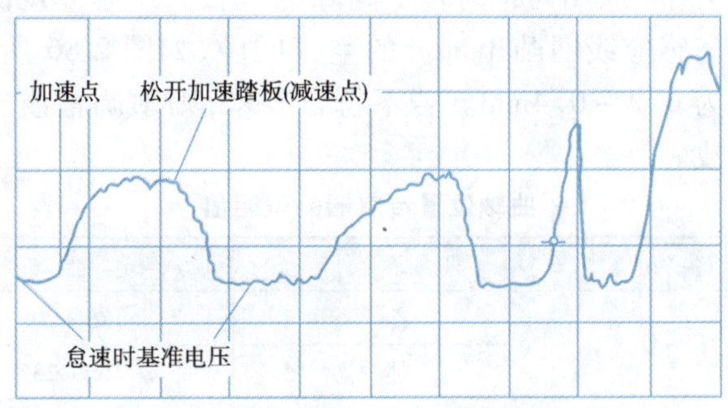

图2-84　可变电阻式节气门位置传感器的波形

3.1.5　曲轴位置、发动机转速传感器

曲轴位置传感器(也称曲轴转角传感器)是发动机电子控制系统最主要的传感器之一,它是提供点火和喷油时刻、确认活塞位置的信号,用于检测活塞上止点、曲轴转角及发动机转速。可分为磁脉冲式、光电感应式和霍尔式三大类,通常安装在曲轴前端、凸轮轴前端、飞轮壳上或分电器内。

3.1.5.1　磁脉冲式曲轴位置传感器的检测。以丰田2JZ－GE型发动机电子控制系统中使用的磁脉冲式曲轴位置传感器为例讨论其检测方法,控制电路如图2-85所示。

(1)曲轴位置传感器的电阻检测。将点火开关置于“OFF”,拔下曲轴位置传感器上的电插,用万用表的电阻档测量曲轴位置传感器上各端子间的电阻,电阻值应符合表2-17中的规定。如电阻值不在规定的范围内,须更换曲轴位置传感器。

(2)曲轴位置传感器输出信号的检查。拔下曲线位置传感器上的电插,当发动机转动时,用万用表的电压档检测曲轴位置传感器上 G_1—G_-,G_2—G_-,N_e—G_- 端子间是否有脉冲电压信号输出。如没有脉冲电压信号输出,则须更换曲轴位置传感器。

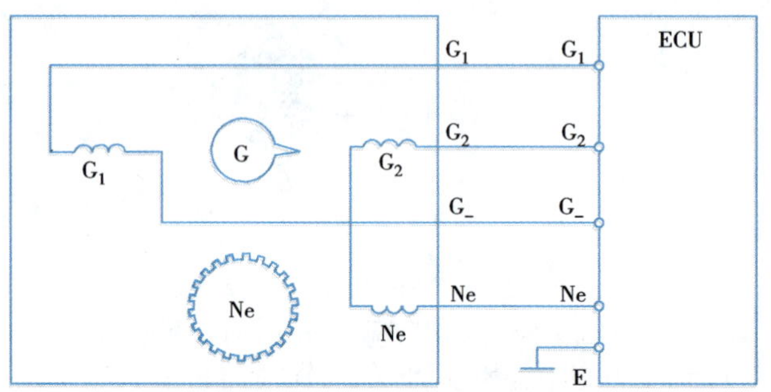

图 2-85　曲轴位置传感器控制电路

(3)感应线圈与正时转子间隙的检查。用厚薄规测量正时转子与感应线圈凸出部分的空气间隙,如图 2-86 所示,其间隙应为 0.2～0.4mm。若不符合要求,则须调整或更换分电器总成。

曲轴位置传感器的电阻值　　　　表 2-17

端　子	条　件	电阻值(Ω)
G_1-G_-	冷　态	125～200
	热　态	160～235
G_2-G_-	冷　态	125～200
	热　态	160～235
N_e-G_-	冷　态	155～250
	热　态	190～290

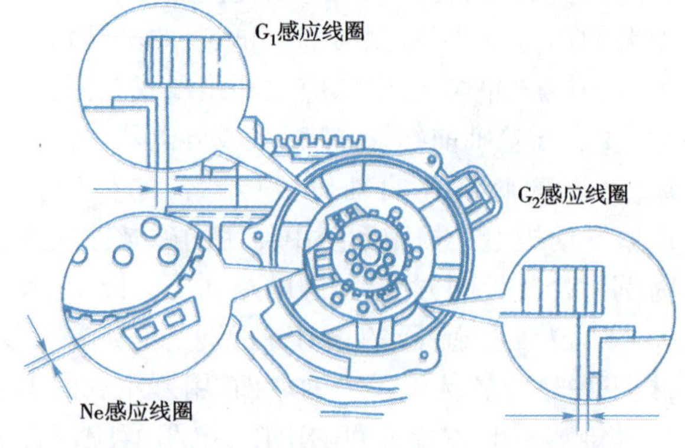

图 2-86　感应线圈与正时转子间隙的检查

(4)磁脉冲式曲轴位置传感器的示波器检测。磁脉冲式

曲轴位置传感器若以电压表测量，只能获得平均电压数值，而用示波器检测则能得到感应波形。图 2-87 所示是磁脉冲式曲轴位置传感器的波形。图中显示发动机转速 881r/min 时，频率为 5.96Hz，峰值 17.3V，脉宽 158ms。

良好的波形在 0V 上下的幅值应基本一致，且随发动机转速增加而增大，幅值、频率和形状在确定的条件（等转速）下是一致的、可重复的、有规律的和可预测的。

用双踪示波器，可在显示屏上同时显示被检测的曲轴位置传感器和凸轮轴位置传感器两个波形，从而可检查凸轮轴与曲轴之间的正时关系。

3.1.5.2　光电感应式曲轴位置传感器的检测：

（1）曲轴位置传感器线束的检测。图 2-88 所示为韩国“现代 SONATA”汽车光电感应式曲轴位置传感器电插的端子位置和检查方法。检查时，拔下曲轴位置传感器上的电插，将点火开关置于“ON”，用万用表的电压档测量线束侧 4#端子与地间的电压应为 12V，如图 2-88 所示，线束侧 2#端子和 3#端子与地间电压应为 4.8 ~ 5.2V，用万用表的电阻档测量线束侧 1#端子与地间应为 0Ω（导通）。

（2）光电感应式曲轴位置传感器输出信号的检测。用万用表的电压档检测传感器侧 3#端子和 1#端子的电压，在起动发动机时，电压应为 0.2 ~ 1.2V。在起动发动机后的怠速运转期间，用万用表电压档检测 2#端子和 1#端子电压应为 1.8 ~ 2.5V。否则应更换曲轴位置传感器。

（3）光电感应式曲轴位置传感器的信号波形。光电感应式曲轴位置传感器和凸轮轴位置传感器信号波形如图 2-89 所示。

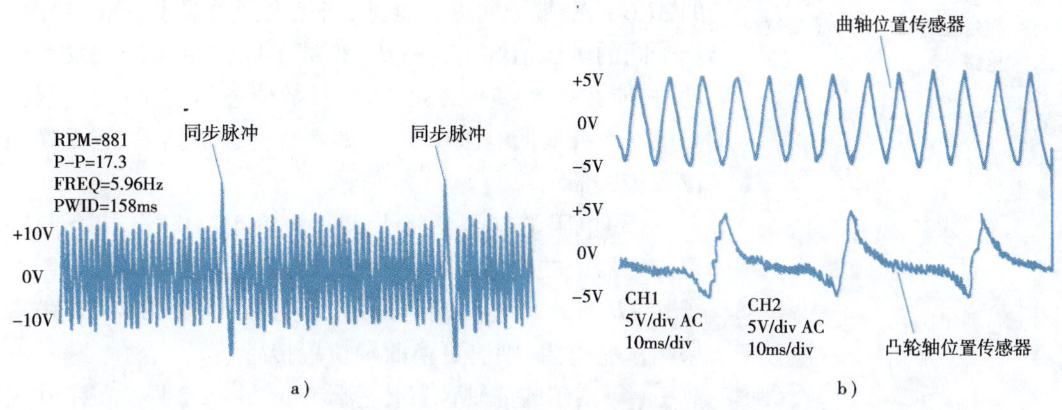

图 2-87　磁脉冲式曲轴位置传感器的波形

a）曲轴位置传感器标准波形；b）凸轮轴/曲轴位置传感器波形（双通道）

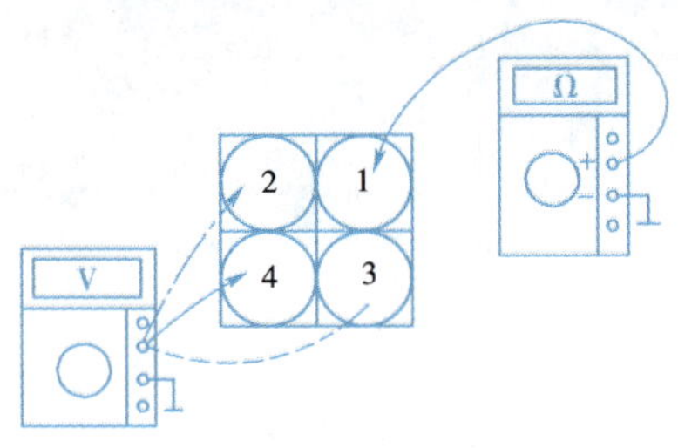

图 2-88　光电感应式曲轴传感器线束的测量

3.1.5.3　霍尔式曲轴位置传感器的检测。霍尔式曲轴位置传感器是利用霍尔效应的原理，产生与曲轴转角相对应的电压脉冲信号的。它是利用触发叶片或轮齿改变通过霍尔元件的磁场强度，从而使霍尔元件产生脉冲的霍尔电压信号，经放大整形后即为曲轴位置传感器的输出信号。

霍尔式曲轴位置传感器的检测方法有一个共同的特点，即主要通过测量有无输出脉冲信号来判断其工作性能是否良好。下面以北京切诺基的霍尔式曲轴位置传感器为例来说明其检测方法。

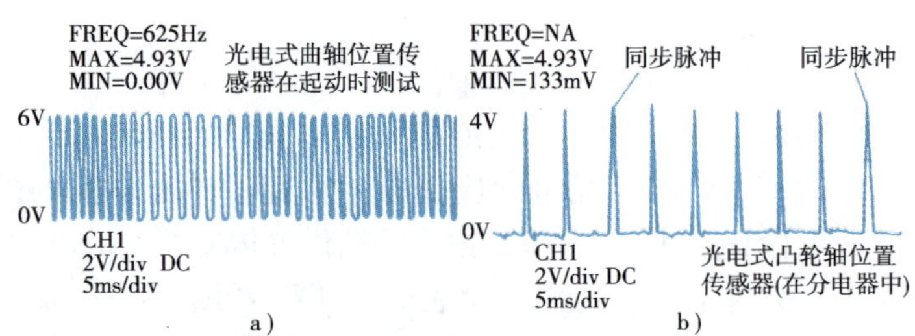

图 2-89　光电感应式传感器波形

a)曲轴位置传感器；b)凸轮轴位置传感器

曲轴位置传感器的控制电路如图 2-90 所示。三端子分别为：电源、信号和搭铁。当飞轮齿槽通过传感器时，霍尔传感器输出脉冲信号，高电位为 5V，低电位为 0.3V。

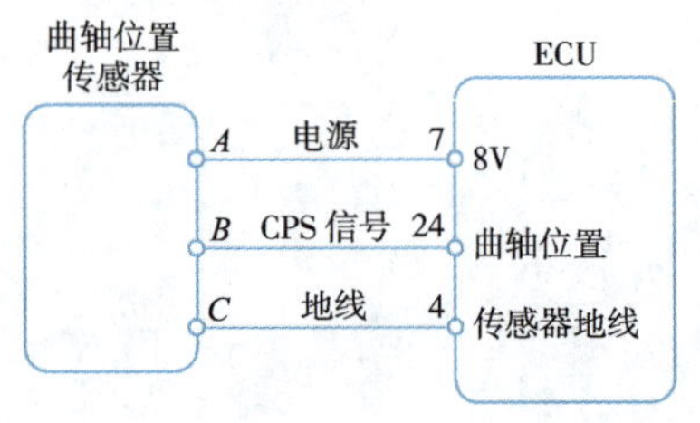

图 2-90　霍尔式曲轴位置传感器控制电路

(1)传感器电源电压的测试。将点火开关置于“ON”，用万用表电压档测量 ECU 一侧 7#端子与搭铁之间的电压应为 8V，在传感器导线连接器“A”端子处测量电压也应为 8V，否则为电源线断路或接头接触不良等。

(2)端子间电压的检测。用万能表的电压档，对传感器的 *ABC* 三个端子间进行测试，当点火开关置于“ON”时，*A*—*C* 端子间的电压值约为 8V；*B*—*C* 端子间的电压值在发动机转动时，应在 0.3 ~ 5V 之间变化，且数值显示呈脉冲性变化，最高电压 5V，最低电压 0.3V。如不符合以上结果，应更换曲轴位置传感器。

(3)电阻的检测。将点火开关置于“OFF”，拔下曲轴位置传感器上的电插，用万用表欧姆档跨接在传感器一侧的端子 *A* - *B* 或 *A* - *C* 间，此时万用表应显示读数为∞（开路），如果指示有电阻，则应更换曲轴位置传感器。

(4)霍尔式曲轴位置传感器的示波器检测。霍尔式曲轴位置传感器的信号波形如图 2-91 所示。

3.1.6　氧传感器

氧传感器的基本电路如图 2-92 所示。

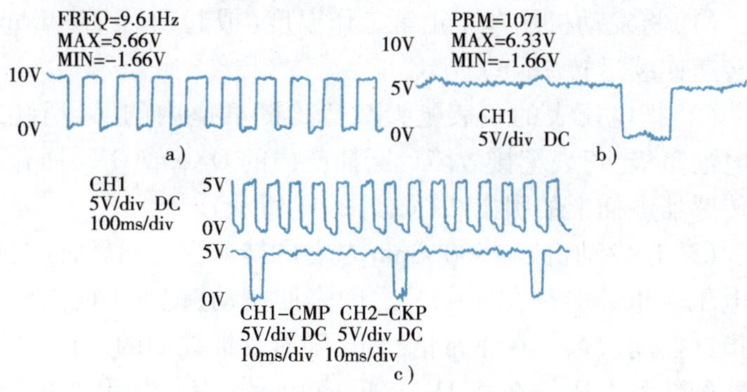

图 2-91　霍尔式曲轴位置传感器的信号波形

a)曲轴位置传感器;b)凸轮轴位置传感器;c)曲轴和凸轮轴位置传感器（双通道）

3.1.6.1　氧传感器加热器电阻的检测。点火开关置于“OFF”,拔下氧传感器上电插的,用万用表欧姆档测量氧传感器接线端中加热器端子与搭铁端子间的电阻(如图 2-93 所示),其电阻值应符合标准值(一般为 4 ~40Ω;具体数值参见具体车型的说明书),否则,应更换氧传感器。

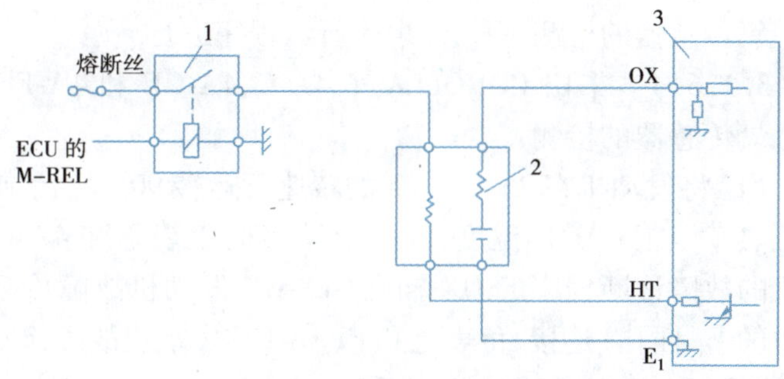

图 2-92　氧传感器的基本电路图

1-主继电器;2-氧传感器;3-发动机 ECU

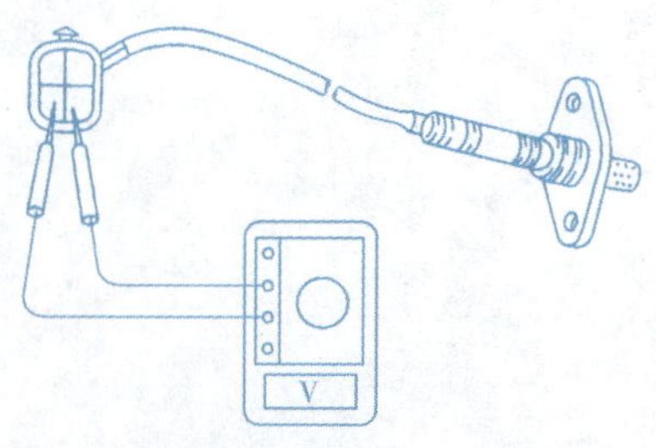

图 2-93　氧传感器加热器电阻的测量

3.1.6.2　氧传感器信号电压的检测。点火开关置于“OFF”,拔下氧传感器上的电插,从氧传感器信号电压的输出端引出一导线,然后插好电插,起动发动机,从引出线上测量信号电压。某些车型也可以从故障诊断插座内测得氧传感器的反馈电压,如丰田汽车公司生产的轿车,可以从故障诊断插座内的 OX_1 或 OX_2 插孔内直接测得氧传感器的信号电压(丰田 V6 发动机两侧排气管上各有一个氧传感器,分别和故障诊断插座内的 OX_1 和 OX_2 插孔连接)。在对氧传感器的信号电压进行检测时,最好使用指针型的电压表,以便直观地反映出信号电压的变动情况,应采用低量程(通常为 2V)和高阻抗的电压表。

3.1.6.3　丰田 V6 发动机氧传感器信号电压的检测：

（1）将发动机热车至正常工作温度（或起动后 2500r/min 的转速连续运转 2min）。

（2）把电压表的负表笔接故障诊断插座内的 E_1 插孔或蓄电池负极，正表笔接故障诊断插座内的 OX_1 或 OX_2 插孔或氧传感器电插上的引出线（如图 2-94 所示）。

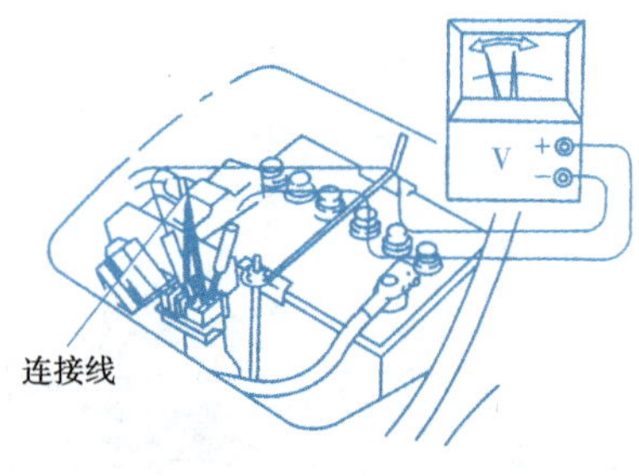

图 2-94　氧传感器信号电压的测量

（3）让发动机以 2500r/min 左右的转速保持运转，同时检查电压表指针能否在 0～1V 之间来回摆动，记下 10s 内电压表指针摆动次数。在正常情况下，随着反馈控制的进行，氧传感器的信号电压将在 0.4V 上下不断变化，10s 内反馈电压的变化次数应不少于 8 次。

（4）若电压表指针在 10s 内的摆动次数等于或多余 8 次，说明氧传感器及反馈控制系统工作正常；电压表指针若在 10s 内的摆动次数少于 8 次，则说明氧传感器及反馈控制系统工作不正常，可能是氧传感器表面有积炭而使灵敏度降低，此时应让发动机以 2500r/min 的转速运转 2min，以清除氧传感器表面的积炭，若电压表指针变化依旧缓慢，则为氧传感器或 ECU 反馈控制电路有故障。

氧传感器的检测可按图 2-95 所示程序进行。

3.1.6.4　丰田 COROLLA 车 4A-C、4A-GE 和 4A-FE 发动机氧传感器的检测：

（1）将发动机在 2500r/min 的转速下运转 90s 以上，使发动机热车至正常工作温度，并将电压表的正表笔和 4A-C 发动机的故障诊断插座的 OX 插孔（4A-GE 发动机故障诊断插座中的 E_1 插孔）连接，负表笔和 E（4A-GE 发动机故障诊断插座的 VF 插孔）连接，如图 2-96 所示。

（2）对 4A-C 发动机，应在保持发动机转速为 2500r/min 时检测，电压表指针若在 10s 内和 0～6V 范围内摆动 8 次以上，则氧传感器工作正常。否则，应仔细地检查系统的导线和接头。

（3）对 4A-GE 发动机，在保持发动机 2500r/min 的同时，用导线跨接故障诊断插座上的 T 和 E_1 插孔，然后用电压表测量。如果电压表指针在 10s 内摆动次数≥8 次，则表示氧传感器工作正常；如果电压表指针摆动次数 <8 次，但在 0 次以上，则应拆下连接 T 和 E_1 的导线，在仍保持 2500r/min 转速的情况下，读取 E_1 和 VF 之间的电压。此电压如果在 0V 以上，则更换氧传感器；如果电压为零，则从发动机故障指示灯上读取故障代码，然后根据故障代码的提示，进一步检查并视

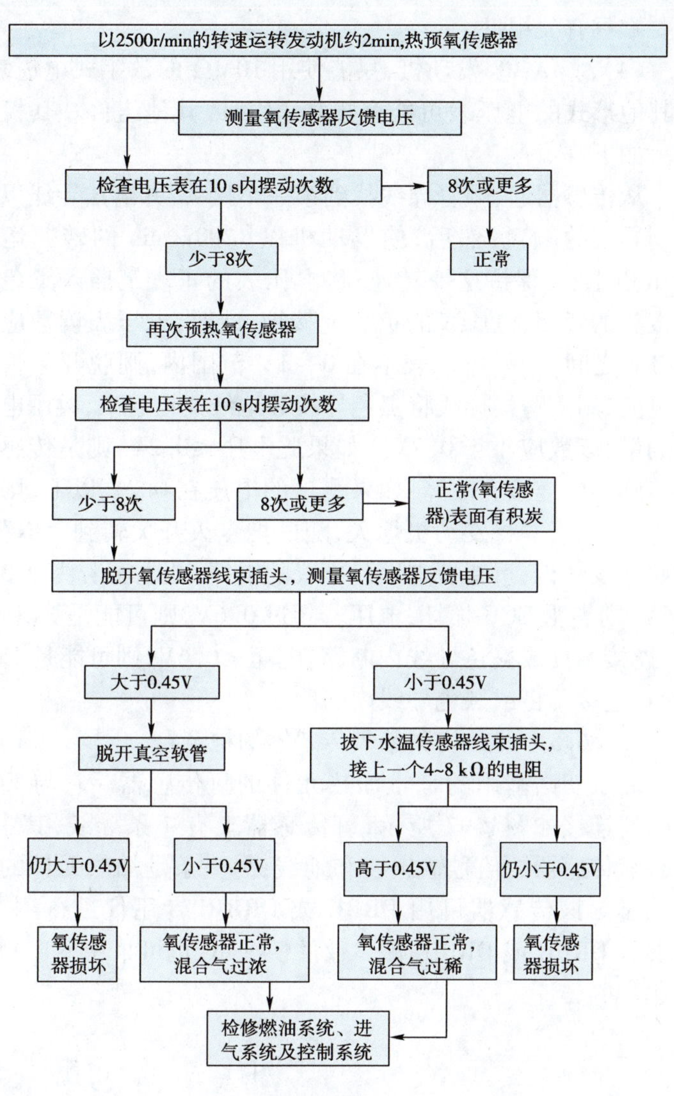

图 2-95　氧传感器的检测程序

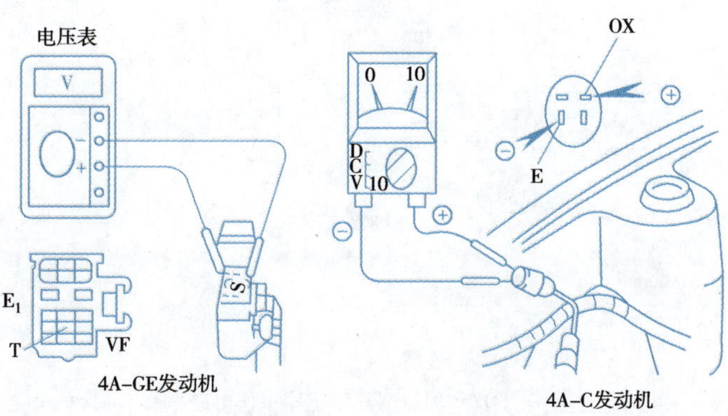

图 2-96　电压表测试氧传感器

需要修理有关组件。

(4)对4A-FE发动机,只能使用10MΩ的数字式电压表,用其他形式的电压表可能会损坏ECU或其他组件。其检测方法如下:

从传感器起,顺着导线找到第一个接头,并清洁导线以便识别导线的颜色;然后,使发动机以1200r/min的转速运转2min以上,并保持这一转速;将电压表的正表笔插入黑色导线接头的背面,电压表的负表笔接地,此时,电压表读数应在0~1V之间,如果电压表不在0~1V范围内,则脱开氧传感器电插,用一跨接导线将黑色导线和地线连接起来,再用电压表测量,读数应小于0.2V。如果此电压≤0.2V,则是传感器或传感器的连接有故障;如果测试的电压在0.2V以上,则拆去跨接导线,并将发动机熄火,随后把点火开关转到"ON"而不起动发动机,重新检查黑色导线的电压,此电压若为0.3~0.6V,则表明ECU损坏;电压若超过0.6V,则可能是ECU故障、连接不良或褐色导线内断路;电压<0.6V,则可能是ECU故障、连接不良或黑色导线内断路。

3.1.6.5　北京切诺基氧传感器的检测:

北京切诺基用的是带加热元件的氧传感器。它与ECU之间的连接如图2-97所示,氧传感器上有4条导线,其中2条是氧传感器的信号输出线和地线,另2条是加热元件的两个端子。该传感器可用DRBII或DRBIII专用仪进行测试。在没有DRBII或DRBIII测试仪的情况下,也可采用下述测试方法:

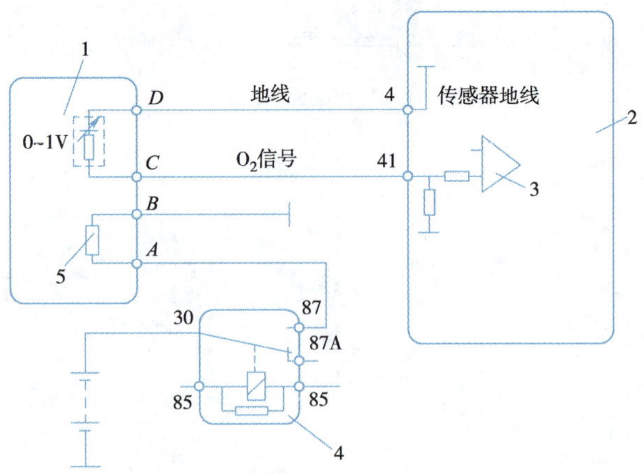

图2-97　加热型氧传感器工作电路

1-氧传感器;2-电控单元(ECU);3-比较器;4-燃油泵继电器;5-加热元件

(1)用高阻抗数字式万用表欧姆档对氧传感器进行测试。拔下氧传感器上的电插,测试传感器 A、B 端子间的电阻值。正常情况下,其电阻值为 5 ~ 7Ω,电阻值若为无穷大,则是加热电阻烧断,应更换氧传感器。

(2)对氧传感器的输出电压进行测试。良好的氧传感器,在接线正常情况下,当发动机处于正常工作温度且稳定运转时,氧传感器端子 C、D 间的电压值应为 0 ~ 1V。如果测得的电压值在 0V 且保持不变,则需反复开、闭节气门,使发动机转速变化。此时,若电压随节气门的开闭而变化,则表明氧传感器良好;若电压值仍为 0V,则说明氧传感器已经损坏。如果测得的电压值在 1V 且保持不变,则需拆去进气歧管上的一根真空软管,让混合气变稀。此时,若电压值开始变化,则说明氧传感器有效,否则,说明氧传感器已损坏,应更换。

3.1.6.6　氧传感器的示波器检测:

(1)氧化锆式氧传感器。若汽车排放或行驶性能出现异常,可首先用示波器检测氧传感器的信号波形。氧化锆式氧传感器的波形如图 2-98 所示。起动发动机,传感器输出电压逐渐达到 450mV 时,系统进入闭环控制(图 2-98a)。带加热器的氧传感器从冷车到进入闭环状态需 23s。图 2-98b)所示为良好的氧传感器信号波形。

用急加速的方法可判定氧传感器的性能,方法如下:

①发动机运转到正常温度,稳定怠速;②在 2s 内将加速踏板从怠速加至节气门全开(发动机转速一般不超过 4000r/min),再立即放开加速踏板使节气门全闭,连续 5 ~ 6 次,可得到如图 2-99 所示的波形。

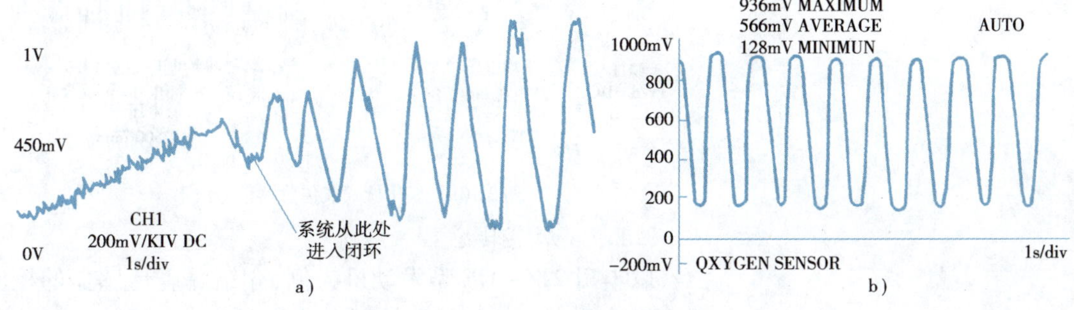

图 2-98　氧化锆式氧传感器的信号波形

a)从开环到闭环控制的信号波形;b)良好的氧传感器信号波形

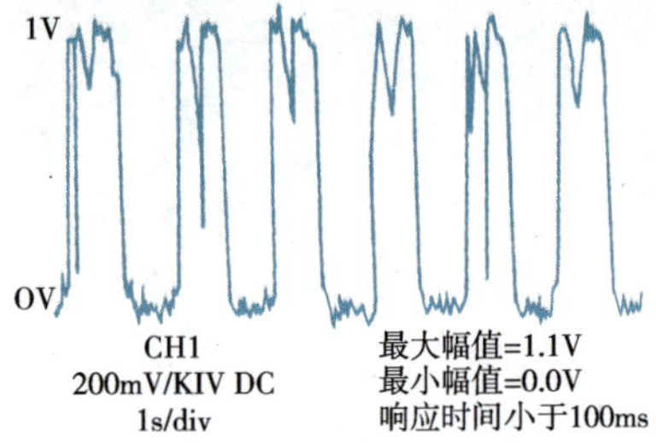

图 2-99　急加速测试氧传感器的信号波形

急加速波形上升，急减速波形下降。图中最大幅值应达800mV 以上，最小幅值应小于 200mV，响应时间应小于100ms，峰—峰值信号电压至少应大于 450mV，说明传感器性能良好。

有主、副两个氧传感器的汽车，分别安装在催化净化器的前后，提供净化之前和净化之后的氧含量。主氧传感器用作混合比控制的反馈信号，副氧传感器用于测试催化净化的效率，图 2-100 所示为主、副氧传感器正常和非正常的信号波形，当催化器净化效率降低时，副氧传感器的信号幅值将增大。

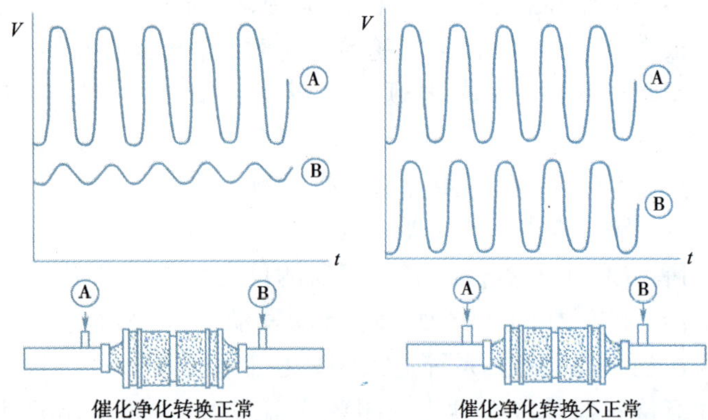

图 2-100　主、副氧传感器的信号波形

(2) 氧化钛式氧传感器。氧化钛式氧传感器信号波形如图 2-101 所示。传感器信号在 0 ~ 5V 间变化，与氧化锆式氧传感器的输出电压信号相反，混和气浓时信号电压低，混和气稀时信号电压高。

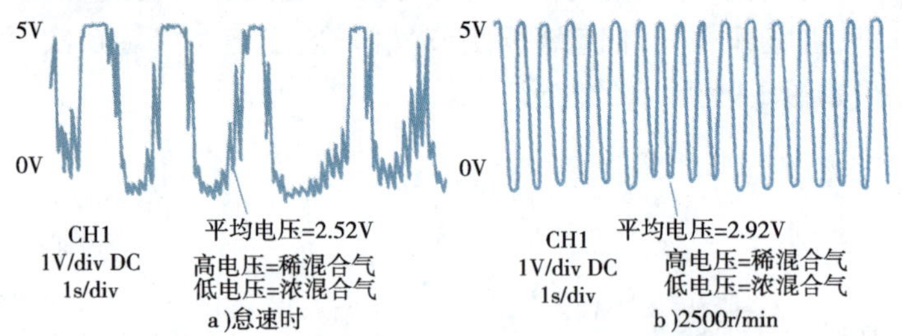

图 2-101　氧化钛式氧传感器信号波形

3.1.7　爆震传感器

以丰田 2JZ－GE 型发动机为例，介绍爆震传感器的检测方法和检测内容。传感器控制电路如图 2-102 所示。

(1) 爆震传感器电阻的检测。将点火开关置于“OFF”，拔下爆震传感器上的电插，用万用表欧姆档检测爆震传感器

的接线端子与外壳间的电阻,应为∞(不导通);否则须更换爆震传感器。对于磁伸缩式爆震传感器,还可应用万用表欧姆档检测线圈的电阻,其阻值应符合规定值(具体数值见具体车型维修手册),否则更换爆震传感器。

(2)爆震传感器输出信号的检查。拔下爆震传感器上的电插,在发动机怠速时用万用表电压档检查爆震传感器的接线端子与搭铁间的电压,应有脉冲电压输出。否则,应更换爆震传感器。

(3)爆震传感器的示波器检测。当发动机产生敲缸、振动、爆震时,爆震产感器输出波形的峰值电压和频率将会突然增加,爆震波形如图2-103所示。

示波器检查爆震传感器的方法是:将点火开关置于"ON",不起动发动机,用金属物敲击传感器附近的缸体,示波器上应有一突变波形,敲击力越大,峰值也越大,如图2-104所示。若波形显示为一条直线,说明爆震传感器没有信号输出,应检查导线和爆震传感器本身的性能。

3.1.8 各种开关信号

3.1.8.1 车速传感器的测试。车速传感器的作用是用来测量汽车的行驶速度。车速信号主要用于发动机怠速和汽车加速、减速其间的空燃比控制。

常见的车速传感器有两种:一种是舌簧开关型车速传感器,装在组合仪表内,其结构如图2-105所示,磁铁由转速表的软轴驱动,舌簧开关相对固定,永久性磁铁随软轴一起转动。软轴转一圈磁铁的极性变换四次,而极性的变换使舌簧开关的触点不断打开与闭合,从而将汽车的行驶速度转变成为电信号输送到电控单元(ECU)。车速传感器的控制电路如图2-106所示。

另一种是光电耦合型车速传感器,装在组合仪表内,由装在转子上的光栅和光电耦合器组成,转子由转速表软轴驱动。当转子转动时,光栅间断地遮挡发光二极管光源,使光敏三极管的输出电压发生变化,软轴转一圈,输出20个脉冲,经分频后变为四个脉冲,送给电控单元(ECU)。

车速传感器的检测:如指示表工作不正常,先检查车速表电路。找出ECU连接器,用电压表测量SPD端电压。将换档杆置于"N"档,慢慢转动驱动车轮,测量电压值应时而低电平(小于0.8V),时而高电平(大于4.5V)交替变化。

3.1.8.2 起动信号的测试。起动信号(STA)用来判断发动机是否处于起动状态。在起动时,进气管内混合气流速

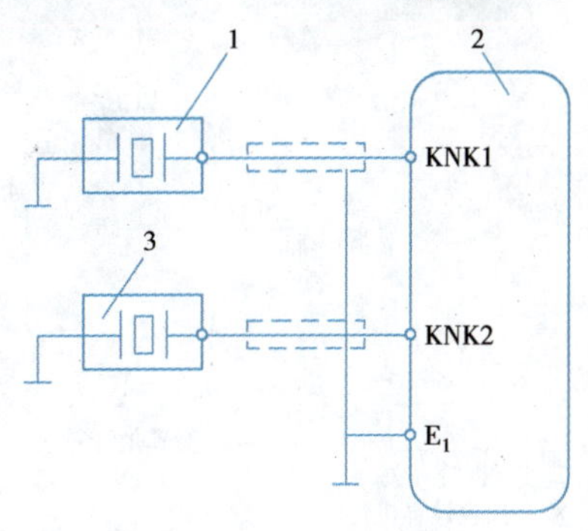

图2-102 爆震传感器的控制电路
1-1号爆震传感器;2-电控单元(ECU);3-2号爆震传感器

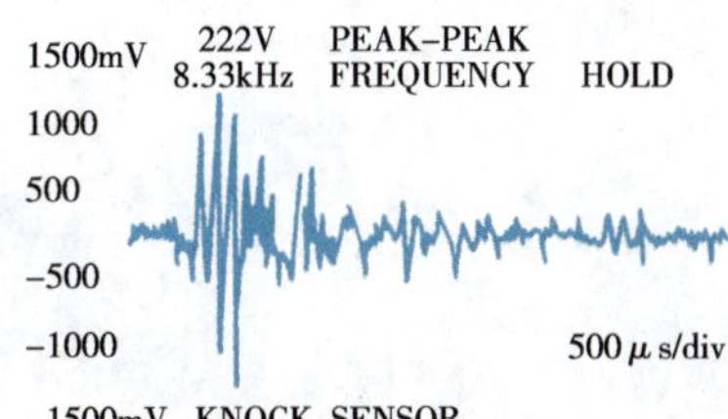

图2-103 爆震传感器波形

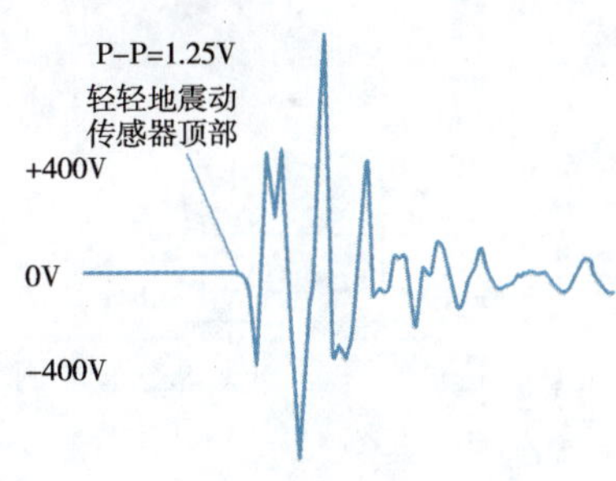

图2-104 轻击爆震传感器产生的波形

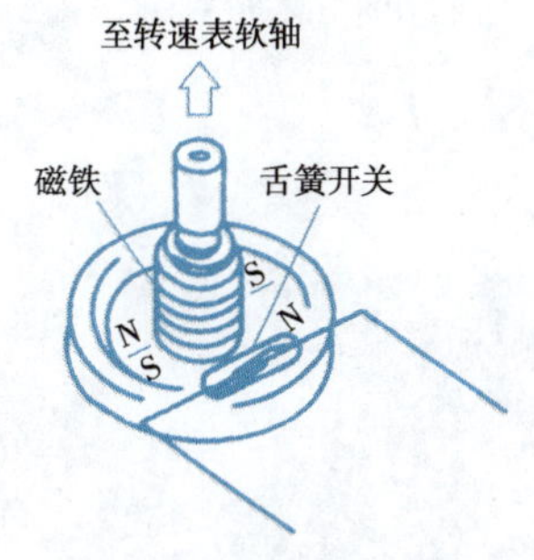

图2-105 舌簧开关型传感器

慢、温度低、汽油雾化差。为了改善起动性能,在起动发动机时必须使混合气加浓。ECU 利用 STA 信号,确认发动机处于起动状态,自动增加喷油量。下面以皇冠 3.0 轿车为例,介绍起动信号的测试方法。

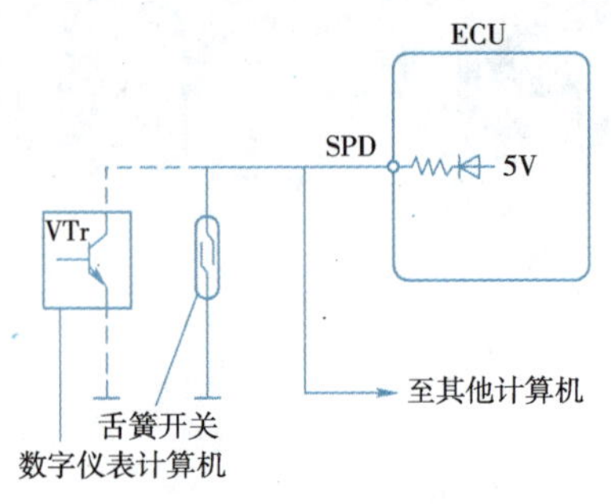

图 2-106　舌簧开关型传感器控制电路

图 2-107 所示为皇冠 3.0 轿车的起动电路图,STA 信号和起动机的电源连在一起,由空档起动开关控制。

起动信号的检测方法:当点火开关位于起动位置"STA"时,用万用表电压档检测 ECU 的 STA 与 E_1 端子间的电压(如图 2-108),其标准电压值应为 6 ~ 14V。

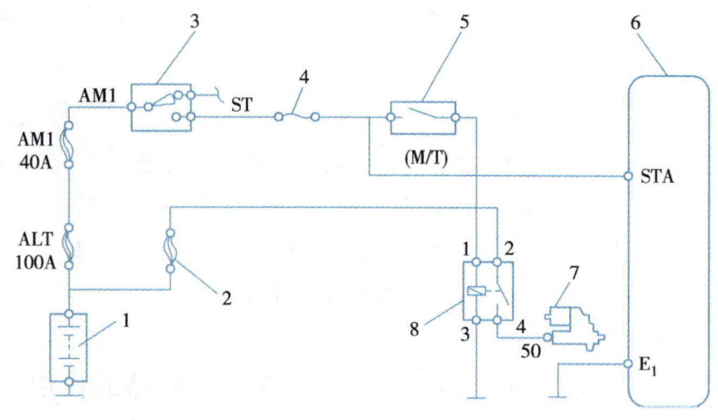

图 2-107　皇冠 3.0 轿车的起动电路图

1-蓄电池;2-主熔断丝;3-点火开关;4-起动机继电器熔断丝;5-空档起动开关(自动变速器);6-发动机(含自动变速器)ECU;7-起动机;8-起动继电器

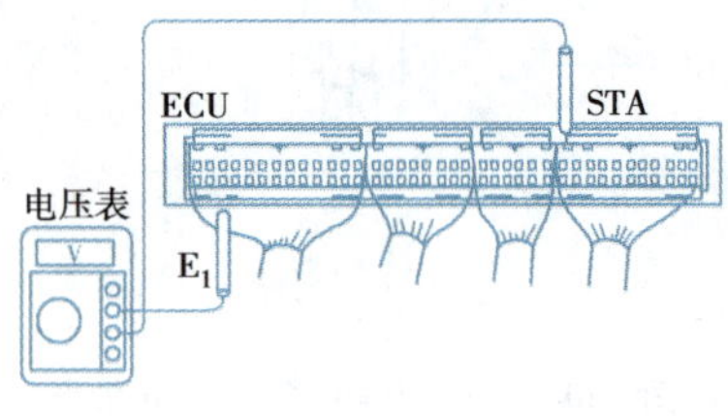

图 2-108　起动信号的检查

3.1.8.3　驻车/空档开关信号(NSW)。在装有自动变速器(A/T)的汽车中,电控单元(ECU)利用驻车/空档信号来区别变速器是处于"P"或"N"(停车或空档),还是处于"L"、"2"、"D"或"R"状态(行驶状态)。NSW 信号主要用于怠速系统的控制。其电路如图 2-109 所示。

当点火开关在 ST 位置时,空档起动开关 NSW 端与蓄电池正极相连。若自动变速器处于"L"、"2"、"D"或"R"等行驶档位时,空档起动开关断开,NSW 端是高电位;若自动变速器处于"P"或"N"档位时,空档起动开关闭合,由于起动机的阻抗很小,NEW 端是低电位。

检测方法:在检测空档起动开关信号时,可用万用表电压档测量 NSW 与 E_1 端的电压。当点火开关位于"ST"位置,变速器操纵手柄置于"L"、"2"、"D"或"R"档位时,NSW-E_1 端子之间的电压降低,说明空档起动开关损坏。亦可用万用表欧姆档测量空档起动开关两端子间的导通性,在变速操纵手

柄置于“P”或“N”位时，应导通；在变速操纵手柄置于“L”、“2”“D”或“R”档位时，应不导通。否则，更换空档起动开关。

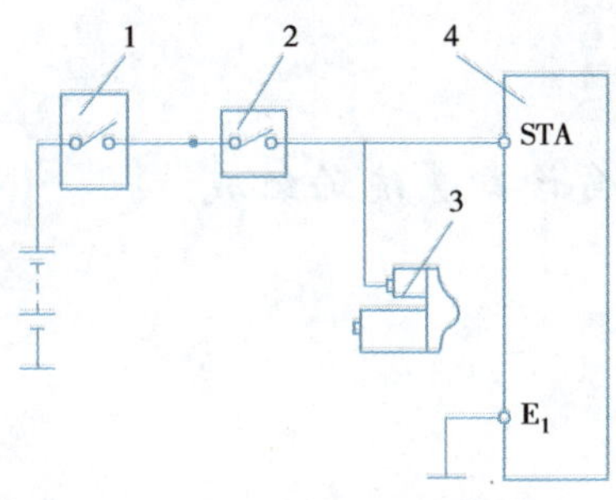

图 2-109 空档起动开关信号电路
1-点火开关；2-空档起动开关；3-起动机；4-电控单元

3.1.8.4 动力转向压力开关信号的测试。动力转向压力开关信号表示，当动力转向压力开关闭合时，说明发动机负荷在增加。动力转向压力开关用于有动力转向系统的车上，一般是安装在动力转向系统的高压回路中，其工作电路如图 2-110 所示。当转向泵高负荷或发动机低转速，转向系统的压力高于 1896 ± 1kPa 时，其动力转向压力开关闭合，向电控单元（ECU）输入一个信号，此时如果是停车状态或发动机怠速运转，ECU 将通过怠速步进电机提高发动机的转速，以防止发动机在增加负荷时熄火。

检测方法：拔开动力转向压力开关连接器，在转向泵高负荷或发动机低转速时，用万用表测动力转向压力开关能否接通。

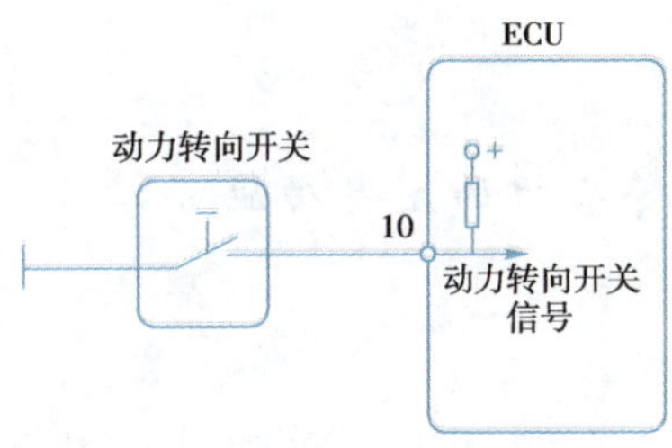

图 2-110 动力转向压力开关信号电路

3.1.8.5 空调需求信号（A/C）的测试。空调需求信号（A/C）用来检测空调压缩机是否工作。

空调信号与空调压缩机电磁离合器的电源接在一起，电控单元（ECU）根据空调开关信号确认空调压缩机是否工作，进而控制发动机的怠速和怠速时的点火提前角等。如空调工作，则应适当增加发动机的怠速转速。

检测方法：接通点火开关，并起动发动机。用电压表测量电控单元（ECU）A/C 端子的电压。当空调开关接通时，测量电压值应低于 2V；断开时电压值应为 5V。测量电压值正常，则表明空调开关信号线路正常。关闭点火开关，卸下空调控制部件和其上的电插。接通点火开关，测量该电插上端子 MGC 的电压，正常值应为 4 ~ 6V。若电压值正常，则应检查或更换空调控制部件。

3.1.8.6 制动器开关信号。制动器开关信号，表示制动器是否工作（接通或断开）的信号。电控单元（ECU）将根据此信号进行一系列的控制（包括电控发动机和自动变速器等方面）。制动器开关信号电路如图 2-111 所示（切诺基越野车）。

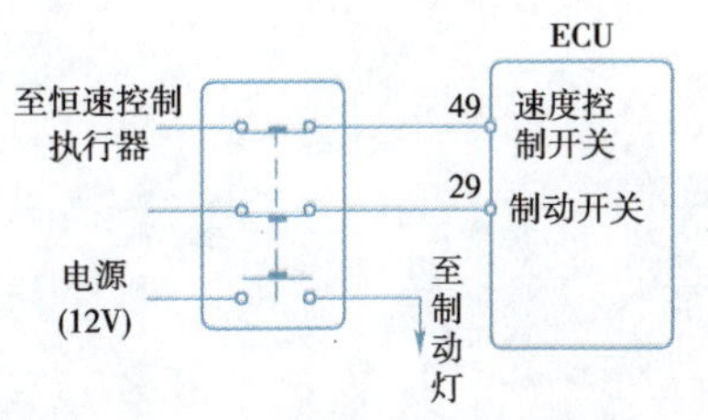

图 2-111 制动器开关信号电路

当驾驶员踏下制动踏板时，制动器开关的中间触点断开，信号送到 ECU，ECU 即认为是减速工况，并通过怠速步进电机，使怠速保持在预置转速；当驾驶员踏下制动踏板时，如果巡航系统在工作，则巡航控制系统即被解除；另外，当驾驶员踏下制动踏板时，制动灯电路被接通，制动灯点亮。

检测方法：用万用表测量制动器开关三对触点在踏下和

抬起制动踏板时的通断情况,从而判断制动器开关的好坏。

3.2 电控发动机的故障诊断与排除

3.2.1 故障码的读取与清除

自诊断系统的组成

3.2.1.1 自诊断系统组成及警告灯的功能。在电控发动机自诊断系统可以监测、诊断发动机控制系统的工作情况及工作中出现的故障。当发动机检测到来自传感器和执行器的故障信息时,立即将"CHECK ENGINE"警告灯点亮,同时将故障信息以故障码的形式存入 ECU 的存储器中。对车辆进行检修时,可通过一定的程序将存储器中的故障信息(即故障码)读出,协助维修人员判断故障的类别和范围,以便及时进行维修。

不同的电控汽油发动机系统,其故障码的读取和清除方法也不同,但自诊断系统组成基本相同,主要由电控单元(ECU)、"CHECK ENGINE"警告灯、触发器和显示器件等所组成。

警告灯的主要功能

"CHECK ENGINE"警告灯的功能主要是①检查功能:当接通点火开关时,警告灯应点亮。起动发动机转速高于 500r/min 时,警告灯应熄灭。此时说明指示灯显示正常,发动机工作无故障。②警告显示功能:当电控单元(ECU)的任何一个输入、输出信号出现故障时,警告灯点亮,告知驾驶员电控系统出现故障。③闪烁输出故障码:在一些电控汽油发动机上,储存在存储器中的故障码,通过一定的读取程序输出,由警告灯以闪烁的形式显示出来。

自诊断系统按照触发和显示方式的不同可进行如下分类。

按触发方式的不同有:跨接"诊断插座"触发;按压"诊断按钮"或拧动"诊断开关"触发;点火开关"通—断"触发;空调控制面板触发。

按显示方式的不同有:灯光闪烁显示式;数字显示式;电压脉冲显示式。

自诊断系统的工作原理

3.2.1.2 自诊断系统的工作原理。电子控制系统工作时,正常的输入、输出信号都是在规定范围内变化。当某一电路出现异常值或输入电控单元(ECU)不能识别的信号时,电控单元(ECU)就可以判定为发生故障。如发动机冷却水温度传感器正常工作时,水温工作范围设定在 -30℃ ~120℃(各车可能有所不同),其输出电压值在 0.3V ~4.7V 范围内变化,如图 2-112 所示。当水温传感器发生故障(断路或短路)时,水温传感器向电控单元(ECU)输出的信号电压就会小于 0.3V或大于 4.7V。检测到信号电压超出规定范围时,即判定

为水温传感器信号电路有故障，并以代码的形式将此故障存储在储存器中。再如发动机正常工作中，ECU 在 1min 以上检测不到氧传感器的信号或氧传感器信号在 0.3～0.6V 之间 1min 没有变化，即判断为氧传感器电路有故障，并设定一故障码。

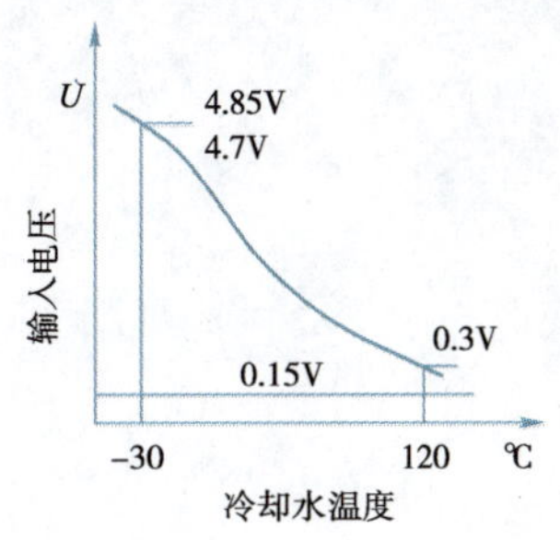

图 2-112　冷却水温度传感器信号特征

对执行器的故障进行诊断，多数需要增加专用电路来监测执行器的工作信息，图 2-113 所示为点火系控制电路中电子点火器的故障诊断示意图。

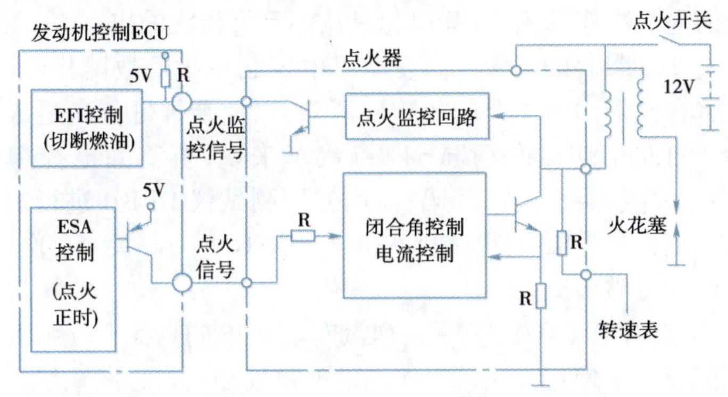

图 2-113　电子点火器故障诊断示意图

当电子点火器回路中的功率三极管不能正常工作时，点火器内的点火监视器就不能得到功率三极管的正常工作信号（不断地交替导通与截止），因此，点火监视器就不能把正常信号反馈到电控单元（ECU）。如果电控单元（ECU）得不到点火器的反馈信号（IGf），就判定为点火系统发生故障。此时 ECU 发出指令控制喷油器停止喷油。

发动机在正常工作中，如果偶然出现一次不正常的信号，电控单元（ECU）自诊断系统不会判断为故障。只有当不正常信号持续一定时间或多次出现时，才判定为故障。如发动机转速在 1000r/min 时，转速信号（Ne 信号）丢失 3～4 个脉冲，ECU 不会判定为转速信号故障，警告灯也不会点亮，转速信号的代码同样也不会存入储存器中。

故障信号的出现，不只是与传感器或执行器本身出现的故障有关，而且还与相应的配线电路有关。因此，在查找故障原因时，除了查找传感器之外，还要查找线束、插接件以及传感器与 ECU 之间的有关电路。

3.2.1.3　几种典型车辆故障码的读取与清除：

（1）北京切诺基（Cherokee）汽车。北京切诺基（Cherokee）汽车属美国克莱斯勒汽车公司的车系，因此，其故障码的读取和清除方法同于纽约人（New Yorker Salon）、太阳舞（Sundance）和王朝(Dynasty)汽车。故障码的读取和清除方法如下。

①故障码的读取。北京切诺基(Cherokee)汽车发动机电子控制系统故障码的读取方法是:在5s内完成点火开关三次的操作循环,即"ON→OFF→ON→OFF→ON"(通→断→通→断→通),电控单元(ECU)得到此信息后,将一系列数字以"CHECK ENGING"灯闪烁的形式输出故障码。

若在电控单元(ECU)中记录有多个故障码,不管故障发生的先后次序如何,故障码总是从小到大依次输出。

②故障码的清除。当发动机电控制系统的故障排除后,应将存储器内所储存的故障码清除,以免警告灯点亮造成误解。对北京切诺基(Cherokee)汽车来说,要清除电控单元(ECU)中所存储的故障码,需用专用测试仪DRBII进行。若没有测试仪DRBII,可将点火开关ON/OFF(开/关)50次,故障码亦可被清除。

丰田系列汽车故障码的读取与清除

(2)丰田(TOYOTA)系列汽车。丰田(TOYOTA)系列汽车都设置了使用方法基本相同的电控发动机自诊断系统。故障码是通过触发诊断插座中的指定端子,由"CHECK ENGINE"灯的闪烁读取的,"CHECK ENGING"灯的闪烁情况如图2-114所示。诊断插座安装在发动机舱内和驾驶室内的仪表板下。诊断插座的结构如图2-115所示。故障码的读取方法有两种,分别叙述如下。

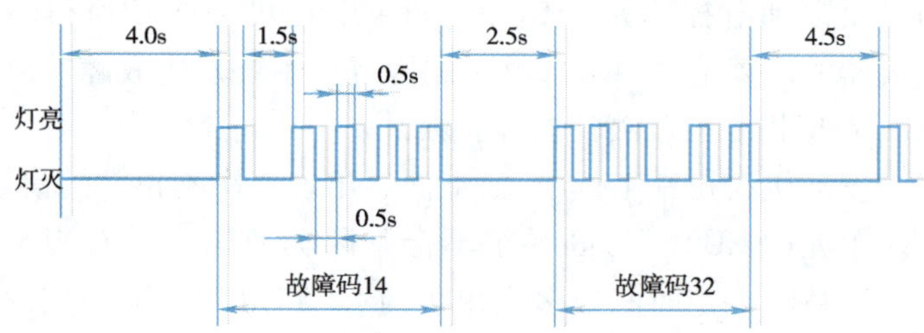

图2-114 丰田(TOYOTA)系列汽车CHECK灯的闪烁情况

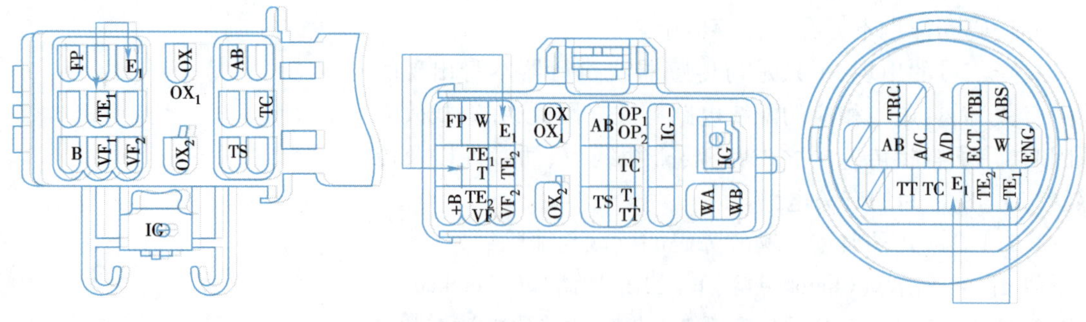

图2-115 丰田(TOYOTA)系列汽车诊断插座及触发形式

①普通方式读取故障码：

a. 将点火开关置于“ON”，不起动发动机。

b. 用自诊断连接线(SST)短接诊断插座中的“TE_1”和“E_1”端子。

c. 根据“CHECK”灯的闪烁特征读取故障码。若在电控单元(ECU)中记录有多个故障码，不管故障发生的先后次序如何，故障码总是从小到大依次输出。若电子控制系统中未出现故障，触发自诊断系统后，“CHECK”灯将一直闪烁，灯光闪烁及间隔时间为0.25s。

d. 完成检查后，拆下诊断跨接线。

②试验方式读取故障码：

与普通读取码的方式相比，试验方式检测故障的能力和灵敏度较高。它还能检测起动信号、节气门怠速触点信号、空调信号和空档开关信号等。而且普通方式中可以检测到的项目，在试验方式中同样可以检测到。

试验方式是在汽车运行状态下读取故障码，其程序如下：

a. 关闭点火开关后，用自诊断连接线跨接诊断插座中的“TE_2”和“E_1”端子。

b. 将点火开关置于“ON”，此时“CHECK”故障指示灯将快速闪烁(灯光闪烁及间隔时间为0.13s)。

c. 起动发动机，模拟驾驶员所描述的故障状态行驶，车速不低于10km/h。

d. 路试之后，用自诊断连接线再跨接诊断插座中的TE_1和E_1端子，即“TE_1”、“TE_2”和“E_1”端子相互短接，如图2-116所示。

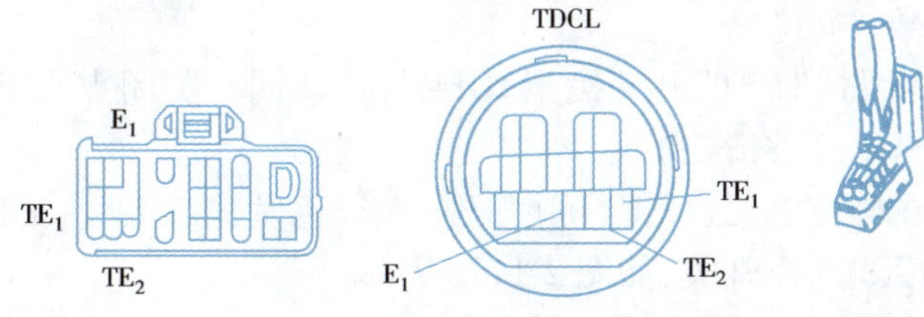

图2-116　TE_1、TE_2和E_1三端子相互短接

e. 根据“CHECK”灯的闪烁特征读取故障码。若在电控单元(ECU)中记录有多个故障代码，不管故障发生的先后次序如何，故障码总是从小到大依次输出。若电子控制系统中未出现故障，触发自诊断系统后，“CHECK”灯将一直闪烁，灯光闪烁及间隔时间为0.25s。

f. 完成检查后，拆下诊断跨接线。

注意事项

a. 如果在点火开关接通的情况下，将“TE_2”和“E_1”端子短接，那么，“试验方式”的测试将不能开始。

b. 道路试验时，如果车速低于5km/h，读取故障码“42”（车速信号）属正常现象。

c. 当发动机未起动时，读取故障码“43”（起动信号）也属正常现象。

③故障码的清除。故障码的清除方法是：关闭点火开关，从配电中心拔下“EFI”熔断丝，或拆下蓄电池负极搭铁线10s以上，均可将存储器中的故障码清除。但后种方法将会使时钟和音响等装置中存储的信息清除丢失。

（3）日产（NISSAN）系列汽车。日产（NISSAN）系列汽车发动机故障码的读取方式有两种：一种是利用电控单元（ECU）侧面指示灯的闪烁读取；另一种是利用仪表板上“CHECK ENGINE”灯的闪烁读取。故障码的显示方式不同，读取程序也不相同。下面对两种故障码的读取程序分述如下。

①利用电控单元（ECU）侧面指示灯读取故障码。在电控单元（ECU）侧面有红、绿两个指示灯，故障码的读取方法为：

a. 将点火开关置于“ON”状态。

b. 将“TEST”开关拨至“ON”位置。

c. 直接由电控单元（ECU）侧面指示灯的闪烁次数读取故障码，红灯闪烁次数为十位数；绿灯闪烁次数为个位数。

d. 将“TEST”开关拨至“OFF”位置，同时关闭点火开关，故障码即可被清除。

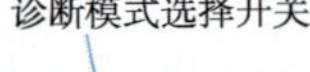

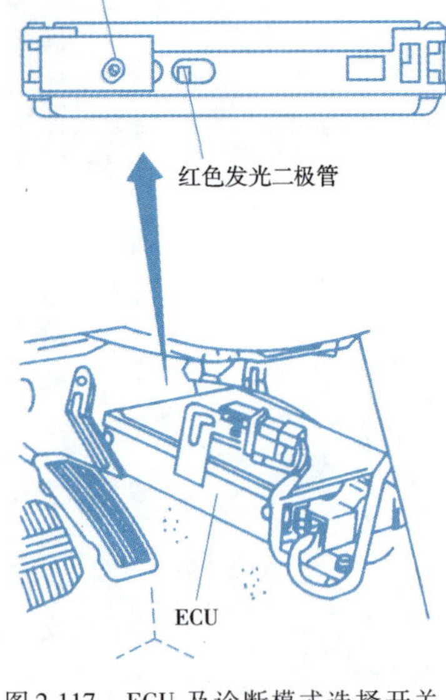

图2-117　ECU及诊断模式选择开关的安装位置

在电控单元（ECU）侧面只有一红色发光二极管，另有一诊断模式选择开关，如图2-117所示。

故障码的读取方法为：

a. 将点火开关置于“ON”状态。

b. 用螺丝刀将诊断模式选择开关顺时针拧到底，2s后再逆时针拧回原位，发光二极管闪烁输出故障码。较慢的闪烁为十位数，较快的闪烁为个位数。发光二极管的闪烁情况如图2-118所示。

c. 发光二极管将连续不断地循环闪烁示出ECU所储存的故障码。当故障码重复显示时，说明所储存的故障码已全部显示过。

d. 用螺丝刀将诊断模式选择开关顺时针拧到底,15s 后再逆时针拧到底,2s 后将点火开关置于“OFF”状态,即可清除故障码。

②利用仪表板上“CHECK ENGINE”灯的闪烁读取故障码:

a. 将点火开关置于“ON”状态。

b. 用自诊断连接线短接诊断插座上的“4”、“5”端子或“6”、“7”端子,2s 后切断,“CHECK ENGINE”灯即会闪烁输出故障码。诊断插座位于熔断丝盒的下面,有 12 孔或 14 孔两种,如图 2-119 所示。

c. 短接诊断插座上的“4”、“5”端子或“6”、“7”端子 15s 以上,将点火开关置于“OFF”状态,即可清除故障码。

(4)日本三菱(MITSUBISHI)汽车:

①故障码的读取。日本三菱(MITSUBISHI)汽车故障码的读取方法如下:

a. 将电压表连接在自诊断插座上,自诊断插座是一个 12 孔插座,安装在仪表板左下侧,电压表的正表笔连接插座的“1”孔,负表笔连接插座的“12”孔。

b. 将点火开关置于“ON”状态,电压表即开始显示故障码,根据电压表指针摆动的次数读取故障码。例如:电压表指针摆动两次后,暂停一下,再摆动四次,即指示故障代码为“24”。若发动机电子控制系统工作正常,则电压表指针以固定的频率连续摆动。

c. 如有故障存在,电压表指针摆动显示故障码。如有多个故障存在,ECU 则按一定的优先输出次序逐个显示故障码。

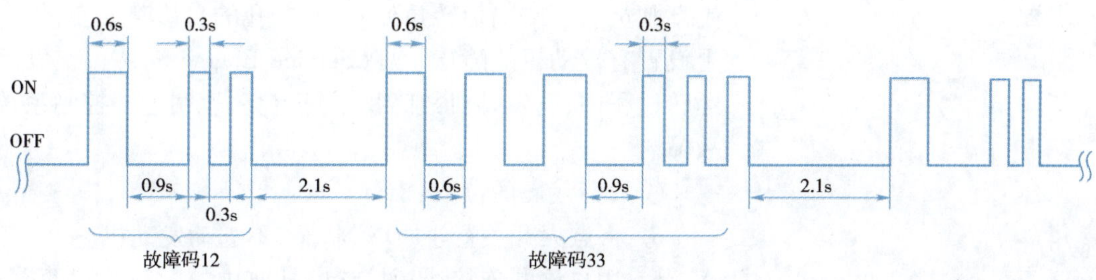

图 2-118　日产(NISSAN)汽车故障代码的显示

②故障码的清除。日本三菱（MITSUBISHI）汽车故障码的清除方法为：拆除蓄电池负极搭铁线10s以上，即可清除故障码。

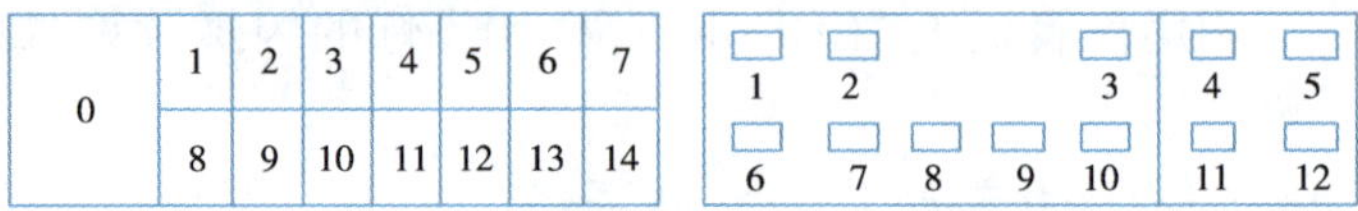

图2-119　日产（NISSAN）汽车的诊断插座

现代轿车故障码的读取与清除

（5）韩国现代（HYUNDAI）轿车。韩国现代（HYUNDAI）轿车故障码的读取方法如下：

①故障码的读取：

a. 将电压表或专用测试仪连接在自诊断插座上，自诊断插座是一个12孔插座，安装在仪表板左下侧。

b. 将点火开关置于“ON”状态，电压表即开始显示故障码，根据电压表指针摆动的次数读取故障码。例如：电压表指针摆动两次后，暂停一下，再摆动五次，即指示故障代码为“25”。若发动机电子控制系统工作正常，则电压表指针以固定的频率连续摆动。

c. 如有故障存在，电压表指针摆动显示故障码。如有多个故障存在，ECU则按一定的优先输出次序逐个显示故障码。

②故障码的清除。韩国现代（HYUNDAI）轿车故障码的清除方法为：拆除蓄电池负极搭铁线15s以上，即可清除故障码。

大宇轿车故障码的读取与清除

（6）韩国大宇（DAEWOO）轿车。韩国大宇公司生产大的潇洒牌（Racer）轿车发动机的排量为1.5L，是“D”型单点喷射式电控发动机。该车具有与美国通用公司的罗明娜（Lumina）、雪佛兰（Crovette）等车类似的自诊断系统。在驾驶室内副驾驶员右下侧隔板转角处有一12孔的自诊断插座，仪表板上设置有发动机故障指示灯（Service Engine Soon），在发动机运转过程中，若发动机故障指示灯点亮，表明电子控制系统有故障。

①故障代码的读取：

a. 将点火开关置于“ON”状态，不起动发动机。

b. 用自诊断连接线短接诊断插座中的“*A*”、“*B*”两端子。

c. 根据发动机故障指示灯（Service Engine Soon）的闪烁次数，读取故障码。

②故障码的清除。韩国大宇（DAEWOO）轿车故障码的

清除方法为：将点火开关置于“OFF”状态，拔下“EFI”熔断丝10s以上，即可清除故障码。

(7)福特(FORD)轿车自诊断系统。福特(FORD)轿车自诊断系统的诊断模式分为KOEO(点火开关“ON”，发动机不运转)和KOER(点火开关“ON”，发动机运转)两种。故障码可通过电压表的摆动读取，也可利用发动机故障指示灯“CHECK ENGINE”的闪烁读取。

①故障码的读取：

a. 利用电压表读取故障码。首先将电压表的量程选择在“DC”0～15V，然后将电压表的正表笔与蓄电池的“+”极相连，电压表的负表笔与诊断插座的“STO”端子相连，如图2-120所示。选择并进入测试模式，用自诊断连接线短接诊断插座的信号返回端子和自诊断输入接头“STI”。此时，电压表开始摆动指示故障码。如输出故障代码“121”，电压表的指针摆动1次，停2s，再摆动2次，再停2s，再摆动1次，即表示故障码为“121”。若有多个故障码输出，代码与代码之间将间隔4s。

b. 利用故障指示灯“CHECK ENGINE”的闪烁读取故障码。仪表板上的故障指示灯“CHECK ENGINE”是与自诊断输出端“STO”相连的，因此，利用故障指示灯“CHECK ENGINE”读取故障码的方法同于电压表读取，只是将指示灯的闪烁看作电压表指针的摆动即可。

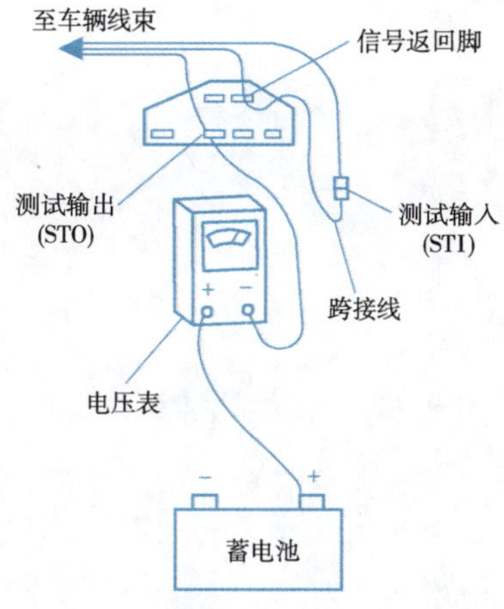

图2-120　福特(FORD)轿车故障码的读取

②故障码的清除。福特(FORD)轿车故障码的清除方法为：先将测试系统进入“KOEO”测试状态，当故障码刚要被显示时，立即拆下短接线，即可清除故障码。有时会因为拆线时机把握不好，需反复几次。

(8)凯迪拉克(Cadillac)轿车。凯迪拉克轿车故障码的读取不采用其他外部仪器，直接由空调面板上的液晶显示器读取故障资料。凯迪拉克轿车空调控制面板如图2-121所示。

该车在显示屏上显示的故障码为两位数，当出现三位数的故障码时，则表示该码为曾经出现过。如发动机故障码“13”为氧传感器信号不良，若显示“113”故障码时，则表示曾经出现过上述故障。

①故障码的读取。凯迪拉克轿车故障资料的读取方法为：

a. 将点火开关置于“ON”状态，或起动发动机。

b. 同时按下“TEMP▲”及“OFF”键。

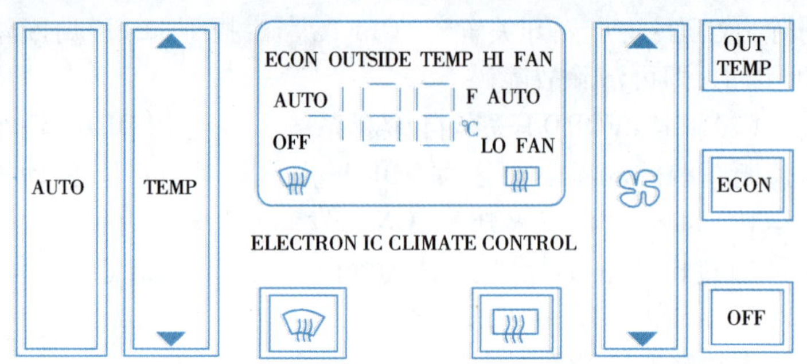

图 2-121　凯迪拉克(Cadillac)轿车空调控制面板

c. 此时空调面板显示屏上显示"-00",表示系统已进入自诊断功能。

d. 利用"▲"或"▼"键选择所需要的诊断系统。系统代码见表 2-18。

e. 利用"OUT TEMP"键显示故障码。当按照步骤 d 选定诊断系统后,再按下"OUT TEMP"键,将显示该系统故障码或数值。

②故障码的清除。清除故障码时,直接按"OFF"键,即可清除所诊断系统的故障码。只要按"AUTO"键,即可脱离诊断功能。

凯迪拉克(Cadillac)轿车诊断系统代码表　　表 2-18

系统代码	诊断内容	系统代码	诊断内容
-00	发动机诊断系统	-17	目前冷度开关位置:0~255
-01	中央电脑诊断系统	-19	冷度开关(最热):180~255
-02	空调电脑诊断系统	-20	冷度开关(最冷):5~60
-03	安全气囊诊断系统	-21	冷却水温度(℃)
-04	ABS 防抱死诊断系统	-22	冷气开关信号:0~255
-05	PSOM ID 可编程只读存储器诊断系统	-24	处风控制模式:0~7
-06	发动机 RPM(转速)	-25	车内温度传感器正常:128
-07	风机转速:0=开;128=最快	-28	车外温度传感器正常:128
-12	车速 RPH	-30	空调 ON-OFF 次数:0~199
-16	阳光传感器:200+暗;150-亮		

宝马轿车故障码的读取与清除

(9)宝马(BMW)轿车。宝马(BMW)轿车的故障码均为四位,除 12 缸 M70 发动机外,第一位都是"1";12 缸 M70 发动机的故障码第一位都是"2"。

①故障码的读取:

a. 将点火开关置于"ON",发动机不起动,在 5s 内踩加

速踏板5次。

b. 故障指示灯"CHECK ENGINE"将先点亮5s,然后闪烁一次,继而开始闪烁输出故障码,故障码的位与位之间大约间隔2.5s,一个故障码输出后,故障指示灯将常亮。每次只输出一个故障码。要输出下一个故障码,必须再次在5s内踩加速踏板5次。

c. 如果输出的第一个故障码是"1444"或"2444",说明无故障码输出。当输出代码为"1000"或"2000"时,表明故障码已全部输出。

②故障码的清除。宝马(BMW)轿车故障码的清除方法为:踩下加速踏板,使全负荷开关闭合10s以上,即可清楚故障码。

3.2.1.4　OBD—II自诊断系统。电控发动机自诊断系统中均设有诊断插座,以供检修人员读取故障信息和数据资料。从上述内容中可以看出,诊断插座的外形、大小、端子数和在车上的安装位置因车型不同而异,在车辆检修时,从电控单元(ECU)中读取故障码的程序和故障码的含义以及故障码的清除,各制造厂商的定义也不相同。基于以上原因,在检修车辆时,需要积累大量不同车型的资料、仪器及所配置的接口和软件等,给车检带来很大的不便。OBD—II自诊断系统使电控发动机自诊断系统逐步走向统一。

20世纪90年代初期,美国汽车工程师学会(SAE)提出了新一代随车自诊断系统OBD—II(On—Board Diagnositics)。该标准经美国环保局(EPA)和美国加州资源协会(CARA)认证通过。20世纪90年代后期,在美国本土生产的汽车以及进口到美国的汽车,随车自诊断系统必须符合OBD—II的标准,由于美国的市场经济地位,该标准相对具有权威性,到目前为止,世界上各大汽车公司基本上全面采用了OBD—II自诊断系统。由于标准的统一,只需要通过一台仪器即可对各种车辆进行检修,从而提高了故障诊断的准确性和车辆的检修速度及检修质量。

OBD—II自诊断系统主要有以下特点:

①采用统一型式的16端子诊断插座,并统一将诊断插座安装在驾驶室仪表板的下方。OBD—I诊断插座的结构如图2-122所示。

OBD—II诊断插座中各端子所代表的含义如下表2-19所示。

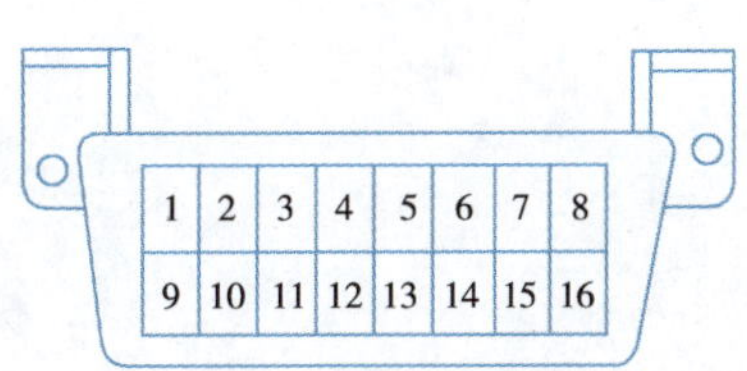

图2-122　OBD—II诊断插座的结构

OBD—II诊断插座各端子代号的用途　　表2-19

端子	用　途	端子	用　途
1	制造厂用	9	制造厂用
2	美国款车诊断用	10	美国款车诊断用
3	制造厂用	11	制造厂用
4	直接在车身上搭铁	12	制造厂用
5	信号回路搭铁	13	制造厂用
6	制造厂用	14	制造厂用
7	欧洲款车诊断用	15	欧洲款车诊断用
8	制造厂用	16	接蓄电池“+”极

故障码的含义

②采用统一含义的故障码。统一的故障码由4部分组成：

例如：P　0　1　20

第一部分用英文字母表示：

P—发动机和变速器的控制电脑；

C—底盘的控制电脑；

B—车身控制电脑；

U—暂时未规定。

第二部分用数字表示：

0—美国汽车工程师学会(SAE)定义的故障码；

1、2、3……8—汽车制造厂自行定义的故障码。

第三部分用数字表示：

1和2—表示燃料和进气系统的故障；

3—表示点火系统的故障；

4—表示废气控制系统的故障；

5—表示怠速控制系统的故障；

6—电脑和执行元件的故障；

7和8—电控自动变速器系统的故障。

第四部分用数字表示：

01、02、03………表示汽车制造厂对故障编制的顺序号。

③具有数据通讯传输和分析功能DLC(Data Link Connector)。OBD—II配有两种标准型式的资料传输线：

ISO——欧洲统一标准，用“7”、“15”号端子；

SAE——美国统一标准，用“2”、“10”号端子。

利用OBD—II自诊断系统的DLC功能，能够了解该车型各种控制系统的有关资料，方便维修中资料的查找。

④OBD—II自诊断系统具有行车记录功能。检修人员从

车辆上读取故障码，只能告知故障的性质和范围。利用OBD—II 自诊断系统的行车记录功能，在提供故障码的同时，还能获得故障车辆行驶过程中的有关数据资料，通过与基本数据资料的对比，便可快捷的分析出故障原因。

⑤OBD—II 自诊断系统具有利用仪器读取和清除故障码的功能。

⑥OBD—II 自诊断系统具有记忆和重新显示故障码的功能。

3.2.1.5　备用功能。备用功能也称为备用系统。当电控单元(ECU)内的微处理器控制程序出现故障时，电控单元(ECU)把燃油喷射和点火正时控制在预定水平上，作为一种备用功能强制发动机工作，使车辆继续行驶。但备用系统只能维持基本功能，而不能保持正常的运行功能。

备用系统的作用及工作原理

当电控发动机中的主要传感器出现故障时，如进气压力传感器信号电路断路或短路时，电控单元(ECU)就不能检测发动机的进气量，因此，就无法计算喷油器的基本喷射时间，或者电控单元(ECU)停止输出点火信号(IG_t 信号)，发动机将停止工作，造成车辆无法行驶。若此时汽车处于行驶途中，又远离维修服务站，将会使驾驶员和乘客陷入十分困难的境地。在这种情况下，为了使汽车能够继续行驶，可起动备用功能系统。

图 2-123 所示为电控单元(ECU)备用系统的工作原理框图。

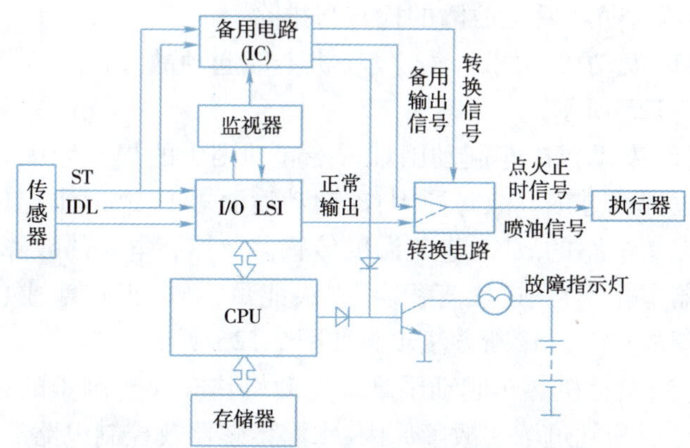

图 2-123　电控单元(ECU)备用系统的原理框图

从图中可以看出，电控单元(ECU)备用系统为一专用的后备电路，由备用集成电路(IC)组成。当监视器监测出电控单元(ECU)出现异常情况而满足启用后备系统的条件时，首先发动机故障灯“CHECK ENGINE”点亮，告诉驾驶员应及时将汽车送往维修站检修；与此同时，电控单元（ECU）自动转换成简易控制的后备系统。后备系统只能维持基本功能，可使车辆能继续行驶，而不能保持正常运行的最佳状态。在简易控制中，ECU 输出的燃油喷射信号和点火信号为一固定值，取代正常控制时的最佳喷射时间和最佳点火提前角，能够满足发动机继续运转即可。后备集成电路（IC），根据起动信号（ST）和怠速（IDL）触点状态，选择设定的固定数值。固定值的大小，取决于发动机的型号。日产汽车后备系统工作时的固定数值如表 2-20 所示。

日产汽车后备系统工作时的固定数值　　表 2-20

状　态 / 项　目	起动（ST 开关闭合）	怠速（IDL 触点闭合）	非怠速（IDL 触点打开）
喷油持续时间	12.0ms	2.3ms	4.1ms
喷油频率	每个工作循环		
点火提前角	上止点前 10°	上止点前 10°	上止点前 20°
闭合时间	5.12ms		

3.2.2　电控发动机的故障诊断与排除

电控发动机故障诊断的基本程序

3.2.2.1　电控发动机故障诊断的基本程序。电控发动机故障诊断的基本原则是从简到繁，由表及里，参照检测仪器提供的故障信息，结合具体车型，综合分析到故障排除。

故障诊断的基本程序见图 2-124。

3.2.2.2　常见故障的检查与排除：

9 种常见故障的诊断方法步骤

（1）发动机不能起动。发动机不能起动故障的诊断步骤如图 2-125 所示。

（2）发动机冷车起动困难。冷起动困难的根本原因是混和气过稀或过浓。故障原因：冷起动喷油器不喷油、水温传感器及控制电路的故障、进气温度传感器及控制电路的故障、主喷油器雾化不良、进气管积炭、点火能量不够、火花塞或怠速控制阀故障等。诊断方法步骤如图 2-126 所示。

（3）发动机热车起动困难。发动机热车起动困难的根本原因是混和气过浓。故障原因：水温传感器及控制电路故障、进气温度传感器及控制电路故障、喷油器漏油或严重雾化不良、冷起动喷油器故障、怠速控制阀的故障、系统油压过高或点火系故障等。诊断方法步骤如图 2-127 所示。

（4）发动机怠速过低。发动机怠速与温度、负荷、换档杆位置（自动变速器）及是否打转向（动力转向系统）有关。故

障原因：怠速阀及控制电路故障、旁通空气道堵塞、节气门位

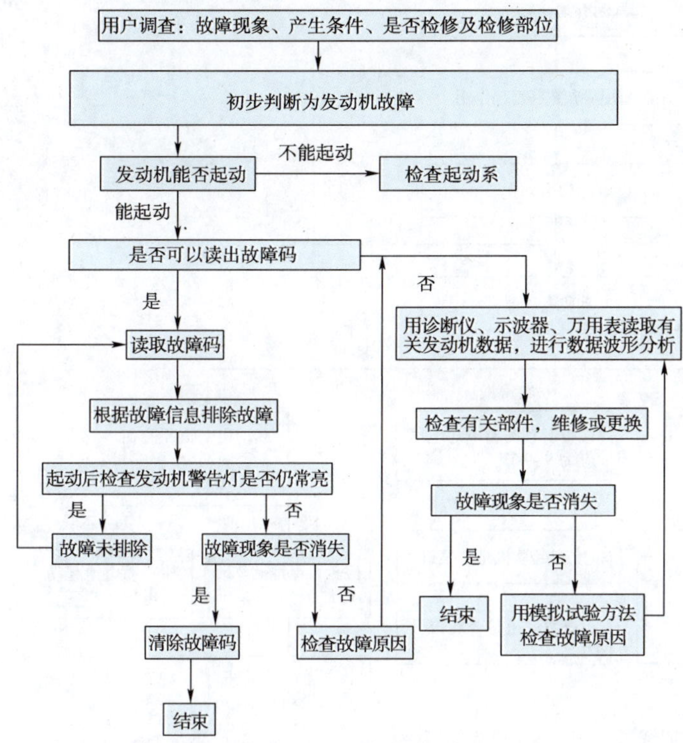

图 2-124　故障诊断的基本程序

置传感器信号不正确、空气流量计或进气压力传感器信号不良、氧传感器信号错误、系统油压过低、喷油器故障、点火不正时、真空管差错、废气再循环系统故障和发动机机械故障等。诊断方法步骤如图 2-128 所示。

(5)发动机怠速过高。发动机怠速过高主要是怠速时进气量过多或发动机控制信号错误。故障原因：进气温度传感器及控制电路故障、水温传感器及控制电路故障、节气门位置传感器及控制电路故障、空气流量计或进气压力传感器故障、怠速控制阀故障、节气门体故障、喷油器或 ECU 故障等。诊断方法步骤如图 2-129 所示。

(6)发动机怠速抖动不稳。诊断方法步骤如图2-130所示。

(7)发动机动力不足、加速不良。诊断方法步骤如图 2-131所示。

(8)发动机减速或停车熄火。诊断方法步骤如图 2-132 所示。

(9)耗油量过大。诊断方法步骤如图 2-133 所示。

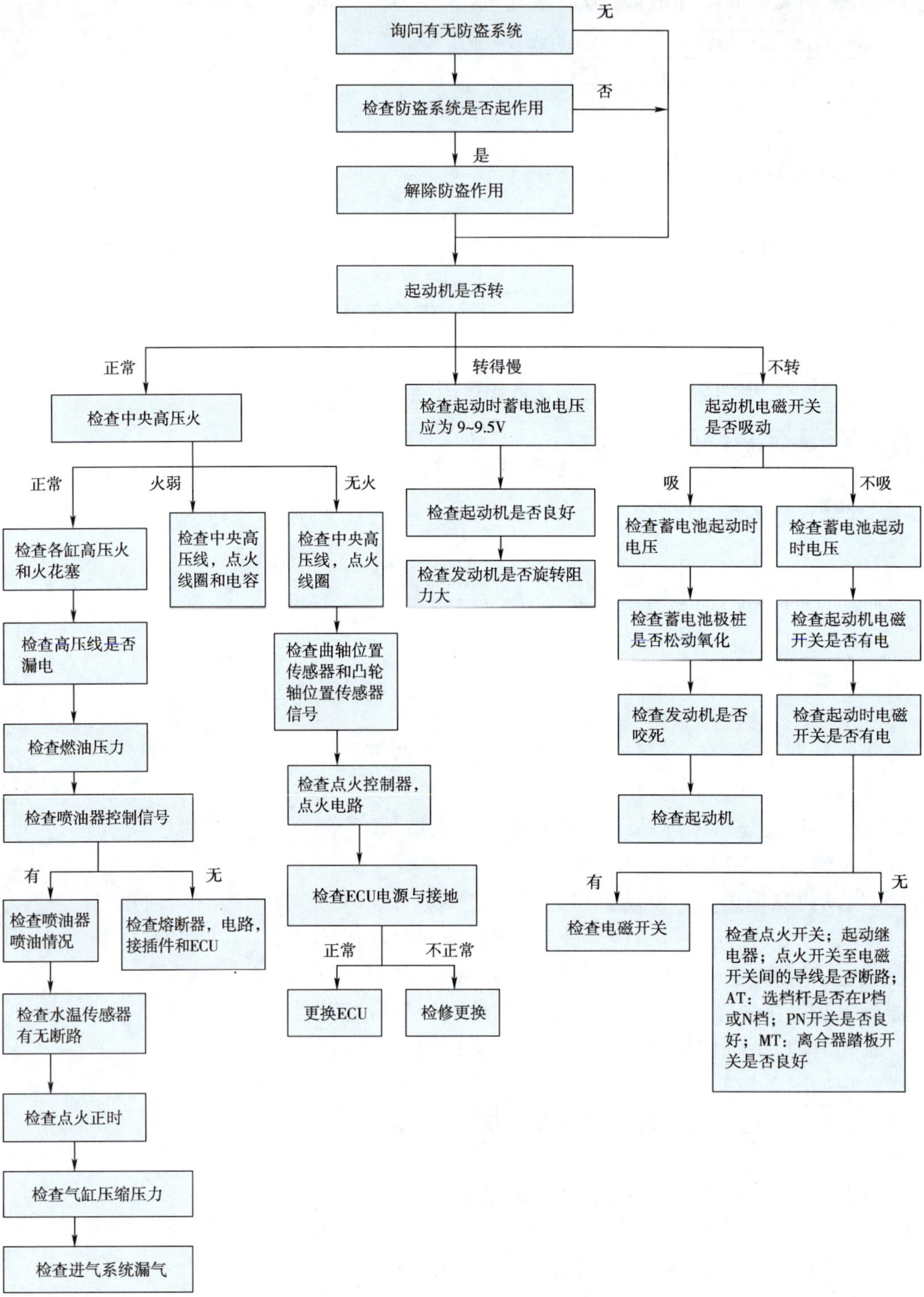

图 2-125　发动机不能起动故障诊断步骤

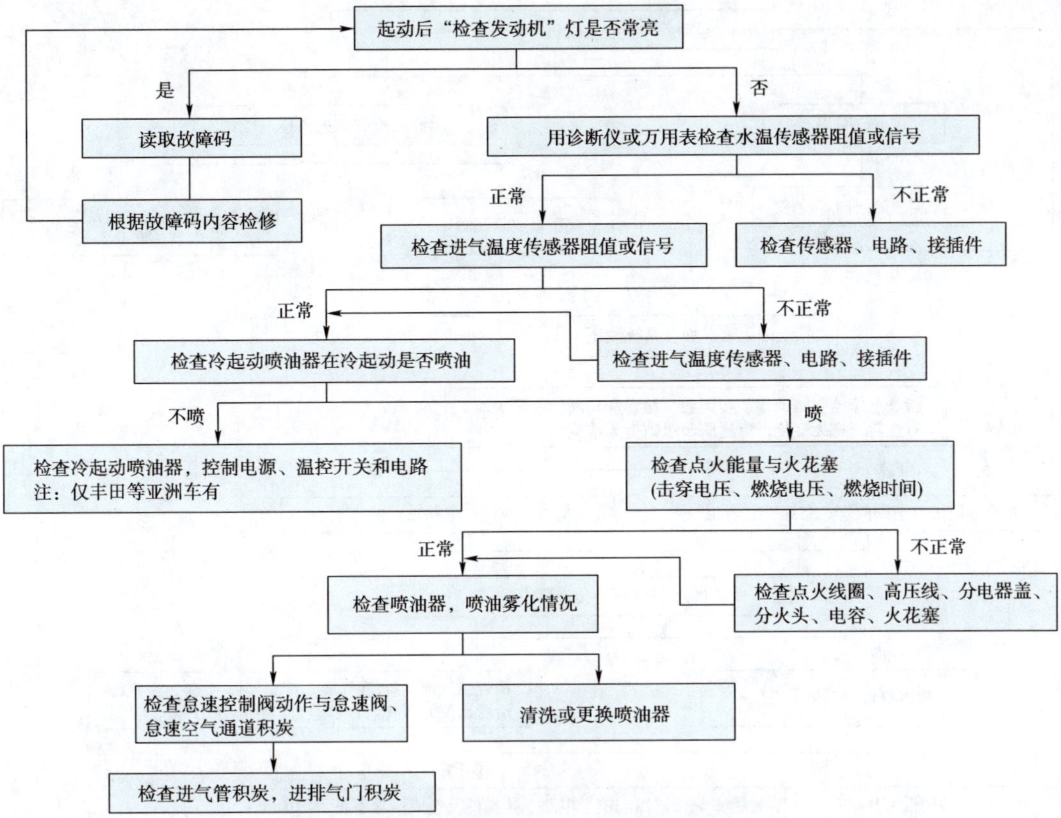

- 起动后“检查发动机”灯是否常亮
  - 是 → 读取故障码 → 根据故障码内容检修 →（返回）起动后“检查发动机”灯是否常亮
  - 否 → 用诊断仪或万用表检查水温传感器阻值或信号
    - 不正常 → 检查传感器、电路、接插件
    - 正常 → 检查进气温度传感器阻值或信号
      - 不正常 → 检查进气温度传感器、电路、接插件 →（返回）检查冷起动喷油器在冷起动是否喷油
      - 正常 → 检查冷起动喷油器在冷起动是否喷油
        - 不喷 → 检查冷起动喷油器，控制电源、温控开关和电路
注：仅丰田等亚洲车有
        - 喷 → 检查点火能量与火花塞
(击穿电压、燃烧电压、燃烧时间)
          - 不正常 → 检查点火线圈、高压线、分电器盖、分火头、电容、火花塞 →（返回）检查喷油器，喷油雾化情况
          - 正常 → 检查喷油器，喷油雾化情况
            - 清洗或更换喷油器
            - 检查怠速控制阀动作与怠速阀、怠速空气通道积炭 → 检查进气管积炭，进排气门积炭

图 2-126　发动机冷车起动困难故障诊断步骤

- 起动后“检查发动机”警告灯是否常亮
  - 是 → 读取故障码 → 根据故障码检修
  - 否 → 检查点火线圈是否过热
    - 是 → 检查发动机电压、点火线圈、点火控制器
    - 否 → 用诊断仪或万用表检查水温传感器阻值或信号
      - 不正常 → 检查水温传感器、电路、插接件、发动机、搭铁线
      - 正常 → 检查进气温度传感器、空气流量计
        - 不正常 → 检查传感器、电路、接插件
        - 正常 → 检查冷起动喷油器在热起动时是否喷油
          - 喷 → 检查温控开关，STJ导线是否搭铁
          - 不喷 → 检测油压是否过高 → 检测残压判断喷油器是否漏油 → 检查怠速阀动作与积炭

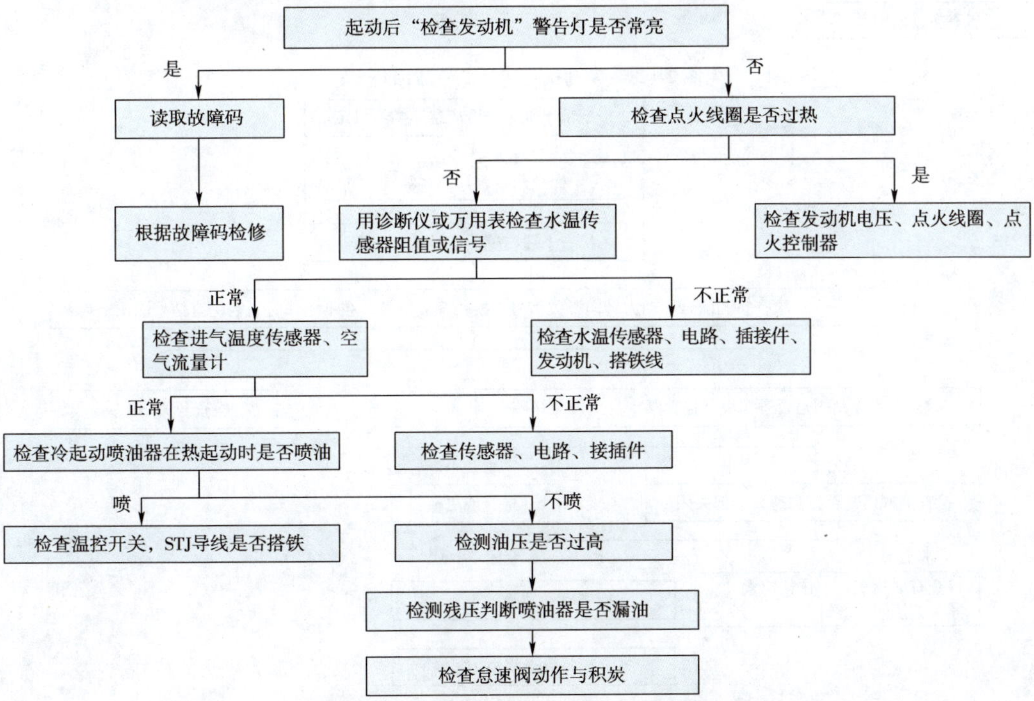

图 2-127　发动机热车起动困难故障诊断步骤

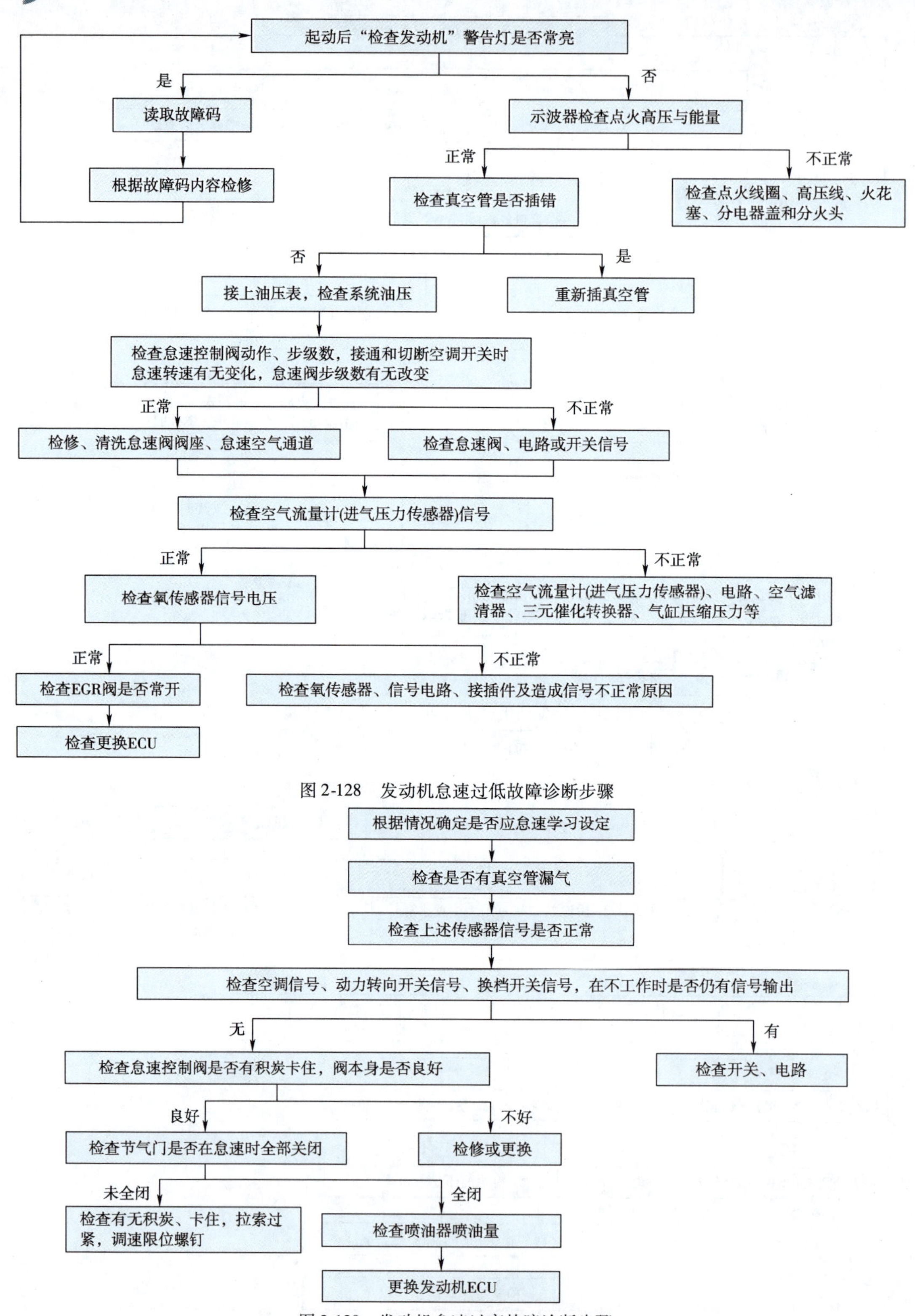

图 2-128　发动机怠速过低故障诊断步骤

图 2-129　发动机怠速过高故障诊断步骤

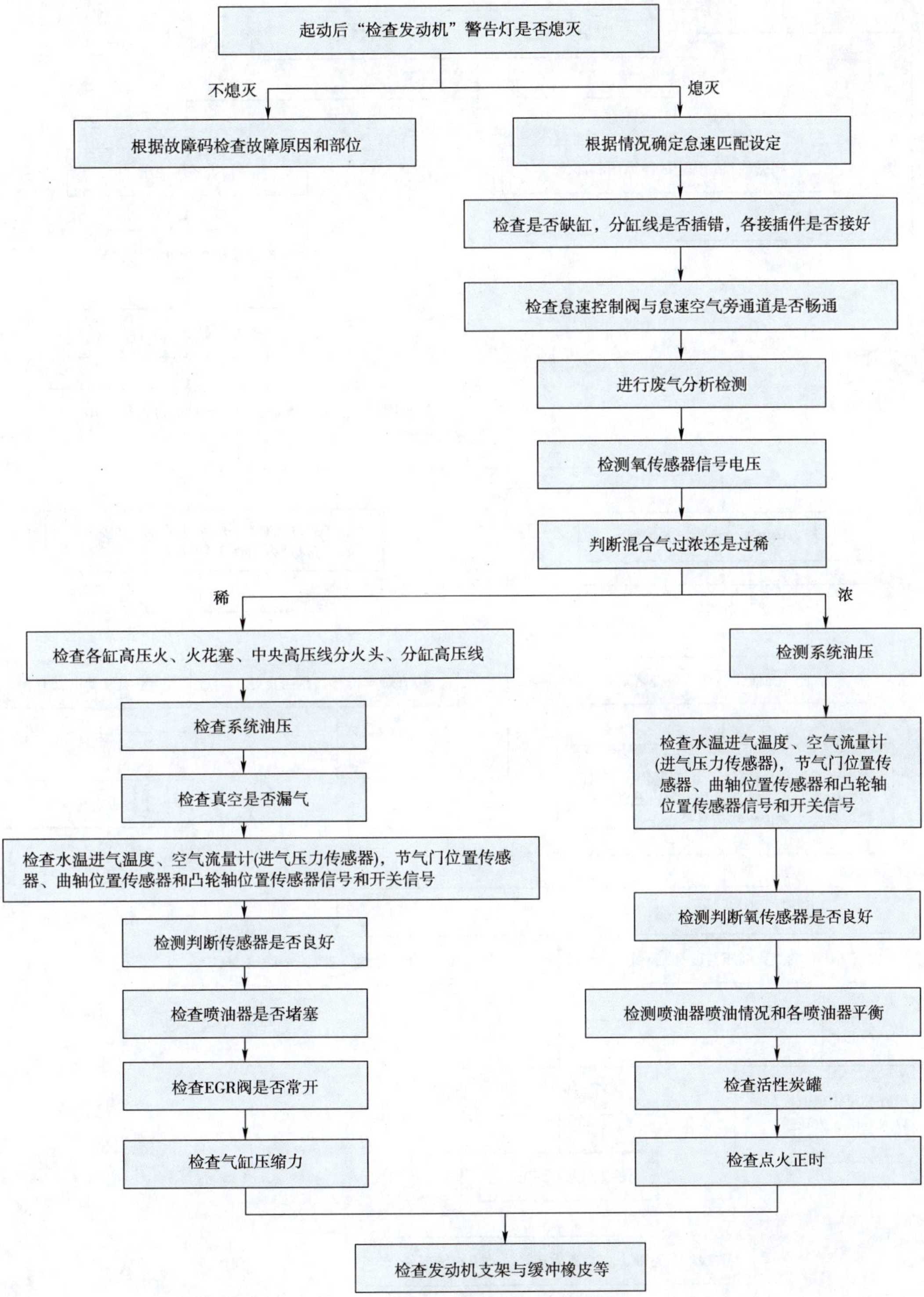

起动后“检查发动机”警告灯是否熄灭

不熄灭 → 根据故障码检查故障原因和部位

熄灭 → 根据情况确定怠速匹配设定 → 检查是否缺缸，分缸线是否插错，各接插件是否接好 → 检查怠速控制阀与怠速空气旁通道是否畅通 → 进行废气分析检测 → 检测氧传感器信号电压 → 判断混合气过浓还是过稀

稀 → 检查各缸高压火、火花塞、中央高压线分火头、分缸高压线 → 检查系统油压 → 检查真空是否漏气 → 检查水温进气温度、空气流量计(进气压力传感器)，节气门位置传感器、曲轴位置传感器和凸轮轴位置传感器信号和开关信号 → 检测判断传感器是否良好 → 检查喷油器是否堵塞 → 检查EGR阀是否常开 → 检查气缸压缩力

浓 → 检测系统油压 → 检查水温进气温度、空气流量计(进气压力传感器)，节气门位置传感器、曲轴位置传感器和凸轮轴位置传感器信号和开关信号 → 检测判断氧传感器是否良好 → 检测喷油器喷油情况和各喷油器平衡 → 检查活性炭罐 → 检查点火正时

→ 检查发动机支架与缓冲橡皮等

图 2-130　发动机怠速抖动不稳故障诊断步骤

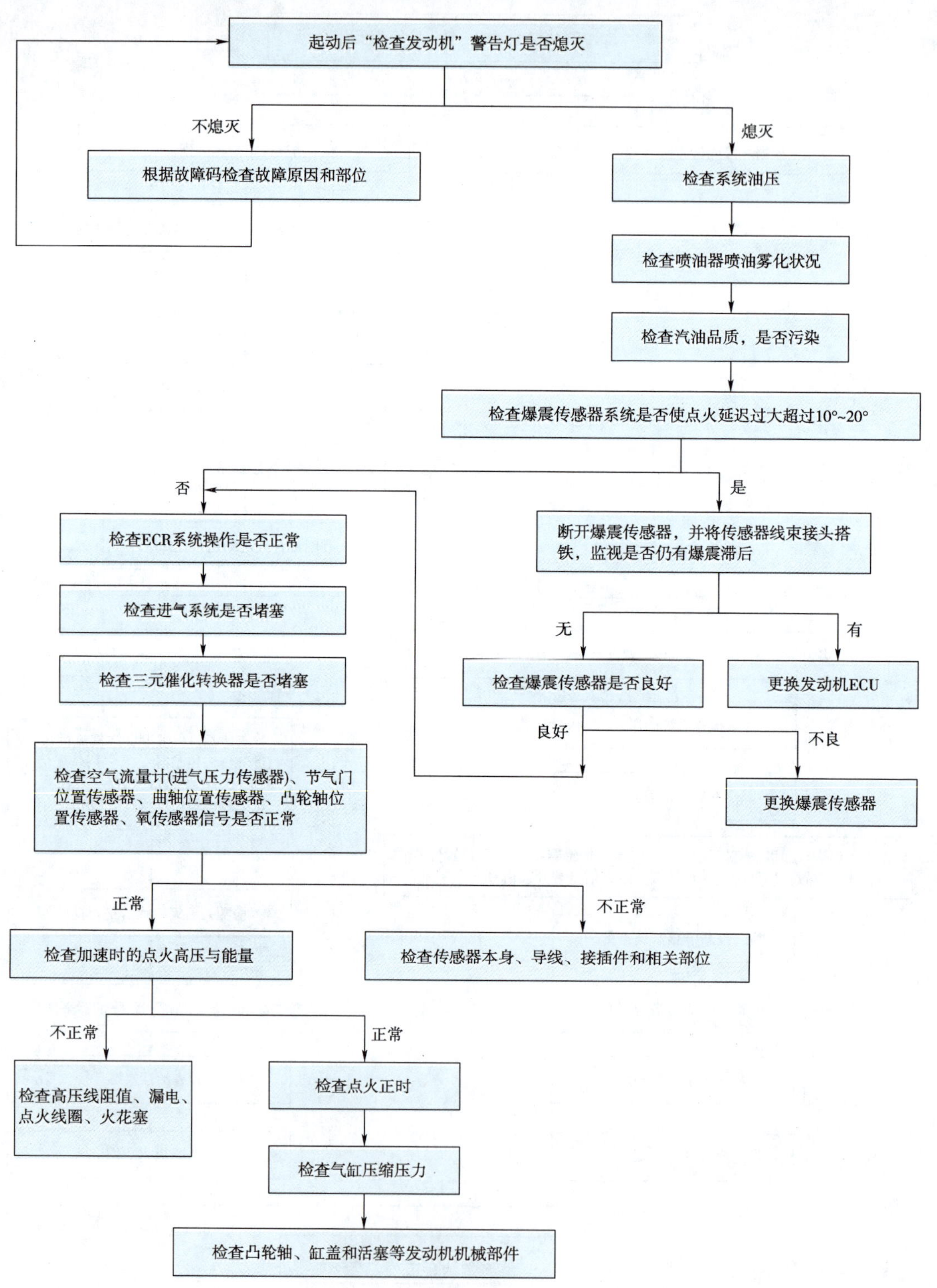

图 2-131　发动机动力不足、加速不良故障诊断步骤

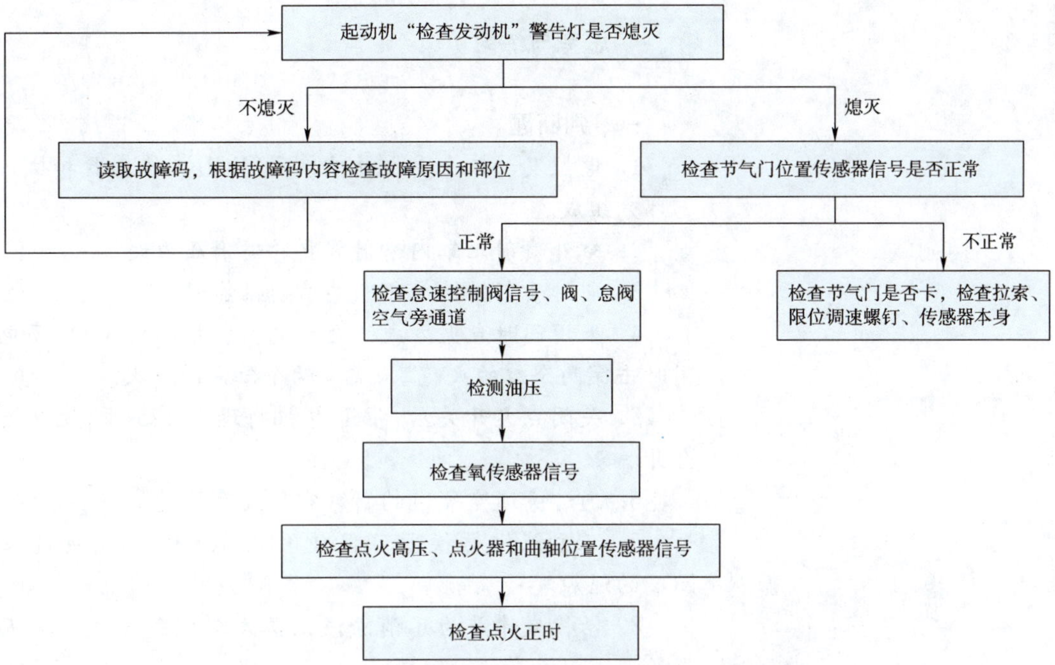

起动机“检查发动机”警告灯是否熄灭

不熄灭 → 读取故障码，根据故障码内容检查故障原因和部位（返回起动机“检查发动机”警告灯是否熄灭）

熄灭 → 检查节气门位置传感器信号是否正常

正常 → 检查怠速控制阀信号、阀、怠阀空气旁通道 → 检测油压 → 检查氧传感器信号 → 检查点火高压、点火器和曲轴位置传感器信号 → 检查点火正时

不正常 → 检查节气门是否卡，检查拉索、限位调速螺钉、传感器本身

图 2-132　发动机减速或停车熄火故障诊断步骤

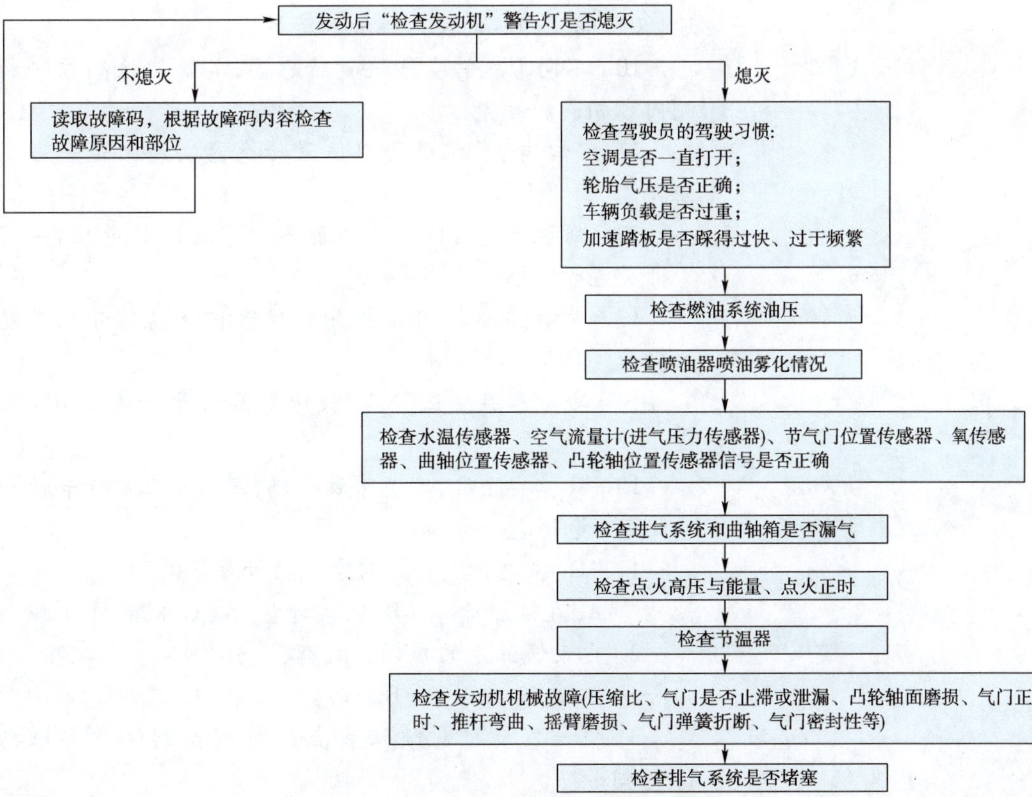

发动后“检查发动机”警告灯是否熄灭

不熄灭 → 读取故障码，根据故障码内容检查故障原因和部位（返回发动后“检查发动机”警告灯是否熄灭）

熄灭 → 检查驾驶员的驾驶习惯：
空调是否一直打开；
轮胎气压是否正确；
车辆负载是否过重；
加速踏板是否踩得过快、过于频繁

→ 检查燃油系统油压
→ 检查喷油器喷油雾化情况
→ 检查水温传感器、空气流量计(进气压力传感器)、节气门位置传感器、氧传感器、曲轴位置传感器、凸轮轴位置传感器信号是否正确
→ 检查进气系统和曲轴箱是否漏气
→ 检查点火高压与能量、点火正时
→ 检查节温器
→ 检查发动机机械故障(压缩比、气门是否止滞或泄漏、凸轮轴面磨损、气门正时、推杆弯曲、摇臂磨损、气门弹簧折断、气门密封性等)
→ 检查排气系统是否堵塞

图 2-133　发动机耗油量过大故障诊断步骤

思考与练习

一、判断题

1. 电控发动机主要由电控单元(ECU)、传感器和执行器三部分组成。 ( )

2. 缸外喷射比缸内喷射需要的喷射压力大。 ( )

3. 同时喷射的性能比顺序喷射性能好。 ( )

4. 采用同时点火方式的无分电器电控点火系中,高电压同时击穿两个缸的火花塞,实现两个缸同时点火。 ( )

5. 关闭点火开关后,步进电机将退回125步,使怠速阀全开。 ( )

6. 通过旁通空气道的新鲜空气没有计量。 ( )

7. 三元催化转换器可促使CO、HC的氧化,也能促使NOx的还原。 ( )

8. 活性炭罐是为了消除汽油蒸发对空气造成污染而设置的。 ( )

9. 冷却水、进气温度传感器的信号,既影响发动机的怠速,又影响发动机的动力性和经济性。 ( )

10. 不同形式的空气流量传感器,其性能检测方法和检测内容相同。 ( )

11. "四端子"式节气门位置传感器实质上是一可变电阻。 ( )

12. 测量节气门位置传感器各端子之间的电压,须将点火开关置于"ON"。 ( )

13. 发动机ECU可根据曲轴位置传感器信号确定发动机转速。 ( )

14. 冷却水温度正常后,氧传感器信号的变化10s内不少于8次。 ( )

15. 故障排除后,不清除故障码,不影响正常行车。( )

二、选择题

1. "D"型电控发动机对空气的计量是( )。

   A. 直接计量　　B. 间接计量　　C. 混和计量

2. 电动汽油泵的控制型式有( )。

   A. 四种　　B. 三种　　C. 二种

3. 电控发动机对喷油和点火时刻控制的主要根据是( )信号。

   A. 曲轴位置传感器

B. 空气流量传感器

C. 进气压力传感器

4. 闭合角越大，点火系初级电流越大，点火电压高，点火能量大。在讨论该问题时，(　　)同学说得对。

A. 甲说闭合角越大越好

B. 乙说闭合角越小越好

C. 丙说甲乙都不对

5. EGR 系统是将部分废气引到气缸内，从而可降低(　　)的排放量。

A. CO　　　　B. HC

C. NOx　　　　D. CO_2

6. 二次空气喷射是将新鲜空气再次喷到(　　)，从而减少 CO、HC 的排放量。

A. 进气道内　　　　B. 进气门背后

C. 排气门背后或排气道内

7. 冷却水和进气温度传感器性能检测内容，(　　)说法正确。

A. 甲说有参考电压和信号电压

B. 乙说有信号电压和电阻特性

C. 丙说三项内容均检测

8. OBD—II 诊断座是(　　)孔的。

A. 16　　　　B. 14　　　　C. 10

三、简答题

1. 电控发动机有哪些优点？
2. 电控单元 ECU 是怎样实现对喷油量控制的？
3. 电控发动机对点火系主要有哪些控制内容？
4. 电控单元 ECU 是如何判断爆震现象和爆震强度的？
5. 无分电器点火(DLI)系有哪些优点？
6. 电控点火系中，高压二极管的作用是什么？
7. 汽车在什么条件下需要快怠速？
8. 进气控制主要有哪些系统？
9. 电控发动机常见的故障有哪些？
10. 简述电控发动机耗油量大故障的诊断方法步骤。
11. 简述节气门位置传感器的调整方法步骤。
12. 简述丰田系列汽车电控发动机人工读取与清除故障码的方法步骤。
13. 导致电控发动机热车起动困难的原因有哪些？
14. 简述发动机动力性差、加速不良故障的诊断方法步骤。

15. 简述磁脉冲式曲轴位置传感器性能的检测内容和检测方法。

16. 简述北京切诺基汽车进气压力传感器的检测内容和检测方法。

17. 试分析电控发动机冷起动困难的原因。

18. 简述电控发动机故障诊断的基本方法步骤。

单元三　电控自动变速器构造与维修

学习目标

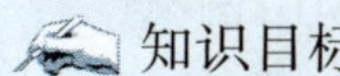

知识目标

1. 正确描述液力变矩器、油泵、行星齿轮机构、离合器、制动器、阀体总成等元件的结构和工作原理；简单叙述变速器各传感器、执行器、控制单元的结构、类型及工作原理；

2. 正确描述自动变速器的检测及一般故障的诊断与维修方法；

3. 简单叙述常见车型电控自动变速器的型号。

能力目标

1. 能够对自动变速器的各个元件进行拆装、检验、装配、调整；

2. 能够独立完成自动变速器的常规检测作业，如：压力实验、失速实验、时滞实验等。

1 概　　述

驾驶手动变速器的车辆时，为提高车速，需踩下离合器踏板，将变速器置入高档；爬坡或档位功率不够时，也需踩下离合器踏板，将变速器置入低档。正是由于这些原因，驾驶员需根据发动机的负荷大小和车速高低来相应地换档。而自动变速器的出现恰恰能够很好地解决这些问题，无需调整换档杆，自动变速器就会根据发动机的功率大小及车速高低，在最适当的时候自动换入最合适的档位。

从自动变速器的发展过程来看，由液控发展到液、电综合控制，到目前的电控；由三速发展到四速，甚至六速、七速等，发展速度及高科技应用相当惊人。本书将对典型电控自动变速器的结构及维修进行介绍。

1.1 自动变速器的组成、作用

1.1.1 自动变速器的组成

自动变速器的结构如图3-1所示，主要由以下几个部分组成。

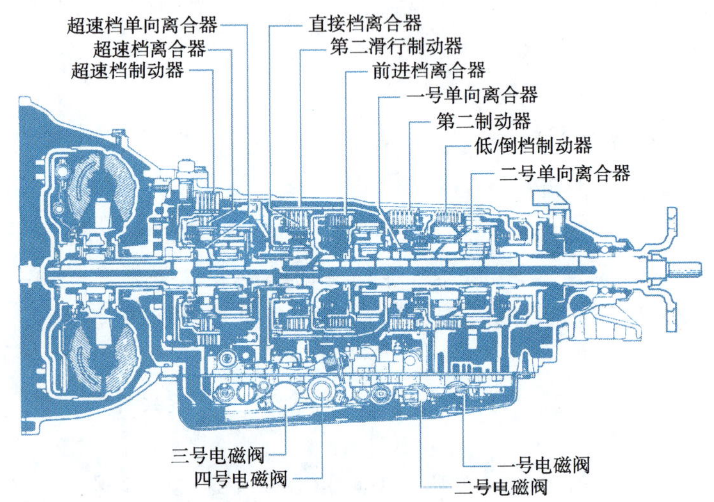

图3-1 自动变速器结构示意图

(1)液力变矩器。液力变矩器位于自动变速器的前端，俗称大力鼓。其主要功能是将发动机的动力传给自动变速器本体。主要由泵轮、涡轮、导轮、单向离合器、锁止离合器等元件组成，如图3-2所示。并非所有的自动变速器都设有液力

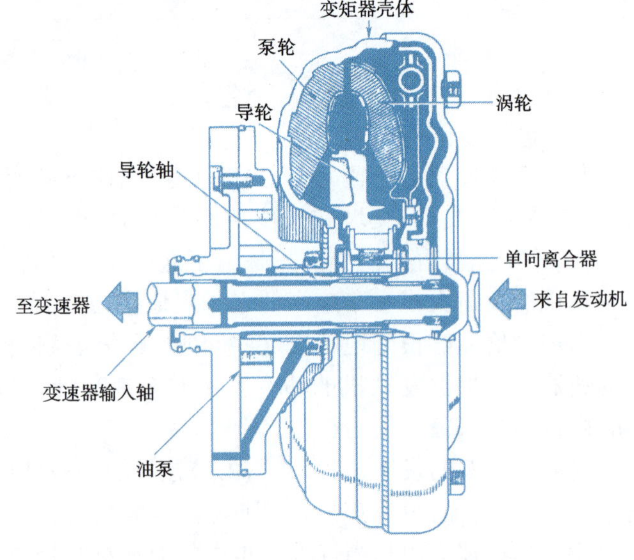

图3-2 变矩器结构示意图

变矩器，如奥迪公司采用的01J型自动变速器就没有液力变矩器。

(2)行星齿轮机构。行星齿轮机构最常见的是由太阳轮、行星齿轮、行星齿轮架、外齿圈等元件组成，如图3-3所示。

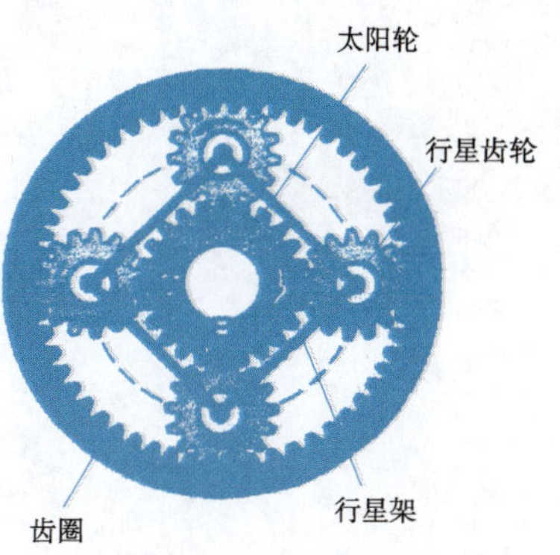

图3-3 行星齿轮结构示意图

(3)液压控制系统。液压控制系统包括油泵、液压油过滤网、各种换档阀、节流阀、调压阀、手控选档阀、速控阀、节气门阀、缓冲球体、蓄压器、制动器、离合器等元件。如图3-4、图3-5、图3-6所示。

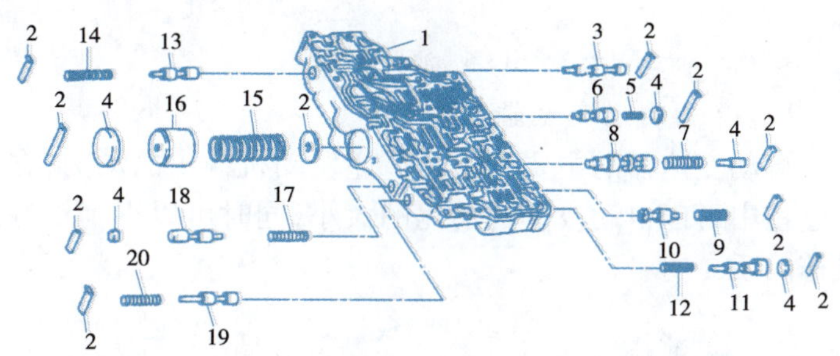

图3-4 阀体示意图

1-上阀体；2-挡片；3-顺序阀；4-堵头；5-2号复位弹簧；6-1-2档储能器阀；7-7号复位弹簧；8-锁止控制阀；9-6号复位弹簧；10-液力变短器溢流阀；11-超越离合器减压阀；12-5号复位弹簧；13-先导阀；14-1号复位弹簧；15-3号复位弹簧；16-1-2档储能器活塞；17-4号复位弹簧；18-一档减压阀；19-2-3档定时阀；20-8号复位弹簧

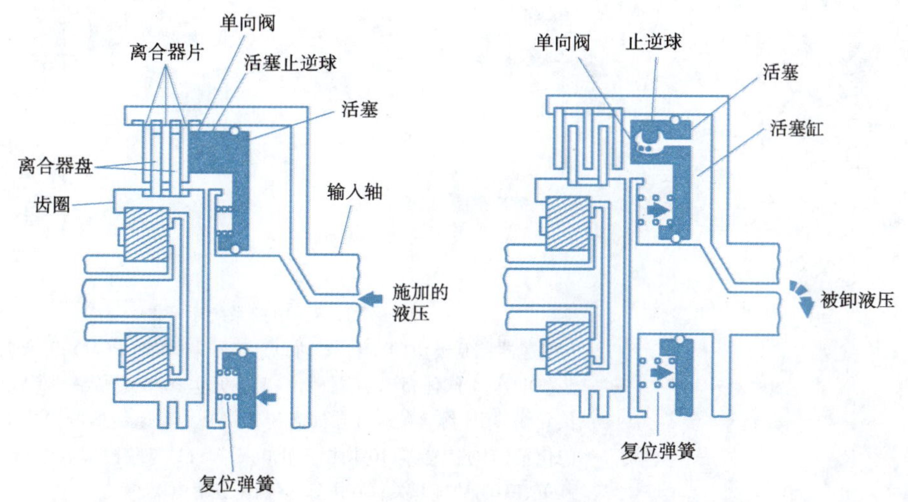

图3-5 应用元件(离合器)示意图

(4)电子控制系统。电子控制系统主要包括传感器、控制单元(ECU)、执行器、自诊断系统等部分。该部分是本单元所要讲的重要内容,其整体结构如图3-7所示。

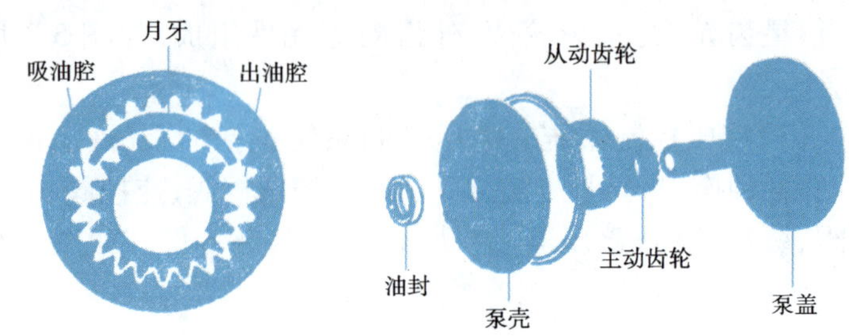

图3-6 油泵示意图

1.1.2 自动变速器的作用

自动变速器的主要作用是传递发动机输出的动力,在传递过程中可以自动改变传动比的大小,同时可以得到更好的换档品质。

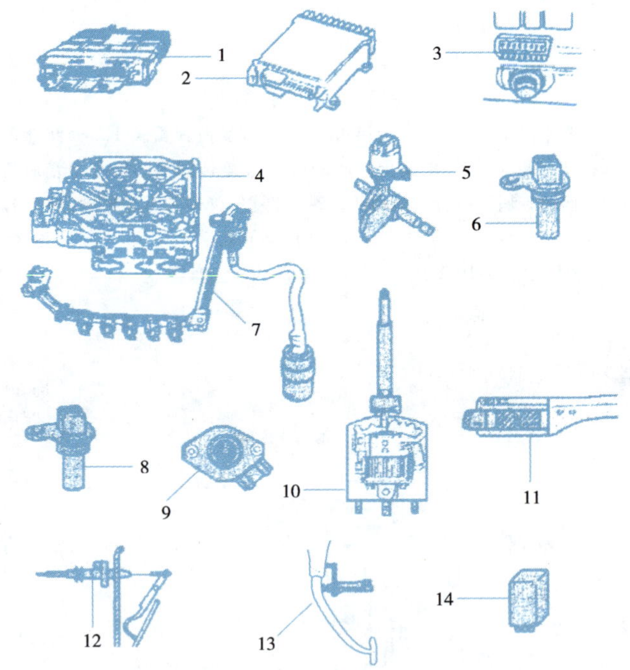

图3-7 电控系统示意图

1-变速器控制模块(TCM);2-动力总成控制模块(PCM);3-数据传送接头(DLC);4-阀体;5-变速器档位(TR)开关;6-车速传感器(VSS);7-连接导线(用于综合的变速器油温传感器);8-车速传感器(VSS);9-节气门位置(TP)传感器;10-换档锁止电磁阀;11-巡航控制电磁阀;12-降档开关;13-制动灯开关;14-驻车/空档位置继电器

由于无需操纵离合器和换档手柄,因而减轻驾驶员的疲

劳。根据行车条件而进行自动换档,保持适当的车速,因而操作方便。由于自动变速器是以液压(变矩器)将发动机与传动系统连接起来,因此发动机和传动系均不过载。

1.2 自动变速器的分类

能随着发动机负荷大小和车速的高低情况变化,而在全部档位范围内能自动改变其传动比的变速器,称为自动变速器。自动变速器发展至今已有许多种类,可根据以下不同标准来分类。

1.2.1 按照控制系统分类

按控制系统不同分类,现代汽车自动变速器可分为两种形式。

(1)全液压控制自动变速器。这种自动变速器的主要换档信号是节气门开度信号和车速信号。节气门信号通过节气门拉线或节气门后方的真空度反映到自动变速器本体上。车速信号通过速度控制阀来调节速控油压的大小,进而控制自动变速器自动换档,结构如图 3-8 所示。其特点是机械结构相对较为复杂,各种辅助控制阀较多,目前很少应用。

(2)电子控制自动变速器。电子控制自动变速器控制单元(ECU)根据节气门位置传感器信号、车速传感器信号、发动机水温信号、变速器油温信号、换档模式信号、发动机转速信号、制动开关信号等,按照控制单元内设定的程序控制电磁阀,实现换档、油压的升降和锁止离合器的锁止等动作。该种自动变速器结构如图 3-9 所示。

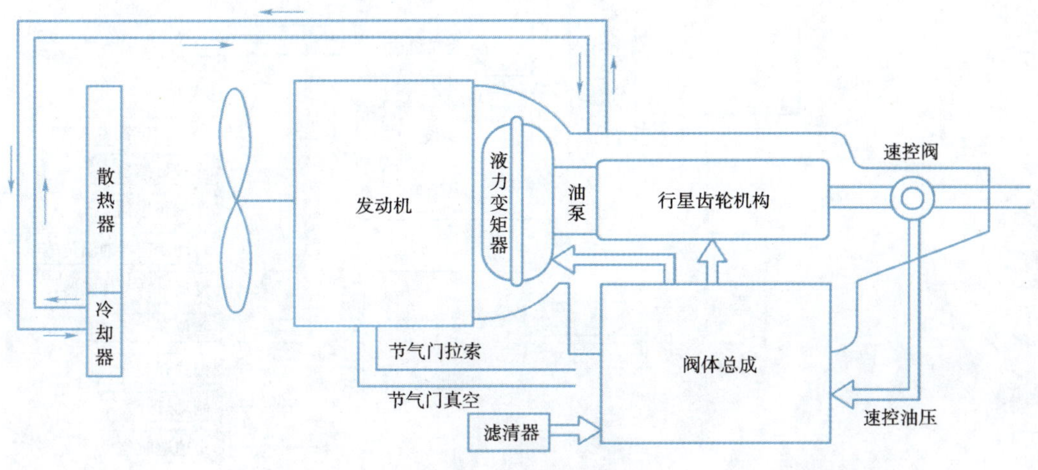

图 3-8 液控自动变速器示意图

1.2.2 按照驱动方式分类

按照汽车驱动方式不同来分类，可分为前轮驱动、后轮驱动和四轮驱动自动变速器三大类。前轮驱动式自动变速器与前轮上的半轴相连接，前轮为主动轮。如日产公司生产的RE4F04A型自动变速器，本田公司生产的MPXA型自动变速器；后轮驱动式自动变速器的输出轴同后轮上的半轴相连接，后轮为主动轮，如丰田公司生产的A341E型自动变速器，奔驰公司生产的722.605型自动变速器；四轮驱动式自动变速器的动力输出分别通过差速器与前后轮上的半轴相连，四个车轮都可以成为驱动轮，如奥迪公司生产的四驱自动变速器等。结构如图3-10所示。

不同汽车制造厂应用不同型号的自动变速器，常见自动变速器的型号见表3-1。

常见自动变速器型号 表3-1

车　型	自动变速器型号
丰田车系	A541E、A46DE、A140E、A341E
大众/奥迪车系	01M、01V、01N、01K
上海通用	4T65E
日产车系	RE4F04A、RE4F04V
本田车系	MPZA、MP1A、APX4

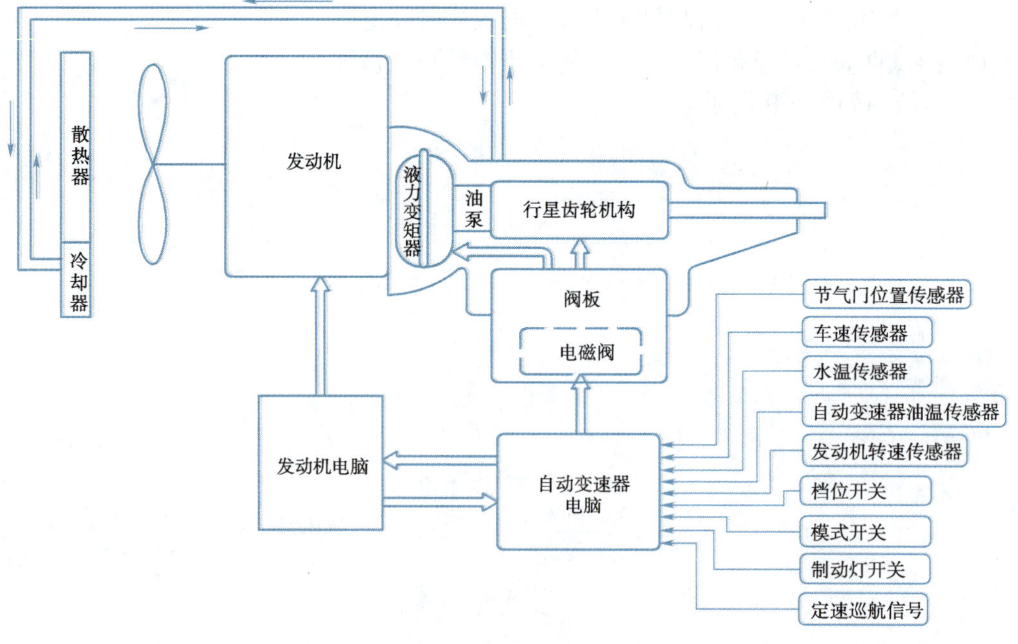

图3-9 电控自动变速器示意图

1.3 自动变速器的特点

自动变速器之所以发展速度较快，在各种轿车上广泛采用，关键在于它有许多优越性能，主要体现在以下几个方面。

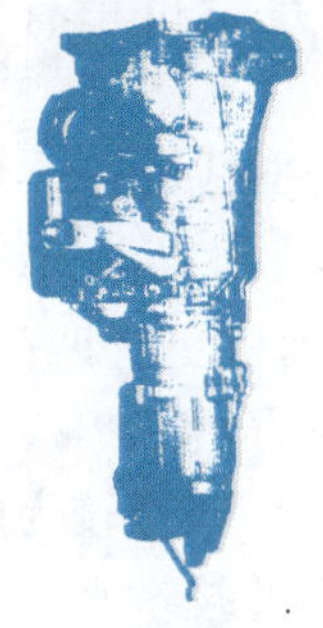
四驱自动变速器

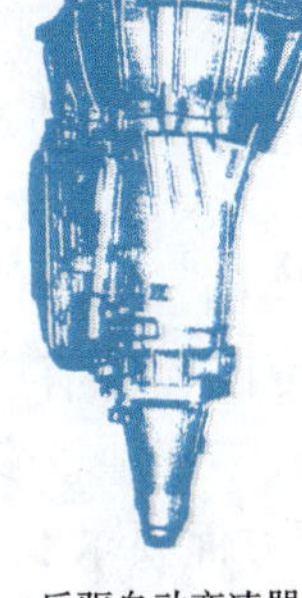
后驱自动变速器

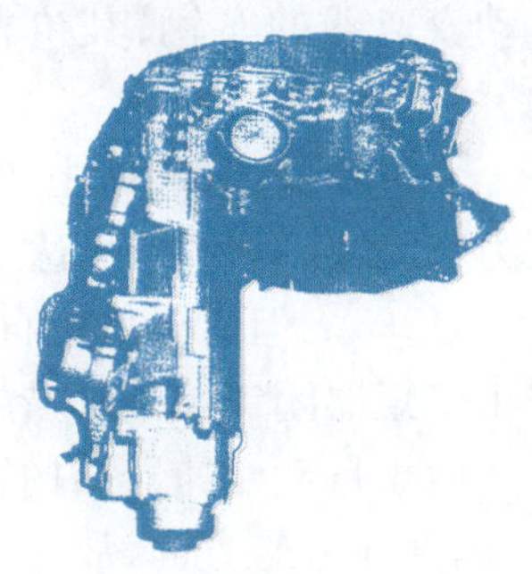
前驱自动变速器

图3-10 自动变速器各种驱动形式

自动变速器的优点

(1)操纵简便、省力。采用自动变速器的车辆一般取消了离合器和传统的变速器杆，采用了单杆双方向移动的手动选档杆，减少了操作机件，因而操纵方便，动作大大简化，使驾驶员劳动强度降低，进而提高行驶安全性。

(2)改善车辆通过性。由于自动变速器绝大多数是通过液力传递，变速器的档位又是自动变换，这便显著改变车辆的通过性。

(3)延长机件使用寿命。一方面是因为自动变速器采用液力元件，可以消除在动力传递装置中的动载荷；另一方面，由于自动换档避免了不正确换档所产生的冲击和动载，所以一般装有自动变速器的车辆上，传动系统零件的使用寿命较长。据统计，在较差的道路状况下行驶时，装有自动变速器的车辆，传动轴上最大扭矩振幅只相当于手动换档机械变速器的20%～40%，原地起步时的扭矩峰值只相当于手动式的50%～70%。因此，可使发动机寿命提高1.5～2倍。

(4)提高动力性和适应性。自动变速器能平稳地自动适应汽车驱动轮的负荷变化。当行驶阻力增大时，车速自动降低，驱动轮上牵引力自动加强；相反则减少牵引力，同时提高车速。在起步时，驱动轮上的牵引力将会自动加强，有效地减缓了传动系统的扭振，也减少了由于车轮打滑造成的起步困难。自动变速器可使汽车的稳定车速降到最小，甚至为零。当行驶阻力很大时，发动机也不至于熄火，使汽车能以极低的速度行驶。因此，提高了车辆的动力性、平稳性和舒适性。

(5)降低排放污染。由于自动变速器能够根据行驶路况和驾驶需求自动换档，使汽车发动机基本达到最佳工作状态，因此有效降低了排放，减少对空气的污染。

自动变速器虽然优点较多，但是也有它自身的不足：

①结构复杂，制造精度要求较高，成本较高，通常安装有自动变速器的车辆，其价格上升10%左右。重量也稍有增加。

②传动效率低，这主要是由于液力传动所造成的。一般液力传动效率最高可达86%～90%，比机械传动效率低8%～12%。但由于采取自动换档，为了与发动机更好匹配，采用变矩器闭锁控制等措施，可使燃料消耗有所降低。

由于自动变速器结构复杂，零部件较多，工作原理较为难懂，因此在维修方面、故障分析方面要求有较高的技术水平。

2　自动变速器控制电路分析

2.1　控制电路的组成及功能

电控自动变速器的控制模式同电控发动机的模式基本一样，总体上分为传感器部分、控制单元部分、执行器部分。如图3-11所示。由于传感器和执行器的形式多种多样，既有数字式的又有模拟式的，可控制单元只能处理数字式的信号，因此，在传感器、执行器与控制单元之间都有输入或输出接口电路，起到数模转换的作用。

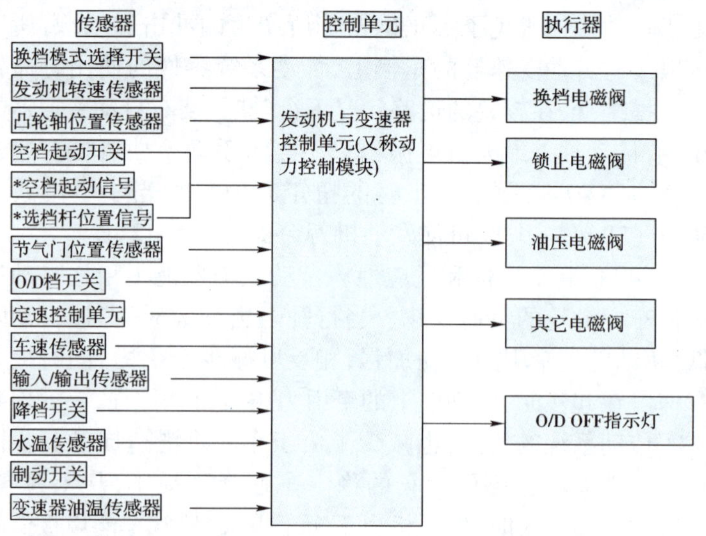

图3-11　电控系统结构示意图

2.1.1 变速器电子控制单元

电控自动变速器的控制单元是控制系统的中枢部位。各汽车制造公司的设计形式和布置方式各不相同。如丰田公司部分车辆将发动机控制单元和自动变速器控制单元合在一起,组成动力控制模块;本田的新车型和部分日产车也是如此;但有些车辆则是将发动机控制单元和自动变速器控制单元分开,中间通过数据线联络。

控制单元作为系统中心,其主要功能有:

控制单元的主要功能

(1)对自动变速器工作所需要的数据进行采集和存储。

(2)对所收集到的数据进行分析和计算,以了解车辆的现行工作状况。

(3)对各个执行元件进行动作指令控制,以实现最后的工作目标。

(4)对整个控制系统进行故障监控,发现有故障出现,则以故障码的形式进行存储,必要时取用故障保护模式,防止更多的元件损坏。

(5)通过数据线同其它控制单元进行联络,相互协调,并将各个信息存储起来。另外还同诊断电脑进行联络,便于维修人员进行诊断和维修。

控制单元的组成

虽然不同汽车的控制单元和控制逻辑、程序不同,传感器和执行器及控制开关也有较大的区别,但其结构基本相同。自动变速器控制单元都由硬件和软件两部分组成,硬件基本可以分为微处理器(CPU)和存储器、输入转换装置(A/D)、输出转换电路(D/A)和稳定电源;软件就是控制单元中存储的控制逻辑和程序以及相关的数据,在更换控制单元时需要拷贝。

(1)微处理器和存储器。微处理器是电脑内部的核心,其主要作用是快速完成成千上万次的简单运算,运算的执行顺序由内部时钟系统控制。微处理器又称中央处理器(CPU),一般分为三个部分:控制部分、算术/逻辑部分、寄存器部分。控制部分是按照编制好的程序来指令电脑工作,如电脑内部的数据传输、算术运算、程序跳转等。算术/逻辑部分对采集到的实际数据进行处理和进行逻辑运算。寄存器主要存储控制单元的数据和程序,并将这些数据和程序送入其它两个部分。

存储器是存储电脑内部程序和数据的电路,分成一个个的地址,电脑根据这些地址存取相应的数据。存储器又可分为随机存储器(RAM)和只读存储器(ROM)两种。

随机存储器是一种既可读又可写的存储器,它可以将行车过程中收集到的信息,如节气门位置信号、水温信号等以二进制的形式存储起来,以被其它控制电路所利用。在断电时该信息会丢失。

只读存储器用于存储电脑程序和逻辑。程序和逻辑代码由制造商写在芯片上,不能更改,电脑也只能读取该程序和逻辑,不能写入其他信息,只读存储器中的程序和逻辑在断电时也不会丢失。

(2)输入转换电路(A/D)。电脑只能处理二进制数据,而很多传感器只能提供不断变化的电压或频率信号(通常称为模拟信号)。因此需要模数(A/D)转换电路来处理这些模拟信号,以被电脑处理。

(3)输出转换电路(D/A)。电脑输出信号也是二进制的,但接受这些信号的执行器却不一定直接能完成信号的转接。通常执行器有数字式和模拟式的,因此,就需要数模(D/A)转换电路,将二进制信号转换成模拟信号,以便驱动不同的执行器。

(4)软件。控制电脑的软件可分为控制程序和控制数据两部分,控制程序是汽车制造厂根据汽车的性能要求来编制的运行指令集,存储在只读存储器(ROM)或可编只读存储器(PROM)中,电脑根据各个传感器输送的不同信号,再依据控制程序来计算出最佳的输出数值,让变速器在最佳的状态下工作,这些程序可以通过特定的仪器设备来写入或重新改写。譬如,奥迪车的中控门锁电脑在更换时要进行编程和设码,通常被称为 CODING,否则,中控门锁不工作或工作失调。而控制数据是汽车生产厂家经过大量的实验而得到的标定参数,包括发动机的喷油和点火曲线,变速器换档时刻等。控制数据与程序的特定部分相联系,并在控制系统自检时保持不变。

2.1.2 传感器

(1)车速传感器(VSS)。车速传感器安装在变速器的输出轴上或差速器的主动齿轮上,有的车辆安装在从动轮上,主要用于检测自动变速器输出轴的转速。自动变速器控制单元利用此信号来调节换档时刻以及所换入合适的档位。

车速传感器的种类及组成

常见的车速传感器有电磁式、舌簧式、霍尔式等。霍尔式车速传感器用的较少,但在发动机控制系统中应用较多,在发动机控制部分作了讲述,本节主要讲解电磁式和舌簧式传感器两种。

电磁式车速传感器通常由永久磁铁、感应线圈等部件组

成。如图3-12所示。当输出轴转动时，套在输出轴上的齿环就一起转动，由于齿环上有缺口和凸起，因此，在线圈和永久磁铁组成的传感器中就产生了磁通量的变换，进而在线圈上产生感生电动势（电压），这个电动势的大小随车速的高低作周期性变化。车速越高，感生电压就越大，周期就越小。传感器上的线圈电阻随温度稍有变化，一般有温度越高，阻值越大。另外不同车型的传感器，其阻值各不相同，通常在500～800Ω之间。

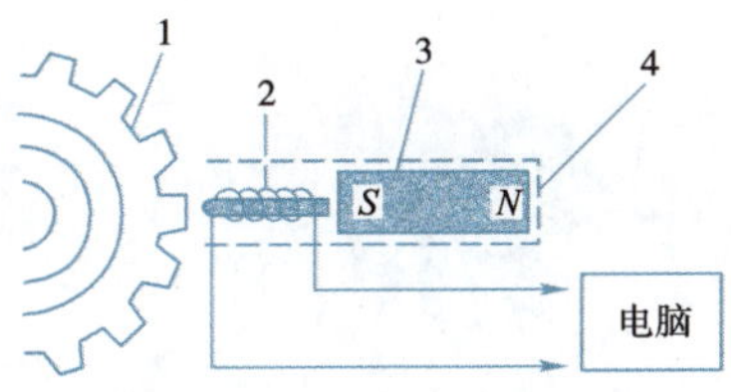

图3-12　电磁式车速传感器示意图
1-停车锁止齿轮；2-感应线圈；3-永久磁铁；4-车速传感器

舌簧式车速传感器如图3-13所示。它由玻璃管或塑料管以及管内的两个细长的触头组成，并且触头由铁、镍等磁性材料组成。当变速器输出轴上的齿环转动时，由于钢质齿环上有缺口和凸起，因此，两磁性触头就在磁场的变化作用下而结合或断开，进而就会输出不断变化的开关信号，此信号的快慢就反映车速的大小。对于这类传感器的检修，首先测量参考电压，通常有5V、8V、12V等。其次是用示波器测量波形，一般为方波信号，随车速的变化，方波的大小和频率也变化。

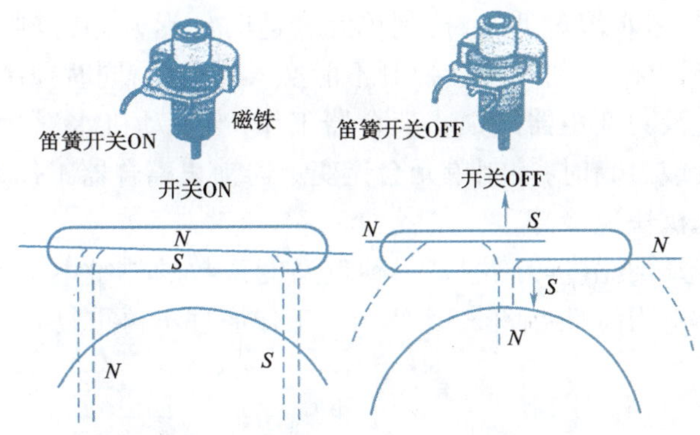

图3-13　舌簧式车速传感器示意图

（2）节气门位置传感器（TPS）。节气门位置传感器是反映发动机节气门开度大小的装置，而节气门完全是由驾驶员通过加速踏板来控制的。因此节气门位置传感器用于反映发动机负荷大小。如加速或上坡时节气门开度要大，减速或下坡或怠速时开度要小。传统上的节气门位置传感器装在节气门轴上，由节气门轴来驱动。现在某些新车型安装的是电子油门，如奥迪C5A6，丰田公司生产的2004款2.4升佳美，奔驰W220车等。在这些车上，节气门位置传感器装在电子节气门控制执行器内，通常情况下，节气门位置传感器输出的信号首先供给发动机控制单元（ECM），发动机控制单元再通过信号线或数据线传递给变速器控制单元(TCM)。当然也有例外,如日产许多车型的节气门位置传感器将两个不同形式的传感器(开关式和线性式)装成一体,其中一个信号给发动机控制单元,另一个信号给变速器控制单元使用。

节气门位置传感器输出的是模拟信号。通常有三端子式或四端子式,四端子式有怠速开关信号。如图 3-14 所示。节气门位置传感器实际上是一个滑动电阻片,随节气门轴的转动,与信号线相连的滑动触点就随之移动,相应的就以输出电压的形式反映出节气门开度的大小。

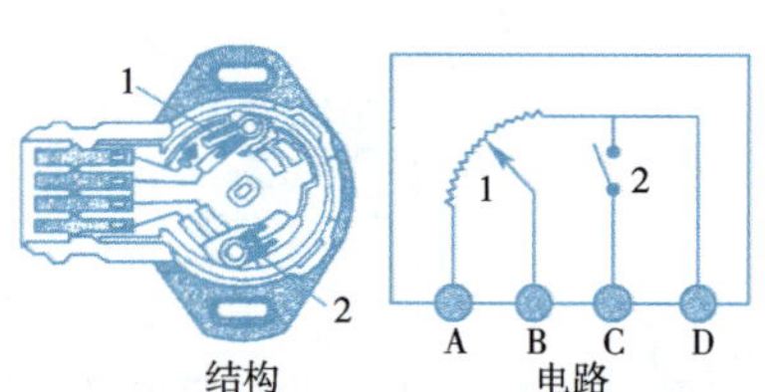

图 3-14 节气门位置传感器示意图
1-线性电位计滑动触点;2-怠速开关;A-基准电压;B-节气门开度信号;C-怠速信号;D-接地

(3)冷却液温度传感器(CTS)。在大多数车上,冷却液温度传感器(又称水温传感器)也作为变速器的输入信号来控制变速器换档,但该信号首先输入给发动机控制单元(ECM),然后通过数据线或信号线输送给变速器控制单元(TCM)。对于发动机控制单元与变速器控制单元组合成动力控制单元(PCM)的车辆,水温传感器信号被动力控制单元直接利用,以便控制自动变速器换档。

冷却液温度传感器向控制单元输入发动机冷却水的温度信号,如果水温过低时,控制单元会适时延迟升档时刻,以改善换档性能,有的车辆会控制不能换入高速档,同时控制单元会阻止液力变矩器的锁止离合器工作;当发动机水温达到正常温度或过高时,控制单元会让变矩器锁止离合器工作,以帮助发动机快速冷却。

冷却液温度传感器是一种负温度系数的热敏电阻元件,结构和电阻特性如图 3-15 所示。工作原理不再重复。

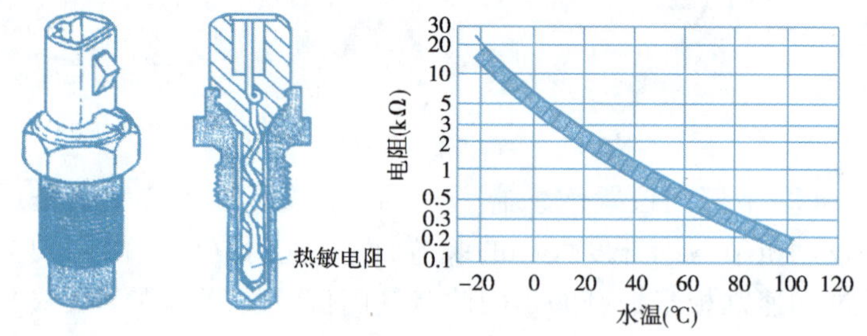

图 3-15 水温传感器

(4)发动机转速传感器。发动机转速传感器通常采用脉冲式传感器来制作,通常有电磁式或霍尔式。其主要功能是检测发动机转速和发动机曲轴转角位置。转速传感器通常装在分电器内或装在气缸体与变速器的连接处。电磁式转速传感器主要由线圈、永久磁铁、转子等组成。信号转子为外齿间隙不等的转轮。当信号转子转动时,它与线圈铁心之间的间

隙是变化的。因此在信号线圈内的磁通量发生变化时，便产生感应电压，感应电压的频率与发动机的转速成正比。将此交变的电压作为输入信号，然后经 IC 电路的整形和放大，就会被相关的应用单元所利用，如变速器电脑、车载仪表、发动机电脑等。

变速器油温传感器

(5)变速器油温传感器。在某些车上装有检测变速器内部油温的传感器作为输入装置。变速器油温传感器安装在自动变速器油底壳内的阀体上。它是一个负温度系数的热敏电阻元件。

在车辆起步或发动机低速大负荷时，液力变矩器的转速比大、效率低、发热量大、变速器的油温高。如果油温达到或超过电脑预定的温度界限，变速器要在较高的发动机转速下换档。

在某些车型上，当变速器油温传感器出现故障时变速器会锁定在某一档位而不换档，以保护变速器不受进一步损坏。

空档起动开关

(6)空档起动开关(P/N 档位开关)。空档起动开关一般位于变速器手动轴上或手动选档杆下方，用于检测手动选档杆的位置。同时，也起到安全作用，即只有在 P/N 位时，才能起动发动机，除此位置，则不能起动发动机。

空档起动开关通常有两种类型：一种为逻辑判断型，另一种为触点型。在逻辑判断型中，档位开关的位置信息是利用开关的几条编码线路传给变速器控制单元的。图 3-16 右所示为档位开关位置信号电路，其上的开关触点 2、3 和 4 分别与变速器控制单元的插头 50、14 和 33 相连。三个触点的闭合与断开可以构成多种组合，分别表示换档位置 P、R、N、D、3、2、1 等，从而将档位信息输送给变速器控制单元。

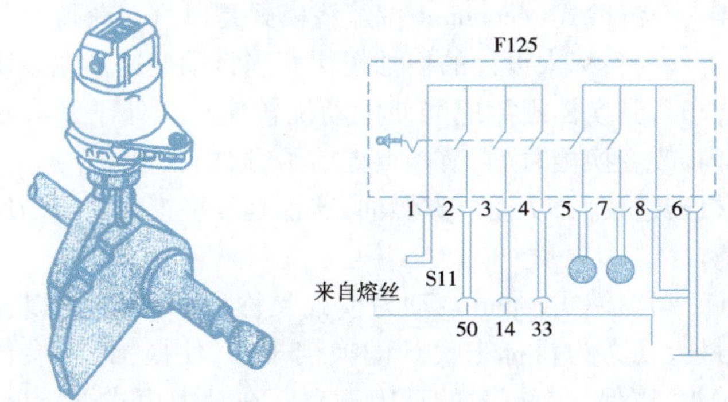

图 3-16　档位开关示意图

如图 3-16 左所示，在触点型的档位开关中，当选档杆处于不同的位置时，相应的触点闭合或断开，自动变速器根据不同的闭合触点，测得选档杆位置，从而按照不同的程序控制自动变速器换档。

(7)制动灯开关。制动灯开关位于制动踏板处，用于判断制动踏板是否被踩下或松开。如果制动踏板被踩下，则该开关便将相关信号输送给控制单元，以解除变矩器离合器的结合，从而防止突然制动时将发动机强制熄火。

检查该开关有几种方法。一是踩制动踏板，看后制动灯是否点亮；二是用诊断电脑查看数据流，看制动开关的状态是否改变；三是用万用表测量开关动作信号。

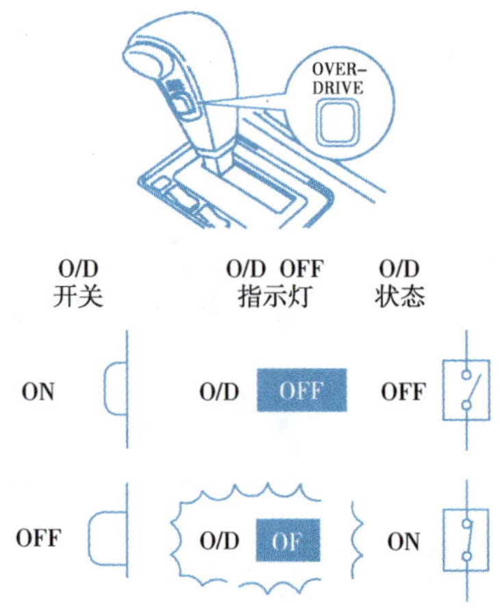

图3 17　超速档开关示意图

(8)超速档开关。如图3-17所示，超速档开关用来控制自动变速器的超速档。当超速档开关闭合后，超速档的电路就接通了，若此时手动选档杆位于D档位，则随着车速的升高，自动变速器就会有可能升到超速档。超速档开关断开后，仪表上就会有“O/D OFF”字样显示(表明超速档关闭)，此种情况下，自动变速器永远不能升到超速档。

检查和维修该开关有一个简单的方法：打开点火开关至仪表灯点亮，然后点按开关，此时观察仪表上的“O/D OFF”灯是否熄灭或点亮。如果状态未改变，则需维修或更换。

(9)换档模式选择开关。大部分的车辆都加装有换档模式选择开关，该开关通常位于手动换档杆的旁边，便于驾驶员操作。所谓换档模式就是指自动变速器的换档规律，如换档时刻的早晚、换档油压的调整等。常见自动变速器的换档模式有以下几种：

A. 标准模式(standard)：该种模式下，自动变速器的换档规律即保证车辆的动力性又保证了车辆的经济性，俗话说车辆即有劲又省油。

B. 经济模式(economic)：经济模式是以汽车获得最佳燃油经济性为目标来设计的换档规律。当自动变速器在该模式下工作时，其换档规律应能使发动机转速经常处于经济转速范围内，改变换档时刻，换档点提前了，这样在相同车速下，使发动机转速较低，从而节省燃油，这也是经济模式得名的原因所在。

C. 动力模式(sport)：动力模式又称运动模式，是以汽车获得最大动力为目标来设计的换档规律，使换档点(换档时刻)推迟，以保证有更大的动力输出。在动力模式下，自动变速器的换档规律能使发动机转速处于较高的转速范围内，从而有更多的动力输出，汽车的爬坡能力就大大提高。

D. 雪地模式(snow)：雪地模式适用于在雪地上行驶的

方式。如果初始位置在2档,那么当车速降至1档后,不再升档。当选档杆位于D位置时,自动变速器只有3个档,以防止车轮打滑。

上述控制模式并不是每一种电子控制自动变速器都具备的,通常自动变速器只具备上述中的若干项,早期的自动变速器只有一种换档模式,固化在控制单元中,不能选择。

这里特别提醒的是随着汽车制造技术的飞速发展,控制或影响变速器换档的输入信号不仅仅是上面提到的几种常见传感器或各种开关了。而是各种传感器都有可能控制或影响自动变速器换档,这主要是通过汽车网络来实现的。譬如新款宝马车,如果空气流量计出故障,则有可能影响变速器锁档。看起来不相干的事也有可能牵连在一起。因此在以后的新车维修当中,一定要以网络的概念来修车,不能单纯地去维修某个局部故障。

2.1.3　执行器

自动变速器电控系统中,执行器是电控单元发出指令而进行动作的装置。其动作的准确性直接影响变速器的换档品质好坏。通常按照作用分有换档电磁阀、锁止离合器控制电磁阀、主油压控制电磁阀、换档品质控制电磁阀等。按照电脑控制方式分,有开关式电磁阀、脉冲式电磁阀等,下面就分别介绍。

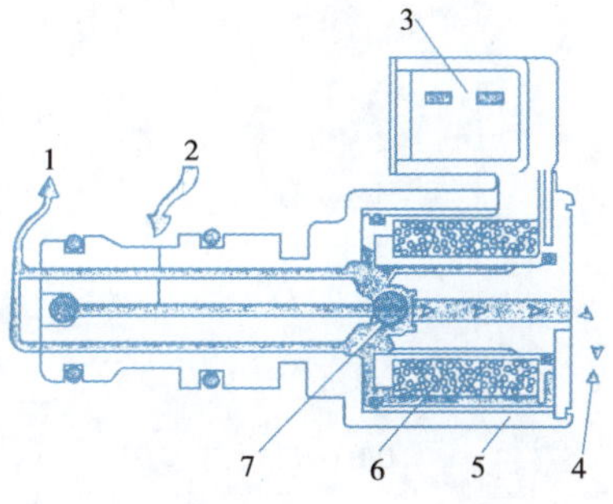

图3-18　脉冲式电磁阀示意图

1-变速器出口;2-变速器入口;3-接线插座;4-泄压口;5-骨架;6-线圈;7-限流钢球

(1)脉冲式电磁阀。如图3-18所示,脉冲式电磁阀是由电磁线圈、阀心、阀座体等基本元件组成,其作用是控制油路中应用油压的大小。如主油路油压控制,部分蓄压器背压控制等。变速器控制单元输出控制该电磁阀的信号是频率和通电时间均发生变化的电压,但电压的大小不变,因此该信号又称作脉冲信号。电磁阀在脉冲信号的作用下,不断地反复开启和关闭泄油孔,因而相应的油路油压就会发生变化,从而达到调节油压的目的。变速器控制单元通过改变脉冲宽度(占空比)来改变电磁阀的工作频率,通电时间越长,泄油多,油压低,反之,油压越高。

应用较为广泛的是主油压控制电磁阀,某些蓄压器背压控制电磁阀,某些锁止离合器控制电磁阀,采用这种控制方式可以改善变速器的换档品质,使变速器换档更加柔和平稳。

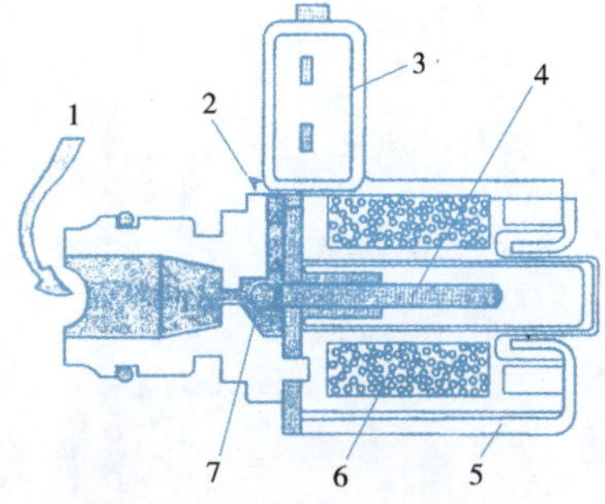

图3-19　开关式电磁阀示意图

1-液压油入口;2-泄压口;3-接线插座;4-阀心;5-骨架;6-线圈;7-限流钢球

(2)开关式电磁阀。该种电磁阀是最简单、最常见的电磁阀,其主要作用是开启和关闭变速器相关油路,可用于控制换档电磁阀,某些变矩器锁止离合器电磁阀等。

如图3-19所示,开关式电磁阀通常由电磁线圈、阀心、阀体座总成等元件组成。它有两种工作状态:全开和全关。当线圈不通电流时,阀心被油压推开,打开泄油孔,该油路的油压被泄掉,油压变成无压力状态。当线圈通电流时,电磁力使阀心移动,关闭泄油孔,油压上升,进而使换档阀两端压力发生变化,换档阀开始移动,相应地完成换档动作。

2.2 控制电路的基本原理

典型电控自动变速器的控制电路图如图 3-20 所示。此图基本上反映了常见电控自动变速器的电路结构状况。下面来分析一下控制电路的基本工作原理。

从电路图中可以看出,蓄电池首先给控制单元提供一个或多个常电源(B),然后又通过点火开关提供二次电源(IG),另外控制单元通过搭铁端子(GND)搭铁,这样控制单元就有了工作电源和地线,它可以正常地接收和处理各种信号,并且去控制各个电磁阀工作。制动开关信号是一种电源电压信号,通过导线输送给控制单元 BK 端子,控制单元利用此信号以及其他信号来将档位减至一档。行驶模式选择开关向控制

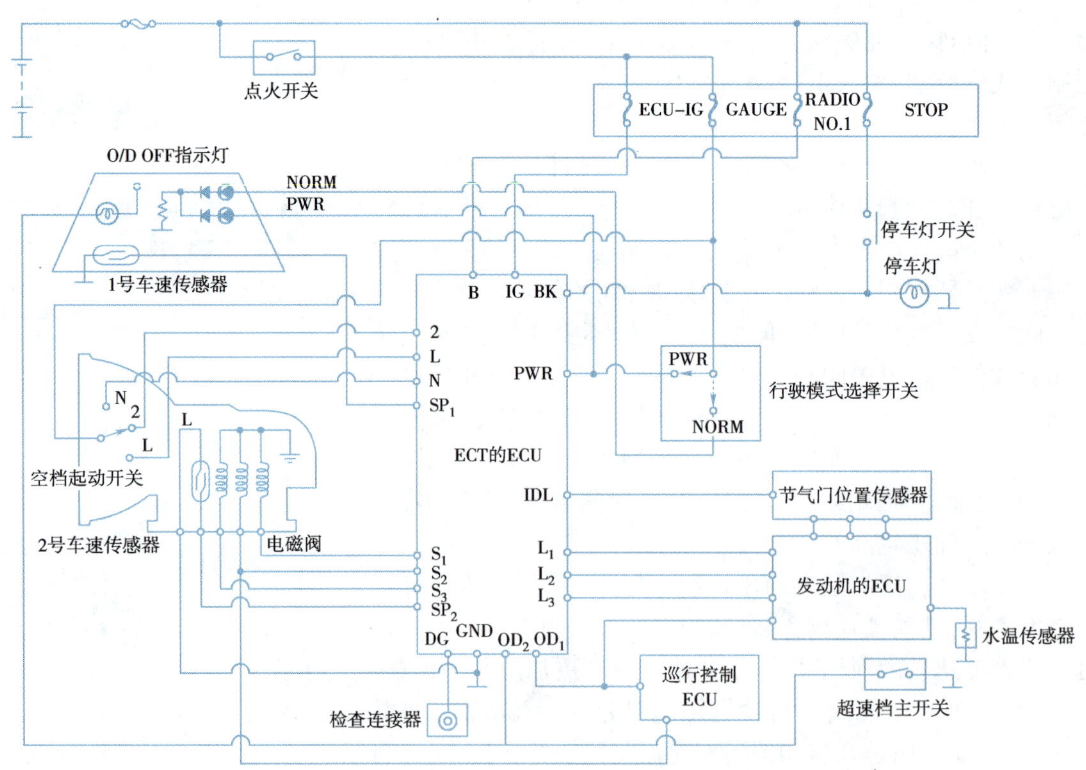

图 3-20 自动变速器控制电路简图

单元提供的是电源电压信号(PWR),控制单元利用此信号识别出驾驶员要求运行动力模式,这样就会推迟自动变速器的换档时刻,否则是常规模式。节气门位置传感器将怠速信号直接输送给自动变速器控制单元,另外,不同位置的节气门开度信号通过发动机电脑与自动变速器控制电脑之间的数据线来传输,这样自动变速器控制单元就知道了发动机负荷的大小,进而配合其它信号来控制不同的电磁阀来换档。水温传感器信号也是通过数据线从发动机电脑中取得,自动变速器控制单元利用此信号来决定换档时刻的早晚,如发动机水温较低时,自动变速器就不会换入高档位。车速传感器信号直接输送到自动变速器控制单元端子 SP2,自动变速器控制单元利用此信号,再配合其他信号来确定换档时刻。空档起动开关信号也分别输送到自动变速器控制单元的 2、L、N、D、R 等端子,以确定自动变速器的手选档位。自动变速器通常有 3~4个电磁阀,但新型自动变速器多达8 ~9个电磁阀,本图

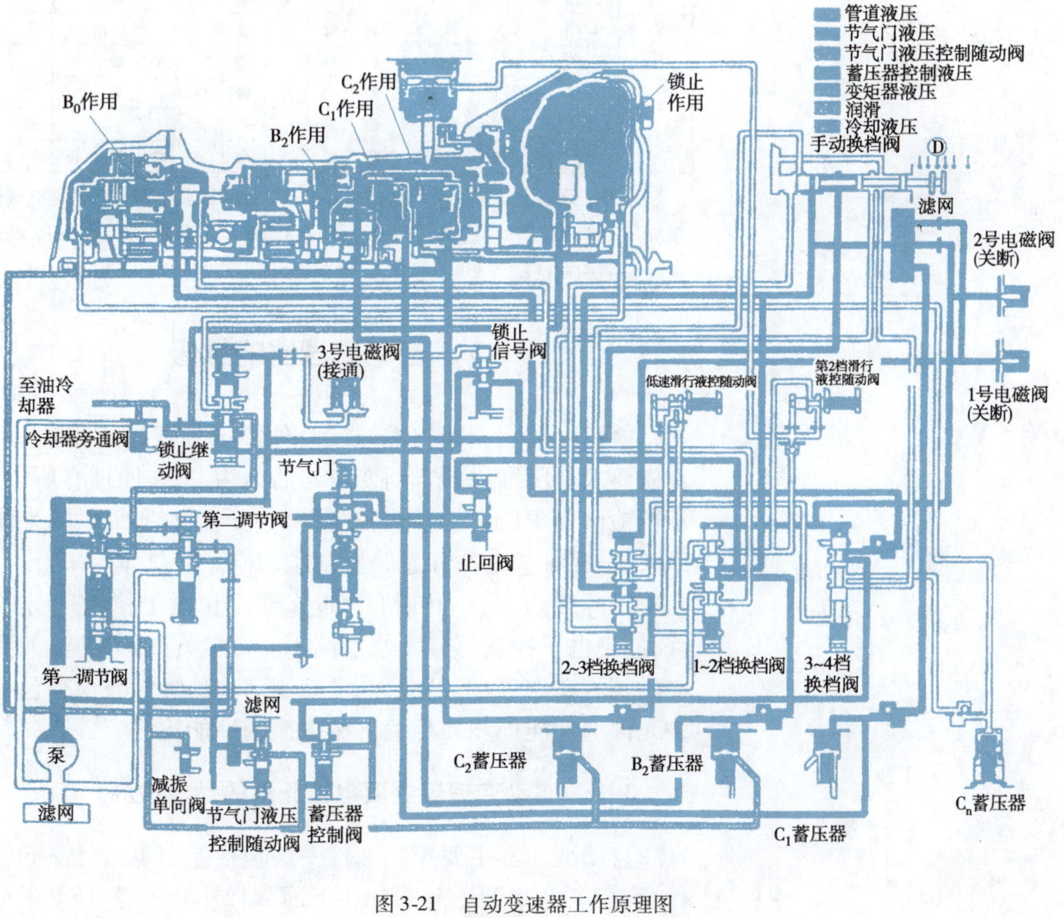

图 3-21　自动变速器工作原理图

上有 3 个电磁阀，S_1、S_2 用来控制换档，S_3 是用来控制锁止离合器。电磁阀是双线制控制，一端直接搭铁，另一端由控制单元控制电源。这些电磁阀通过接通或堵塞不同的液压油路，进而使不同的滑阀动作，变速器就相应的换入不同的档位。它们的换档动作如图 3-21 所示。

在不同的档位时不同的电磁阀处于不同的工作状态，同时不同的制动器和离合器参与工作，各档位应用元件见表 3-2。

各档应用元件表 表 3-2

档位	档	1#电磁阀	2#电磁阀	C_0	F_0	B_0	C_1	C_2	B_1	B_2	F_1	B_3	F_2
P	停车	ON	OFF	●									
R	倒档	ON	OFF	●				●				●	
N	空挡	ON	OFF	●									
D	D1	ON	OFF	●	●		●						●
	D2	ON	ON	●	●		●			●	●		
	D3	OFF	ON	●	●		●	●		●			
	超速	OFF	OFF			●	●	●		●			
2	1 档	ON	OFF	●	●		●						●
	2 档	ON	ON	●	●		●		●	●	●		
	3 档	OFF	ON	●	●		●	●		●			
1	1 档	ON	OFF	●	●		●					●	●
	2 档	ON	ON	●	●		●		●	●	●		

注：●表示参与工作；C_1 前进档离合器；C_2 直接档离合器；C_0 超速直接档离合器；B_1 第二滑行制动器；B_2 第二制动器；B_3 低/倒档制动器；B_0 超速档制动器；F_1 一号单向离合器；F_2 二号单向离合器；F_0 超速档单向离合器。

3 自动变速器的维修

电控自动变速器的维修同其他零部件或系统维修一样，首先要求对所维修的自动变速器的结构，工作原理有所了解，掌握检修要领后进行。从各个汽车生产厂家所提供的维修资讯来看，在维修方法和思路上基本相同。从总体上来看，自动变速器的维修可分为纯机械部分维修和电子控制部分的维修，但是电子控制部分维修也离不开机械方面的检查，如测试电磁阀的动作等，所以说，电子控制部分的维修与检查包括电控元件的性能检测和相关机械方面的性能检测。

3.1 自动变速器主要电控元件的性能检测

自动变速器主要控制元件一般包括控制单元、传感器、执行器、相关电路等几个部分。下面就以丰田凌志 LS400 车用

自动变速器为例，分别介绍它们的性能检测。

3.1.1　控制单元的性能检测

对自动变速器控制单元的插接器进行检测时，首先要知道各个端子的功能及工作参数，然后通过测试发现其好坏，检测时首先要接通点火开关，顺序测量其终端电压数值。其检测方法如图 3-22 所示。

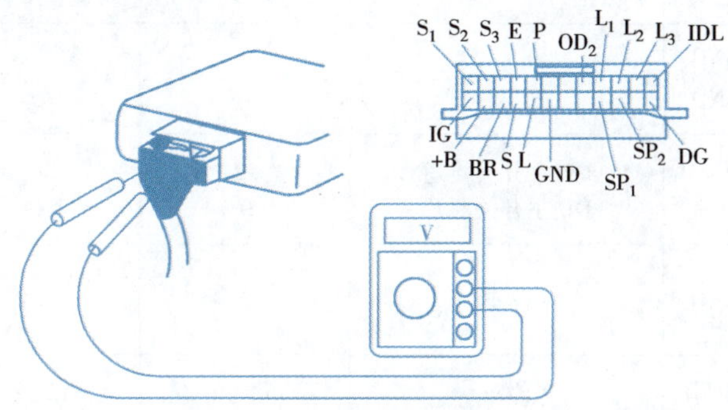

图 3-22　控制电路检测方法

表 3-3 为自动变速器控制单元插接器在正常情况下的终端电压值。

控制单元终端电压正常值

控制单元终端电压正常值　表 3-3

终　端	测量状态	电压(V)	
		DENSO 控制单元	AISIN 型控制单元
L_1—GND	节气门完全关闭 节气门全关、全开 节气门全开	5 5—0 0	12 12—0 0
L_2—GND	节气门完全关闭 节气门全关至全开 节气门全开	5 5—0—5 5	12 12—0—12 12
L3—GND	节气门完全关闭 节气门全关至全开 节气门全开	5 5—0—5—0—5 5	12 12—0—12—0—12 12
IDL—GND	节气门全关 节气门开度在 1.5°以上	0 4	← ←
SP_1—GND	停车 发动机工作，车辆行驶	12 或 0 6	← ←
BR—GND	踩下制动器 不踩下制动器	12 0	← ←
S—GND	“S”位 “S”位之外	9—16 0—2	← ←

续上表

终　端	测量状态	电压(V)	
		DENSO 控制单元	AISIN 型控制单元
L—GND	"L"位 "L"位之外	9—16 0—2	← ←
S_1—GND		12	←
S_2—GND S_3—GND		0	←
OD_2—GND	OD 主开关接通 OD 主开关断开	12 0	← ←
IG—GND	停车	0	←
SP_2—GND	停车 发动机运转	5 或 0 4	12 或 0 10
PWR—GND	PWR 模式 除 PWR 模式外	12 1	← ←
ECO—GND	ECO 模式 除 ECO 模式外	12 1	← ←
+B—GND		12	←

变速器的控制单元(电脑)在工作过程中也会发生故障,使系统工作瘫痪。分析导致其发生故障的原因有以下几种:

控制单元的故障原因

(1)不规范的操作。如在拆卸之前未断开电源或断开电源时间过短;在拆卸时未采取静电防护措施;用内阻较小的万用表来测量电脑的端子;乱接乱改线路;随意"刮火"等。

(2)电流过载。通常是因为电磁阀或执行器电路内部短路引起的,当出现上述情况时就会造成控制单元的电流超载,因而使相关电路损坏。因此在更换控制单元之前确保电路正常,否则,新换上的电脑也被烧坏。

(3)环境因素。水是使电脑损坏的最常见因素。如控制单元被水浸泡,有时控制单元的周围水分过多,潮气太大等,都会使控制单元内部微电路或集成块损坏。其次是外来的振动或冲击,这也会使电脑损坏。

(4)电脑自身因素。不管怎样,电脑也是由机器或人工制造的,难免会出现制造缺陷,有时电子元件的寿命到期等,这也是电脑损坏的原因之一,但这种几率非常小。

当确认控制单元出现故障后，一般有两种处理方法，一是发现电脑的故障部位较明显，易于维修就及时维修。二是发现电脑故障点不明显，但确认不良，需要更换。在更换新电脑时要注意以下几点：

①确认电脑的型号和版本号。电控自动变速器电脑的种类繁多，即使是同一车型也有差别，因此，准确识别是正确更换的前提。对于更换控制单元而言，必须完全符合所修车辆的要求。正确地识别控制单元不仅需要车辆的生产年份、厂家、型号，而且还要知道控制单元的原厂零件号。通过这些信息来订购完全相同的零部件或可以替换的零部件。

②更换方法。更换控制单元实际上是更换一块电脑盒，不同车型，不同年款，控制单元的位置都不相同，如老款本田雅阁车的变速器控制单元在乘客侧的脚踏板处；奥迪车(C5A6)的变速器电脑在乘客侧的座椅下面；部分丰田车的变速器控制单元在仪表台的右侧下面。无论控制单元在什么地方，在拆卸之前必须将电源断开一定的时间后再作业，然后重新装上控制单元，最后接上电源。对于有些车辆的控制单元在更换后必须"学习"，以便掌握相关的车辆行使参数，更有甚者，要用原厂仪器来编程或输入代码，只有这样，变速器才能正常工作。

3.1.2　传感器的性能检测

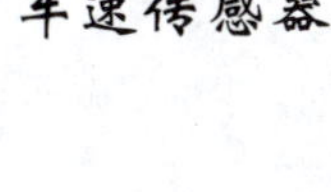

车速传感器

(1)车速传感器(VSS)。现以凌志车用A341E自动变速器的车速传感器为例来说明如何检查和维修这类传感器。首先测量传感器的阻值，常温下阻值为560～680Ω，否则予以更换或维修；其次测量激磁电压，如图3-23所示。将一磁铁靠

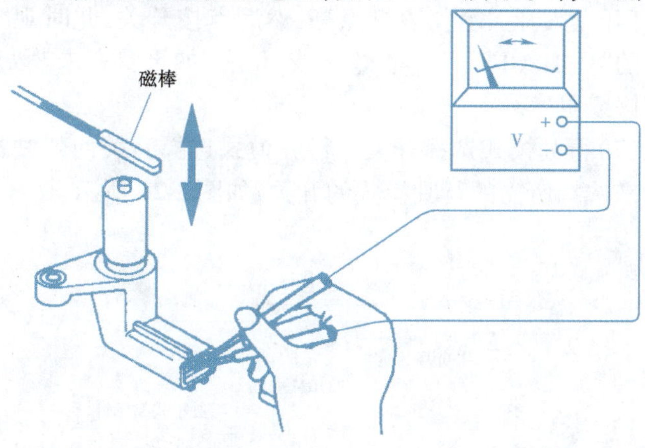

图3-23　检测感应电压

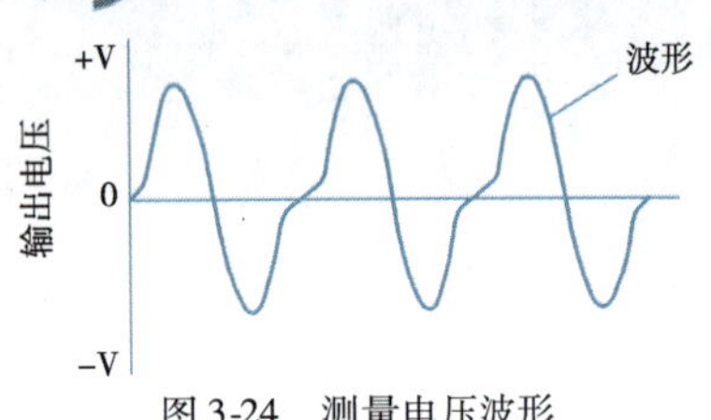

图 3-24　测量电压波形

近传感器，然后突然移开，此时万用表应有极小的电压出现，如果无电压出现，则需更换；最后测量波形，将传感器安装好，用汽车示波器测量产生的波形如图 3-24 所示。

（2）节气门位置传感器（TPS）。（见单元二 3.1.4）

（3）水温传感器（CTS）。（见单元二 3.1.1）

（4）自动变速器油温传感器（O/T）。现以凌志车用 A341E 自动变速器为例来说明如何检测此类传感器。首先测量阻值，常温（25℃）下为 3.5kΩ 左右。如果相差太大，则予以更换，其次检查在不同温度下的阻值，要符合维修资料中规定的要求，否则予以更换。

（5）空档起动开关。现以凌志车用 A341E 自动变速器为例来说明档位开关的检查与维修。如图 3-25 所示为触点型档位开关，档位开关导通情况见表 3-4。

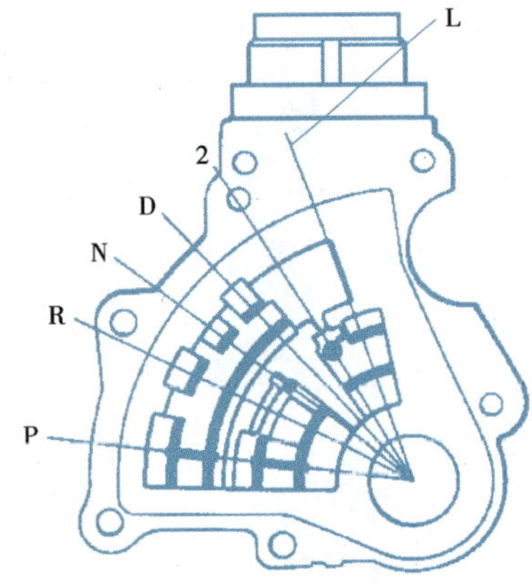

图 3-25　档位开关示意图

档位开关工作情况表　　　　表 3-4

档位＼端子	6 (B)	5 (N)	4 (C)	7 (PL)	8 (RL)	10 (NL)	9 (DL)	2 (2L)	3 (LL)
P	○	○	○	○					
R			○	—	○				
N	○	○	○	—	—	○			
D			○	—	—	—	○		
2			○	—	—	—	—	○	
L			○	—	—	—	—	—	○

注：——表示连通。

如果测量的结果与上表不符，则更换或调整档位开关。

（6）超速档开关。检查和维修该开关有一个简单的方法：打开点火开关至仪表灯点亮，然后点按开关，此时观察仪表上的“O/D OFF”灯是否熄灭或点亮。如果状态未改变，则需维修或更换。

（7）行驶模式选择开关。行驶模式选择开关使驾驶员可以用来选择所需的行驶模式的开关，如图 3-26 所示。

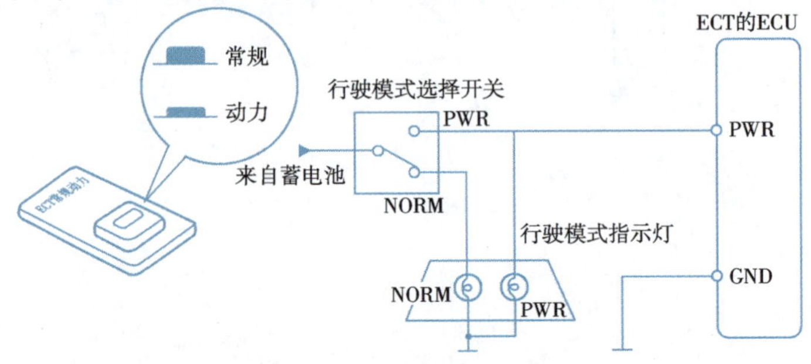

图 3-26　模式选择开关示意图

检测时应用数字式万用表来检测，万用表的一只表笔接地，另一只表笔连接到电脑插接器的PWR端子，读取测量的电压值。正常数值如表3-5所示。

模式选择开关数值表　　表3-5

行驶模式	PWR端子电压
NORMAL（常规）	0V
POWER（动力）	12V

如果不符合规定，则维修或更换行驶模式选择开关。

3.1.3　执行器的性能检测

（1）脉冲式电磁阀。应用较为广泛的是主油压控制电磁阀，某些蓄压器背压控制电磁阀，某些锁止离合器控制电磁阀，采用这种控制方式可以改善变速器的换档品质，使变速器换档更加柔和平稳。

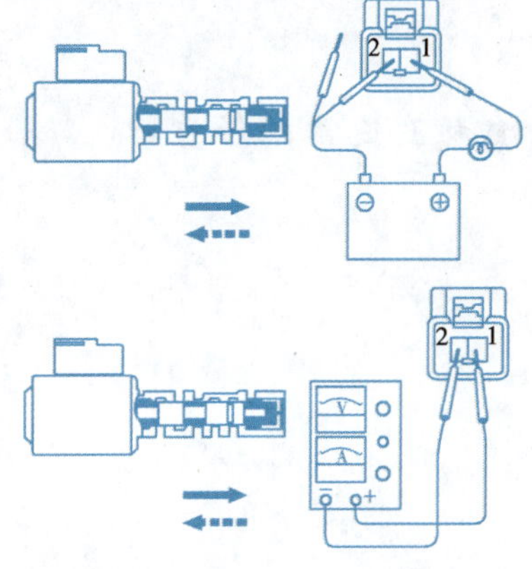

图3-27　脉动电磁阀检测示意图

现以凌志车用A341E自动变速器为例来说明该类电磁阀的检查方法。如图3-27所示。首先测量电磁阀阻值，锁止控制电磁阀的阻值为3.6～4.0Ω，否则予以更换；其次按图示中间步骤串联上一个8～10W灯泡并连好电路。当电磁阀接通电流时阀心会移动，当撤消电流时阀心会回到初始位置；最后检查电磁阀的分级动作情况，按照图示右侧步骤连接好导线，慢慢调整加在电磁阀上的电压，此时阀心会慢慢移动，否则予以维修或更换。

（2）开关式电磁阀。该种电磁阀是最简单、最常见的电磁阀，其主要作用是开启和关闭变速器相关油路，可用于控制换档电磁阀，某些变矩器锁止离合器电磁阀等。

现以凌志车用A341E自动变速器为例来说明该种电磁阀的检查和维修，如图3-28所示。

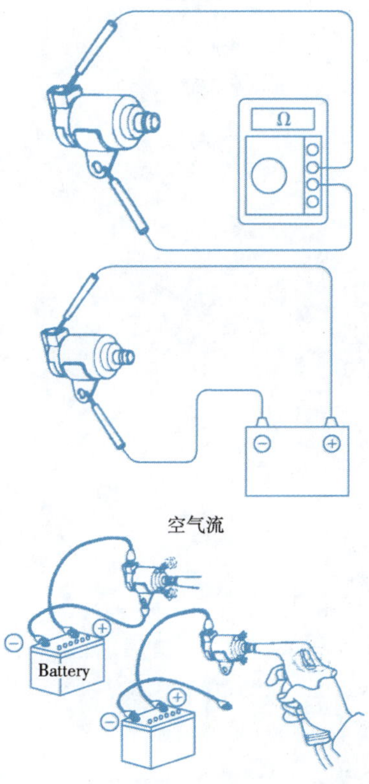

图3-28　开关式电磁阀检测示意图

3.2　自动变速器的故障诊断与排除

由于自动变速器的结构比较复杂，工作原理也比较难理解，因此，在维修自动变速器时就会出现盲目拆卸，走弯路的现象，有的甚至老故障尚未排除，又添新故障。但是大家仔细想想，自动变速器实际上是汽车的一个大总成，它既然出现了故障，就一定在某些性能上表现出来，维修工根据这些特有的故障现象，再依据该种自动变速器的结构特点和工作要领进行综合分析，找到相关的部位，按照故障概率的大小逐一进行检查和排除，故障一定会顺利地排除。下面几个步骤给出了维修自动变速器的一般思路，大家可以借鉴。

自动变速器维修步骤

第一步，确认故障内容。维修技术人员要通过与用户的沟通了解报修的故障内容，必要时还要通过路试等手段确认报修故障。

第二步，初步检查与调整。可用的测试手段包括目测检查和测量（检查胎压、怠速转速、自动变速器油位和状况、节气门拉线、换档连杆机构、起动安全开关等），并使用故障诊断仪（车型不同，所使用的诊断仪可能也不相同）读取故障码。

第三步，通过必要的测试进行诊断分析。根据故障码进行诊断分析，并通过诊断仪读取数据流，同时结合其他测试，例如时滞实验、失速实验、压力实验、道路实验、人工换档实验等各种实验（有些自动变速器规定有特殊实验，或规定某些测试不能做，具体请参照相应的维修手册）。通过初步诊断可确定故障类型和范围，是机械方面的故障，还是电气方面的故障；是硬故障（经常发生并依然存在的故障）还是软故障（偶发性故障）。自诊断只适用于电液式自动变速器，而且对于这种变速器应先进行自诊断。

第四步，确定故障类型并进行检测维修。若是机械方面的故障，应按照规范做相应的调整、换油，必要时要进一步拆解检查，查找故障原因。对于发现故障的分总成，要进行分总成压力实验和修理，对于阀体故障要进行阀体清洗和修理。修理完毕后，要按规范进行装配。并在装配后做压力和泄漏实验，确保无泄漏。若是电气方面的故障，要检查相应的线路和接头、传感器和电脑，在准确测量和初步判断的基础上做替换实验（注意：在做换件实验时，一定要确保换上去的零件是好的，有时新件并不一定是好的零件）。但是，有些车型电脑是不可以做替换实验的，其具体操作应详见维修手册。有些传感器在更换后要做相应的调整，电脑在更换后一般要重新设定（recoding）。对于装有 CAN 总线的车辆，CAN 总线故障可能也会引起变速器故障，因此要检查 CAN 总线线路和输入、输出阻抗。对于偶发性故障，变速器电脑（或 PCM 中可能存有软故障码），但在清除后可能不会重新设置。这时，可通过晃动实验或其他方法人工重新设置故障条件，或用诊断仪的行车记录功能捕捉数据进行进一步分析。

第五步，路试验车。检查起动安全开关的功能、换档点、

换档品质、换档模式切换功能、变速器油温及 TCC 锁止功能、时滞时间、失速转速、运转噪声、系统油压、换档杆锁止功能等是否正常，并确认无故障出现。只有在确认故障确实已修复后才能通知客户取车，若仍有问题，则必须从第一步开始重新进行诊断。因为有些故障要经过一段时间或特定状况下才能显现，因此应保持定期回访客户，以确保故障已修复，同时可以维持良好的客户关系。

下面就以凌志 LS400 用的 A341E 型自动变速器维修流程来说明自动变速器故障诊断与排除的一般方法和步骤。该种自动变速器结构如图 3-1 所示，各档位所应用的元件见表 3-2。

3.2.1　调整与测试

3.2.1.1　自动变速器油面的检查与调整。首先将车辆预热，让发动机和变速器达到正常工作温度（一般为 70 ~ 80℃）。另外如果发动机不能工作，则要以油尺上的“COOL”字样位置来参考。

自动变速器油面的检查与调整

（1）将车辆停放在水平路面上，拉上驻车制动器，防止车辆移动。

（2）踩住制动踏板，让发动机怠速工作。将手动选档杆从“P”→“R”→“N”→“D”→“2”→“L”动作一遍，然后回到“P”位置。

（3）拔出变速器油尺并擦干净。然后再放回原位置。

（4）重新将油尺拔出，观察油面位置，如图 3-29 所示。

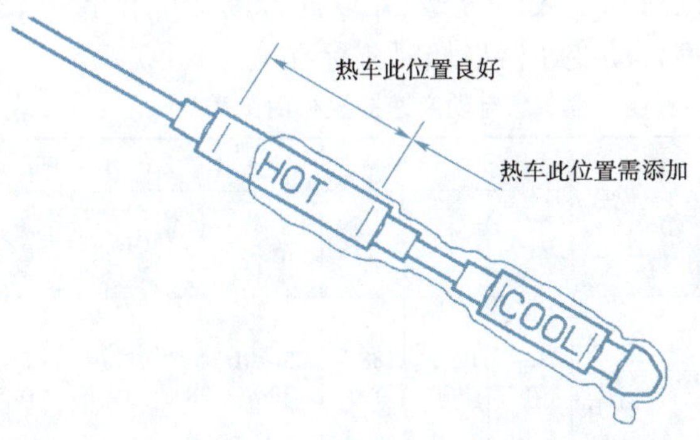

图 3-29　测量变速器油面

3.2.1.2　自动变速器油门拉线的检查与调整：

自动变速器油门拉线的检查与调整

（1）拆卸节气门体上盖固定螺钉，将节气门体上盖取下。

（2）检查节气门是否完全关闭。

(3)检查内部拉线,不能让它松弛。

(4)测量外部拉线终端与内部拉线上的制动器之间的距离。标准值为:0～1mm。如果不在规定范围内,则通过调节两个调整螺母来达到预期距离,如图3-30所示。

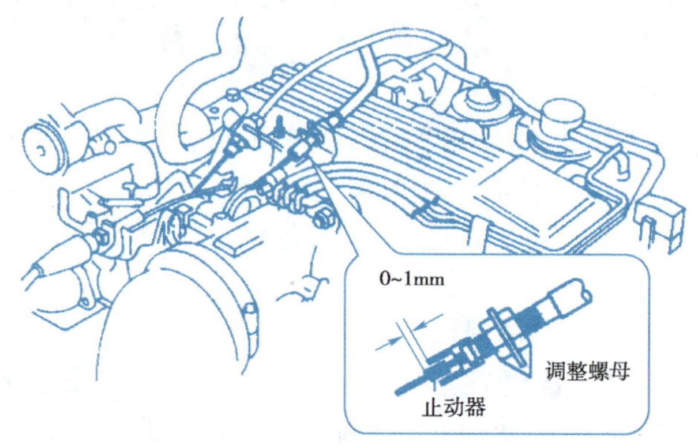

图3-30 调整节气门拉线

(5)重新安装回节气门体上盖。

自动变速器道路实验

3.2.1.3 自动变速器的道路实验。自动变速器故障诊断中一个重要的操作步骤就是道路实验,此项测试是通过实际驾驶车辆,在指定的工作条件下,检测或感觉自动变速器的换档时刻是否符合原车的标准,所谓标准值,就是自动变速器换档时对应的车速与节气门体开度之间的映照关系,这是判断自动变速器故障的直接依据。同时也感觉出自动变速器换档品质的好坏,即有无冲击,振动,打滑,缺档,噪声等情况。通过路试来确定故障类型,并以此推断故障位置。表3-6为A341E型自动变速器换档时刻标准值。

自动变速器换档时刻表 表3-6

换档点	降档开关	模式开关	节气门全开(全关) km/h							
			1→2	2→3	3→OD	[3→OD]	[OD→3]	OD→3	3→2	2→1
D位置	ON	常规或动力	70～75	120～130	188～199	33～38	24～28	182～193	110～119	59～64
	OFF	常规	70～75	120～130	163～173	33～38	24～28	118～127	75～80	10～14
		动力	70～75	120～130	188～199	33～38	24～28	156～166	105～111	10～14

续上表

换档点	降档开关	模式开关	节气门全开(全关) km/h							
			1→2	2→3	3→OD	[3→OD]	[OD→3]	OD→3	3→2	2→1
2位置	ON	常规或动力	70～75	—	—	—	—	—	111～121	59～64
	OFF	常规或动力	70～75	—	—	—	—	—	111～121	10～14
L位置	ON	常规或动力	—	—	—	—	—	—	—	62～67

3.2.1.4　失速实验。此实验的目的是通过在“D”和“R”位置来测量发动机的失速转速，进而检测自动变速器的整体性能和发动机的部分性能。要求准备8块三角木块，一个发动机转速表，一台凌志LS400车，记录用的笔和纸张。

失速实验

(1)安全注意事项：

①首先将发动机预热到正常温度(80℃～90℃)。

②将预热正常了的车辆开车路试一段里程，让自动变速器在所有档位工作一遍，并且温度达到正常温度(一般为50℃～80℃)。

③将车辆用三角木块完全牢靠的锁住。

④单次发动机全负荷工作时间不得超过5s。

⑤在操作失速实验时车辆的前后方向不得站人。

(2)实验步骤：

①用准备好的三角木块锁住发动机温度达到正常水准的车辆的四个车轮，固定要牢靠，不得松动。

②将发动机转速表连接到发动机转速测试接口上。

③用力完全踩下制动踏板。

④起动发动机。

⑤将变速杆置于“D”位置，然后快速踩下加速踏板(持续时间不得超过5s)，并立即读出发动机的失速转速。

⑥用同样的方法测量在“R”位置时的失速转速。

(3)实验结果分析：

该种车辆配备自动变速器型号为A341E，发动机的标准失速转速为：2050～2350r/min。实验结果评估如表3-7所示。

失速实验评估表　　表3-7

测试结果	可能的原因
在“D”、“R”位置失速转速均低于标准值	1.发动机动力不足;2.变矩器内的单向离合器工作不良
在“D”位置失速转速过高	1.主油路压力过低;2.前进档离合器打滑;3.2号单向离合器工作不良;4.超速档单向离合器工作不良
在“R”位置失速转速过高	1.主油路压力过低;2.直接档离合器打滑;3.低/倒档制动器打滑;4.超速档单向离合器工作不良
在“D”、“R”位置失速转速均高于标准值	1.主油路压力过低;2.油面不正确

时滞实验

3.2.1.5　时滞实验。此实验是感觉换档动作的早晚来检查和判断超速直接档离合器、前进档离合器、直接档离合器、低/倒档制动器的工作状况。实验准备:一台凌志LS400车,一块秒表,记录用的笔和纸张。

(1)安全注意事项:

①变速器必需达到正常工作温度,通常为:50℃~80℃。

②确保每个实验间隔时间大于1min。

③在实验中,车辆的前后不得站人。

(2)实验步骤:

①完全踩住制动。

②起动发动机,检查发动机怠速在正常范围内(650r/min)。

③将手动换档杆从“N”位置移到“D”位置,用秒表记录从“N”位置移出到感觉车辆轻微振动时所经过的时间。

④用同样的方法来记录从“N”位置到“R”位置所用的时间。

(3)实验结果分析:

此车变速器型号为:A341E。该变速器时滞实验标准值见表3-8。实验结果评估见表3-9。

时滞实验标准值表　　表3-8

迟滞时间	N→D	小于1.2s
	N→R	小于1.5s

实验结果评估表 表3-9

问 题	可能原因
N→D迟滞时间长	1. 主油路压力低；2. 前进档离合器磨损；3. 超速档单向离合器工作不良；4. 蓄压器背压过低
N→R迟滞时间长	1. 主油路压力过低；2. 直接档离合器磨损；3. 低/倒档离合器磨损；4. 超速档单向离合器工作不良；5. 蓄压器背压过低

主油路压力测试

3.2.1.6 主油路压力测试。通过测试自动变速器主油路压力变化，间接地检查和判断自动变速器内部的油泵、控制阀体、相关油路、制动器和离合器工作是否良好。实验准备：一台举升器，8块三角木块，一辆凌志LS400车，相关工具组件，自动变速器油压表，相关油管适配器。

(1)安全注意事项：

①正确使用举升器，遵守各个工具的使用说明。

②引导车辆上举升器时，不得站在车辆的正前或正后方向，应偏离车辆侧向。

③在举升器上支车时应将举升器支脚支在车辆指定的位置(参考各车支撑点)。

④确保发动机和自动变速器处于正常工作温度，自动变速器的正常油温为：50℃～80℃。

⑤在测量油压时不要让油管接触排气管。

(2)实验步骤：

①起动发动机，让自动变速器升温到正常工作温度。然后将发动机熄灭。

②将车辆移动到举升器上并举起，从自动变速器外壳左前侧拆下主油压测试接头，并连上自动变速器油压表。然后将车辆放下。

③完全踩下制动踏板，同时用三角木块锁住车轮。

④起动发动机，检查怠速转速(650r/min)。

⑤将变速杆置于“D”位置，分别在怠速工况和失速工况下测量主油路压力。并做好记录。

⑥以同样的方法测量在“R”位置时的油压。

(3)实验结果分析：

将在不同位置、不同工况下的测量结果记录下来，然后同标准值进行比较。该车型配备自动变速器型号为：A341E。其主油压的标准值见表3-10。实验结果评估见表3-11。

主油路油压标准值表　　表 3-10

档位	"D"位置		"R"位置	
发动机转速	怠速	失速	怠速	失速
主油压(kPa)	382~431	1245~1363	579~657	1638~1863

压力实验评估表　　表 3-11

问　　题	可能原因
在所有位置时测量油压都高	1. 节气门拉线失调;2. 节气门阀故障;3. 调压阀故障
在所有位置时测量油压都低	1. 节气门拉线失调;2. 节气门阀故障;3. 调压阀故障;4. 油泵故障;5. 超速直接档离合器故障
油压仅在"D"位置低	1. "D"位置油路泄露;2. 前进档离合器故障
油压仅在"R"位置低	1. "R"位置油路泄露;2. 直接档离合器故障;3. 低/倒档离合器故障

3.2.2　自动变速器的自诊断与电控元件的检测

自动变速器的自诊断

3.2.2.1　自动变速器的自诊断。首先打开点火开关至仪表灯点亮位置,然后用手点按位于排档杆上的 O/D OFF 指示灯开关,看仪表上的"O/D OFF"指示灯是否点亮和熄灭。如果既能点亮又能熄灭,则该指示灯功能正常,并且可以利用它来闪烁故障码,否则就不能。

(1)故障码的读取:

①将点火开关打开至仪表灯点亮位置,然后将"O/D OFF"指示灯熄灭如图 3-31 右所示。

②用跨接线将诊断接头 DLC1 或 DLC2 上的 TE1 和 E1 端子跨接起来,如图 3-31 中所示。

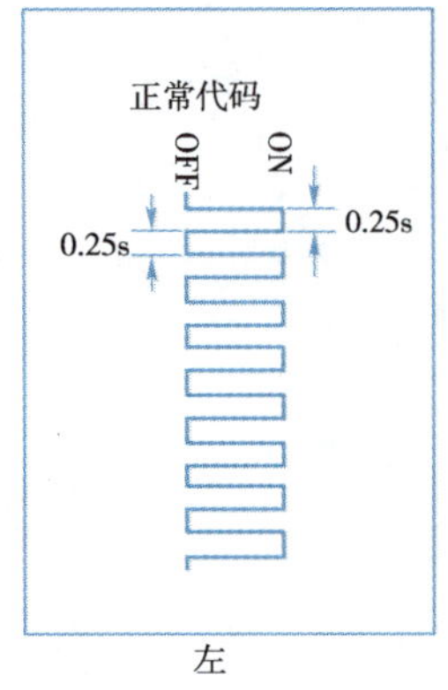

左

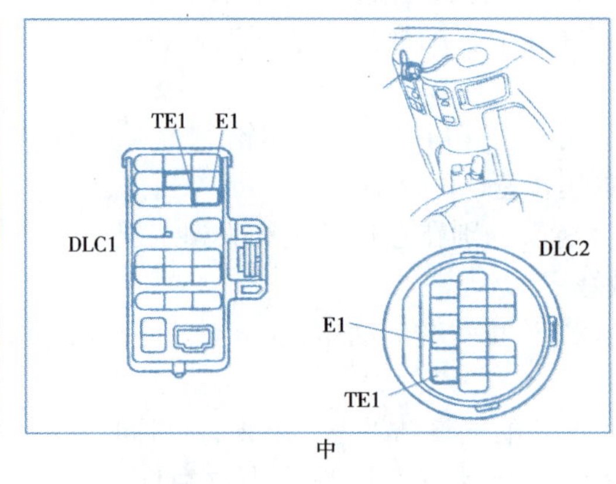

中

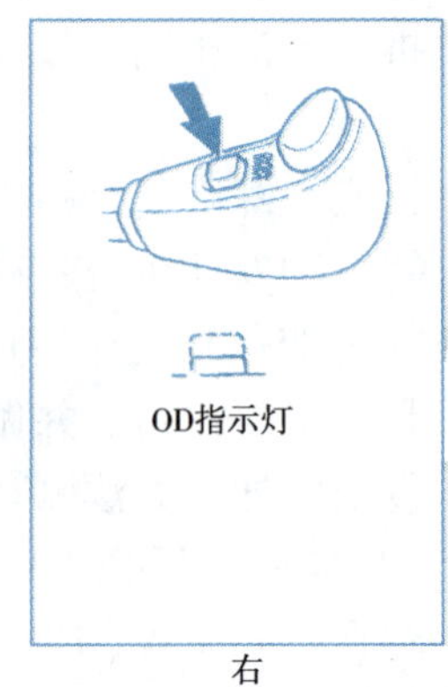

右

图 3-31　自诊断示意图

③读取“O/DOFF”指示灯指示的故障代码。正常代码如图 3-31 左所示。

(2)故障码的清除:

将故障码所指示的故障区域维修完毕后,将点火开关关闭,然后拔掉保险盒内的 EFI 熔断丝或将车载电池的负极移开 10s 以上,即可清除故障码。

故障码含义如表 3-12 所示。

故障代码定义表　　表 3-12

故障代码	OD 指示灯闪烁模式	含　义
38	先闪烁 3 次,后闪烁 8 次	变速器油温传感器或电路故障
42	先闪烁 4 次,后闪烁 2 次	1 号车速传感器或电路故障
46	先闪烁 4 次,后闪烁 6 次	4 号电磁阀或电路故障
61	先闪烁 6 次,后闪烁 1 次	2 号车速传感器或电路故障
62	先闪烁 6 次,后闪烁 2 次	1 号电磁阀或电路故障
63	先闪烁 6 次,后闪烁 3 次	2 号电磁阀或电路故障
64	先闪烁 6 次,后闪烁 4 次	3 号电磁阀或电路故障
67	先闪烁 6 次,后闪烁 7 次	超速直接档离合器转速传感器或电路故障

自动变速器电控元件的检查

3.2.2.2　自动变速器电控元件的检查。在维修自动变速器的电子控制部分时,首先要依据自诊断系统所检测到的故障信息,这是排除故障的直接依据。但是,在排除故障时必需针对故障信息内容来检查相关元件和电路,其中要包括控制单元。控制单元各个端子的功能名称如图 3-32 所示。

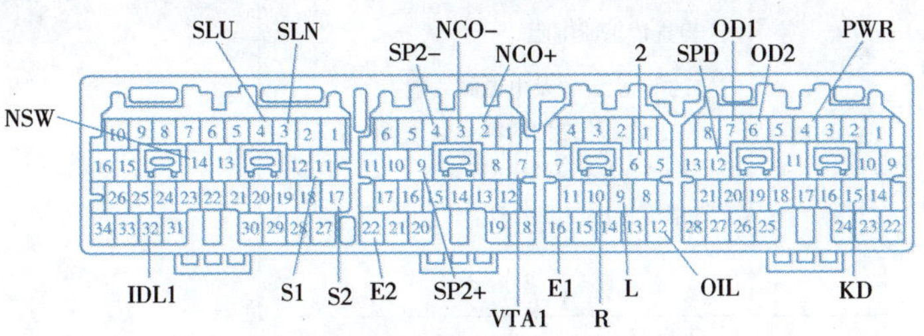

图 3-32　控制单元各端子功能示意图

控制单元各个端子检测标准数据如表 3-13 所示。

端子检测标准数据表　　表 3-13

端子符号	测量状态		标准数值
SLN—E1	打开点火开关		10～14V
SLU—E1	点火开关打开		4～14V
NSW—E1	点火开关打开	排档杆在 P 或 N 位置	低于 1V
		排档杆在 P 或 N 位置之外	10～14V
NCO—NCO +	点火开关关闭,断开控制单元导线连接器		580～680Ω
SP2—SP2 +	点火开关关闭		580～680Ω
S1—E1	点火开关关闭		10～16Ω
	车辆在 2 位置行驶		10～14V
	点火开关打开		10～14V
S2—E1	点火开关关闭		10～16Ω
	车辆在 2 档或 3 档行驶		10～14V
	点火开关打开		低于 0.5V

续上表

端子符号	测量状态		标准数值
VTA1—E2	点火开关打开	加速踏板未踩下	低于1.5V
		加速踏板完全踩下	3.0~5.5V
IDL1—E2	点火开关打开	加速踏板未踩下	低于1V
		加速踏板完全踩下	10~14V
SPD—E1	点火开关打开,让后轮转动		产生0~8V波形
KD—E1	点火开关打开	加速踏板未踩下	10~14V
		加速踏板完全踩下	低于0.5V
R—E1	点火开关打开	换档杆在R位置	10~14V
		换档杆在R位置之外	低于0.5V
2—E1	点火开关打开	换档杆在2位置	10~14V
		换档杆在2位置之外	低于0.5V
L—E1	点火开关打开	换档杆在L位置	10~14V
		换档杆在L位置之外	低于0.5V
OD1—E1	点火开关打开		9~14V
PWR—E1	点火开关打开	模式选择开关在PWR位置	10~14V
		模式选择开关在NORM位置	低于1V
OD2—E1	点火开关打开	OD开关在ON位置	10~14V
		OD开关在OFF位置	低于0.5V
OIL—E2	自动变速器油温在110℃		低于1V

下面仅以油温传感器,1号、2号电磁阀为例子讲述传感器和执行器的检修方法及故障诊断步骤。

(1)检查油温传感器。油温传感器检查步骤如下:

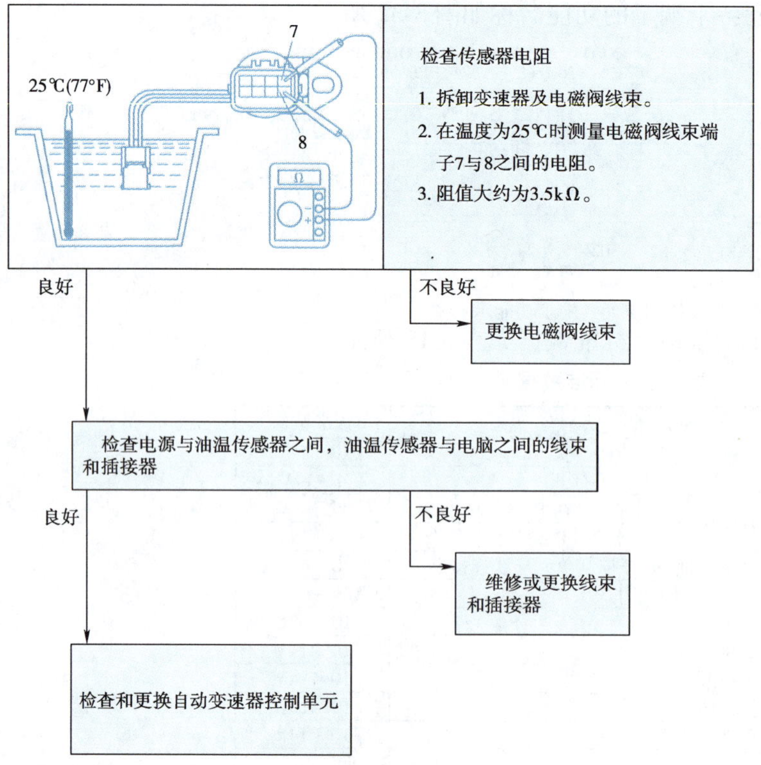

(2)检测1号、2号电磁阀。

电磁阀的检查步骤如下：

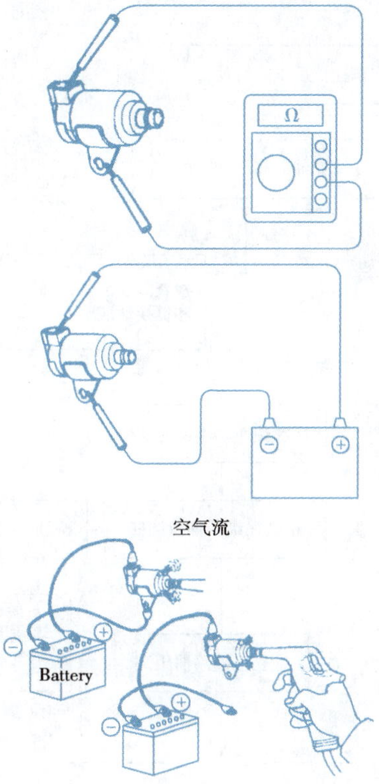

电控检测：

(1) 举起车辆，拆卸油底壳，断开电磁阀连接器。

(2) 测量连接器与车身搭铁之间的电阻。正常阻值为：11~15Ω。

(3) 将正极电源连接到连接器，负极连接到电磁阀本体上。此时可听到电磁阀动作的响声。

机械方面检查：

(1) 拆卸油底壳和1号、2号电磁阀。

(2) 施加大约490kPa的压缩空气，此时电磁阀不应当漏气。

(3) 当电池电压连接到电磁阀线圈上时，可听到压缩空气的漏气声。

不良好 → 更换电磁阀

良好 ↓

检查电磁阀与控制单元之间的线束和插接器

不良好 → 更换或维修线束和插接器

良好 ↓

进行其他电路检测以及控制单元的检查

3.2.3 自动变速器常见故障的排除

(1)汽车挂档后不能行驶。这种故障是指发动机工作后,自动变速器无论在前进档或倒档,车辆均不会行走。其故障诊断流程如下:

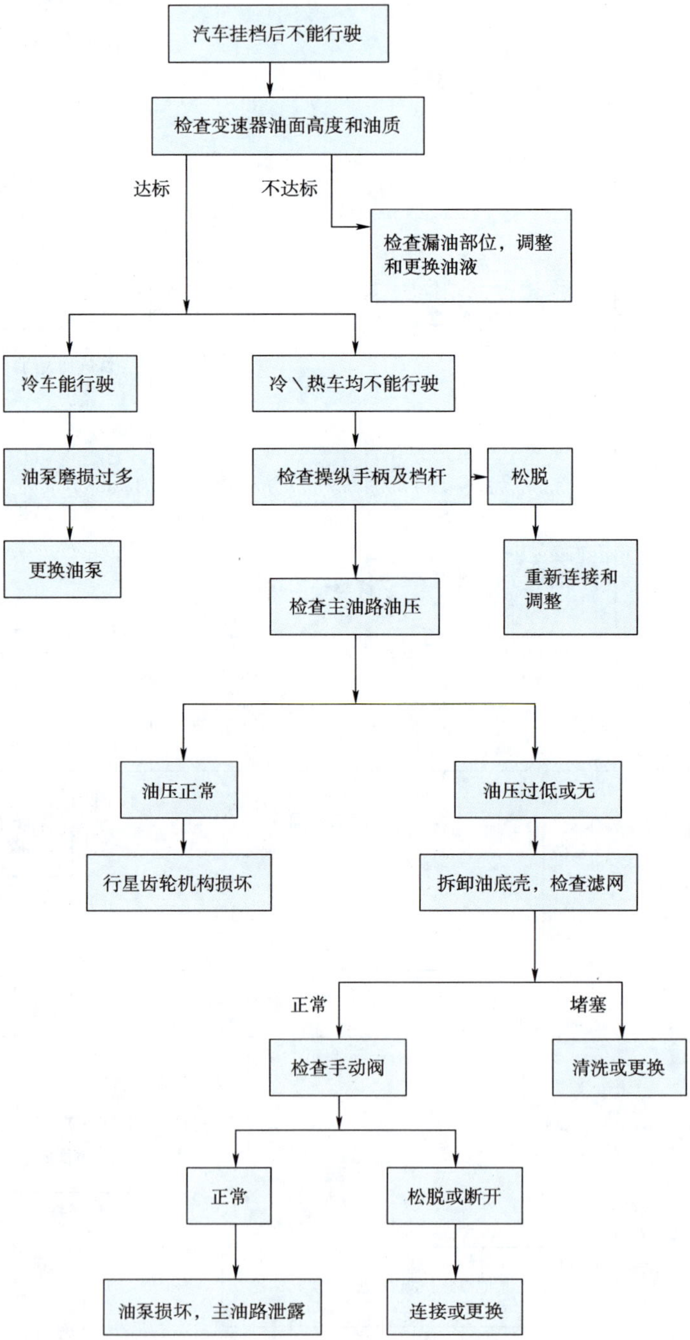

汽车挂档后不能行驶
→ 检查变速器油面高度和油质
- 不达标 → 检查漏油部位，调整和更换油液
- 达标 →
  - 冷车能行驶 → 油泵磨损过多 → 更换油泵
  - 冷\热车均不能行驶 → 检查操纵手柄及档杆
    - 松脱 → 重新连接和调整
    - → 检查主油路油压
      - 油压正常 → 行星齿轮机构损坏
      - 油压过低或无 → 拆卸油底壳，检查滤网
        - 堵塞 → 清洗或更换
        - 正常 → 检查手动阀
          - 正常 → 油泵损坏，主油路泄露
          - 松脱或断开 → 连接或更换

(2)变速器换档冲击。自动变速器换档冲击是指在汽车起步过程中,由停车档(P位)或空档(N位)挂入倒档(R位)或前进档(D位)时,车辆振动较为严重,驾驶员或乘客明显感觉到冲击。有时在自动变速器前进档换档瞬时中有明显的闯动。这种故障诊断流程如下:

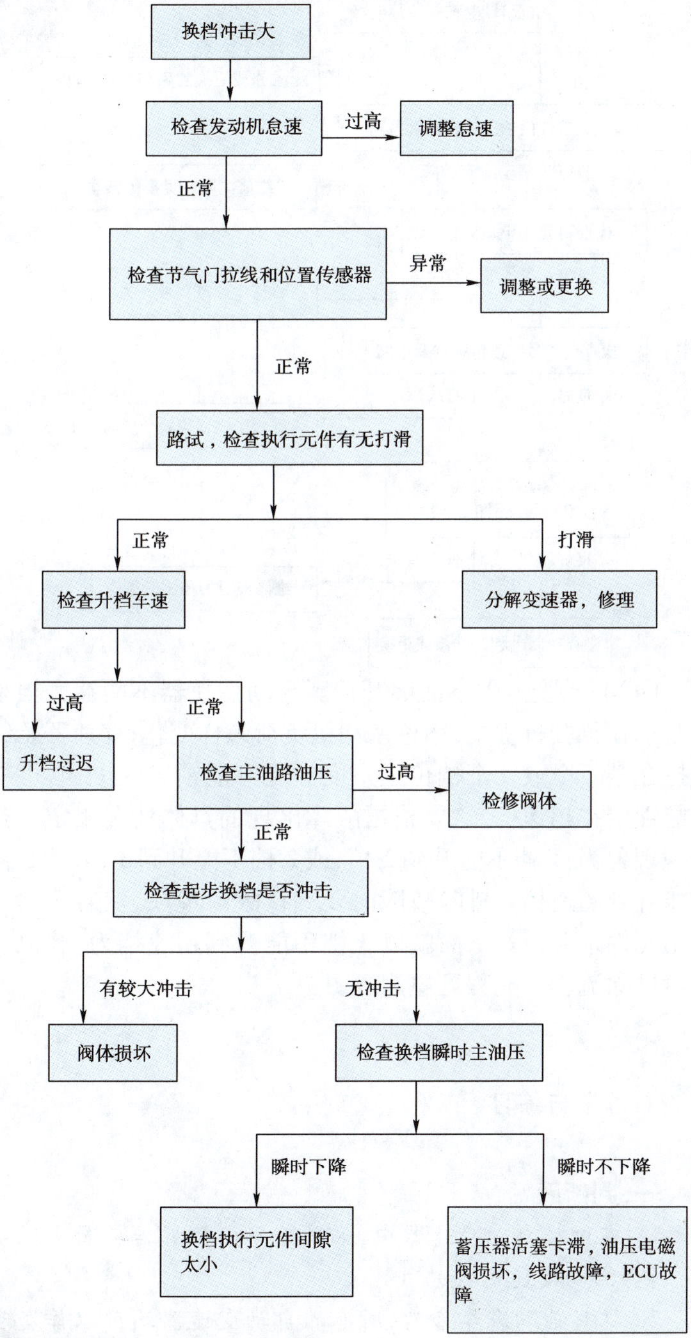

换档冲击大
→ 检查发动机怠速
　过高 → 调整怠速
　正常 → 检查节气门拉线和位置传感器
　　异常 → 调整或更换
　　正常 → 路试，检查执行元件有无打滑
　　　打滑 → 分解变速器，修理
　　　正常 → 检查升档车速
　　　　过高 → 升档过迟
　　　　正常 → 检查主油路油压
　　　　　过高 → 检修阀体
　　　　　正常 → 检查起步换档是否冲击
　　　　　　有较大冲击 → 阀体损坏
　　　　　　无冲击 → 检查换档瞬时主油压
　　　　　　　瞬时下降 → 换档执行元件间隙太小
　　　　　　　瞬时不下降 → 蓄压器活塞卡滞，油压电磁阀损坏，线路故障，ECU故障

(3)变矩器不能够锁止。变矩器不能够锁止指的是在行车过程中,变矩器内的锁止离合器始终不工作,不能够形成刚性传动。这种故障的排除流程如下:

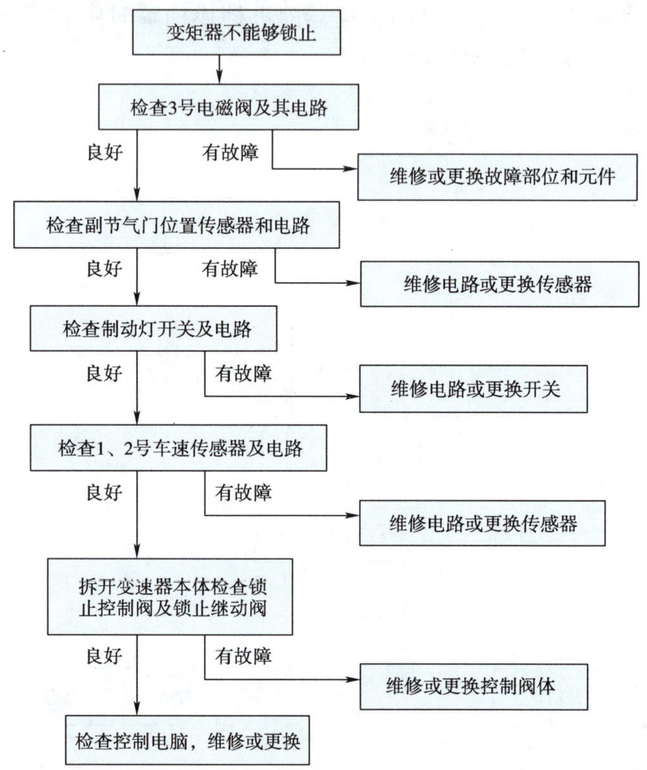

(4)自动变速器不能够升档。自动变速器不能够升档是指车辆在行驶过程中,不论发动机负荷怎样变化,变速器始终保持在某一个或几个档位上不变。有可能锁定在1档,也有可能锁定在超速档,这要根据故障出现的具体情况来定。其表现现象为:1档不能升到2档,或2档不能升到3档,或3档不能升到超速档。排除故障时要确认故障现象,然后根据所应用元件来分析。下面就以3档不能升到超速档为例,说明故障排除流程。流程见左侧框图:

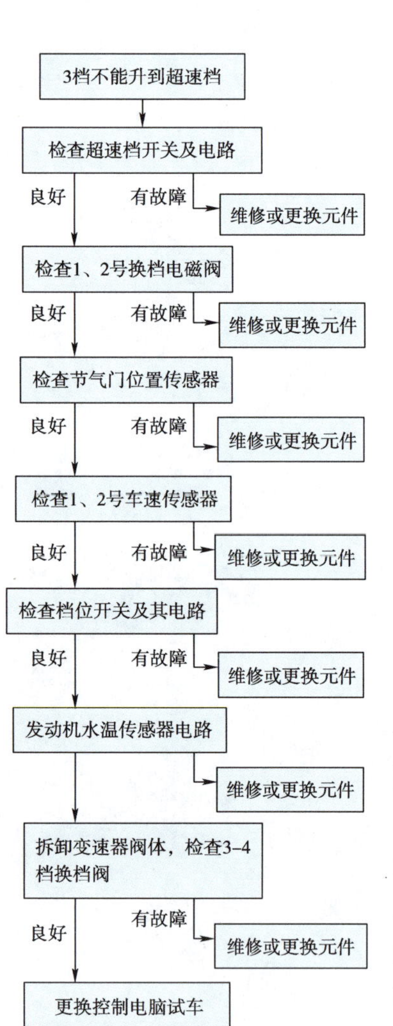

思考与练习

一、判断题

1. 在电控自动变速器中,如果节气门位置传感器出现故障,则会影响变速器换档。 ( )

2. 从目前的汽车来看,所有的自动变速器均可以作发动

机失速实验。（　）

3. 在维修自动变速器时，如果装配新的摩擦片，则需要事先将摩擦片在自动变速器油液中浸泡一定时间再装配。（　）

4. 在检查自动变速器换档电磁阀工作性能好坏时，只要确认线圈阻值在正常范围内就可以了。（　）

5. 两元件液力变矩器已经不再使用，是因为其接合突然而发生冲击。（　）

6. 在电控自动变速器中，如果节气门位置传感器出现故障，则对变速器换档影响不大。（　）

7. 若一台自动变速器在挂上前进档后，车子不会移动，则一定是变矩器出现故障。（　）

8. 换档电磁阀一般采用开关式控制原理来工作。（　）

二、选择题

1. 当讨论变矩器内导轮时，技师甲说导轮帮助引导从泵轮抛向涡轮的油流；技师乙说导轮装备有单向离合器，它使导轮在一定条件保持固定。谁正确？

A. 甲正确　　B. 乙正确

C. 甲乙均正确　　D. 甲乙均不正确

2. 当讨论油泵时，技师甲说油泵被变矩器油泵驱动毂驱动；技师乙说油泵被变矩器的导轮间接驱动。谁正确？

A. 甲正确　　B. 乙正确

C. 甲乙均正确　　D. 甲乙均不正确

3. 技师甲说如果行星架作为输出元件，它的传动方向总与输入元件转向相反；技师乙说如果行星架作为输入元件，输出元件的转动方向总与行星架转动方向相反。谁正确？

A. 甲正确　　B. 乙正确

C. 甲乙均正确　　D. 甲乙均不正确

4. 技师甲说多片式离合器可用于固定行星齿轮机构的一个元件；技师乙说多片式离合器可用于驱动行星齿轮机构中一个元件。谁正确？

A. 甲正确　　B. 乙正确

C. 甲乙均正确　　D. 甲乙均不正确

5. 当讨论新型自动变速器控制阀体组件时，技师甲说有些电控变速器不再需要阀体；技师乙说大多换档电磁阀直接安装在阀体上。谁正确？

A. 甲正确　　B. 乙正确

C. 甲乙均正确　　D. 甲乙均不正确

6. 技师甲说在变速器中，由换档电磁阀引导油流进入和

离开各种施力装置;技师乙说换档电磁阀用于机械力制动带或多片制动器。谁正确?

A. 甲正确　　B. 乙正确

C. 甲乙均正确　　D. 甲乙均不正确

7. 技师甲说大多数变速器电磁阀安装在离合器壳上;技师乙说大多数变速器电磁阀在拆卸时作为一个总成拆卸。谁正确?

A. 甲正确　　B. 乙正确

C. 甲乙均正确　　D. 甲乙均不正确

8. 技师甲说单向离合器有滚珠式和支柱式;技师乙说滚珠离合器利用分隔离合器内外座圈的斜支柱把滚子固定在适当位置。谁正确?

A. 甲正确　　B. 乙正确

C. 甲乙均正确　　D. 甲乙均不正确

9. 技师甲说调压阀主要用途之一就是用油压充满变矩器;技师乙说调压阀直接控制节气门油压。谁正确?

A. 甲正确　　B. 乙正确

C. 甲乙均正确　　D. 甲乙均不正确

三、简答题

1. 在电控自动变速器中,计算机决定换档最重要的输入信息有哪些?

2. 最常见电控自动变速器的电子执行元件有哪些,它们的名称各是什么?

3. 你认为如何去诊断电控自动变速器的故障?

4. 在变速器中采用电控比采用液控的优点是什么?

5. 计算机可以采用多种参考电压传感器,可以分成类。列举分类名称并简述其工作要领?

6. 自动变速器如何确定换档时机?

7. 自动变速器油液的主要用途是什么?

8. 液力变矩器三元件指的是什么? 各有什么用途?

单元四　ABS、ASR 系统的构造与维修

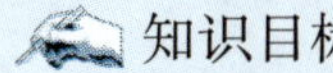

学习目标

知识目标

1. 简单叙述 ABS、ASR 的作用、类型、组成与工作过程，典型汽车 ABS、ASR 故障诊断与检修方法；

2. 正确描述 ABS 故障诊断和检修的一般内容和方法；

3. 正确描述 ABS 故障诊断和检修的注意事项及 ASR 与 ABS 的区别；

4. 简单叙述 VDC 的功用及工作情况。

能力目标

1. 能够安全正确检修各传感器；

2. 能正确使用检测设备对传感器性能和控制电路进行检查，对整车进行故障诊断。

1　制动防抱死系统的构造与检修

1.1　ABS 的作用与类型

ABS 的作用及类型

制动防抱死系统简称 ABS（Anti－Lock Brake System），是现代轿车的基本配置。作用是缩短制动距离；提高制动时方向的稳定性；且具备制动时有良好转向的能力。ABS 的类型如表 4-1 所示。

ABS 的类型　　表 4-1

标　准	类　型		特　点
按工作原理	机械式	普　通	无储能、加压作用，反应慢
		自适应	储能使控制性能好
	电子式		控制性能好，精度高，价格较高
按控制参数	单参数		以各车轮角减速度为控制参数
	双参数		以各车轮角减速度及滑移率为控制参数

续上表

标　准	类　型	特　点
按控制过程	高附着系数路面控制	
	低附着系数路面控制	
按控制方式	选低控制	
	单独控制	
	改进型控制	
按通道数量	双、三、四、六通道	
按电脑与调节器组成型式	整体式	
	分离式	
按调压方式	变容调节式	装有储能器
	循环调节式	结构简单、动作灵敏，防滑系统的主流

在ABS系统中，能够独立进行制动压力调节的制动管路称为控制通道。若对某车轮的制动压力可以进行单独调节，称这种控制方式为独立控制；若可同时对两个或两个以上车轮的制动压力进行调节，则称为这种控制方式为一同控制。在对两个车轮的制动压力进行一同控制时，如果以保证附着力较大的车轮不发生制动抱死为原则进行制动压力调节，称这种控制方式为按高选原则一同控制；如果以保证附着力较小的车轮不发生制动抱死为原则进行制动压力调节，则称这种控制方式为按低选原则一同控制。

ABS管路布置形式

现代轿车多采用电控ABS系统，管路布置形式多用H或Y型，如图4-1所示。

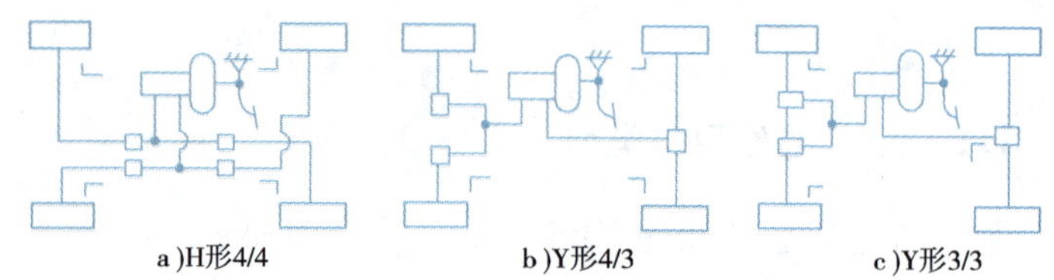

a)H形4/4　　b)Y形4/3　　c)Y形3/3

图4-1　ABS管路布置形式

┌-轮速传感器；□-调压器的控制通道

四通道（H形）：四个轮速传感器、四个电磁阀、四个控制通道、各车轮单独调节、适合于各种制动管路形式和前后轮驱动的汽车。有较好的制动稳定性和操作性。

三通道（Y形）：三/四个轮速传感器、三个电磁阀、三个控制通道，前两轮单独调节，后两轮共用一个管路调节。因汽车制动时质量前移，使前轮的附着力变大（可达80%），后轮附着力变小（仅20%），为提高前轮附着力的利用率（前轮驱动汽车），多采用比例控制，用一个轮速传感器感测两后轮的

平均转速即可满足需求。

ABS 能够在车辆侧向性能的狭窄滑移范围内发挥作用。采用这种控制的前轮可以保证车辆的转向性能；而后轮则可以控制车身的方向稳定性。滑移范围应保证在最优的制动距离内产生最大制动力。所以，ABS 的性能要通过评价 3 个部件而决定。为此，不仅在直线行驶时制动，在转向或车辆左右两侧路面状态不同的摩擦系统路面行驶时也进行制动，由此必须对上述情况予以确认。此外，即使遇到发动机输出转矩过大或路面条件的急速变化等干扰，ABS 仍能有效地进行工作。另一方面，ABS 通过其传感器个数和控制通道的组合，形成多种 ABS 的构造方法，其性能如表 4-2 所示。

ABS 的性能

轿车用不同形式的防抱死制动系统及其性能　表 4-2

系统名称	传感器数量	通道	适用车种	控制方法	转向性能	方向稳定性	制动距离
四通道	4	4	X 形配管车	4 轮独立控制	○○	○	○○
			前后配管车		○○		○○
			X 形配管车		○○	○○	○○
				前轮：独立控制 后轮：低选控制	○○	○○	
三通道	4	3 + PLG	X 形配管车	前轮：独立控制 后轮：近似低选控制	○○	○○	○○
		3	前后配管车		○○	○○	
	3	3	前后配管车	前轮：独立控制 后轮：对应与对角前轮压力	○○ ○○	○○ ○○	○○
双通道	4	2 + SLV	X 形配管车	前轮：独立控制 后轮：低选控制	○○ ○○	○○ ○○	○○
		2		前轮：独立控制 后轮：对应与对角前轮压力	○○ ○○	○○ ○○	○○
	2	2	X 形配管车 （机械式）	前轮：独立控制 后轮：对应与对角前轮压力	○○ ○	○○	○
			X 形配管车 （液压式）	前轮：独立控制 后轮：对应与对角前轮压力	○○ ○○	○○	○○
单通道	1	1	前后配管车	前轮：无控制 后轮：近似低选控制	○	○○ ○	○

注：①○相当于不装 ABS；②PLG 为柱塞；③SLV 为低选阀。

1.2　ABS 的基本组成与工作过程

1.2.1　ABS 的基本组成

ABS 的基本组成

ABS 包括普通制动系统，及 ABS ECU、轮速传感器、制动压力调节器和制动控制电路等装置。其结构形式和控制方法因车而异,基本结构如图 4-2 及图 4-3 所示。

(1)轮速传感器。产生交流电压信号,将车轮的减速度(或加速度)信号送给 ECU。多采用磁电感应式,由永久磁铁、线圈和齿圈组成。

(2) ECU。接收轮速信号、车速信号、发动机转速信号、制动信号、液压信号和液位信号,分析判定、发令调节,并具有报警、记忆、存储、自诊断和保护功能。

(3)油泵及储能器。产生控制油压,使制动压力调节装置工作。因调压方式不同,油泵有供能泵和回流循环油泵之分。供能泵用于变容式,回流泵用于循环式。储能器内有高压腔和低压腔之分,它是执行元件。

(4)制动压力调节器。由调压电磁阀和调压缸等组成,接收 ECU 的控制信号,使电磁阀动作,完成降压、保压、升压的调节任务,它是执行元件。

(5)报警灯。显示工作状态、自诊断和报警。黄色的 ABS 灯可显示 ABS 控制系统的故障,如四个轮速传感器、四个电磁阀、二或三个常开或常闭继电器(ABS 主继电器、油泵继电器和报警灯继电器等)、ABS ECU 等。它报警后能维持制动系统的正常制动,但 ABS 系统已断电保护,停止工作。

红色的 BRAKE(制动)灯,以驻车制动开关信号、行车制动开关信号、液压高低信号和液位高低信号为主。报警后不

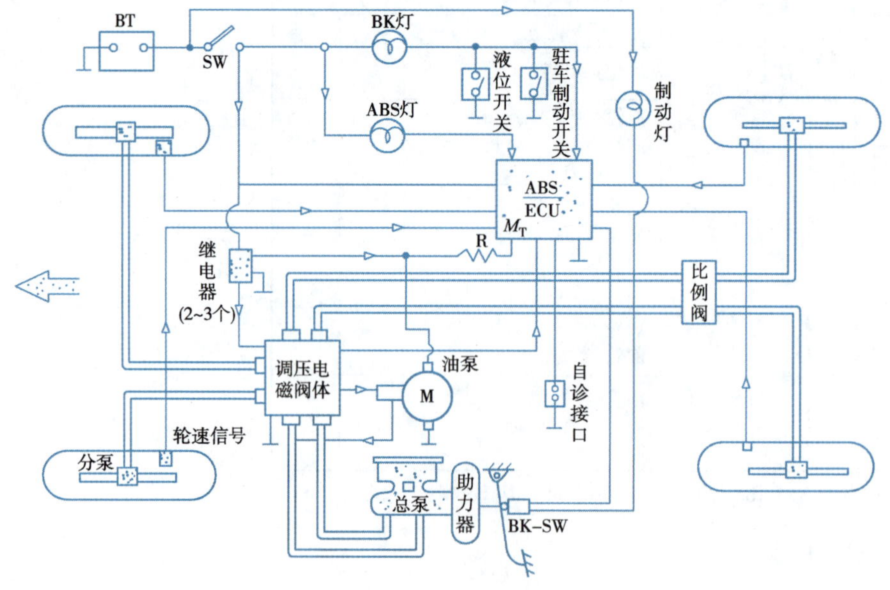

图 4-2　分离式真空助力的 ABS 系统

能再继续行驶,应立即修复。

1.2.2　ABS 的工作原理

ABS 的工作原理

制动过程中,ABS ECU 不断地从传感器中获取车轮速度

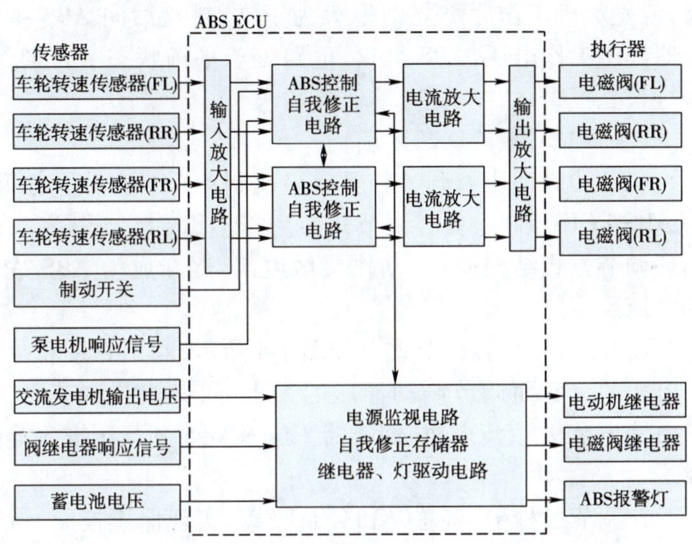

图 4-3　ABS 的组成框图

信号,并加以运算处理,分析是否有车轮即将抱死滑拖。如果没有车轮即将抱死滑拖,制动压力调节器不工作,制动总泵和各制动分泵相通,制动分泵中的压力继续增大,即 ABS 制动过程中的增压状态。如果 ECU 判断出某个车轮(假设为右前车轮)即将抱死滑拖,立即向制动压力调节器发出命令,关闭制动总泵与右前制动分泵的通道,使右前制动分泵的压力不再增大,即 ABS 制动过程中的保持状态;若 ECU 判断出右前轮仍趋于抱死滑拖状态,则立即向制动压力调节器发出命令,打开右前制动分泵与储液室或储能器(图中未画出)的通道,使右前制动分泵中的油压降低,即 ABS 制动过程中的减压状态。

总之,汽车制动时,ECU 不断地控制制动系统完成增压、保压、降压、升压的过程,使车轮始终处于将要抱死而又未抱死的临界状态。

1.2.3　ABS 的工作过程

ABS 的工作过程

在车轮制动过程中,制动分泵的油压有升压→保压→降压→升压循环的过程,转动的车轮由制动→滑移→制动→滑移的过程(频率为约 10 ~ 20 次/s)。将车轮的滑移率保持在最佳(10% ~20%)的范围内,以获得最好的制动效果。每一循环仅 0.1 ~ 0.2s,每一脉冲,即电磁阀每次作用的时间仅

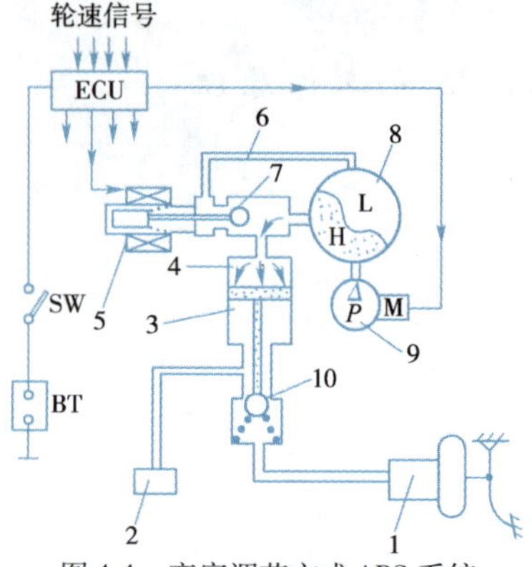

图 4-4　变容调节方式 ABS 系统
1-制动总泵;2-制动分泵;3-高压缸;4-控制腔;5-2/3 电磁阀;6-低压油管;7-球阀;8-储能器;9-液压泵;10-球阀

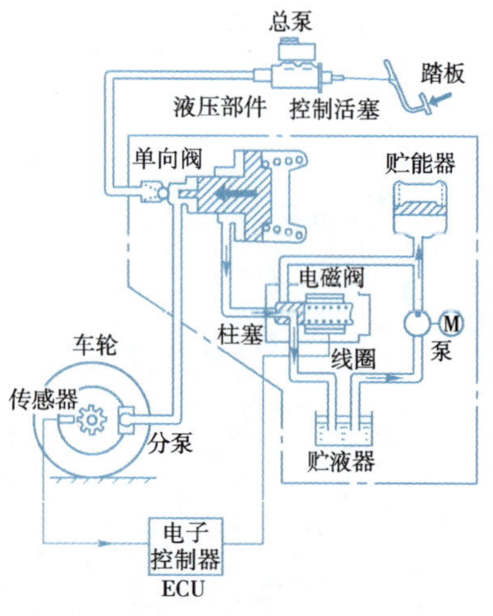

图 4-5　通常制动时

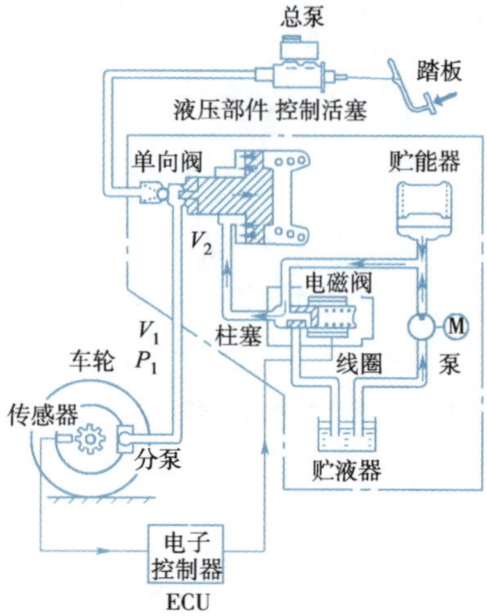

图 4-6　减压工况

0.002s,因此 ABS 制动系统是只有计算机才能实施控制的高新技术。

装用 ABS 的汽车,当 SW 为 ON 时 ABS 灯亮 2 ~ 6s 后熄灭,或发动机工作后灯立即熄灭为正常;自检后向 ABS 主继电器提供工作电压,ABS 灯灭,电路处于平衡状态。否则,报警灯长亮报警。

1.2.4　ABS 的调压方式

ABS 的制动压力调节装置串接在制动总泵和分泵之间,由 ABS ECU 控制。变容调节式应用于本田、大众等轿车;但循环调节方式结构简单,动作灵敏度高,逐渐成为 ABS/ASR 的主流。

1.2.4.1　变容调节式。如图 4-4 所示,利用总泵和分泵间容积的改变而调节制动油压的大小,间接控制调节压力。它由液压泵 9、直流电机、储能器 8、电磁阀 5 和高压缸 3 等组成。

在调节过程中,将总泵和分泵隔离,实现保压控制,将管路中的油液泻入可变的容器中(调压缸),实现降压控制;再将容器中的油液充入制动管路中,实现升压控制。

(1)不制动时,两位三通阀不通电控制油压使球阀 7 关闭低压油管 6,通过调压柱塞将球阀 10 推开,使总泵和分泵相通,随时可实现制动。常规制动时,电磁阀不起作用,总泵和分泵相通。

(2)降压时,当车轮将要抱死时,ECU 根据轮速信号,使电磁阀通电(脉冲电流),产生磁吸力推开球阀 7,关闭高压油道,开启低压油道,调压柱塞在制动油压的作用下上移,球阀 10 关闭。由于增大了调压缸下方的容积,分泵的油液泻入可变的容器中,制动压力下降。

(3)保压时,由于控制油压的下降,调压缸柱塞上移到极限位置,瞬时上下油压平衡,两球阀即同时处于“双阀关闭”的状态,总泵和分泵隔离,制动油压即保持不变。

(4)升压时,由于制动油压的下降,抱死现象解除,如车轮又处于滚动状态,ECU 又根据轮速信号,使电磁阀断电,球阀 7 左移关闭低压油道,开启高压油道,调节柱塞下移,将容器中的油液充入制动管路,制动压力随之升高。同时,打开球阀 10,使总泵和分泵沟通。如此反复,其频率可达 10 ~ 12 次/s。

制动四过程液路控制情况分别如图 4-5 ~ 图 4-8 所示。

1.2.4.2　循环调节式。利用总泵和分泵间油液的回流,直接调节制动油压的大小。在调节过程中，利用三位三通电磁阀(3/3 阀)，直接使分泵中的油液流回总泵，实现制动压力的减小；又通过电磁阀使总泵高压油流入分泵，实现制动压力增大，当电磁阀处于不泄油、不充油位置时，实现保压控制，如图 4-9 所示。

(1)不制动时，ABS 系统不工作，回流泵、电磁阀也不工作，回油孔 *B* 关闭，进油孔 *A* 打开，*A*、*C* 孔又相通，随时可以制动。

(2)降压时，当车轮将要抱死时，ECU 根据轮速信号，用最大的电流(5*A*)将电磁阀 *A* 孔关闭，*B*、*C* 孔导通，油液泄入储液器，并通过回流泵将油液泵回总泵。

(3)保压时，ECU 给 3/3 电磁阀一个 1/2 电流(2A)，磁吸力 < $F_1 + F_2$；衔铁下移；*A*、*B* 孔均关闭，"双阀关闭"使分泵内压力不变。

(4)升压时，ECU 不给电磁阀控制电流，*B* 孔关闭，*A*、*C* 孔又相通，制动压力又升高。

制动四过程液路控制情况分别如图 4-10 ~ 图 4-13 所示。

该方式无高压储能器，回流泵负载小，寿命长，调节灵敏度高，只是在降压时连续运转，并在自检 2s 时短暂运转；回流泵将油液泵回总泵端，形成回弹反应，对踏板行程有补偿作用，便于升压控制，提高制动效果；如果结构上稍加扩展，即形成驱动防滑系统。

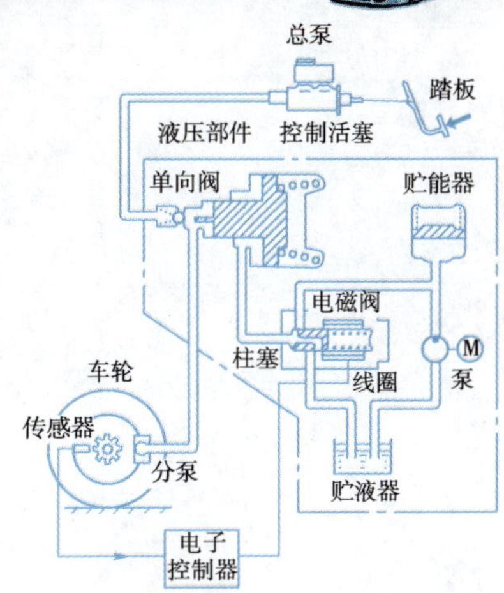

图 4-7　保压工况

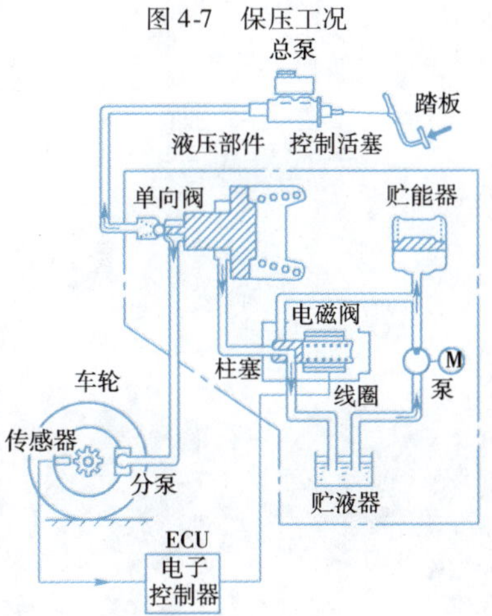

图 4-8　增压工况

1.3　ABS 的故障诊断与检修

1.3.1　ABS 故障诊断和检修的一般方法

1.3.1.1　直观检查。ABS 系统出现故障时，应先初步目视检查下列内容：

(1)驻车制动是否完全释放。

(2)制动液有无渗漏，制动液面是否正常。

(3)ABS 所用熔断丝、继电器是否完好，插接是否牢固。

(4)ABS ECU 连接器(插头和插座)连接是否良好。

(5)有关元器件(轮速传感器、电磁阀体、电动泵压力警示开关和压力控制开关等)的连接器和导线是否连接良好。

(6)压力调节器等的搭铁线是否接触可靠。

(7)蓄电池电压是否在规定范围内，正、负极柱的导线是否连接可靠。

1.3.1.2　读取故障码。如果 ECU 发现系统中存在故障，它首先使警示灯点亮，中断 ABS 系统工作，恢复常规制动

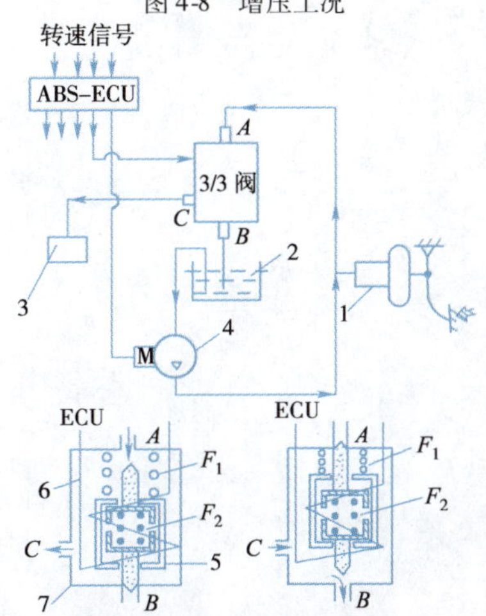

图 4-9　循环调节式 ABS 系统
1-总泵；2-储液器；3-分泵；4-回流泵和电机；5-衔铁；6-3/3 电磁阀绕组；7-3/3 电磁阀；F_1-主弹簧力；F_2-副弹簧力

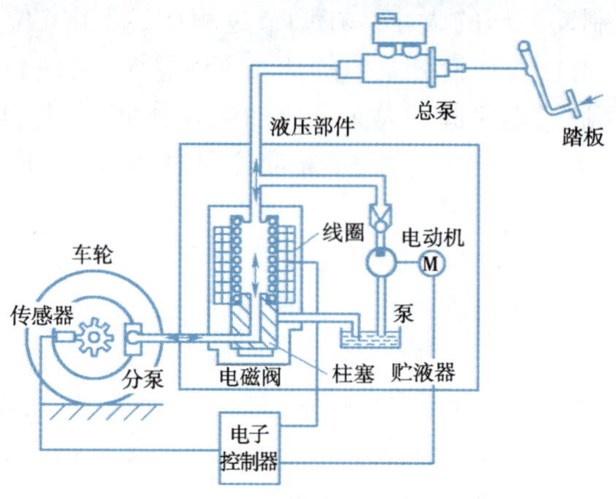

图 4-10　通常制动时

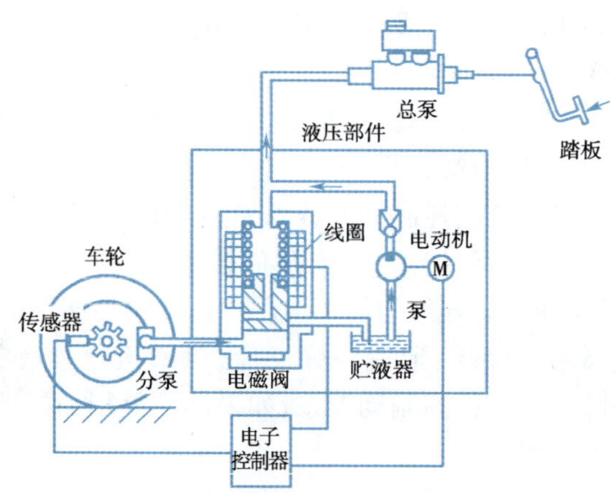

图 4-11　减压工况

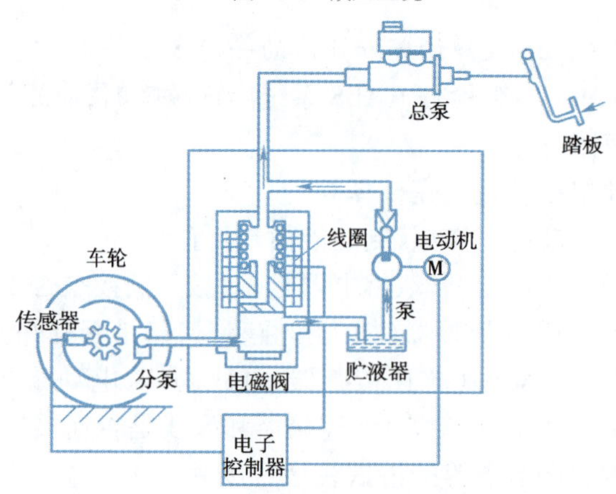

图 4-12　保压工况

系统;再将故障信息以代码形式存入存储器内,以便由修理人员将故障码取出。ABS 系统故障码的读取方法有三种:

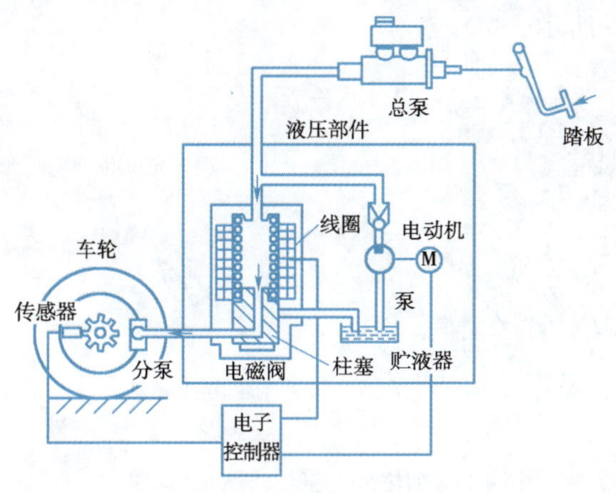

图4-13　增压工况

读取故障码

(1)跨接端子读码。按规定的方法跨接诊断插座中相应端子,根据ABS系统警示灯、跨接线中的发光二极管或ECU上的发光二极管的闪烁规律,读取故障码。

(2)解码器读码。借助解码器与ABS ECU故障诊断通讯接口相连,按照一定的操作规程,通过与ECU双向通讯,从解码器的显示器上读取故障码。

(3)利用汽车仪表板上的信息显示系统故障码。

有的汽车仪表板上具有驾驶员信息系统,即中心计算机系统,检修人员可以按照一定的自检操作程序,从信息显示屏上显示ABS系统的故障码和故障信息。

快速检查

1.3.1.3　快速检查。快速检查是在自诊断基础上进行的,它是利用专用仪器或万用表,对系统的电路和元器件,特别是怀疑可能有故障部位的电参数(如电阻、电压、波形等)进行深入测试,根据测试仪和仪表显示的信息,确诊故障的部位、性质和原因。

1.3.2　ABS主要部件的检修

1.3.2.1　轮速传感器的检修:

轮速传感器的检修

(1)检查。轮速传感器可能会出现:感应线圈有短路、断路或接触不良,传感器齿圈上的齿有缺损或脏污,信号探头安装不牢或磁极与齿圈之间有脏物等故障。

检查传感器安装有无松动,导线及线束插接器有无松脱。如图4-14所示,前轮速传感器在安装时注意其传感头的额定扭矩为7.8N·m,不要拧得过紧或过松,否则极轴与齿圈的间隙过小或过大,影响轮速信号的产生与输出;检查轮速传感器与桥壳之间应无间隙(如图4-15所示);检查传感器齿圈的齿面应无刮痕、裂缝、变形或缺齿等,严重时应更换转子轴总如图 4-16 所示。

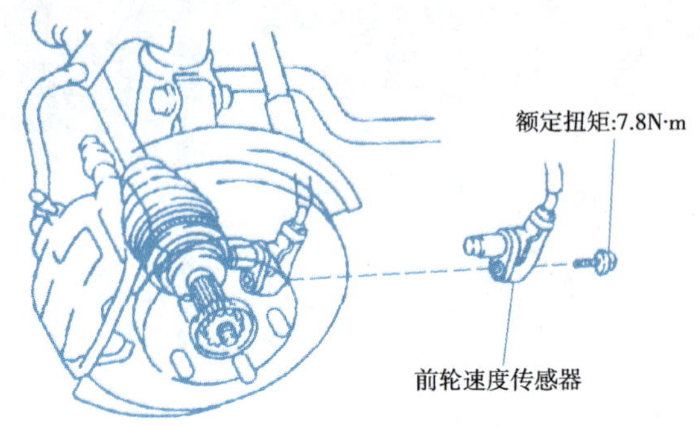

图 4-14 前轮速传感器及安装时的扭矩

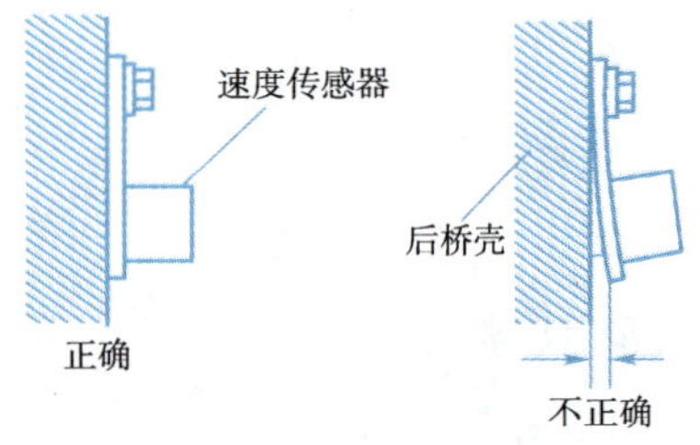

图 4-15 检查轮速传感器与桥壳之间的间隙

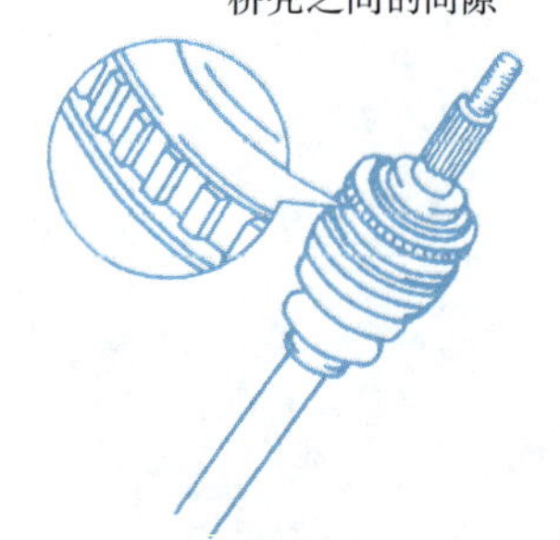

图 4-16 检查传感器转子齿圈的齿面

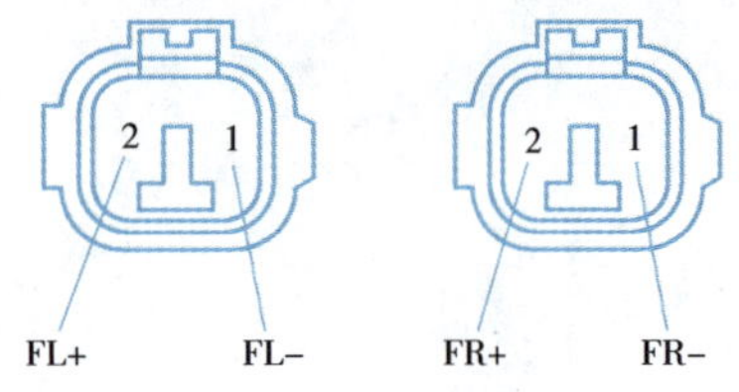

图 4-17 检测传感器的电阻

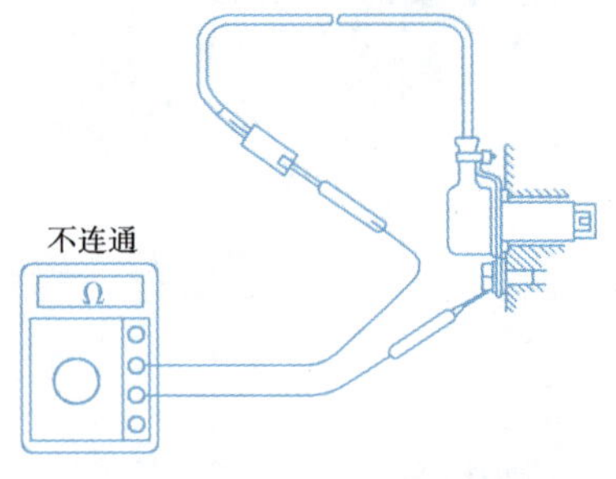

图 4-18 检测传感器线圈的绝缘状况

如图 4-17、图 4-18 所示，传感器感应线圈的电阻值(前轮为 0.8 ~ 1.3Ω，后轮为 1.1 ~ 1.7Ω)及传感器线圈与金属壳体间的绝缘性应良好，否则均说明传感器不良，应更换；转动车轮，测量传感器输出交流电压信号，其电压值应随车轮转速的增加而升高，一般应能达到 2V 以上。

用示波器检测传感器的输出信号电压波形，应为均匀稳定的正弦波形，如图 4-19 所示。如果信号电压无或有缺损，应拆下传感器作进一步的检查。

(2)轮速传感器的调整。轮速传感器出现故障，不一定说明传感器已损坏，传感器头脏污、传感器的空气隙没有达到要求，都会引起传感器工作不良。通过对传感器进行调整，可恢复其正常的工作。前轮速传感器的调整方法如下(见图 4-20)：

①升起汽车，拆下相应的前轮和车轮装置。

②拧松紧固螺栓，拆下传感器头，并清除头部脏物。

③在传感头端面粘贴一纸片，纸垫片上做一“F”标记表示前轮，对于 32 脚的 ABS，纸垫片的厚度是 1.3mm，对于 35 脚的 ABS 则是 1.1mm。

④拧松把衬套固定在传感器支架上的螺栓，旋转钢衬套，给固定螺栓提供一个新的锁死痕面。

⑤将传感头装进支架上的衬套，确定纸片在传感头端面上。

⑥拧紧传感器支架上固定钢衬套的螺栓，确定传感器上连线良好。

⑦推传感头向传感器齿圈顶端移动，直到纸片与齿圈接触为止，用 2 ~ 4N · m 的力矩拧紧紧固螺栓，使传感头定位。

⑧重新安装好轮胎和车轮等装置，并且放下汽车。

⑨开动汽车，观察 ABS 故障灯是否点亮，如果不亮说明系统正常，传感器良好，否则说明 ABS 系统还有问题。

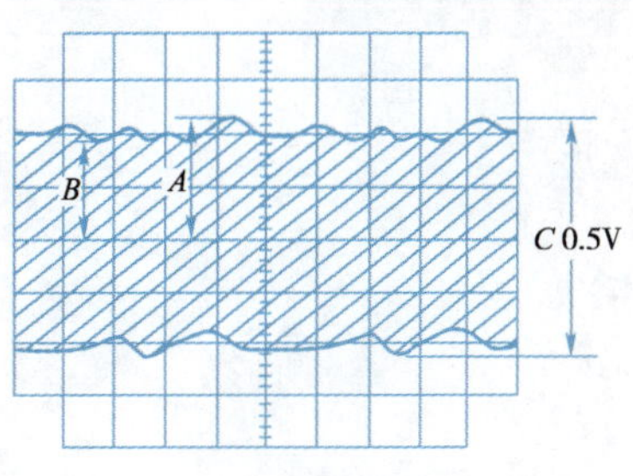

图 4-19　检测前轮速传感器的输出信号(用示波器)

1.3.2.2　ABS ECU 的检修：

首先检查 ABS ECU 线束插接器有无松动，连接导线有无松脱；再检查其线束插接器各端子的电压值、电阻值或波形与标准值是否符合。如果与之相连的部件和线路正常，则应更换 ECU 再试。

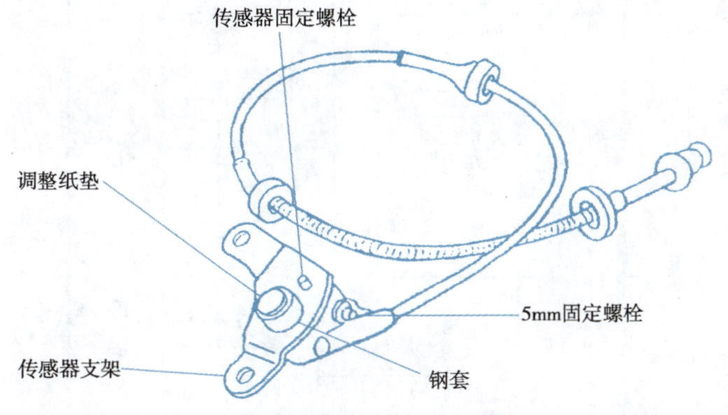

图 4-20　前轮速传感器的调整

更换 ABS ECU 时，将点火开关关闭，拆下 ECU 上的线束插头，拆下旧的 ECU，固定好新的 ECU，插上所有的线束插头(注意线束不能损坏和腐蚀，插头应接触良好)对角线拧紧固定螺钉；起动发动机，红色制动灯和 ABS 灯应显示系统正常。

1.3.2.3　ABS 控制继电器的检修：

ABS 控制继电器包括泵电机继电器和电磁阀继电器，如图 4-21 所示。

(1)检查泵电机继电器。如图 4-22 所示，检查泵电机继电器电路的连通性。接线柱 7 和 8 之间不连通，接线柱 9 和 10 之间应该连通，否则，应更换继电器。

如图 4-23 所示，检查泵电机继电器电路的工作状况，当连接器接线柱 9 和 10 之间加上蓄电池电压后，7 和 8 之间应该连通，否则应更换继电器。

(2)检查电磁阀继电器。如图 4-24 所示，用万用表欧姆档检查各接线柱连通与否。若不符合，应更换继电器。

1.3.2.4　制动压力调节器的检修：

制动压力调节器可能会出现电磁阀线圈不良、阀门泄漏等故障。

检测电磁阀线圈的电阻，如果电阻值无穷大或过小等，均说明其电磁阀有故障；将制动压力调节器电磁阀加上其工作电压,看阀能否正常动作,如果不能正常动作,则应更换制动压力调节器;如果怀疑是制动压力调节器有问题,则应在制动压力调节器内无高压制动液时,拆下调节器进行仔细检查。

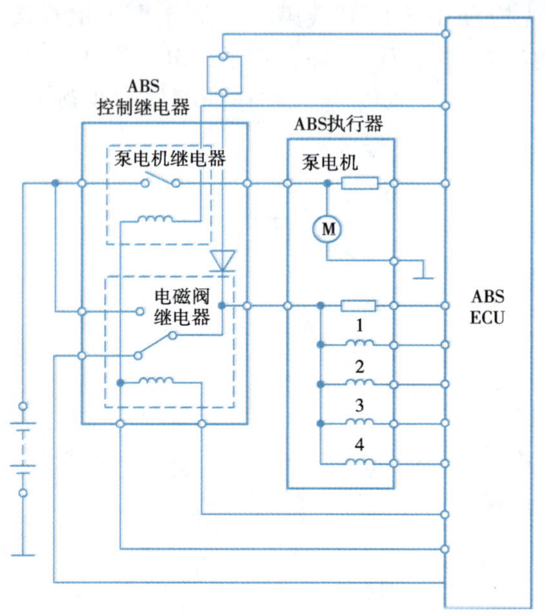

图4-21　继电器及其控制电路

1-右前轮电磁阀;2-左前轮电磁阀;3-右后轮电磁阀;4-左后轮电磁阀

1.3.2.5　制动管路中空气的排放:

ABS系统中进入气体,会破坏系统对制动压力的正常调节,可导致ABS失去作用。当更换制动器、打开制动管路、更换制动系统液压部件时,以及制动踏板发软、变低、制动效果变差时,就需要对ABS进行排气。装备ABS的汽车与常规制动系统的汽车空气排除方法不大相同,且不同形式的ABS系统,其放气的顺序和程序也可能不同;在进行空气排除时,应按照相应的维护手册所要求的方法和顺序进行,否则既浪费了工时,制动系统内的空气可能也排不干净。

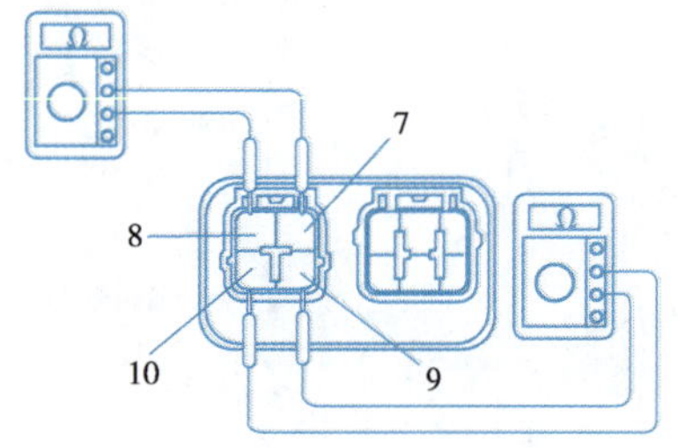

图4-22　检查泵电机继电器电路的连通性

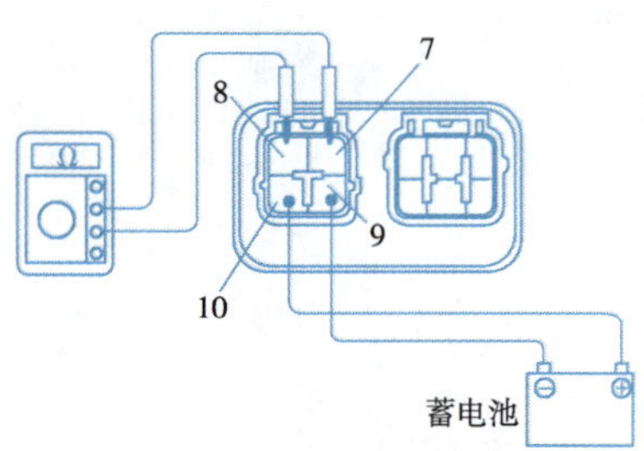

图4-23　检查泵电机继电器电路的工作状况

对装有制动真空助力器的轿车排除液压管路中的空气时,首选要把制动助力控制装置断开,使制动系统处于无助力状态;再断开ABS ECU,以使排气过程ABS ECU不起作用,避免ABS对排气造成影响;ABS排气时间要比普通制动系统长,消耗的制动液也较多,需边排气边向制动总泵贮液罐内添加制动液,使贮液罐制动液液面保持在MAX与MIN之间;刚刚放出的制动液不能马上回添入贮液罐,需在加盖的玻璃瓶中静置三天以上;在排气过程中,制动踏板要缓缓的踩,这与普通制动系统一样;一些ABS排气可让ABS油泵工作,在加

压的情况下可使排气更快更彻底。

1.3.3 ABS 检修注意事项

ABS 检修注意事项

(1)装用 ABS 系统的汽车出现制动系统故障时,应本着先简单后复杂,先外部后内部的原则,对 ABS 的外观进行检查(如查导线的接头和插接器有无松脱、制动油路、泵及阀等有无漏损、蓄电池是否亏电等),确定无异常后,再对系统进一步检查。

(2)遇到制动不良故障时,应先区分是 ABS 机械部分(制动器、制动总泵、制动分泵和制动管路等)不良,还是 ABS 电控系统的故障,不能只把注意力集中到传感器、ECU 和压力调节器上。

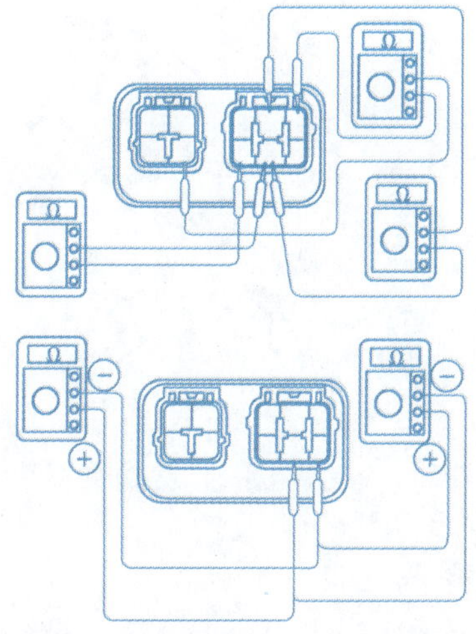

图 4-24 检查电磁阀继电器电路的连通性

说明:拆下 ABS 继电器线束插接器或 ABS 制动压力调节器电磁阀线束插接器,使压力调节器电磁阀不工作,让汽车以普通制动器工作方式制动,如果制动不良故障消失,则说明是 ABS 电控系统有故障,否则为 ABS 机械部分的故障。

(3)ABS 电控系统故障多出现在线束插接器或导线接头松脱(勿忘保险器)、轮速传感器不良等,应先对这些部件和部位进行检查,而制动压力调节器等故障相对较少,ABS ECU 故障更少,不要轻易去拆检。

(4)拆检 ABS 液压器件时,应先进行泄压,以避免高压喷出伤人,尤其是有蓄压器的 ABS。在制动液系统没有完全装好之前,不能接通点火开关,以免电动泵运转泵油。

在检修下列部件时,需进行泄压:制动压力调节器的各部件、制动分泵、蓄压器、电动油泵、比例阀、制动液管路、压力警告和控制开关。卸压的方法是:关掉点火开关,然后反复踩制动踏板 20 次以上,直到感觉制动踏板力明显增加(无液压助力)时为止。

(5)由于 ABS ECU 对过电压、静电压非常敏感。在点火开关处于接通位置时,不要拆装系统中的电气元件和线束插头;充电机给汽车蓄电池充电时,要从车上拆下蓄电池电线后再进行充电,不可用充电机起动发动机;在车上进行电焊时,要带好静电器,在拔下 ECU 连接器后再进行焊接。

(6)应及时检查、补充制动液,每年更换一次制动液。一般制动液液面过低时,ABS 系统会自动关闭。

(7) 拆卸轮速传感器时,要保护好传感头,不要以传感器齿当做撬面,要防止上面沾上油污和其他脏物。调整可调式传感器间隙时,应用非磁性塞尺或纸片。

(8)注意区别 ABS 的某些工作现象与故障。某些装有

ABS 的汽车,在发动机发动时,踩下的制动踏板会弹起,而在发动机熄火时,制动踏板会下沉。

制动时,制动踏板会有轻微的振动,这是 ABS 起作用的正常现象;制动时转动转向盘,会感到转向盘有轻微的振动,这是由于制动压力调节器与动力转向器共用一个油泵所引起的正常反应;制动时,有时会感到制动踏板有轻微下沉,是由于道路路面附着系数变化,ABS 正常反应所引起的,并非故障现象;制动时,ABS 继电器不断地动作,这也是 ABS 在起作用的正常现象。

高速行驶急转弯时,或冰滑路面上行驶时,有时会出现警告灯亮起的现象。这是上述情况中出现了车轮打滑现象,ABS 产生保护动作引起的,并非故障。

装有 ABS 的汽车,在制动后期,会有车轮被抱死、地面留下拖印。这是因为在车速小于 10km/h 时,ABS 不起作用的结果,属正常现象。但是,ABS 紧急制动时留下的短而淡淡的印痕与普通制动器紧急制动留下的长拖印是截然不同的。

1.4 典型汽车 ABS 的检修

1.4.1 本田雅阁轿车 ABS 系统的检修

雅阁轿车 ABS 的结构

1.4.1.1 本田雅阁轿车 ABS 系统的结构特点:

新款本田雅阁轿车 ABS 系统采用直接控制式的循环调压方式,其结构与原理如图 4-25 和图 4-26 所示。

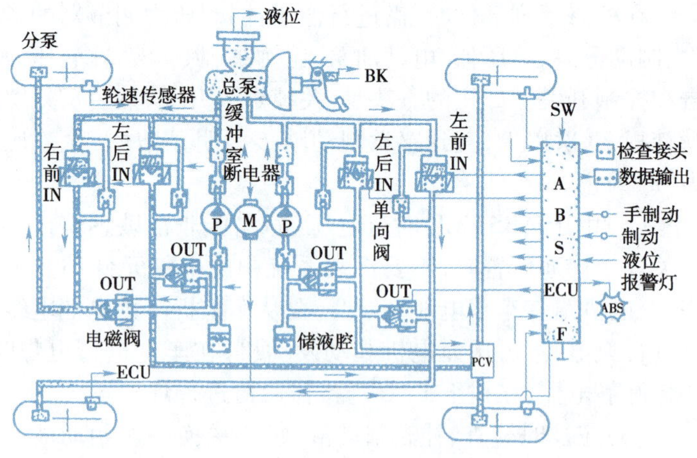

图 4-25 本田雅阁轿车 ABS 系统

4 个磁电式轮速传感器,4 个控制通道,制动管路采用对角排列,分别由两个循环泵控制,共用一个直流电动机。

4 个分置式输入电磁阀(常开阀),线圈电阻值为 8 ~ 14Ω;4 个分置式输出电磁阀(常闭阀),线圈电阻值为 3 ~ 5Ω。

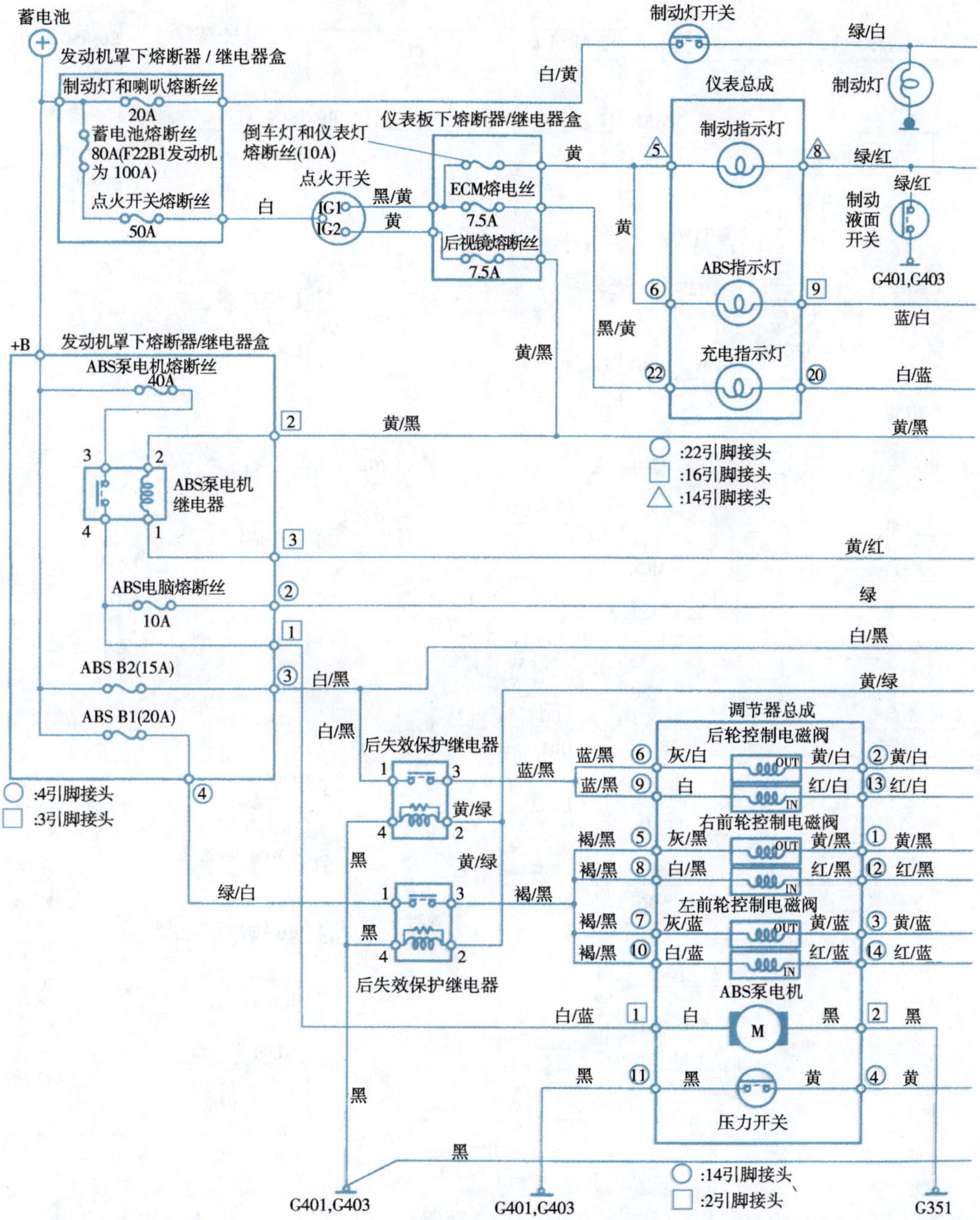

蓄电池
发动机罩下熔断器 / 继电器盒
制动灯和喇叭熔断丝
20A
蓄电池熔断丝
80A(F22B1发动机
为 100A)
点火开关熔断丝
50A
白
点火开关
IG1
IG2
黑/黄
黄
仪表板下熔断器/继电器盒
倒车灯和仪表灯
熔断丝(10A)
ECM熔电丝
7.5A
后视镜熔断丝
7.5A
白/黄
制动灯开关
绿/白
制动灯
仪表总成
制动指示灯
黄
5
8
绿/红
绿/红
制动
液面
开关
G401,G403
黄
ABS指示灯
6
9
蓝/白
黑/黄
黄/黑
充电指示灯
22
20
白/蓝
黄/黑
:22引脚接头
:16引脚接头
:14引脚接头
+B
发动机罩下熔断器/继电器盒
ABS泵电机熔断丝
40A
2
黄/黑
3
2
ABS泵电机
继电器
4
1
3
黄/红
ABS电脑熔断丝
2
绿
10A
1
白/黑
ABS B2(15A)
3
白/黑
黄/绿
ABS B1(20A)
白/黑
4
:4引脚接头
:3引脚接头
后失效保护继电器
1
3
蓝/黑
4
2
黄/绿
黑
黄/绿
绿/白
1
3
褐/黑
黑
4
2
后失效保护继电器
调节器总成
后轮控制电磁阀
蓝/黑
6
灰/黑
OUT
黄/白
2
黄/白
蓝/黑
9
白
IN
红/白
13
红/白
右前轮控制电磁阀
褐/黑
5
灰/黑
OUT
黄/黑
1
黄/黑
褐/黑
8
白/黑
IN
红/黑
12
红/黑
左前轮控制电磁阀
褐/黑
7
灰/蓝
OUT
黄/蓝
3
黄/蓝
褐/黑
10
白/蓝
IN
红/蓝
14
红/蓝
ABS泵电机
白/蓝
1
白
M
黑
2
黑
黑
11
黑
黄
4
黄
黑
压力开关
黑
:14引脚接头
:2引脚接头
G401,G403
G401,G403
G351

a)左半部分

图 4-26　本田雅阁轿车 ABS 系统电路图(一)

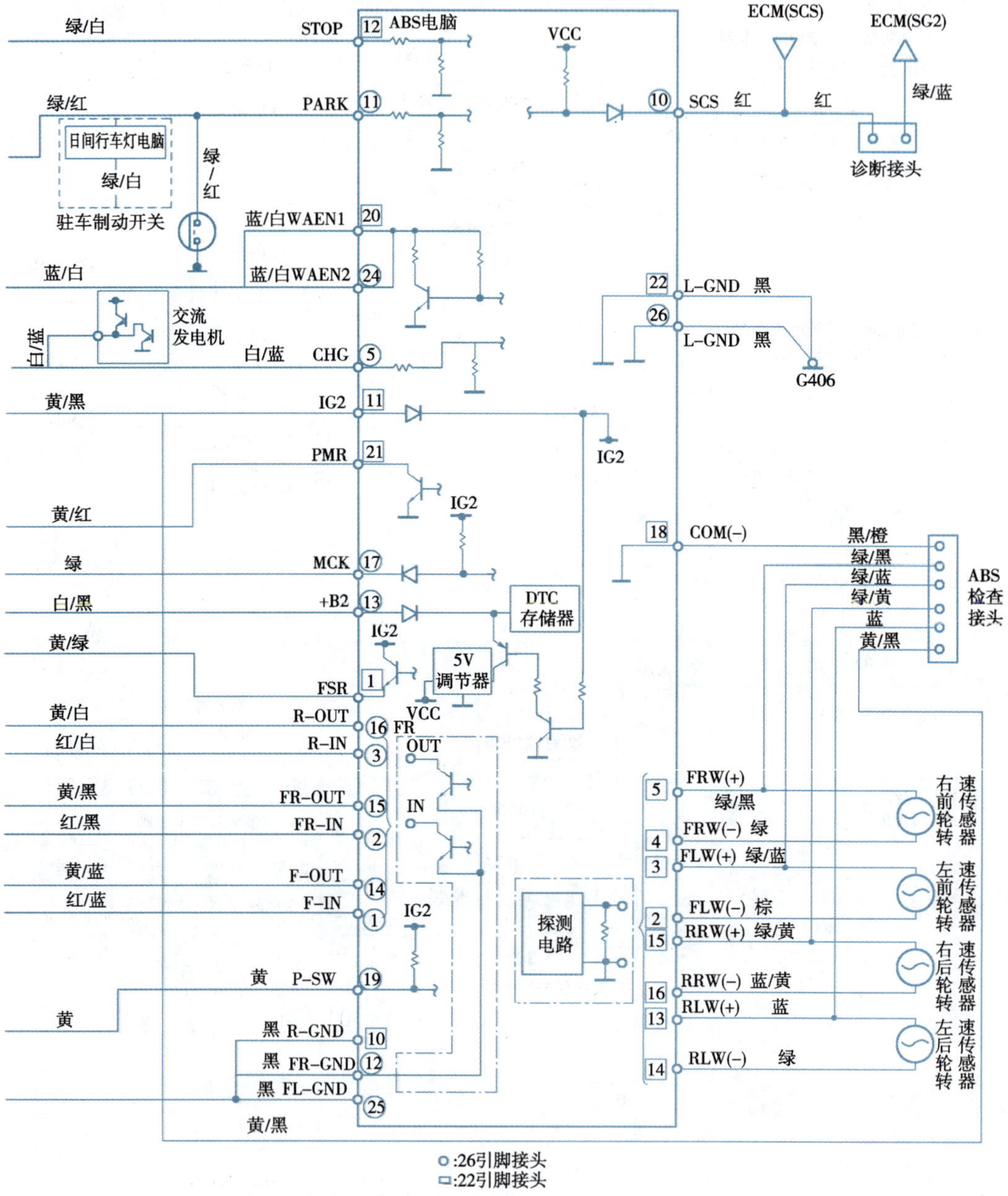

○:26引脚接头

□:22引脚接头

b)右半部分

图 4-26　本田雅阁轿车 ABS 系统电路图(二)

只要 ECU 对电磁阀输入定值脉冲电压，能对每个车轮进行独立式调节，为 H 形的 ABS 系统。

为了提高 ABS 系统的调压性能，在总泵和分泵的管路之间，设有降压用的储液腔、缓冲室和单向阀。可保证 ABS 系统频繁工作时，有效地调节系统油压。

1.4.1.2 ABS 系统的检查：

雅阁轿车 ABS 的检查

(1) 一般检查。首先检查执行器的工作声响；其次起动发动机并以 10km/h 以上的车速行驶，检查下列项目：

①检查的 ABS 调压器，应能听到 ABS 调压器的工作声响。

②依次检查液压泵、泵电动机、进油阀和排油阀的工作声响。检查时不要踩下制动踏板。

③检查自诊断装置。检查蓄电池电压应不低于 12V；在接通点火开关时，ABS 指示灯应亮 2s 后熄灭。如果在接通点火开关后，ABS 指示灯不亮，应检查熔断丝、ABS 指示灯灯泡及配线。根据需要进行修理或更换。

(2) 故障码的提取。故障码的读取可使用 HONDA PGM 检测仪来进行，其故障代码（DTC）显示的条件为：车速 ≤10km/h；在接通点火开关之前，SCS 短路插头已连在诊断插头上。具体步骤如下：

①从位于前排乘客侧仪表板下的接头盖上拔出诊断接头，将短路插头连接到 2 号引脚接头上。

②在没有踩下制动踏板时接通点火开关，否则系统将转换为故障码清除模式。

③如果 ABS 系统有故障，ABS 指示灯便会闪烁显示故障码；如果存储器中无故障代码被储存，则 ABS 指示灯将会熄灭。

④读取并记录故障代码（ABS 指示灯闪烁的频率代表故障码）。故障代码的含义如表 4-3 所示。

⑤关闭点火开关，并取下短路插头。如果短路插头未取下，则在发动机起动后，故障指示灯就会一直点亮。

本田雅阁轿车的故障码 表 4-3

代 码	含 义
11、13、15、17	轮速传感器短路（右前、左前、右后、左后）
12、14、16、18	轮速传感器间歇性故障（右前、左前、右后、左后）
21～24	励磁齿圈脉冲发生器故障（右前、左前、右后、左后）
31～38	电磁阀短路（右前输入/输出、左前输入/输出、右后输入/输出、左后输入/输出）

续上表

代　　码	含　　义
41～44	车轮抱死或阻滞力大(右前、左前、右后、左后)
51～53	电机卡死、卡死在OFF位置,卡死在ON位置
61/62	电压低和电压高
71	车轮直径有差异
81	ECU故障

(3)故障码的清除。ABS系统若显示故障码,应立即进行检查修复,并在修复后清除存储在ABS中的故障码。

①将短路插头连接到位于驾驶员侧脚踏板后的诊断接头上。

②踩下制动踏板后,接通点火开关。同时保持制动踏板在踩下位置不动。

③在ABS指示灯熄灭后,松开制动踏板。

④在指示灯亮起后,再次踩下制动踏板;指示灯熄灭后,再次松开制动踏板。

⑤几秒后,ABS指示灯会闪烁两次,表明故障代码已清除。如果指示灯不是闪烁两次,则需要重复步骤。若ABS指示灯闪烁两次后仍亮着,需再次检查DTC,因为在转换到DTC清除模式之前的诊断期间已检测到故障。

⑥关闭点火开关,并拆下SCS短路插头。

雅阁轿车ABS的故障诊断

1.4.1.3　ABS故障的诊断:

(1)ABS指示灯不亮。当接通点火开关时,ABS系统指示灯应连接点亮两次,并随后自行熄灭。若ABS系统指示灯一直不亮,则应按如下步骤进行故障检测:

①检查倒车灯、仪表灯熔断丝是否正常,当倒车灯仪表灯熔断丝烧断时,除充电指示灯外,仪表台上的其他指示灯都不亮,此时应更换熔断丝,再重新检查。如果熔断丝正常,应进行下一步检测。

②断开仪表组的22号引脚接头,将点火开关转至ON位置,测量仪表组22引脚接头的6号引脚与车身搭铁间的电压,正常应为蓄电池电压。若不是,则可能是仪表组与倒车灯仪表灯熔断丝间的黄色导线断路,或更换仪表板下的熔断器继电器盒;若是,应进行下一步检测。

③检查仪表组内的ABS指示灯灯泡,看灯泡是否正常。若不正常,应更换ABS指示灯灯泡;若正常,应进行下一步检

测。

④接上仪表组的 22 号引脚接头，将仪表组 16 引脚接头的 9 号引脚搭铁，看 ABS 指示灯是否亮。若不亮，应更换仪表组内的印刷电路板；若亮，应进行下一步检测。

⑤将点火开关转到 OFF，脱开 ABS 电脑的 22 引脚和 26 引脚接头。将点火开关转到 ON，将 ABS 电脑的 22 引脚接头的 20 号引脚和 26 号引脚接头的 24 号引脚搭铁，观察 ABS 指示灯是否点亮。若不亮，则可能是仪表组与 ABS ECU 间导线的断路；若点亮，应进行下一步检测。

⑥连接 ABS ECU 的 22 引脚和 26 号引脚接头，将 ABS ECU 的 22 号引脚接头的 22 号引脚或 26 引脚接头的 26 号引脚搭铁，观察 ABS 指示灯是否点亮。若点亮，则可能是 ABS ECU 和车身搭铁间黑导线断路或搭铁不良；若不亮，则应检查 ABS ECU 接头是否松动，必要时更换 ECU，重新检查。

(2) ABS 指示灯不熄灭。当在接通点火开关后，ABS 指示灯一直点亮不熄灭，或者汽车在运行过程中 ABS 指示灯点亮，当按规定方法连接 SCS 短路插头后，系统无故障码显示，则应按如下步骤进行故障检测：

①起动发动机，检查充电系统指示灯，如果指示灯不熄灭，则可能是充电系统有故障；如果熄灭，将点火开关转到 OFF，检查仪表板后面的熔断器继电器盒内的 RC 后视镜熔断丝是否正常，若不正常，应更换熔断丝，然后再重新检查；若正常，应进行下一步检测。

②检查发动机罩下的熔断器继电器盒内的 ABS B_2 熔断丝是否正常，若不正常，应更换熔断丝，然后再重新检查；若正常，应进行下一步检测。

③测量发动机罩下 ABS 熔断器继电器盒的 +B 端子与车身搭铁间的电压，正常应为蓄电池电压。若不是，则可能是发动机罩下 ABS 熔断器继电器盒与蓄电池间的黑导线断路；若是，应进行一步检测。

④测量发动机罩下 ABS 熔断器继电器盒的 4 引脚接头与车身搭铁间的电压，正常应为蓄电池电压。若不是，应更换发动机罩下 ABS 熔断器继电器盒；否则，应进行一步检测。

⑤脱开 ABS ECU 的 22 引脚接头和 26 引脚接头，测量 ABS ECU 的 26 引脚接头的 13 号引脚与车身搭铁间的电压，正常应为蓄电池电压。

⑥将点火开关转到 ON，检查 ABS 指示灯是否点亮，若点亮，则可能是 ABS 指示灯和 ABS ECU 间蓝白导线对车身搭

铁短路;若不亮,应进行下一步检测。

⑦测量 ABS ECU 的 22 引脚接头的 11 号引脚与车身搭铁间的电压,正常应为蓄电池电压。若不是,则可能是仪表板下熔断器继电器盒内的 RC 熔断丝与 ABS ECU 间的黄黑导线断路;若是,看是否能起动发动机,若不能起动,应进行下一步检测。

⑧测量 ABS ECU 的 26 引脚接头的 5 号引脚与车身搭铁间的电压,正常应为蓄电池电压。若是,则可能是发动机与 ABS ECU 间白蓝导线断路;否则,再检查 ABS ECU 接头是否松动或变形,必要时更换 ABS ECU,再重新检查。

(3)ABS 指示灯偶尔亮的原因分析。ABS 灯偶尔亮多数是因偶发故障引起的,特别是磁电式轮速传感器工作环境差、先天性的影响因素较多,故报警故障率较多。电脑中的控制电路不少是开关电路,"搭铁导通"或"搭铁断开"的电压信号,随时影响控制信号,随时影响控制电路的平衡状态,一旦瞬时故障造成失衡,即有故障信号发生,造成 ABS 灯偶尔点亮。

①车轮直径有差异时,轮速传感器输出的信号出现差异,ABS ECU 会报出轮速传感器的故障代码。

②驻车制动未解除彻底又行驶 30s 以上时,其制动开关即造成报警信号的发生(搭铁电压信号)。

③使用低速档行驶时间过长时,轮速传感器的电压值和频率值反常,即会引起报警,因为这是一种非正常行驶状态。

④在泥泞、雪地、沙地行驶,驱动轮打滑 1min 以上时,轮速传感器也会失常报警。

⑤高速转向时,某车轮离地滑转时,轮速传感器也会失常报警。

⑥在非常粗糙的路面上行驶时,因轮速传感器输出的信号失常,会引起电脑无法判定工作状况而报警。

⑦轮速传感器磁隙中有金属磨料时,轮速传感器会失效报警,清除磨料后,即恢复正常。

⑧汽车受无线电干扰时,ABS ECU 会报警。又因磁电式轮速传感器,抗干扰能力差而瞬时失效。为此,不少轮速传感器的信号线外面又设置了屏蔽线网,并可靠搭铁。

⑨制动灯导通发亮时的"搭铁电压信号"给 ECU。此信号的有无和强弱与灯泡的好坏与瓦数的大小有关。有时因一个灯泡的参数不符或损坏,而导致 ECU 报警,代码是制动灯开关故障。

⑩在举升机或在制动试验台上，只驱动轮空转时，因轮速信号有异，也会使 ABS 灯偶尔发亮。

1.4.2 捷达轿车 ABS 电路及检修

捷达轿车 ABS 电路及检修

图 4-27 所示为捷达轿车 ABS 电子控制电路。如图 4-28 所示，检查电磁阀继电器的工作状况。当在接线柱 1 和 9 之间加蓄电池电压时，接线柱 2 和 5 之间应该连通（即 $R=0$）。

车速传感器及开关电路的检测内容及要求如表 4-4 所示。各油路电磁阀线路的检测内容和要求如表 4-5 所示。各继电器电路检测的内容和要求如表 4-6 所示。

捷达轿车车速传感器及有关开关电路的检测内容及要求　表 4-4

ABS ECU 连接器针脚或车速传感器	检测方法	结　果
7 与 25	转动右前轮，以交流电压表测量	>75mV
5 与 23	转动左前轮，以交流电压表测量	>75mV
4 与 22	转动右后轮，以交流电压表测量	>75mV
6 与 24	转动左后轮，以交流电压表测量	>75mV
右前轮车速传感器	针脚 7 与 25/1 与 7	0.8～1.4kΩ/20kΩ
左前轮车速传感器	针脚 5 与 23/与 5	0.8～1.4kΩ/20kΩ
右后轮车速传感器	针脚 4 与 22/与 4	0.8～1.4kΩ/20kΩ
左后轮车速传感器	针脚 6 与 24/与 6	0.8～1.4kΩ/20kΩ
制动灯开关	测量导线连接器针脚 12 与 1 间的电压（点火开关接通，踩制动踏板）	蓄电池电压（12V）
低压报警开关	测量导线连接器针脚 9 与 10 间的电阻值（点火开关接通，待液压泵不工作后）	0～1.5Ω
	断开点火开关，踩制动踏板 20 次以上	>100kΩ

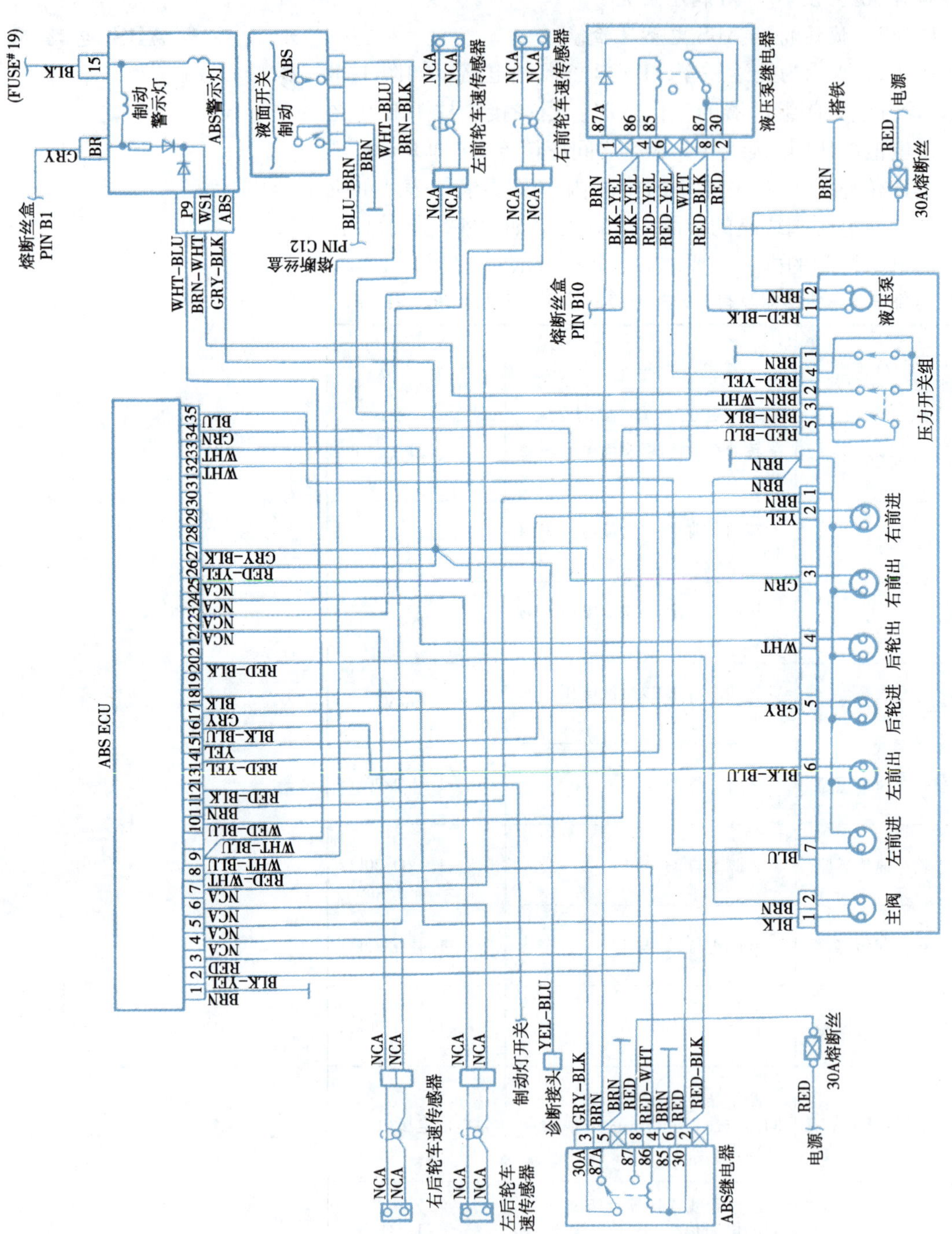

图 4-27 捷达轿车 ABS 系统电子控制电路

捷达轿车 ABS 各油路电磁阀线路检测的内容和要求　　表 4-5

元件名称及功能	检　测　方　法	结　果
右前轮进油阀电磁阀	检测 ABS ECU 连接器针脚 15 与 11 间电阻	5 ~ 7Ω
右前轮出油阀电磁阀	检测 ABS ECU 连接器针脚 34 与 11 间电阻	3 ~ 5Ω
左前轮进油阀电磁阀	检测 ABS ECU 连接器针脚 35 与 11 间电阻	5 ~ 7Ω
左前轮出油阀电磁阀	检测 ABS ECU 连接器针脚 16 与 11 间电阻	3 ~ 5Ω
后轮进油阀电磁阀	检测 ABS ECU 连接器针脚 17 与 11 间电阻	5 ~ 7Ω
后轮出油阀电磁阀	检测 ABS ECU 连接器针脚 35 与 11 间电阻	3 ~ 5Ω
ABS 主电磁阀	检测 ABS ECU 连接器针脚 18 与 1 间电阻	2 ~ 5Ω
右前轮进油阀功能	跨接导线连接器针脚 2/15 与 34，点火断开踏制动踏板	右前轮咬住不动
	跨接导线连接器针脚 2/15 与 34，点火断开踏制动踏板	右前轮可自由转动
左前轮进、出油阀功能	跨接导线连接器针脚 2/16 与 35，点火断开踏制动踏板	左前轮咬住不动
	跨接导线连接器针脚 2/16 与 35，点火断开踏制动踏板	右前轮可自由转动
后轮进、出油阀功能	跨接导线连接器针脚 2/17 与 33，点火断开踏制动踏板	后轮均咬住不动
	跨接导线连接器针脚 2/17 与 33，点火断开踏制动踏板	后轮可自由转动
ABS 主电磁阀	点火断开，跨接导线连接器针脚 2 与 18 踏住制动踏板，接通点火开关	制动踏板会升高

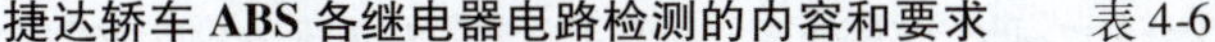

捷达轿车 ABS 各继电器电路检测的内容和要求　　表 4-6

ABS ECU 连接器针脚	检　测　方　法	结　果
3 与 1	点火开关接通，测量电压	12V 蓄电池电压
3 与 1	点火开关断开，测量电阻值	0 ~ 1.5Ω
1 与 20	点火开关断开，测量电阻值	0 ~ 1.5Ω
1 与 8	点火开关断开，测量断电器线圈电阻值	50 ~ 100Ω
1 与 27	点火开关断开，测量搭铁回路	0 ~ 1.5Ω
1 与 27	点火开关接通，测量电压	报警灯亮，12V
32 与 1	踩制动踏板 20 次以上，接通点火开关，液压泵电机动作后测量电压	12V 蓄电池电压

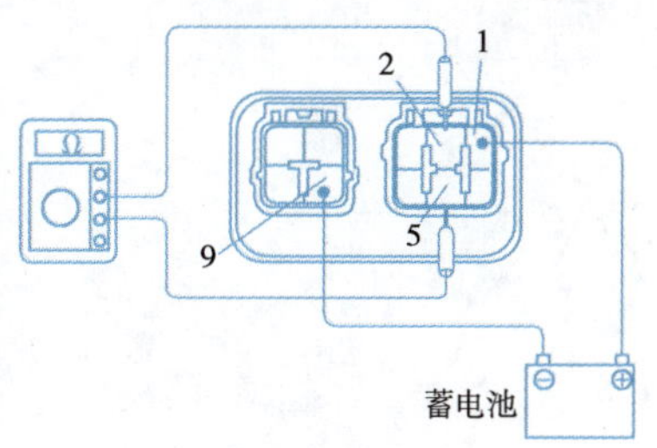

图 4-28　检查电磁阀继电器电路的工作状况

续上表

ABS ECU 连接器针脚	检测方法	结果
1 与 14	接通点火开关，踩制动踏板 20 次以上，再断开点火开关，测量高压开关电阻值	0～1.5Ω
2 与 14	断开点火开关，测量液压泵继电器线圈电阻值	50～100Ω

2　驱动防滑系统（ASR）的构造与检修

ASR 的作用

2.1　ASR 系统的作用

驱动防滑系统简称 ASR（Acceleration Slip Regulation）或 TC（Traction Control System）。

汽车的制动、加速和转向是由驾驶员完成的基本作业。当路面的附着状况不好或交通状况突然改变时，就要求驾驶员有熟练的驾驶技术很好地适应行驶条件的变化。ABS 在制动方面解脱了对驾驶员的高要求；驱动防滑系统（ASR）可在行驶方面、加速方面解脱对驾驶员的高要求；车辆动态控制系统（VDC）则全方位解决汽车的行驶性能。即驱动防滑系统的作用是，维持汽车行驶时的方向稳定性，并尽可能利用车轮－路面的纵向附着能力，提供最大的驱动力。

ASR 的控制原理

2.2　驱动防滑系统的控制原理

当驾驶员在光滑路面上过分踩下加速踏板时，会造成车轮的滑转。驱动防滑系统通过自动施加部分制动或减少发动机功率输出的方式可使车轮的滑动率保持在最佳范围内，由此可防止驾驶员过分踩下加速踏板所带来的负作用，获得较好的行驶安全性及良好的起步加速性能。当然，也可减少轮胎及动力传动系统的磨损。例如，当车轮右侧是结冰路面，左侧是水泥或沥青路面，两侧的附着能力不同，汽车起步受阻。如果汽车装有 ASR 系统，它可通过制动飞转车轮的办法来平衡驱动轮的转速差。这实际上产生的是差速锁效应。一方面提高了驱动力的发挥，在较大程度上发挥附着较好一侧的附着能力，另一方面防止了差速器行星齿轮的快速转动，避免了差速器的早期磨损。ASR 的这种控制方式称为“制动力控制”。

若两侧附着状况均不好（如都结冰路面），当猛踩加速踏板时，由于地面附着能力不足，两侧驱动轮会同时飞转。在这

种情况下，驱动防滑系统通过自动减少发动机功率输出的办法来控制。发动机输出功率和发动机转速的适度降低，可减少驱动轮的过分滑转，一方面提高了车轮－路面间的侧向附着能力，维持了方向稳定性；另一方面增大了纵向附着能力，有利于加速与起步。驱动防滑系统的这种控制方式称为“发动机调速控制”。

驱动防滑系统进行制动力控制和发动机调速控制时，仪表盘上的 ASR 指示灯就闪光，告知驾驶员路面的状况，从而可及时采取相应措施。驱动防滑系统的这种控制方式称为“光滑路面状况显示控制”。

如果应用气体悬架的汽车在光滑路面上起步或行驶比较困难，可通过 ASR 控制作用使驱动力获得一定程度的增加，但仍不足以正常行驶，为增加驱动力，改善行驶状况，可通过轴荷转移的方法，增大驱动桥的附着载荷，增大驱动力。轴荷转移是通过部分释放驱动桥气体悬架中压力气体，造成悬架质量向驱动桥一边倾斜，整车质心位置的改变来实现。压力气体释放的多少取决于驱动轮的滑转程度。ASR 系统这种控制方式称为“轴荷转移控制”。

2.3　驱动防滑系统的组成与工作原理

ASR 的组成与工作原理

ASR 总是和 ABS 结合在一起应用，其结构如图 4-29 所示。各构件的功用如表 4-7 所示。

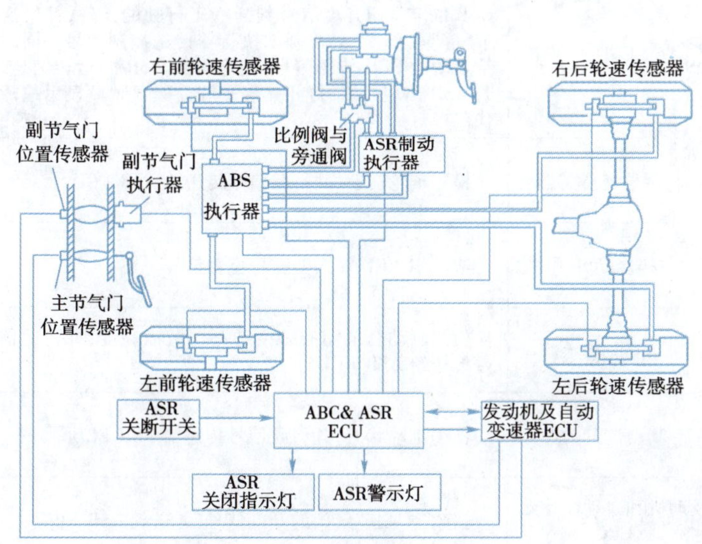

图 4-29　ABS/ASR 典型结构示意图

驱动防滑控制是建立在防抱死制动控制和发动机调速控

制的基础上的,因此,这个系统包括电子控制装置、轮速传感器、节气门位置传感器、节气门 ECU 和压力调节器。四个轮速传感器为 ABS/ASR 共有,ABS 和 ASR 共用一个 ECU。与 ASR 有关的装置(如 ASR 执行器、由发动机控制的发动机副节气门装置、ASR 控制开关及显示灯等)不完成 ABS 的功能,只实现 ASR 的控制功能。

车速的信号可从前轮中测知,滑转状况信号可通过测知后驱动转速信号后再通过一定计算获得。

车轮车速传感器将行驶汽车驱动车轮转速及非驱动车轮转速转变为电信号,输送给 ECU。ECU 根据车轮转速传感器的信号计算驱动车轮的滑转率,如果滑转率超出了目标范围,ECU 再综合参考节气门开度信号、发动机转速信号、转向信号等因素确定控制方式,输出控制信号,使相应的执行器动作,将驱动车轮的滑转率控制在目标范围之内。

在 ASR 处于防滑控制过程中,如果驾驶员踩下制动踏板进行制动时,ASR 会自动退出控制,而不影响制动过程的正常进行。在采用 ASR 的汽车上,一般在仪表板上都装有 ASR 控制主开关(ASR 断开开关),如果驾驶员断开 ASR 开关,ASR 将不起作用且 ASR 警告灯点亮。

ASR 主要机件的功能

ASR 主要机件的功能 表 4-7

主要机件	功　能
ECU	根据前后轮速传感器传递的信号及发动机与变速器 ECU 的节气门开度信号判断汽车行驶的条件,并给副节气门执行器、ASR 制动执行器传送控制信号。同时给发动机 ECU 传送信号,使之得到 ASR 的运转信息,若 ASR 出现故障,打开其警示灯提醒驾驶员显示故障代码
前、后轮速传感器	检测车轮转速,并将此信号传送给 ASR ECU
空档启动开关	给 ASR ECU 输入变速杆位置信号
制动液面警示灯	检测制动总泵储液罐中的制动液面高度,并将此信号传送给 ASR ECU
制动灯开关	检测制动状态,并将此信号传送给 ASR ECU
发动机和自动变速器 ECU	接收主、副节气门的开度信号,并送到 ASR ECU
ABS 执行器	根据从 ASR ECU 传来的信号,分别控制左、右车轮制动分泵中的制动液压

续上表

主要机件	功能
ASR 制动执行器	根据从 ASR ECU 传来的信号，为 ABS 执行器提供液压
主节气门开度传感器	检测主节气门开度并将信号传送给发动机 ECU
副节气门开度传感器	检测副节气门开度并将信号传送给发动机 ECU
副节气门执行器	根据从 ASR ECU 传来的信号，控制副节气门的开启角
ASR 警示灯	通知驾驶员 ASR 正在工作，若 ASR 出现故障则闪亮警告
ASR 关闭指示灯	通知驾驶员由于 ABS 或发动机控制系统出现了故障，ASR 不工作或 ASR 切断开关已经断开
ASR 制动主继电器	给 ASR 制动执行器及泵电机继电器提供电流
ASR 泵电机继电器	给 ASR 泵电机提供电流
ASR 节气门继电器	通过 ASR ECU 给副节气门执行器提供电流
ASR 切断开关	允许驾驶员让 ASR 处在不工作状态

由于驱动防滑系统总是和防抱死系统结合在一起应用，通常称为 ABS/ASR 系统。它们都有自检、报警、自诊断的功能，工作互不影响。但二者既有共同点亦有不同点。

二者都是利用轮速传感器的控制方式，取其低速抱死信号或高速滑转信号，控制车轮的制动力矩，使其在最佳滑移率区域工作，提高附着力和利用率，从而缩短制动距离，提高加速性能，改善汽车的行驶方向的稳定性和转向操纵能力。但也有不同，不同点如下：

ABS 与 ASR 的不同之处

(1) ABS 对驱动轮和非驱动轮都进行控制；ASR 只对驱动轮进行控制。并有选择开关（ASR－SW），控制其使用时机。

(2) ASR 只在一定的车速范围内进行滑转调节，当车速在 80km/h 以上时，不起调节作用（没有必要调节）。

(3) ASR 的调节功能在低速时，以提高驱动力为主，对两驱动轮能分别调节制动压力；在高车速时，以提高行驶的稳定性为主，对两驱动轮统一地调节驱动力或制动力。

(4) ABS 控制期间，离合器处于分离状态，发动机是怠速状态，传动系无工作载荷，各车轮间无相互影响。

(5) ASR 控制期间，离合器处于接合状态，发动机不是怠速状态。发动机的旋转惯量，对传动系有较大的负载（扭振）。驱动轮间有较大的相互影响（差速器处于工作状态）。

(6) ABS 是单环节制动系统，ASR 是多环节控制系统（包括发动机控制环节和制动控制环节）。前者是利用低频，低电位信号调压，包括“降压、保压、升压”三过程；后者是利用高频，高电位信号调压，包括“升压、保压、降压”三过程。

(7) ABS 可用整体式制动压力调节器，也可用分离式制动压力调节器；而 ASR 必须用分离式制动压力调节器，以便于管路布置方便。

2.4　丰田凌志 LS400 轿车 ASR 的检修

丰田凌志 LS400 轿车驱动防滑系统简称 TRC，电路原理如图 4-30 所示，其液压系统如图 4-31 所示。

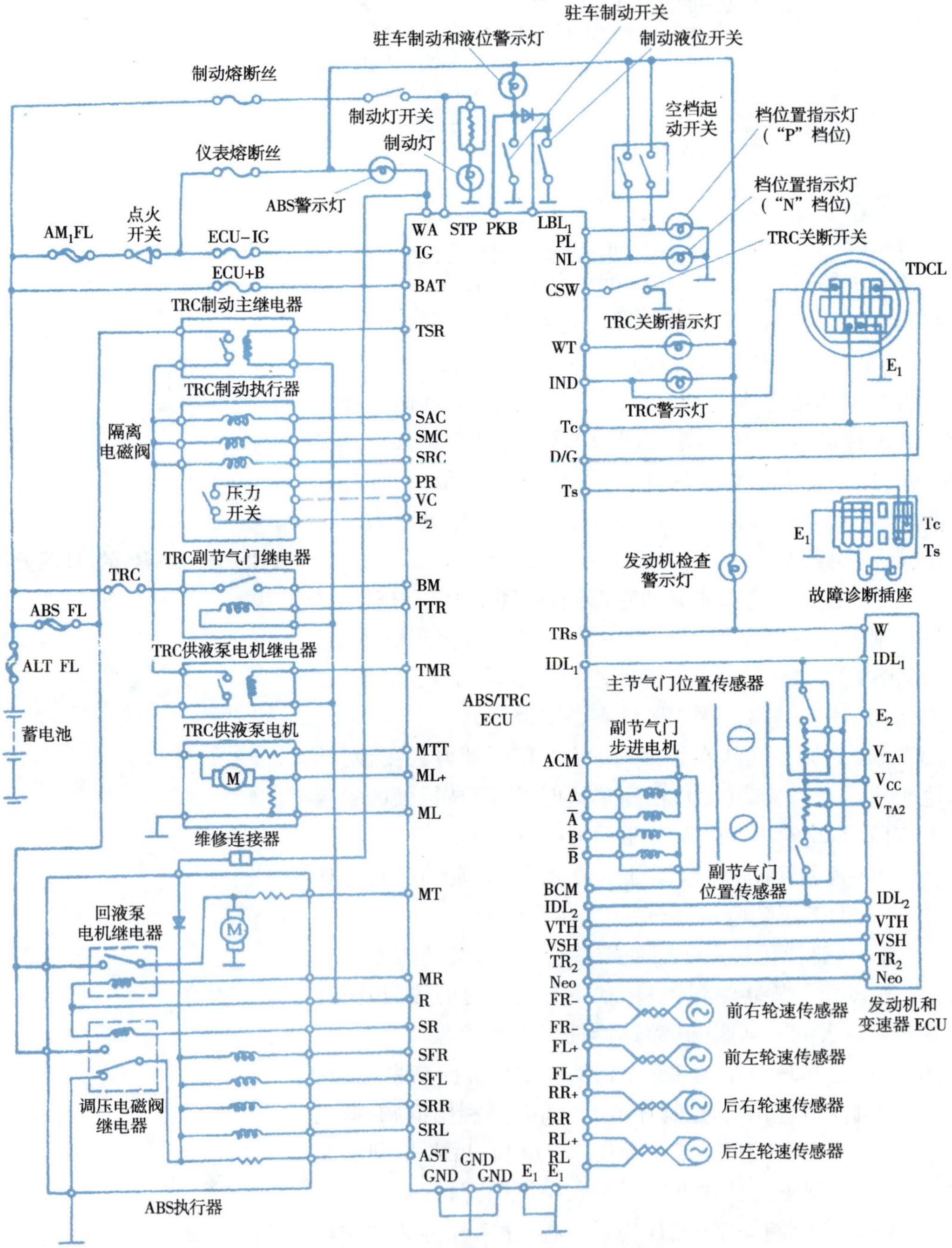

图 4-30　丰田凌志 LS400 驱动防滑系统的原理图

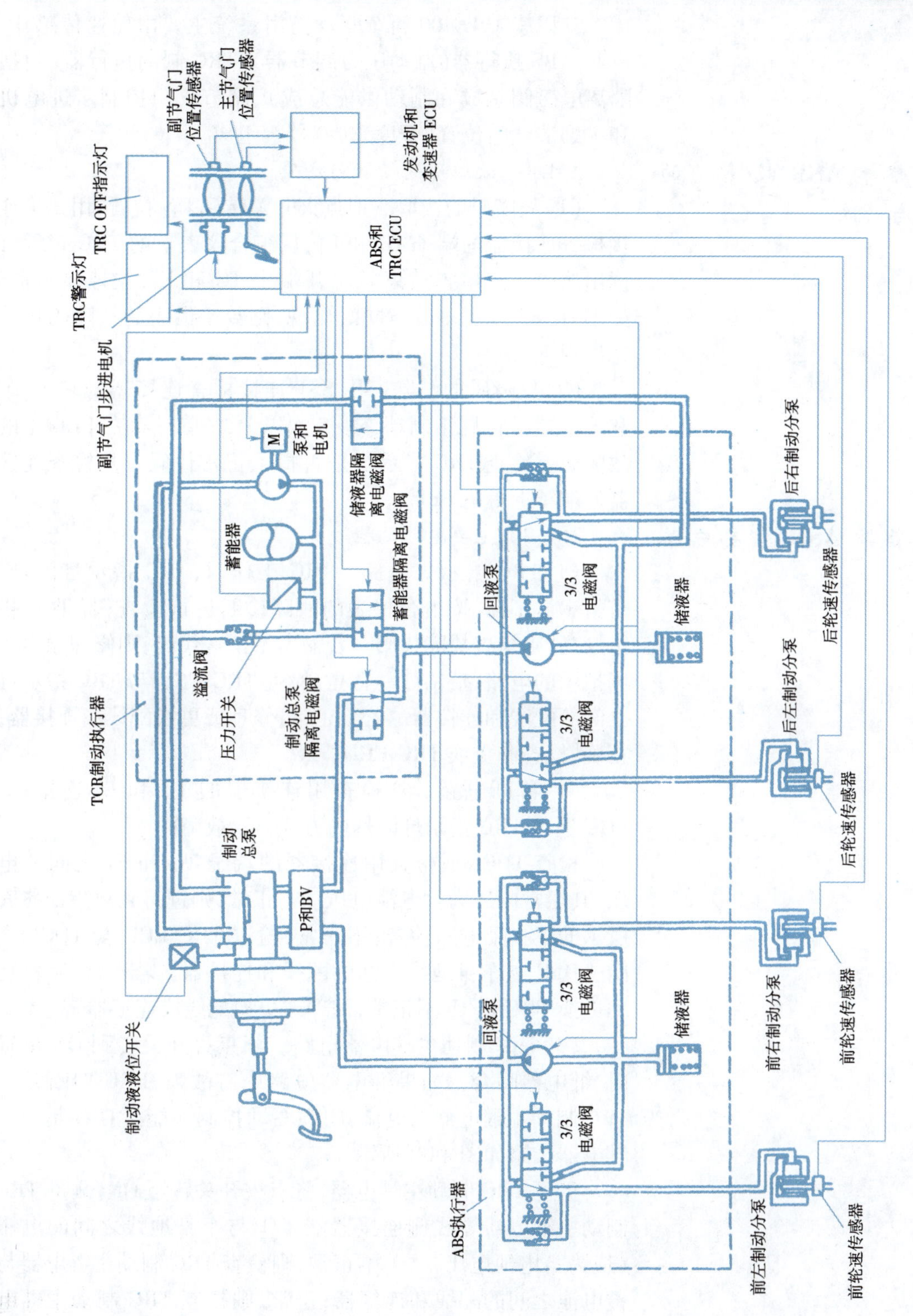

TCR制动执行器
制动液液位开关
副节气门步进电机
TRC警示灯
TRC OFF指示灯
副节气门
位置传感器
主节气门
位置传感器
溢流阀
压力开关
蓄能器
制动
总泵
M
泵和
电机
P和BV
制动总泵
隔离电磁阀
储液器隔
离电磁阀
蓄能器隔离电磁阀
ABS和
TRC ECU
发动机和
变速器 ECU
ABS执行器
回液泵
3/3
电磁阀
储液器
前左制动分泵
前右制动分泵
后左制动分泵
后右制动分泵
前轮速传感器
后轮速传感器

图 4-31　丰田凌志 LS400 驱动防滑系统液压系统

丰田凌志 LS400 轿车驱动防滑系统主要由轮速传感器、ECU、ABS 执行器(制动压力调节器)、TRC 制动执行器(包括隔离电磁阀总成和制动供能总成)、副节气门控制步进电机和主副节气门位置(开度)传感器等组成。

凌志轿车 ASR 故障码的读取与清除

2.4.1 故障码的读取与清除

(1)故障码的读取。把点火开关转到 ON 位置,用 SST 连接检查连接器的端子 TC 和 E_1,从组合仪表上的 TRC 指示灯读出故障码。检查结束后脱开端子 TC 和 E_1,关掉显示器。如果有两个或更多故障同时出现,则数字最小的故障码将首先出现。

(2)故障码的清除。用 SST 连接检查连接器的端子 TC 和 E_1,在 3s 内踩下制动踏板 8 次以上,清除储存在 ECU 中的故障码。检查 TRC 指示灯是否指示正常代码。从检查连接器的端子上拆下 SST。

凌志轿车 ASR 主要电路的检查

2.4.2 主要电路的检查

(1)TRC 指示灯电路。TRC 工作时,TRC 指示灯闪烁。若指示灯不亮,按组合仪表的故障诊断进行检查;若 TRC 指示灯亮,则检查故障代码。若输出不正常代码,则修理输出代码指示的电路;指示灯一直亮,检查 TRC ECU 与 TRC 指示灯之间的配线和连接器。若不正常,修理或更换配线或连接器;正确,检查和更换 TRC ECU。

(2)诊断电路。把检查用连接器的 TC 和 E_1 连接后,ECU 通过 TRC 指示灯闪烁的方式显示故障码。

检查 TDCL 或检查用连接器的端子 TC 和 E_1 之间的电压,其正常电压为蓄电池电压。若正常,则进行到故障征兆表所示的下一个电路检查;不正常,检查 TRC ECU 与 TDCL 之间、TDLC 与车身地线之间的配线和连接器。若正常,则检查和更换 TRC ECU;不正常,修理或更换配线或连接器。

(3)TRC 制动主继电器电路。当点火开关转到 ON 位置时,继电器闭合。如果继电器电路中有故障,ECU 即断开至 TRC 制动主继电器的电流,闭锁驱动控制功能。TRC 制动主继电器线路如图 4-32 所示。

拆下 TRC 制动主继电器,将点火开关转至 ON,测量 TRC 制动主继电器导线侧连接器端子 1 与车身地线之间的电压(应为蓄电池电压)。若不正常,则检查 TRC 制动主继电器与蓄电池之间的配线和连接器;正常,则检查 TRC 制动主继电器。若继电器良好,则检查 TRC ECU 与 TRC 制动主继电器之间、TRC 制动主继电器与 TRC 执行器之间的配线和连

接器。

(4)TRC 节气门继电器电路。它通过 ECU 控制供向辅

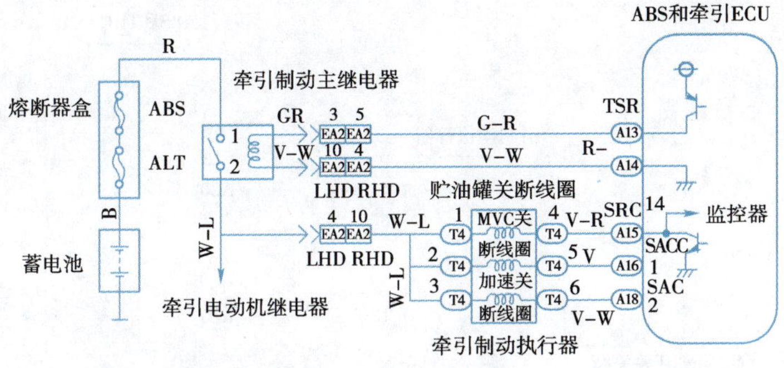

图 4-32　丰田凌志 LS400 TRC 制动主继电器线路图

助节气门的电流，如图 4-33 所示。当点火开关转到 ON 时，继电器闭合。如果继电器电路有故障，ECU 切断供向节气门继电器的电流，闭锁驱动控制功能。

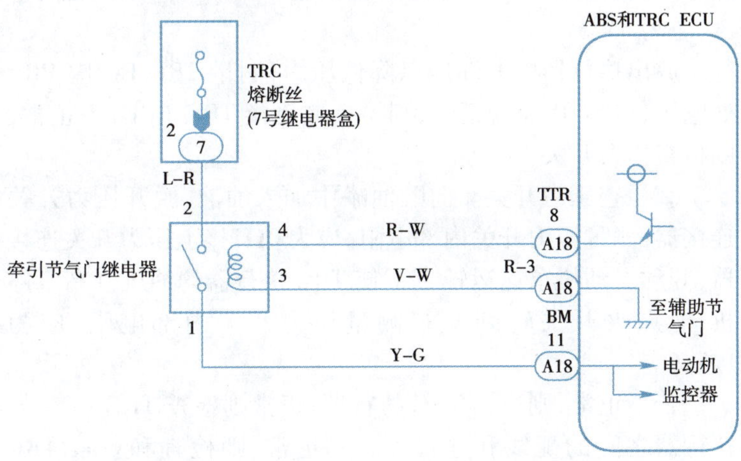

图 4-33　丰田凌志 LS400TRC 节气门继电器线路图

先检查该继电器的电源电压，应为蓄电池电压。若不正常，则检查和修理 TRC 节气门继电器与蓄电池之间的配线或连接器；正常，则检查 TRC 继电器。若继电器正常，则检查 TRC ECU 与 TRC 节气门继电器之间的配线和连接器。若正常，则检查和更换 TRC ECU；若不正常，则修理或更换配线或连接器。

(5)压力开关电路。压力开关电路如图 4-34 所示。该压力开关检测 TRC 蓄压器的油液压力。如果压力低了，它就向 ECU 发送开动泵的信号。如果压力高了，它就向 ECU 发送停止泵的信号。

①检查 ABS 和 TRC ECU 连接器的端子 PR 和 E_2 之间的电压。拆下空气滤清器和管道，拆下 TRC ECU，而连接器仍

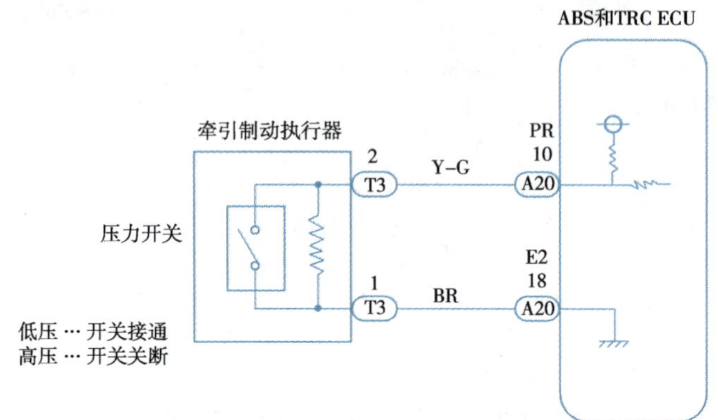

图 4-34　凌志 LS400 TRC 压力开关线路图

连接着；开动发动机怠速运转 30s，使 TRC 执行器的油压升高。停机，把点火开关转到 ON，测量 TRC ECU“PR”处的电压，应为 5V。

放出执行器中的油压以降低压力，测量 TRC ECU “PR”处电压，应为 0V。若正常，则检查或更换 TRC ECU；不正常，则检查压力开关。

②检查压力开关。向贮油罐中加入油液，脱开压力开关连接器，测量压力开关内部电阻，应为 0Ω；接上压力开关连接器，开动发动机怠速运转 30s，使 TRC 执行器的油压升高。停机，把点火开关转到 ON，测量压力开关内部电阻，应为 1.5kΩ。

若不正常，则更换 TRC 执行器；正常则检查 TRC ECU 与执行器之间的配线和连接器。亦正常，则检查和更换 TRC ECU；不正常，则修理和更换配线或连接器。

(6) TRC 制动执行器线圈电路。TRC 制动执行器线圈的电路图如图 4-35 所示。TRC 制动执行器按照 ECU 的信号工作，改变 TRC 至正常压力，升压、降压或保持压力不变。

拆下 TRC ECU 而连接器仍连接着，把点火开关转到 ON，测量 TRC ECU 端子 SRC、SMC、SAC 处的电压(应为蓄电池电压)。正常则检查和更换 TRC ECU，不正常则检查 TRC 制动执行器线圈，仍正常则向蓄电池方向查找。

(7) 发动机信息交换电路。它向“发动机和 ECT ECU”和“TRC ECU”发出要求推迟点火正时的信号，以推迟发动机的点火正时。如图 4-36 所示。

脱开 TRC ECU 连接器，把点火开关转到 ON，测量 TRC

ECU 配线侧连接器端子 TR2 处电压(应为 5V)。若正常则检查和更换 ECU;若不正常则检查两 ECU 之间的配线和连接器。正常则检查和更换发动机 ECU,不正常则修理或更换配线或连接器。

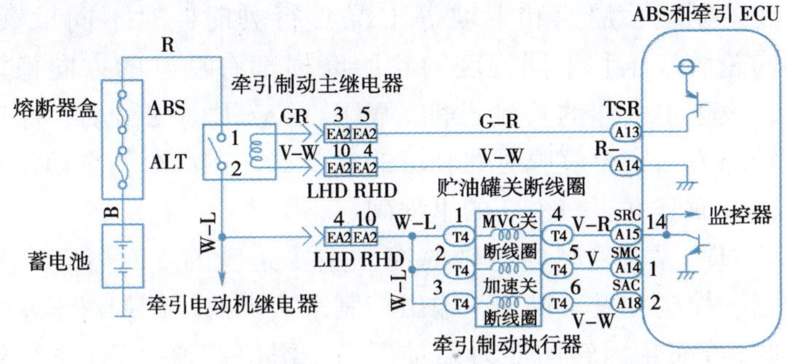

图 4-35　丰田凌志 LS400TRC 制动执行器线圈电路

其他电路(如门执行器电路、Ne 信号电路、主节气门位置传感器电路、辅助节气门位置传感器电路、TRC 泵电机继电器电路、泵电机闭锁传感器电路、空档起动开关电路、TRC 关断开关电路)略。

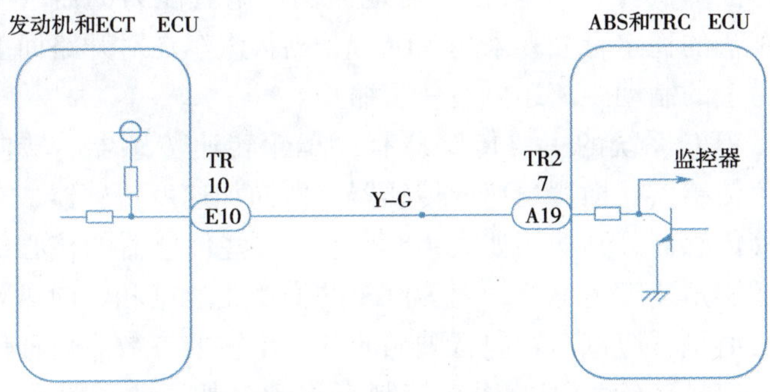

图 4-36　丰田凌志 LS400 发动机信息交换电路

3　汽车动态控制系统(VDC)

ABS 和 ASR 成功地解决了汽车制动和驱动时的方向稳定性问题,但不能解决汽车转向行驶时的方向稳定性问题。例如当汽车转向行驶时,不可避免地受到侧向和纵向力的作用,只有当地面能够提供充分的侧向和纵向力时,驾驶员才能控制住车辆。如果地面侧向附着能力比较低,就会损坏汽车预定方向行驶的能力。雨天汽车高速转向行驶时,常常侧向滑出,就是地面侧向附着能力不足的缘故。为解决此问题,则在 ABS/ASR 的基础上发展成汽车动态控制系统 VDC

(Vehicle Dynamics Control)。这个系统把汽车的制动、驱动、悬架、转向、发动机等各主要总成的控制系统在功能上、结构上有机地综合在一起，可使汽车在各种恶劣工况下（如冰雪路面上、对开路面上、弯道路面上，以及采取规避动作移线、制动、加速和下坡等工况）行驶时，对不同承载、不同轮胎气压和不同程度的轮胎磨损都有良好的方向稳定性，表现出最佳的行驶性能。VDC 的应用，在制动、加速和转向方面完全解脱对驾驶员的高要求，在汽车的主动安全行驶方面竖立了一个新的里程碑。

VDC 系统的控制原理

VDC 系统对转向行驶的控制主要是借助于对各个车轮的制动控制和发动机功率输出控制来实现的。例如汽车左转弯时,若前轮因转向能力不足而趋于滑出弯道,VDC 系统即可测知侧滑即将发生,就采取适当制动左后轮的办法。左后轮产生的制动力可帮助汽车转向,使汽车继续按照理想的路线行驶。若在同一弯道上,因后轮趋于侧向滑出而转向过多,VDC 系统即采取适当制动右前轮的办法,维持车辆的稳定行驶。在极端情况下,VDC 系统还可采取降低发动机功率输出的办法降低行驶车速,减少对地面侧向附着能力的需求来维持车辆的稳定行驶。采用 VDC 系统后,汽车在对开路面上或弯道上的制动距离还可进一步缩短。

VDC 系统的主要传感器

VDC 系统的主要传感器有：车轮转速传感器、转向盘转角传感器、横摆角速度传感器、侧向加速度传感器、车轮位移传感器，其功用如表 4-8 所示。这些传感器的核心部分是横摆角速度传感器，因为汽车的横摆角速度和转向盘转角的比值是反应汽车转向行驶品质的一个重要参数。位移传感器的信号传给 ECU，用来控制半主动悬架，改善汽车的接地性能。其他传感器则把汽车每一瞬间的运动状态的信息传给 ECU，使之与运动状态相比较，一旦汽车偏离了理想的路线，它就会在极短的时间内采取纠正措施，给制动控制系统或发动机控制系统发出相应的指令，维持汽车在理想的路线上行驶。

VDC 系统的主要传感器及其功用 表 4-8

传感器名称	主 要 功 用
车轮转速传感器	用来跟踪每一车轮的运动状态
转向盘转角传感器	用来感知转向盘的转角
横摆角速度传感器	用来记录汽车绕垂直轴线转动的所有运动
侧向加速度传感器	用来检测转向行驶时离心力的大小
车轮位移传感器	用来测量车轮和车身相对位置的变化

思考与练习

一、判断题

1. 在一些防抱死制动系统中，制动助力是靠液压储能器供应的高压制动液保证的。 ( )

2. 装有 ABS 系统的汽车，在制动后期，会有车轮被抱死、地面留有拖印的现象。 ( )

3. ABS 系统排气时间比普通制动系统长，消耗的制动液也较多。 ( )

4. ABS 对驱动轮和非驱动轮都进行控制。 ( )

5. ASR 只对驱动轮进行控制。 ( )

二、选择题

1. ( )是制动防抱死系统的缩写。

A. ASR B. EFI C. ABS D. ATS

2. 装有 ABS 系统的汽车制动时，不正常的现象是( )。

A. 制动踏板有轻微的振动 B. 制动踏板有轻微的下沉

C. 地面上留有拖印 D. 汽车跑偏

3. 装有 ABS 系统的汽车，在制动过程中应使车轮滑移率保持在( )的范围内，以获得良好的制动性能。

A. 15% ~20% B. 20% ~30%

C. 30% ~40% D. 80% ~100%

4. 装用 ABS 系统的汽车制动时，某一瞬间车轮( )。

A. 不可能抱死 B. 可能抱死

C. 始终在转 D. 可能不转

5. 装有 ABS 系统的汽车高速行驶制动时，地面上( )。

A. 可能留下拖印 B. 不可能留下拖印

C. 可能有断续的拖印

三、简答题

1. ABS 有哪些类型？
2. ABS 由哪些机件组成？各有何作用？
3. 简述 ABS 的工作原理。
4. 试述 ABS 各传感器的检修方法。
5. 简答 ABS 的检修注意事项。
6. ASR 与 ABS 有何异同？
7. 实现 ASR 控制的方式有哪些？
8. 试比较 ABS、ASR 与 VDC。

单元五　电控悬架的构造与维修

学习目标

知识目标

1. 简单叙述电控悬架(TEMS)的作用、要求、组成与工作原理和典型汽车电控悬架(TEMS)故障诊断与检修方法;

2. 正确描述电控悬架(TEMS)各传感器的功能。

能力目标

1. 能够安全正确检修各传感器;

2. 能正确使用检测设备对传感器性能和控制电路进行检查。

1　概　　述

1.1　电控悬架的类型与要求

电控悬架的类型

根据刚度和阻尼系数是否可调,悬架分为主动悬架和被动悬架;根据有源和无源,电控悬架分为半主动悬架和全主动悬架;根据介质的不同,悬架分为油气式主动悬架和空气式主动悬架。

主动悬架是在悬架系统中采用控制元件组成一个闭环控制系统,根据车辆的运行状况和路面状况主动做出反应,以抑制车身的振动和摆动,使悬架始终处于最佳的减振状态。由于主动悬架在汽车行驶中速度变化,以及汽车起动、制动、转向等工况时,都可进行有效的控制,甚至可根据车速的变化自动控制车身高度,所以现代高级轿车广泛使用空气式主动悬架。

电控空气悬架是利用压缩空气充当弹簧作用,弹簧的刚度和车身的高度是根据汽车行驶状况进行自动控制,减振器的减振力控制也用来抑制汽车行驶和停驶时车身姿态的

变化。

电控悬架的要求：在水平路面上高速行驶时，使车身变低、弹簧变软，以提高舒适性；在凹凸不平的路面行驶时，车身变高，使悬架变硬，以消除颠簸，提高通过性；防止纵向仰头、栽头及横向倾斜，保持前照灯光轴不变，提高安全性。

电控悬架的要求

1.2　电控悬架的功能

1.2.1　减振力和弹簧刚度的控制

减振力和弹簧刚度的控制

(1)防侧倾控制。侧倾发生于汽车在横向坡道高速行驶和汽车高速转弯时，根据汽车行驶速度和转向角度，使减振力和弹簧刚度转换为“坚硬”状态，抑制转变期间的侧倾，这种控制持续时间大约为2s，然后恢复到最初减振力和弹簧刚度，持续时间较长。

(2)防制动栽头控制。根据汽车行驶速度、制动开关信号和汽车高度的变化，减振力和弹簧刚度转换为“坚硬”状态，抑制制动期间的栽头现象。

(3)防后坐控制。根据汽车速度、节气门开启角度和速度的变化，减振力和弹簧刚度转换为“坚硬”状态，用来抑制汽车起步和急加速时后坐，在2s后或当汽车速度达到一定水平时，恢复最初的状态。

(4)高速控制。当汽车行驶速度超过一定设置水平时，减振力和弹簧分别转换为“中等”和“坚硬”状态，以提高直线行驶稳定性和操纵性能。

(5)不平道路、颠簸或跳动控制。按照道路的不平整性，减振力转换为“中等”和“坚硬”状态，弹簧刚度转换为“坚硬”状态，用来在不平整路面上，抑制汽车底盘的颠簸和跳动，因而提高乘坐的舒适性，该控制系统能分别精确地对前、后轮发令执行，当汽车行驶速度低于10km/h时，不能进行调整。

1.2.2　车身高度的控制

车身高度的控制

(1)自动水平控制。当高度控制传感器检测到由于乘客和行李重量变化而引起汽车高度发生变化时，按照变化量，压缩空气被加入或从可充气气缸释放，以保持汽车高度恒定水平，保证夜晚行驶具有良好的视野性。

(2)高速控制。当汽车在良好路面高速行驶时，若汽车高度控制开关选择在“HIGH”上，汽车高度将自动转换为“NORM”，以提高汽车行驶时的稳定性和减少空气阻力。

(3)点火开关 OFF 控制。仅在点火开关关闭后,汽车高度降低,以减小占据空间和更加安全。

2 电控悬架的组成与工作原理

2.1 电控空气弹簧悬架系统

2.1.1 组成

以丰田凌志 LS400 为例,电控悬架由传感器、悬架 ECU 和执行器组成,如图 5-1 所示,其在车上的安装位置如图 5-2 所示。

(1)模式选择开关。模式选择开关位于变速杆旁边。设有 SPORT(运动)或 NORM(标准)两种模式,由驾驶员根据行驶条件进行选择,从而确定减振器阻尼力和悬架刚度或车身高度的调节模式。模式开关的工作原理如图 5-3 所示。选择标准模式时,施加在 ECU 端子 SW - S 的电压为 0V,选择运动模式时为 12V。ECU 根据该信号判定驾驶员选择的模式。

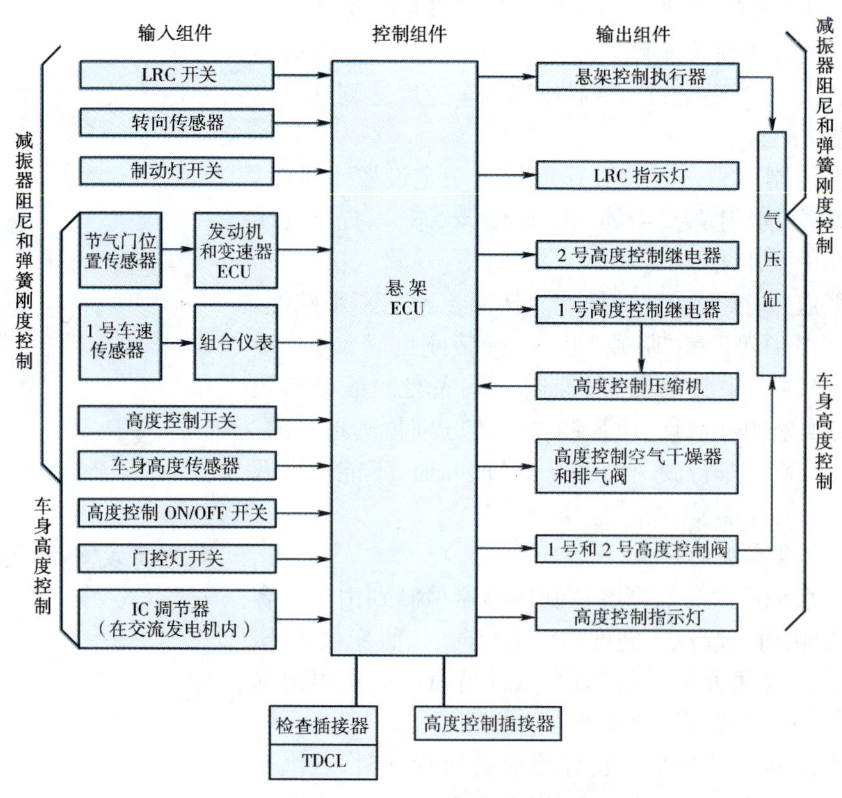

图 5-1 凌志 LS400 轿车电控悬架系统控制方框图

丰田凌志 LS400 轿车电控悬架系统的模式选择开关由 LRC 开关和高度控制开关组成，如图 5-4 所示。

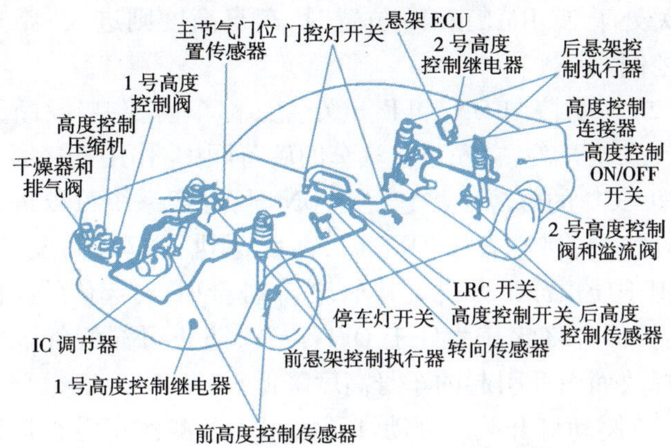

图 5-2　凌志 LS400 轿车电控悬架各部件在车上的安装位置

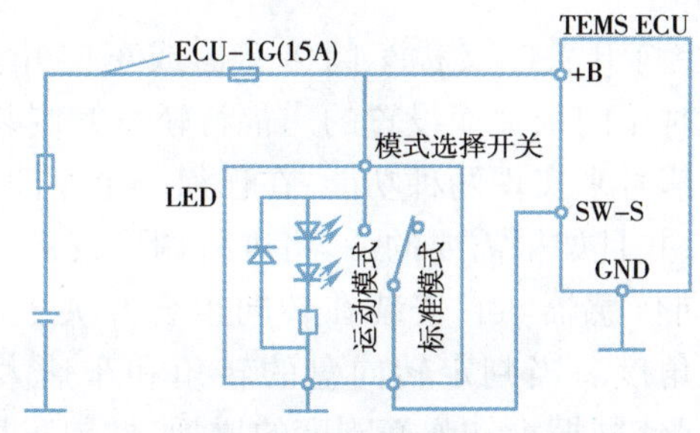

图 5-3　模式选择开关电路

①LRC 开关：LRC 开关可以选择悬架的刚度和阻尼力。LRC 开关在 SPORT 位置时，系统进入"高速行驶（硬状态）自动控制"；当 LRC 开关在 NORM 位置时，系统对悬架刚度和阻尼力进行"常规值自动控制"。此时悬架 ECU 根据车速传感器信号，使悬架刚度、阻尼力自动处于软、中、硬三种状态。

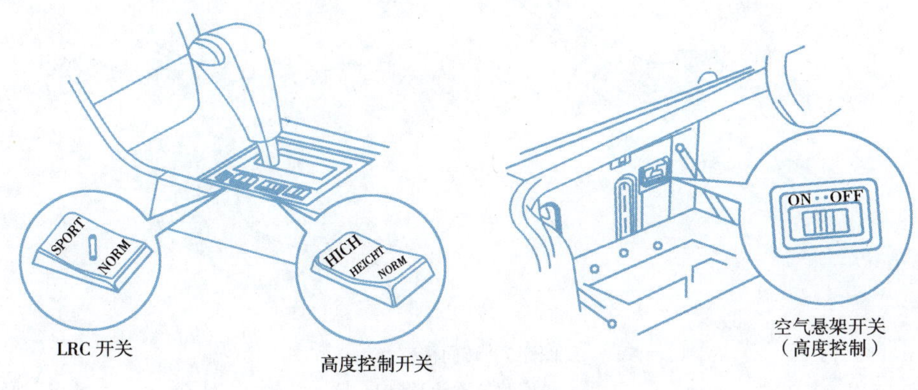

图 5-4　LRC 开关、高度控制开关、空气悬架开关

②高度控制开关：选择汽车目标高度，当该开关处于HIGH（高）位置时，系统对车身高度进行“高值自动控制”；当该开关处于NORM（正常）位置时，车身高度则进入“常规值自动控制”状态。

TEMS的组成

（2）高度控制ON/OFF开关。又称车高控制通/断开关或空气悬架开关，它安装在汽车的后备厢中，作用是接通或断开悬架ECU的电源。将它置于ON时，悬架系统可以进行车身高度控制；将它置于OFF时，系统不执行车身高度控制。在使用千斤顶或举升机上升车、汽车被牵引、在起伏的路面上驻车时，都应将此开关处于OFF位置，防止可充气气缸中的气体释放而由此引起的车身高度降低。

（3）制动灯开关。制动灯开关用于检测汽车是否进行制动，向ECU提供汽车制动信号，以便据此产生抑制车身点头的控制信号。

（4）门控灯开关。又称车门传感器或车门开关，它是为了防止行车时车门未关而设置的。福特轿车控制装置利用车门开关输入信号来实现两种功能：在任何一个车门打开时，立即停止排气，并且如果需要的话，将进行调平校正。

（5）转向传感器。它安装在转向组合开关上，并检测转向的方向和角度。当判定转向盘的转角和车速大于设定值时，ECU会促使减振力和弹簧刚度的增加，抑制车身侧倾。

转向传感器的结构如图5-5所示。传感器圆盘压装在转向轴上，圆盘中间装有带均匀分布着窄缝的遮光盘。传感器的信号发生器由发光二极管和光敏二极管组成。信号发生器以两个为一组，从上面套装在带窄缝的遮光盘上。遮光盘随

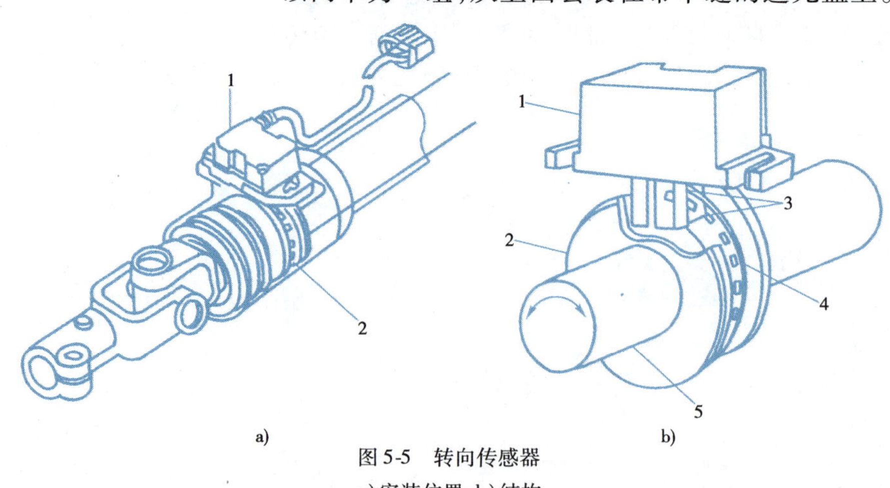

图5-5　转向传感器

a）安装位置；b）结构

1-转向传感器；2-传感器圆盘；3-信号发生器；4-遮光盘；5-转向轴

转向轴转动时，两个信号发生器的输出端则会输出通（ON）、断（OFF）的交变信号（如图5-6所示），ECU根据两个信号发生器输出的交变信号变换的速率，即可检测出转向的转动速率；ECU计数器统计信号发生器ON/OFF变换的次数，即可检测出转向轴的转角。另外，设计时将两个信号发生器ON/OFF变换的相位错开90°，因此，只要判断哪个信号发生器首先转变为ON状态，即可检测出转向轴的转动方向。

（6）车速传感器。车速传感器通常安装在变速器输出轴附近的壳体上，用于检测汽车的行驶速度，并将信号传给ECU，作为防后坐、防侧倾、防点头控制、高速控制的一个依据。常用的车速传感器有电磁感应式和可变磁阻式两种。

（7）节气门位置传感器。它向ECU提供节气门位置的信号，悬架ECU根据节气门开启或关闭、开度的大小、关闭的速率，以及车速信号等进行防后坐控制，并在汽车加速时和满负荷时供给必要的较小的空燃比。

（8）车身高度控制传感器。持续不断地检测车身与悬架下臂之间的距离（车身与车架的相对高度，其变化频率和幅度反映了车身的振动）。根据路况，以悬架移动量确定车身的高度。汽车高度有：极低、低、正常、高和极高五种位置。车身高度传感器有光电式和霍尔式两种。

（9）高度控制阀。按照悬架ECU的信号，高度控制阀控制压缩空气流进或流出可充气气缸，ECU使高度控制阀的电磁线圈通电后，电磁线圈将高度控制阀打开并将压缩空气引向充气气缸，从而使汽车高度上升。

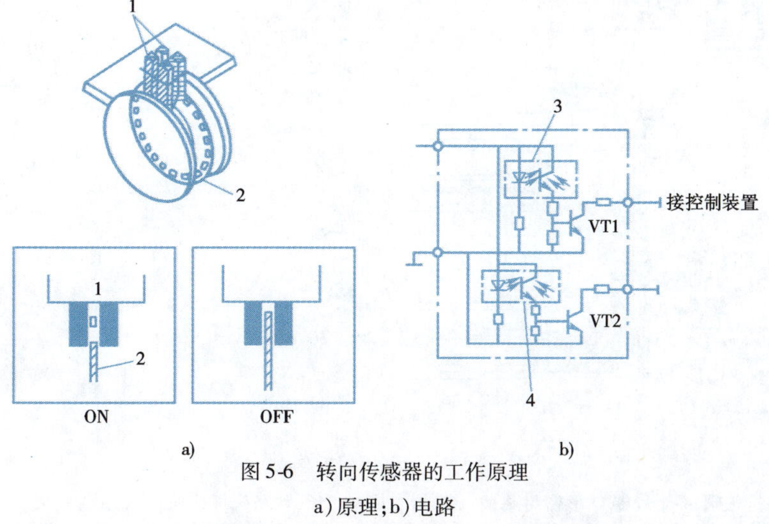

图5-6　转向传感器的工作原理

a）原理；b）电路

1-信号发生器；2-遮光盘；3-1号信号发生器；4-2号信号发生器

当汽车高度下降时，ECU 使高度控制阀电磁线圈通电，而且还使排气阀电磁线圈通电，排气阀电磁线圈使排气阀打开，将气缸中的压缩空气放到大气中。

1 号高度控制阀控制前悬架，两个电磁阀分别控制左、右侧的可充气气缸；2 号高度控制阀控制后悬架，也有两个电磁阀，但它们不能单独操作。为了防止空气管路中产生不正常的压力，2 号高度控制阀中有一个溢流阀，如图 5-7 所示。

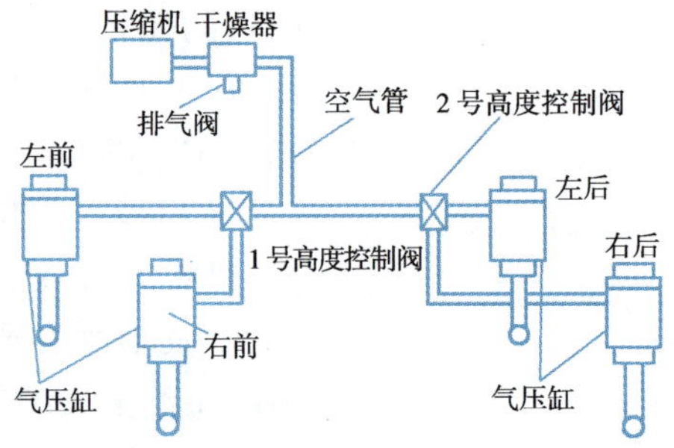

图 5-7　高度控制阀布置

(10)空气压缩机总成。空气压缩机总成包括空气压缩机、排气电磁阀、干燥器、电动机等，如图 5-8 所示。除干燥器总成外，压缩机和排气电磁阀均不可维修，只能进行总成互换。

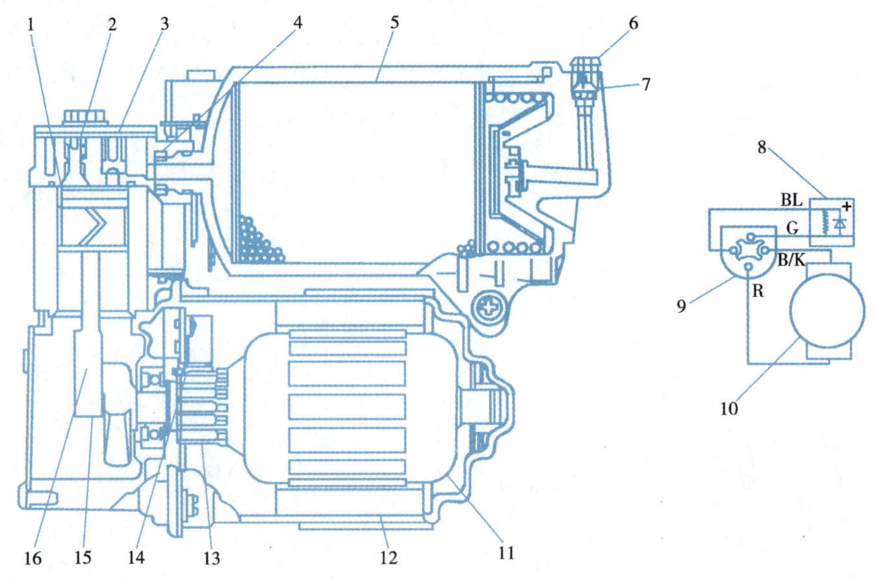

图 5-8　空气压缩机总成

1-活塞；2-进气阀；3-排气阀；4-干燥器 O 形密封圈；5-干燥器总成；6-空气管路放气按钮；7-空气管路接头；8-排气电磁阀；9-压缩机总成插接器；10、11-电动机；12-磁极；13-换向器；14-电刷；15-连杆；16-压缩机/排气电磁阀总成

空气压缩机由 ECU 通过继电器进行控制,用来提供车身高度调节所需的压缩空气。从压缩机出来的空气进入干燥器,经干燥吸湿后被送入高度控制电磁阀,由高度控制电磁阀控制空气弹簧的充气量。空气弹簧空气室的压力由调节阀控制,当排气阀打开时,空气弹簧内的压缩空气从排气阀排入大气,同时将干燥器内的水分一起带走。

当轿车载客人数增加时,车身高度会下降,车身高度传感器将这一信号传送给悬架 ECU,ECU 控制空气压缩机、车身高度电磁阀工作,向空气弹簧主气室充气,直至车身高度达到规定值;当车内载荷减少时,车身高度上升,此时,ECU 根据车身高度传感器传来的信号发出控制信号,打开车身高度控制电磁阀,使空气弹簧主气室的空气通过高度控制电磁阀、空气管路,从排气阀排出,从而使车身下降。

(11)空气弹簧。凌志 LS400 轿车电控悬架系统的空气弹簧安装在阻尼可调减振器的上端,与阻尼可调减振器一起构成了悬架支柱,上端与车架连接,下端安装地悬架摆臂上。空气弹簧由主气室和副气室组成,主、副气室之间有大小两个通道,执行器带动连通气阀控制杆转动,使阀心转过一个角度,以改变主、副气室之间通道的大小,即改变主、副气室之间的空气流量,使空气弹簧的有效容积改变,从而使悬架刚度(空气弹簧的弹性系数)发生变化。空气弹簧和减振器总成的结构如图 5-9 所示。

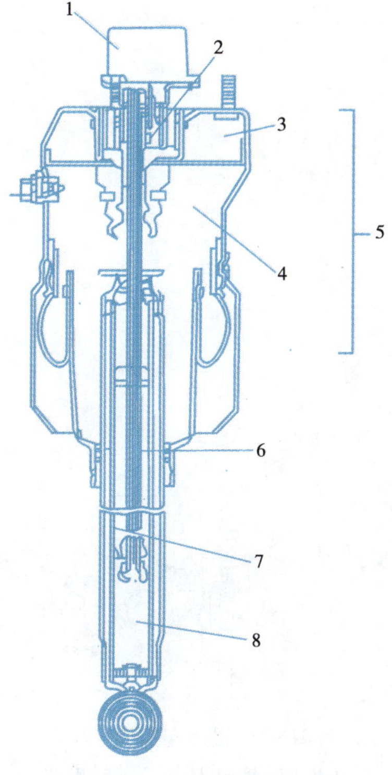

图 5-9 空气弹簧和减振器总成

1-悬架控制执行器;2-空气阀;3-辅助气室;4-主气室;5-气缸;6-阻尼调节杆;7-活塞量孔;8-减振器

空气弹簧悬架刚度可在低、中、高三种状态之间调整。当阀心的开口转到对准图 5-10 所示的低位置时,大空气通道被打开,主气室的气体经由阀心的中间孔、阀体的侧面大空气通道与副气室的气体相通,两气室之间的流量大,相当于参与工作的气体容积增大,悬架刚度处于“低状态”;当阀心的开口转到中位置时,小气体通道被打开,两气室之间的空气流量小,悬架刚度处于“中状态”;当阀心开口转到高位置时,两气室的气体通道全关闭,两气室之间的气体不能流动,此时只有主气室的气体参加工作,悬架刚度处于“高状态”。

(12)悬架执行器。悬架控制执行器安装在空气弹簧和减振器的上方,它不仅控制减振器的回转阀进行阻尼调节,同时还驱动空气弹簧气缸主、辅气室的阀心进行刚度调节。为了适应频繁变化的工况,并保证精确的定位,采用了直流步进电动机进行驱动。它通过驱动减振器的阻尼调节杆和空气弹簧气缸的气阀控制杆(刚度控制杆)来改变减振器的阻尼力和悬架的刚度。

电控悬架执行器的结构如图 5-11 所示。步进电动机作为驱动元件，它带动小齿轮驱动扇形齿轮转动，与扇形齿轮同轴的减振器阻尼调节杆带动减振器回转阀转动，使阻尼孔开闭的

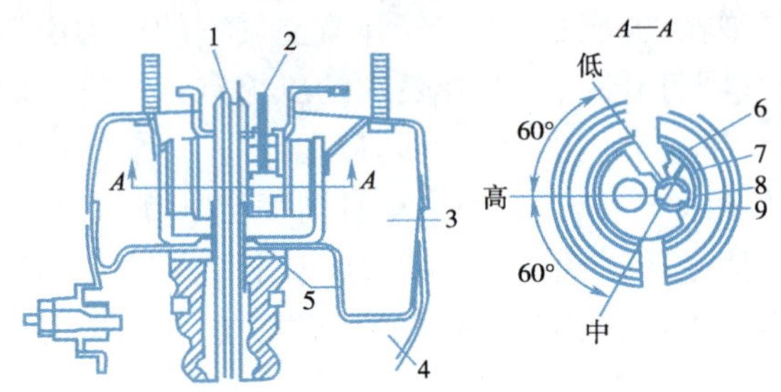

图 5-10　空气弹簧的工作原理示意图

1-阻尼调节杆；2-气阀控制杆；3-主副气室通道；4-副气室；5-主气室；6-气阀体；7-小空气通道；8-阀体；9-大空气通道

数量或大小发生变化，从而调节减振器的阻尼。在调节阻尼力的同时，齿轮系带动与空气弹簧气室阀心相连的气阀控制杆转动，随着气室阀心角度的改变，悬架的刚度也得到调节。

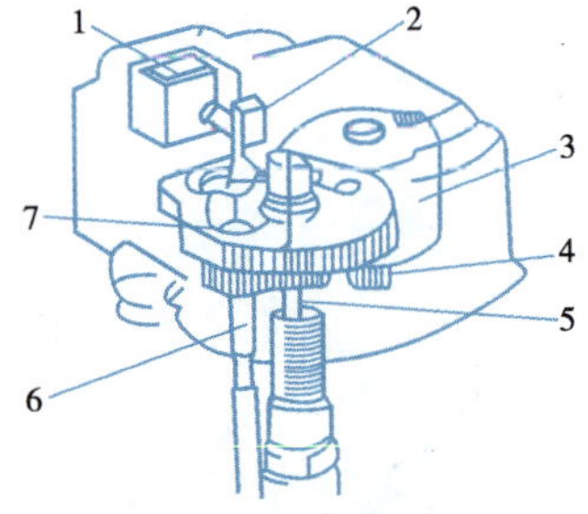

图 5-11　电控悬架执行器

1-电磁线圈；2-挡块；3-步进电动机；4-小齿轮；5-阻尼调节杆；6-气阀控制杆；7-扇形齿轮

电磁线圈不通电时，它控制的电磁制动开关松开，挡块处于扇形齿轮的滑槽内，扇形齿轮可以转动；电磁线圈通电时，电磁制动开关吸合，挡块被拉紧，齿轮系统处于锁止状态，各转阀均不能转动，使悬架的阻尼力和刚度保持在相对稳定状态。

步进电动机的基本工作原理如图 5-12 所示。步进电动机的转子由永久磁铁制成，定子有两对磁极，其上绕有 A－B、C－D 两相绕组，当 A－B 绕组接通正向电流时，永磁转子将在定子磁极磁场的作用下，处于“低状态”（图 b）；当 A－B 绕组不通电，C－D 绕组接通电源时，永磁转子处于“高状态”位置；当 A－B 绕组接通反向电流时，与“低状态”时相对比，左右磁极磁性相反，于是永磁转子处于“中状态”。

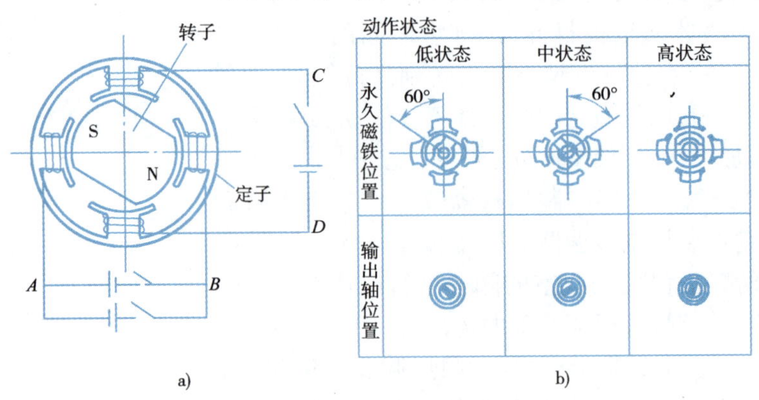

图 5-12　步进电动机的工作原理及动作状态

a）工作原理；b）动作状态

(13)悬架 ECU。根据各种传感器的信号,以及悬架控制开关操作方法的选择(LRC 开关和高度控制开关),悬架 ECU 控制减振力、悬架弹簧刚度和汽车高度,CEU 还具有自诊断功能,能对悬架控制系统故障进行诊断,储存和警告驾驶员,ECU 还具有失效保护功能,当出现故障时,能暂停悬架的控制。

2.1.2 工作原理

电控空气悬架的工作原理如图 5-13 所示。

2.1.2.1 车速与路面感应控制。车速与路面感应控制主要是根据车速与路面的变化来改变悬架的刚度和阻尼。有“软”和“硬”两种选择,由电脑控制或由驾驶员通过手动开关选择。通过模式选择开关来选择“软”或“硬”这两种模式,在这两种模式中,又按刚度和阻尼的大小分为低(软)、中(标准)、高(硬)三种状态。在“软”模式中,悬架常处在“低”状态,而在“硬”模式中,悬架则经常处于“中”状态。在这两种不同的模式下,悬架由 ECU 控制在三种状态,根据车速和路面的变化自动地调节刚度阻尼系数,使车身的振动达到最佳的控制。

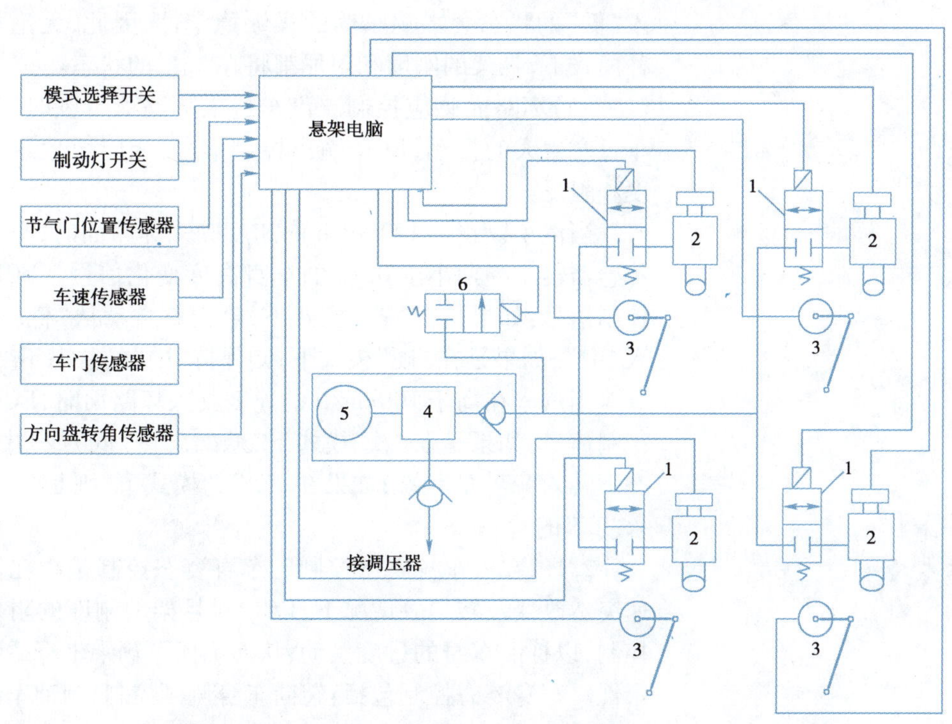

图 5-13 电控空气悬架原理示意图

1-高度控制阀;2-空气悬架;3-车身位移传感器;4-干燥器;5-空气泵;6-排气阀

车速路面感应控制又可分为高速感应控制、前后车轮相关控制和坏路面控制三种控制。

车速与路面感应控制

(1)车速感应控制。在车速很高时,ECU 输出控制信号:使悬架的刚度和阻尼相应增大,以提高汽车高速行驶时的操纵稳定性。

当汽车速度超过 110km/h 时,ECU 输出控制信号:如果驾驶员选择"软"模式,则悬架的刚度和阻尼就会自动从"低"状态转入"中"状态;如果驾驶员选择"硬"模式,则悬架在"中"状态保持不变。当车速降低后,悬架的刚度和阻尼又自动回到选定模式的经常保持状态。

(2)前后轮相关控制。当汽车前轮在遇到路面接缝等单突起时,ECU 输出控制信号:相应减小后轮悬架的刚度和阻尼,以减小车身的振动和冲击。

前后轮相关控制与车速有关,当汽车以 30 ~ 80km/h 的速度行驶遇到障碍时,ECU 输出控制信号:如果选定的是"软"模式,后轮悬架保持"低"的状态;如果是"硬"模式,则从"中"状态自动转入"低"的状态。当后轮越过障碍后,悬架又自动回到选定模式的经常保持状态。

若车速超过 80km/h,在前轮遇到障碍时,后轮悬架若转入"低"的状态会影响车辆的操纵稳定性,因此,无论是在哪种模式下,悬架的刚度和阻尼都将在"中"的状态。

(3)坏路面感应控制。汽车进入坏路面行驶时,为抑制车身产生大的振动,ECU 输出控制信号:相应增大悬架的刚度和阻尼。

当汽车以 40 ~ 100km/h 的速度驶入坏路面时,车身位移传感器输出周期小于 0.5s 的车身高度变化信号。ECU 输出控制信号:如果是在"软"模式下,悬架就自动从"低"状态转入"中";如果是在"硬"模式下,则保持"中"的状态不变。

当汽车在高于 100km/h 的速度驶入坏路面时,ECU 输出控制信号:如果是在"软"模式下,悬架会在"低"或"中"的状态下转入"高"的状态;如果在"硬"的模式下,则是从"中"转入"高"的状态。

车身姿态控制

2.1.2.2　车身姿态控制。车身姿态控制是指在汽车车速突然改变及转向等情况下,ECU 对悬架的刚度的阻尼实施控制,以抑制车身的过度摆动,从而确保车辆乘坐舒适性和稳定性。车身姿态控制包括:转向车身侧倾控制、制动车身点头控制和起步车身俯仰控制。

(1)转向车身侧倾控制。在汽车急转弯时,增大悬架的

刚度和阻尼，以抑制车身的侧倾。即当驾驶员急打转向盘时，转向传感器将转向盘的转角和转速信号输入 ECU，ECU 控制执行：如果驾驶员选择的是“软”模式，悬架则自动从“中”或“低”状态转入“高”状态；如果在“硬”模式，则从“中”转入“高”状态。

（2）制动车身点头控制。在汽车紧急制动时，应增大悬架的刚度和阻尼，以抑制车身的点头。即当汽车在高于 60km/h 速度下紧急制动时，车速传感器的车速信号和制动开关的阶跃信号输入 ECU，ECU 控制调整悬架的刚度和阻尼。如果这时处在“软”模式下，悬架就从“低”或“中”的状态自动转入“高”状态；如果是在“硬”模式下，则从“中”转入“高”状态。

（3）起步车身俯仰控制。在突然起步或突然加速时，也应增加悬架的刚度和阻尼，以抑制车身的俯仰。即在车速低于 20km/h 的情况下，猛踩加速踏板时，车速传感器的车速信号和节气门开度传感器的阶跃信号输入 ECU，ECU 控制调整悬架的刚度和阻尼。如果这时处于“软”模式，则悬架自动从“低”或“中”转入“高”状态；如果是处于“硬”模式，则从“中”状态转入“高”状态。

车身高度控制

2.1.2.3　车身高度控制。车身高度控制是 ECU 在汽车行驶车速和路面变化时，ECU 对悬架输出控制信号，调整车身的高度，以确保汽车行驶的稳定性和通过性。车身高度控制也分“标准”和“高”两种模式，每种模式又分“低”、“中”、“高”三种状态。控制方式包括高速感应控制和连续坏路面行驶控制。

（1）高速感应控制。当车速超过 90km/h 时，为了提高汽车的行驶稳定性和减少空气阻力，ECU 使排气阀和高度控制阀工作，悬架气室向外排气，以降低车身高度。如果悬架是在“标准”模式下，则车身将从“中”状态降低到“低”状态；如果是“高”模式，则从“高”状态转入“中”状态。当车速低于 60km/h 时，又恢复原有的高度。提高车身高度是通过 ECU 输出的控制信号，使空气压缩机和高度控制阀通电工作，将在压缩空气送入悬架空气室实现。

（2）连续坏路面行驶控制。汽车在坏路面行驶时，应该提高车身高度，以减弱来自路面的突然抬起感，并提高汽车的通过性能。

当车身位移传感器连续 2.5s 以上输出大幅度的振动信号，且车速在 40 ~ 90km/h 时，如果悬架处于“标准”模式，则车高从“中”状态转为“高”状态；如果是“高”模式，则维持在“高”状态不变。

当汽车在连续不平路面行驶的速度在90km/h以上时，汽车的行驶稳定性优先考虑，因此，在标准模式下将维持“中”状态不变，在“高”模式下则从“高”转入“中”的状态。

2.2 电子控制油气弹簧悬架系统

油气弹簧的形式

电子控制油气弹簧悬架系统属于主动式悬架系统。油气弹簧以气体（一般是由氮气）作力弹性介质，而用油液作为传力介质。油气弹簧一般由气体弹簧和相当于液力减振器的液压缸组成。它通过油液压缩气室中的空气实现变刚度特性，而通过电磁阀控制油液管路中的小孔节流实现变阻尼特性（如图5-14所示）。油气弹簧的形式主要有带隔膜式、不带隔膜式和带反压气室式三种，如图5-15所示。

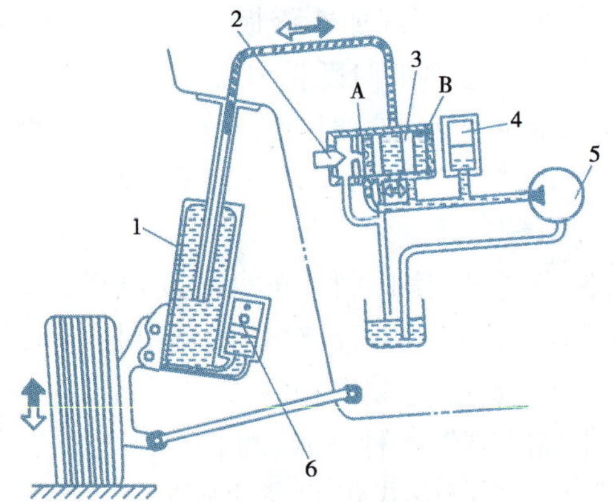

图5-14 油气弹簧悬架基本原理

1-液控油缸；2-电控液压比例阀；3-机械式伺服滑阀；4-蓄能器；5-液压泵；6-气体弹簧

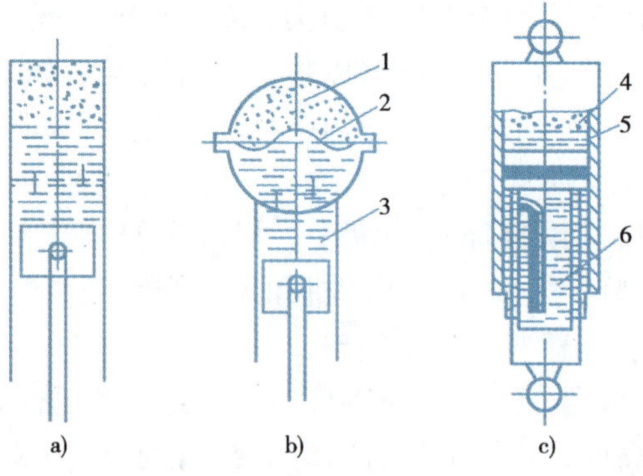

图5-15 油气弹簧示意图

a）不带隔膜式；b）带隔膜式；c）带反压气室式

1、4-油；2-隔膜；3、5-气；6-反压气室

雪铁龙轿车油气弹簧悬架系统的组成及工作原理

雪铁龙 XM 轿车采用了电子控制油气弹簧悬架系统，该系统主要由悬架 ECU、转向传感器、加速度传感器、制动压力传感器、车速传感器、车身高度传感器、油气弹簧刚度调节器和电磁阀等部件组成。

加速度传感器与加速踏板相连接，将测得的加速动作信号传送给 ECU；制动压力传感器安装于制动管路中，当汽车制动时，它向 ECU 发送一个阶跃信号来表示制动，使 ECU 输出抑制汽车点头的信号；车速传感器安装在车轮上，用于产生与转速成正比的脉冲信号，ECU 利用车速传感器和转向传感器的转角信号，可以计算出车身的侧倾程度。车身高度传感器变化频率和幅度可反映车身的平顺性，同时还用于车身高度自动调节。

雪铁龙 XM 轿车的油气弹簧悬架系统在各车轴上均使用了中间氮气弹簧，系统的工作原理如图 5-16 所示。该系统能提供两种弹簧刚度（运动和舒适）和两种悬架阻尼力（软和

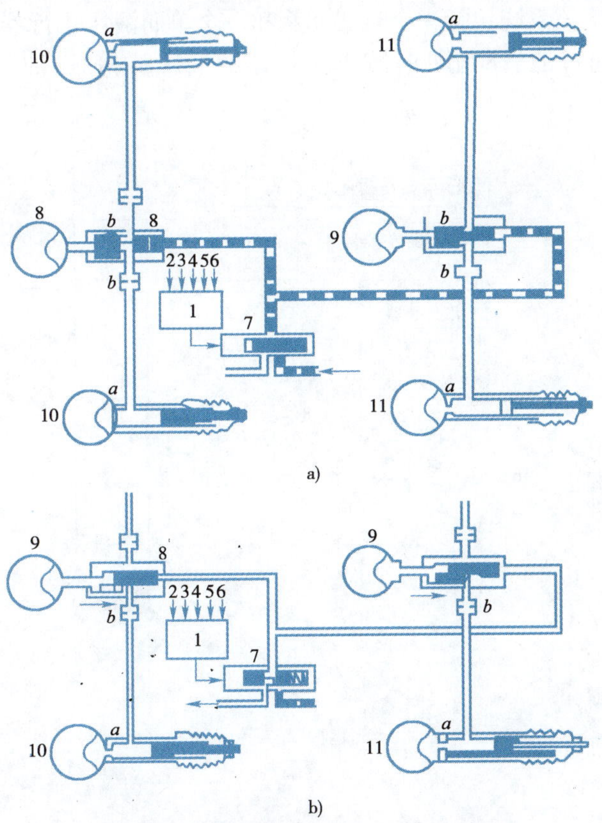

图 5-16　主动式油气弹簧悬架系统工作原理

1-悬架 ECU；2-转向传感器；3-加速度传感器；4-制动压力传感器；5-车速传感器；6-车身高度传感器；7-电磁阀；8-辅助液压阀；9-中间油气室（刚度调节器）；10-前主油气室；11-后主油气室

硬)。在汽车正常行驶时,悬架 ECU 发出控制信号,使电磁阀向右移动(图 5-16a),接通压力油道,使辅助液压阀的阀心向左移动,由于中间油气室与主油气室连通,从而使总的气室容积增加,气压减小,因而刚度变小。a、b 节流孔起阻尼器的作用,系统处于软状态,以提高乘坐舒适性。当高速、转向、起步和制动时,电磁阀中无电流通过,在弹簧作用下,阀心左移(图 5-16b),关闭压力油道,原来用于推动液压阀的压力油通过电磁阀的左边油道泄出,辅助液压阀阀心右移,关闭刚度调节器,气室总容积减小,刚度增大,使系统处于硬状态,以提高车辆的操纵稳定性。

2.3 带路况预测传感器的主动悬架系统

路况预测传感器通常为超声波传感器,该传感器安装在车身前面,以便对其下方的路面状况进行检测。

主动悬架系统的工作原理

带有路面预测传感器的主动悬架系统工作原理如图 5-17 所示。该系统包括一个悬架弹簧和一个单向液压执行器,控制阀6通过油管8与单向液压执行器的油压腔相通。油管上还

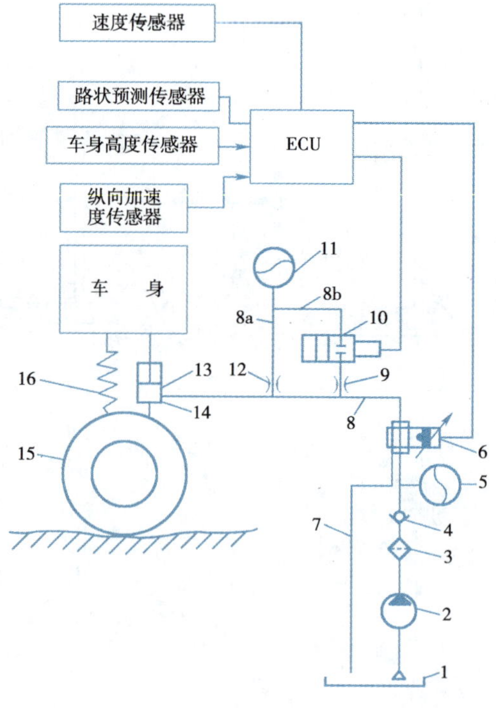

图 5-17 带路况预测传感器的主动悬架系统

1-油箱;2-液压泵;3-滤清器;4-单向阀;5、11-蓄能器;6-控制器;7-回油管;8-油管;8a、8b-支管;9-副节流孔;10-选择阀;12-主节流孔;13-油压腔;14-液压执行器;15-车轮;16-悬架弹簧

接有支管 8a,该支管与蓄能器 11 相连,蓄能器内充有气体,这些气体可以压缩从而产生类似弹簧的作用,另外,支管中间还设有主节流孔 12,以限制蓄能器和油压腔之间的油流,从而形成减振作用。在油管和蓄能器之间还设有旁通管路 8b,该旁通管路上带有选择阀 10 和副节流孔 9,副节流孔的直径大于主节流孔的直径。当选择阀打开时,油流通过选择阀的副节流孔,在蓄能器和油压腔之间流动,从而减小振动阻尼。因此,悬架系统在选择阀的作用下,具有两种不同的阻尼参数。

控制阀的开度可以随着输入的控制电流的大小而改变,以便控制进入油管的油量,进而控制施加到液压执行器的油压,随着输入控制阀的电流的增加,液压执行器承载能力也增加。

在这种悬架系统中,输入到 ECU 的信号有:各车轮上设置的检测车身纵向加速度的传感器信号,路面预测传感器测出的车辆前方是否有凸起物以及凸起大小的检测信号,在各车轮处检测车身高度的传感器信号及车速传感器检测到的车速信号等。悬架 ECU 根据上述信号做出判断,然后发出控制信号,对设置在各车轮上的控制阀和选择阀进行控制。

当车辆正常行驶时,选择阀关闭,液压执行器的油压腔通过主节流孔与蓄能器相通,可吸收并降低因路面不平而引起的微小振动。当路况预测传感器发现路面上有引起振动的凸起物时,ECU 便控制选择阀打开,并将悬架系统的阻尼系数减小到某一特定值。

路况预测传感器的输出信号波形的幅值与路面凸起物的大小成正比。如果完全按照传感器输出信号进行控制,悬架系统的阻尼变化就会过于频繁。因此,在控制系统中设置了一个低阀值 V_1。另外,如果在车辆通过一个很大的凸起物时,悬架系统的阻尼系数如果调整得过低,会产生很大的冲击力,有可能使悬架底部与车桥产生刚性碰撞。因此,控制系统中还设定了一个高阀值 V_2。只有在路况预测信号介于 V_1 和 V_2 之间时,ECU 才输出一个打开选择阀的控制信号。

悬架 ECU 在检测路况传感器输出信号的同时,也不断地检测车速。ECU 能够根据车速估算出测得的凸起物和实际车速通过凸起物之间的滞后时间,并使选择阀恰好在车轮通过凸起物时打开,这样,在车轮通过凸起物时,悬架的阻尼系数只作短暂变化,当车轮通过凸起物时,选择阀便再关闭。

带有路况预测传感器的主动悬架系统可以使汽车提前对路面情况进行处理,因而大大改善了悬架的工作性能。

3 电控悬架的构造与检修

3.1 电控悬架系统故障的一般诊断方法

自诊断系统的功能

3.1.1 自诊断系统的功能

(1)监测系统的工作状况。如果系统发生了故障,装在仪表板上的车高控制指示灯将被通电闪亮,以提醒驾驶员立即检修。

(2)存储故障码。当系统发生故障时,系统能够将故障以故障代码的形式存放在悬架 ECU 中。在检修汽车时,维修人员可以采用一定的方法读取故障码及有关参数,以便迅速诊断出故障部位或查找出产生故障的原因。

(3)失效保护。当某一个传感器或执行器发生故障时,自诊断系统将以预先设定的参数取代有故障的传感器或执行器工作,即自诊断系统具有失效保护功能。

进入自诊断的方法

3.1.2 进入自诊断的方法

当维修人员需要进行电子控制悬架系统的故障自诊断测试,读取 ECU 中存储的故障码时,首先要进入故障自诊断测试状态。由于汽车制造厂家不同,进入故障自诊断的方法也有所不同,但归纳起来主要有以下几种:

(1)专用诊断开关法。在有些汽车上,设置有"按钮式诊断开关",或在悬架 ECU 上设置有"旋钮式诊断模式选择开关",按下或旋转这些专用开关,即可进入故障自诊断测试状态,进行故障代码的读取。

(2)空调面板法。在林肯·大陆和凯迪拉克等轿车上,空调控制面板上的相关控制开关,可兼做故障诊断开关,一般是将空调控制面板(如图 5-18)上的"WARM(加温)"和"OFF(关闭)"两个按键同时按下一段时间,即可使故障自诊断系统进入故障自诊断状态,读取 ECU 随机存储器中存储的故障码。

(3)加速踏板法。有的汽车在规定的时间内将加速踏板连续踩下 5 次,即可使 ECU 故障自诊断系统进入故障自诊断状态。

(4)点火开关法。美国克莱斯勒汽车公司生产的电子控制悬架系统采用这种方法,即在规定的时间内将点火开关进行"ON-OFF-ON-OFF-ON"循环两次,即可使 ECU 故障自诊断系统进入故障自诊断状态。

(5)跨接导线法。在丰田汽车电子控制悬架系统中,利用 ECU 故障自诊断系统读取故障码时,需要用跨接导线将高度控制连接器和发动机室的检查插接器的"诊断输入端子"

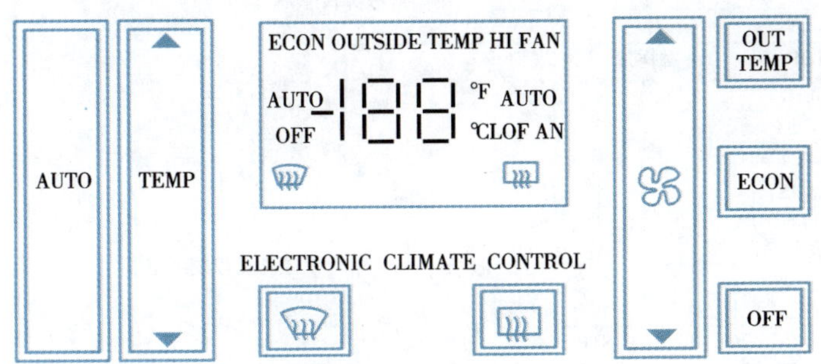

图 5-18　空调控制面板

和"搭铁端子"进行跨接,方可进入故障自诊断状态和读取存储的故障码。

(6)解码器诊断法。利用解码器与汽车电子控制系统故障检查插接器相连接,便可以直接进入故障自诊断测试状态和读取故障码。

3.2　丰田凌志 LS400 轿车电控悬架的构造与维修

丰田凌志 LS400 轿车电控悬架的工作原理如图 5-19 所示。

3.2.1　一般检查

电控悬架的一般性检查是对悬架的一些功能、状态进行检查和调整,以便及时发现问题,确保电控悬架系统正常工作。

3.2.1.1　汽车高度调整功能的检查:

(1)大致检查。拨动手动车身高度控制开关,看汽车高度变化是否正常。

(2)车身升高检查。检查轮胎气压(前轮为 230kPa,后轮为 250kPa);测量车身的高度;起动发动机,将车身高度控制开关从 NORM 转到 HIGH,检查车身高度的变化情况及所需的时间。如果不符合要求,应对车身高度调节系统进行检查。

从高度控制开关拨到高位置到压缩机起动约需 2s;从压缩机开始工作到完成车身高度调整需 20 ~ 40s;车身高度变化量应为 10 ~ 30mm。

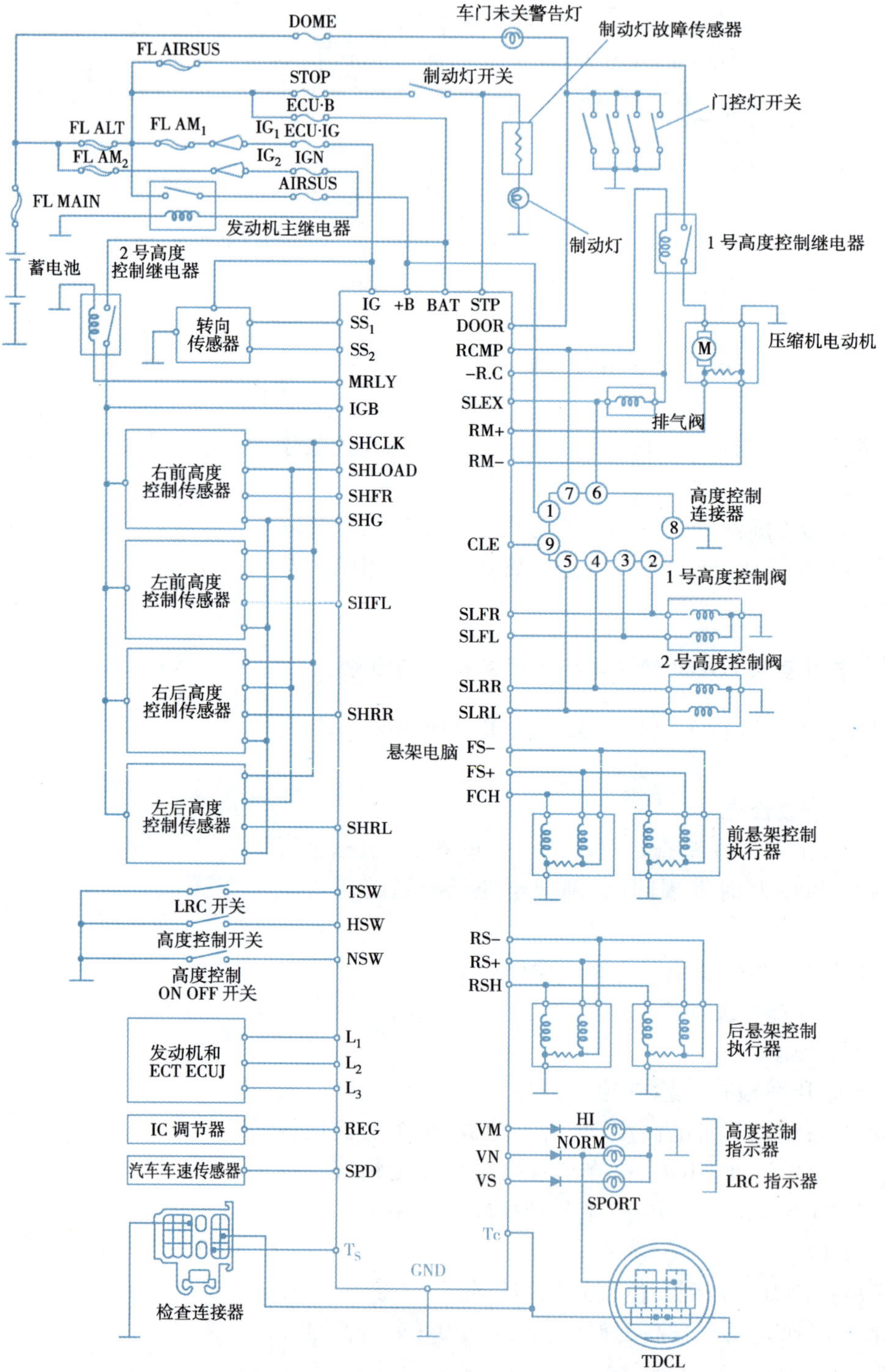

DOME
车门未关警告灯
制动灯故障传感器
FL AIRSUS
STOP
制动灯开关
ECU·B
门控灯开关
FL ALT
FL AM_1
IG_1 ECU·IG
FL AM_2
IG_2 IGN
AIRSUS
FL MAIN
发动机主继电器
制动灯
1 号高度控制继电器
蓄电池
2 号高度控制继电器
IG +B BAT STP
转向传感器
SS_1
SS_2
MRLY
IGB
DOOR
RCMP
-R.C
SLEX
RM+
RM-
压缩机电动机
排气阀
右前高度控制传感器
SHCLK
SHLOAD
SHFR
SHG
高度控制连接器
CLE
1 号高度控制阀
左前高度控制传感器
SHFL
SLFR
SLFL
2 号高度控制阀
右后高度控制传感器
SLRR
SLRL
SHRR
悬架电脑
FS-
FS+
FCH
左后高度控制传感器
SHRL
前悬架控制执行器
LRC 开关
TSW
高度控制开关
HSW
高度控制 ON OFF 开关
NSW
RS-
RS+
RSH
后悬架控制执行器
发动机和 ECT ECUJ
L_1
L_2
L_3
IC 调节器
REG
汽车车速传感器
SPD
VM
VN
VS
HI
NORM
SPORT
高度控制指示器
LRC 指示器
T_S
Tc
GND
检查连接器
TDCL

图 5-19　凌志 LS400 电控空气悬架电路图

(3)车身降低检查。在车身处于高的状态下起动发动机;将车身高度控制开关从高位置拨到常规位置,检查车身高度的变化和所需的时间(标准同上);如果不符合要求,则对车身高度调节系统进行检查。

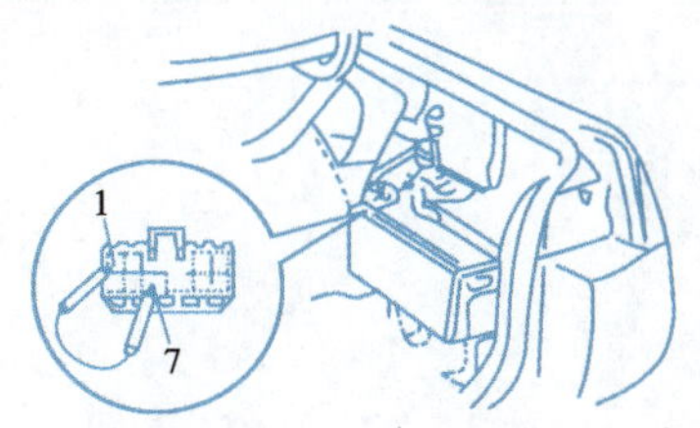

图 5-20　高度连接器端子连接

3.2.1.2　溢流阀工作的检查:

强制压缩机工作,检查溢流阀能否动作:用导线将高度控制连接器的 1 ~7 端子连接(如图 5-20 所示),将点火开关转到 ON,压缩机开始工作;待压缩机工作一段时间后,检查溢流阀是否放气(如图 5-21 所示);关闭点火开关,并清除故障码。

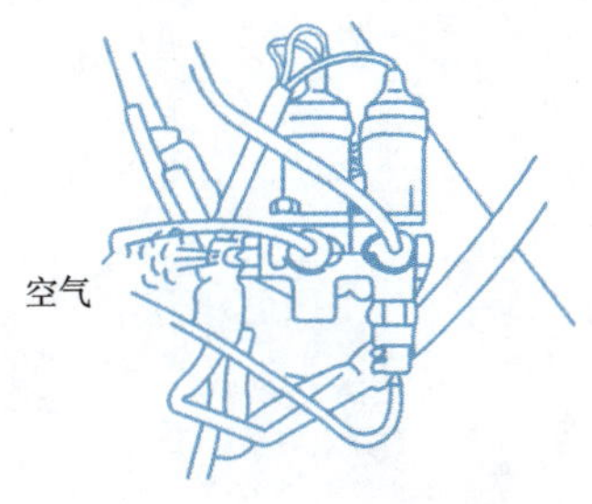

图 5-21　溢流阀放气

如果不能放气,则检查:管路中有无漏气、压缩机工作是否正常、溢流阀是否堵塞等。

上述故障都将引起悬架气室压力不正常,造成悬架刚度和车身高度调整不正常;用导线连接高度连接器 1 号与 7 号端子的方法使压缩机工作,悬架 ECU 会认为有故障而记录下故障代码,因此,检查完后,应进行故障码的清除工作。

3.2.1.3　空气管路漏气检查:

管路漏气将直接影响悬架正常的调节功能。起动发动机,将手动高度控制开关拨到高位置,使车身升高;待车身升高后,关闭点火开关,在管子的接头处涂上肥皂水,检查有无漏气,如图 5-22 所示。

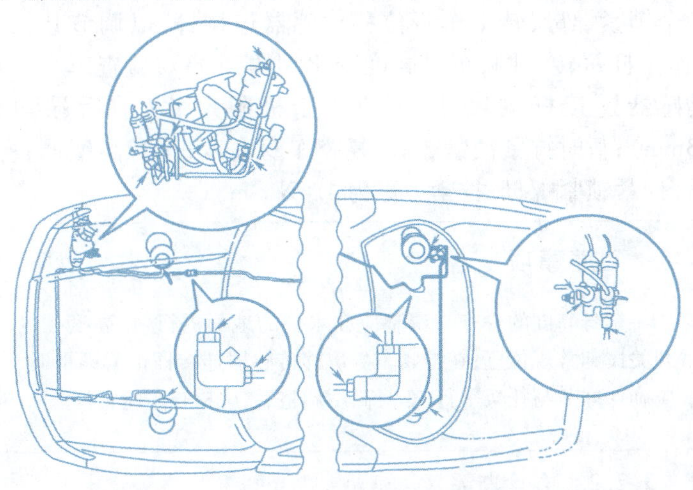

图 5-22　需检查漏气的管子接头处

3.2.1.4　车身高度的检查与调整:

(1)车身高度的检查。将 LRC 开关拨到 NORM 位置,使车身上下跳振几次,以使悬架处于稳定状态;前、后推动汽车,以使车轮处于稳定状态;将变速器操纵杆置于 N 档位,松开停车制动器(应挡住车轮不让它转动),起动发动机;将车身高度控制开关拨到HIGH位置,车身升高后,等待60s,然后再将车身高度控制开关拨到NORM位置,使车身下降,待车身下降后再过50s,重复上述操作,以使悬架各部件稳定下来;测量车身高度(前端:地面－下悬架臂安装螺栓中心;后端:地面－2号下悬架臂安装螺栓中心。如图5-23所示),应符合表5-1的要求,否则应通过转动车身位移传感器连接杆进行高度调整。

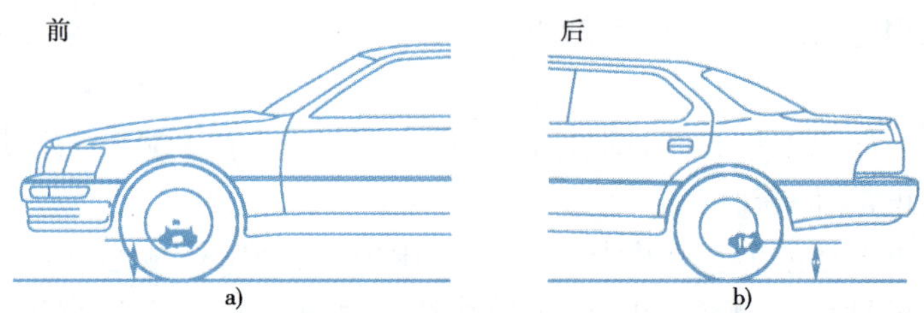

图5-23 车身高度测量位置

a)车身前端高度测量;b)车身后端高度测量

车身的正常高度(NORM位置) 表5-1

部位	车前端	车后端	左右误差	前后误差
高度(mm)	228±10	210±10	<10	17.5±1.5

(2)车身高度的调整。拧松车身位移传感器连接杆上的两个锁紧螺母,转动车身位移传感器连接杆,以调节其长度(连接杆每转一圈,车身高度变化大约4mm);检查车身位移传感器连接杆的尺寸,不应小于极限尺寸(前后端均为13mm);暂时拧紧锁紧螺母,复查车身高度;车身高度调整完后,拧紧锁紧螺母,拧紧力矩为4.4N·m。

注意事项

车身高度的检查与调整应在水平的地面进行,且高度控制开关拨到常规位置;在拧紧车身位移传感器连接杆锁紧螺母时,应确保球节与托架平行;车身高度调整后,应检查车轮定位。

3.2.2 自诊断系统

3.2.2.1 指示灯的检查:

当点火开关在ON位置时,仪表板上的LRC指示灯和高度控制指示灯应闪亮2s左右。2s后,各指示灯的亮灭取决于其控制开关的位置,正常情况下如下:

(1)LRC指示灯。如果LRC开关拨在“SPORT”,LRC指

示灯仍亮；LRC 开关拨在“NORM”，LRC 指示灯亮 2s 后熄灭。

（2）车身高度控制指示灯。如果车身高度控制开关拨在“NORM”，高度控制指示灯的“NORM”灯亮，“HIGH”灯不亮；高度控制开关在“HIGH”，高度控制指示灯的“HIGH”灯亮，“NORM”灯不亮。

（3）HEIGHT 照明灯。当点火开关在 ON 时，“HEIGHT”照明灯始终亮。

（4）当点火开关在 ON 时，如果车身高度控制“NORM”指示灯闪亮，表示悬架控制系统电脑存储器中已储存有故障码，应读取故障码后排除故障。

（5）当点火开关在 ON 时，各指示灯如果是表 5-2 所示的情况，则为不正常，就应检查有关的电路。

悬架控制指示灯不正常的表现和诊断　　表 5-2

点火开关在 ON 位置时，悬架控制指示灯的不正常表现	应检查的电路
“SPORT”、“HI”和“NORM”指示灯均不亮	高度控制电源电路及指示灯电路
“SPORT”、“HI”和“NORM”指示灯 2s 后均熄灭	悬架控制执行器电源电路
指示灯或“HEIGHT”照明灯有不亮	指示灯电路或 HEIGHT 照明灯电路
LRC 开关在“NORM”时，LRC 的“SPORT”指示灯亮	LRC 开关电路
高度控制指示灯所亮起的与高度控制开关的位置不一致	高度控制开关电路

3.2.2.2　故障码的读取：

接通点火开关，将检查连接器的 T_C 与 E_1 端子短接（如图 5-24 所示），通过仪表板上高度控制“NORM”指示灯的闪烁读取故障码。故障码的含义如表 5-3 所示。

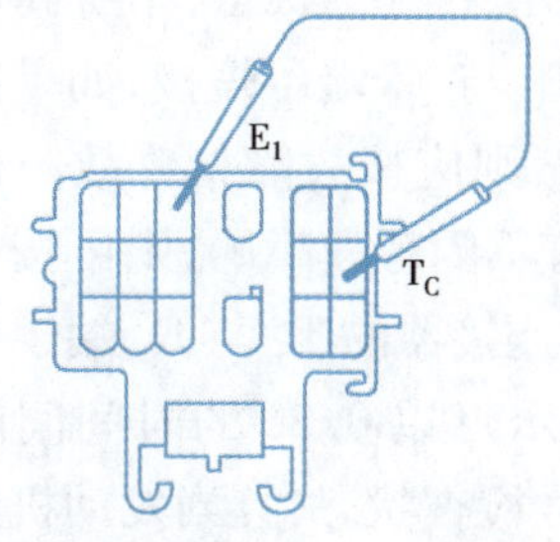

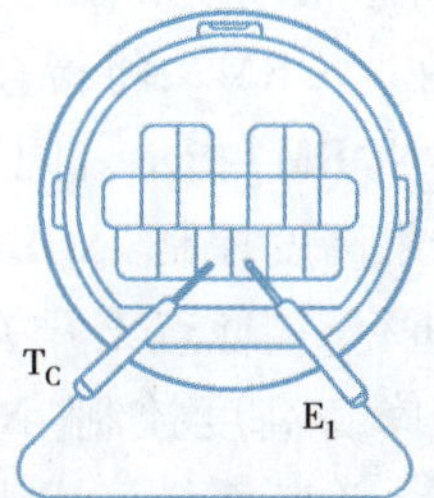

图 5-24　检查连接器及故障码的调取

丰田凌志 **LS400** 电控悬架系统故障码表　　表 5-3

代码	诊断电路	故障诊断
11	右前高度控制传感器电路	高度控制传感器电路断路或短路
12	左前高度控制传感器电路	
13	右后高度控制传感器电路	
14	左后高度控制传感器电路	
21	前悬架控制执行器电路	悬架控制执行器电路断路或短路
22	后悬架控制执行器电路	
31	1 号高度控制阀电路	高度控制阀电路断路或短路
33	2 号高度控制阀电路(后悬架)	
34	2 号高度控制阀电路(左悬架)	
35	排气阀电路	排气阀电路断路或短路
41	1 号高度控制继电器电路	继电器电路断路或短路
42	压缩机电动机电路	短路或压缩机电机锁住
51	到高度控制继电器的持续电流	1 号继电器通电时间 >8.5min
52	至排气阀的持续电流	排气阀的通电时间约 >6min
61	悬架控制信号	悬架 ECU 失灵
71	高度控制 ON/OFF 开关电路	控制开关在 OFF 或电路断路
72	悬架控制执行器电源电路	电源电路断或熔断丝断

3.2.2.3　故障码的清除:

方法一:在关闭点火开关的情况下,拆下 1 号接线盒中的 ECU-B 熔断丝 10s 以上。

方法二:在关闭点火开关的情况下,同时将高度控制连接器的 9 号端子与 8 号端子以及检查连接器的 T_S 与 E_1 端子短接 10s 以上,然后接通点火开关并拆掉各端子的短接导线。

3.2.2.4　输入信号的检查:

输入信号的检查主要是动态检查各传感器和开关的信号是否正常输入悬架电脑。检查步骤如下:

将悬架刚度和阻尼控制均固定在“硬”状态,车身高度控制则在“NORM”;将检查连接器 T_C 与 E_1 端子短接,如果高度控制“NORM”指示灯闪示故障码,则应按故障检修故障码电路,如果高度控制“NORM”指示灯不闪烁故障码,则可按下列步骤进行:接通点火开关,将检查连接器的 T_S 与 E_1 端子短接(这时车身高度控制“NORM”指示灯以 0.2s 的时间间隔闪烁,表示诊断系统已进入输入信号检查状态,且当发动机运转时,车身高度控制“NORM”指示灯的闪烁将会停止);每个检查项目都在 A 状态和 B 状态下各检查一次,正常情况下如表

5-4 所示。

电控悬架输入信号的检查　　表 5-4

检查项目	A 状态	"NORM"灯	
		点火开关 ON	发动机运行
转向传感器	转向角为 0	闪烁	常亮
制动灯开关	不踩制动踏板	闪烁	常亮
门控灯开关	所有车门关闭	闪烁	常亮
节气门位置传感器	不踩加速踏板	闪烁	常亮
1 号车速传感器	车速 <20km/h	闪烁	常亮
高度控制开关	NORM 位置	闪烁	常亮
LRC 开关	NORM 位置	闪烁	常亮
高度控制开关	ON 位置	闪烁	常亮
检查项目	B 状态	"NORM"灯	
		点火开关 ON	发动机运行
转向传感器	转向角 >45°	闪烁	常亮
制动灯开关	踩下制动踏板	闪烁	常亮
门控灯开关	所有车门打开	闪烁	常亮
节气门位置感器	踩下加速踏板	闪烁	常亮
1 号车速传感器	车速 >20km/h	闪烁	常亮
高度控制开关	HIGHT 位置	闪烁	常亮
LRC 开关	SPORT 位置	闪烁	常亮
高度控制开关	OFF 位置	闪烁	常亮

3.2.3　故障的诊断与排除

3.2.3.1　悬架刚度和阻尼系数控制失灵：

(1)操作 LRC 开关时，LRC 指示灯的状态不变，故障部位有：LRC 开关电路、悬架 ECU。

(2)悬架的刚度和阻尼控制不起作用，故障部位有：悬架控制执行器及电路、T_C 端子电路、T_S 端子电路、LRC 开关电路、气缸或减振器、悬架控制执行器电源电路及悬架 ECU。

(3)只有防侧滑控制不起作用，故障部位有：转向传感器及其电路、悬架 ECU。

(4)只有防俯仰不起作用，故障部位有：节气门位置传感器及其电路、悬架 ECU。

(5)只有防点头不起作用，故障部位有：制动灯开关及其电路、车速传感器及其电路、悬架 ECU。

(6)只有在高速时不起作用，故障部位有：车速传感器及其电路、悬架 ECU。

3.2.3.2 汽车车身高度控制失灵:

(1)车身高度控制指示灯不随高度控制开关的动作变化,故障部位有:车身高度控制开关及其电路、发电机调节器电路、汽车高度控制电源电路、车身位移传感器、悬架ECU。

(2)汽车高度控制不起作用,故障部位有:发电机调节器电路、汽车高度控制电源电路、汽车高度控制开关及其电路、汽车高度控制ON/OFF开关及其电路、车身位移传感器、悬架ECU。

(3)只在高速时不起作用,故障部位有:车速传感器及其电路、悬架ECU。

(4)汽车车身高度出现不规则变化,故障部位有:有空气泄漏、车身位移传感器、悬架ECU。

(5)汽车高度控制能起作用,但汽车高度变化不均匀,故障部位有:高度控制阀、排气阀及其电路、车身位移传感器连接杆。

(6)汽车高度控制能起作用,但汽车高度控制在常规状态时,汽车高度与标准值不符,故障部位是:汽车车身位移传感器连接杆。

(7)在汽车高度调整时,汽车高度超高或超低,故障部位是:汽车车身位移传感器。

(8)汽车高度控制ON/OFF开关在OFF位置时,汽车高度控制仍起作用,故障部位有:高度控制ON/OFF开关及其电路、悬架ECU。

(9)点火开关OFF控制不起作用,故障部位有:门控灯开关及其电路、汽车高度控制电源电路、悬架ECU。

(10)在车门打开时,点火开关OFF控制仍起作用,故障部位有:门控开关及其电路、悬架ECU。

(11)汽车停车时车身高度很低,故障部位有:有空气泄漏、1号汽车高度控制继电器及其电路、压缩机电动机电路、悬架ECU。

3.2.4 电控悬架电路故障的检查

电控悬架出现了故障,无论自诊断系统有无故障码输出,都需要进行系统电路故障检查。

如果取得了故障码,则可根据故障码的指示对故障的电路进行检查,以找出确切的故障部位,排除故障。若故障码所指示的故障电路各部件和电路均正常,则一般应检修或更换悬架ECU。应注意的是,在有故障代码输出的情况下,悬架ECU就已中断了相应的悬架刚度和阻尼或车身高度控制。

因此,在不断开电脑的情况下,通过控制开关使其执行器动作来判断故障是不可行的。

如果无故障码显示,则需根据故障分析的结果,对与故障症状有关的电路和部件逐个进行检查。如果所有可能故障电路和部件检查均无问题,但悬架控制系统故障症状确实存在,则需对悬架 ECU 进行检查或更换。

3.2.4.1　车身位移传感器电路的故障检查:

故障码 11、12、13、14 说明前右/前左/后右/后左位移传感器电路断路或短路。车身位移传感器电路如图 5-25 所示。可能的故障部件有:电脑与传感器之间的线路及插接器、车身位移传感器电源线路及 2 号高度控制继电器、车身位移传感器及悬架 ECU。故障检查步骤如下。

(1)检查车身位移传感器电源电压:拆下前车轮(故障代码 11、12)或拆下行李厢装璜前盖(故障代码 13、14);拆开车身位移传感器插接器;点火开关转到 ON,测 1 号端子对地电压(应为蓄电池电压,否则检修 2 号高度控制继电器及有关的线路,正常接下)。如图 5-26 所示。

(2)检查传感器与悬架 ECU 之间的导线和插接器:检查各线束插接器应无松动;拔开各线束插接器,检查其插脚应无锈蚀,并检测有导线连接的两插脚之间的通路情况(不正常,修理或更换配线及插接器,正常接下)。

(3)检查车身位移传感器功能:换上一只性能良好的车身位移传感器,看故障症状是否消除。若能消除,更换车身位

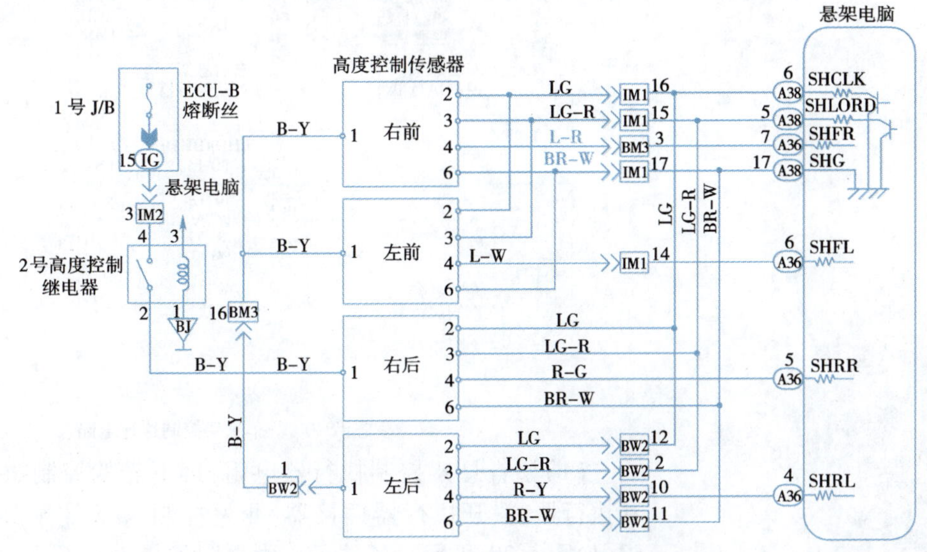

图 5-25　凌志 LS400 轿车车身位移传感器电路

移传感器；若不能消除，则检查或更换悬架 ECU。

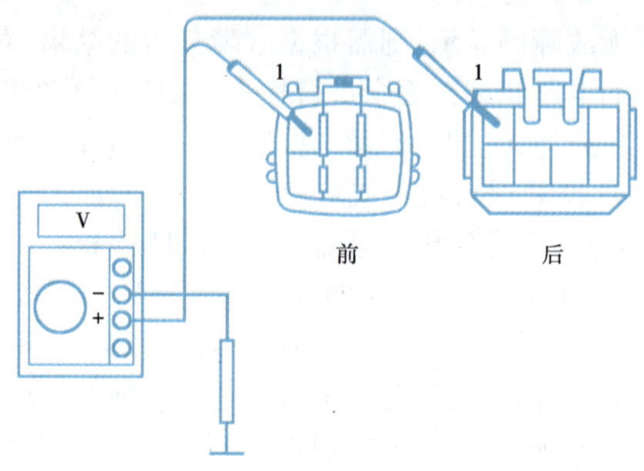

图 5-26　检查车身位移传感器电源电压

3.2.4.2　悬架控制执行器电路的故障检查：

故障码 21、22 说明前/后悬架执行器电路有断路或短路故障。悬架控制执行器电路如图 5-27 所示。可能的故障部位有：电脑与悬架控制执行器之间的线路及插接器、悬架控制执行器、悬架 ECU。

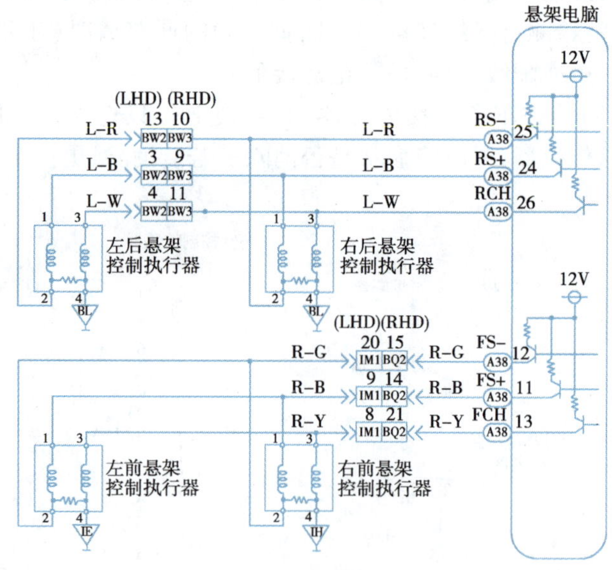

图 5-27　凌志 LS400 轿车悬架控制执行电路

(1)检查悬架控制执行器电阻：拆下悬架控制执行器盖和执行器，拔开执行器插接器，测量控制执行器各端子的电阻，如图 5-28 所示。各端子正常电阻如表 5-5 所示。如果电阻值不正常，应更换悬架控制执行器。

悬架控制执行器各端子电阻　　表 5-5

端子	1－2	3－4	2－4
电阻	3～6Ω	3～6Ω	2.3～403Ω

(2)检查悬架控制执行器的动作:在悬架控制执行器各端子施加蓄电池电压(如图 5-29 所示,但施加蓄电池电压不要超过 1s),检查执行器的工作情况,标准值如表 5-6 所示。若检查结果不正常,应更换悬架控制执行器;正常则接下一步。

施加蓄电池电压时的悬架控制执行器的工作情况　表 5-6

蓄电池连接的端子	1(＋)～2(－)	3(＋)～4(－)	2(＋)～1(－)
执行器的位置	硬	中	软

(3)检查悬架执行器线路和插接器:检查执行器与电脑之间的线路和插接器,检查执行器的搭铁。若检查结果发现问题,更换或修理线路和插接器;若检查结果为正常,则应检查或更换悬架 ECU。

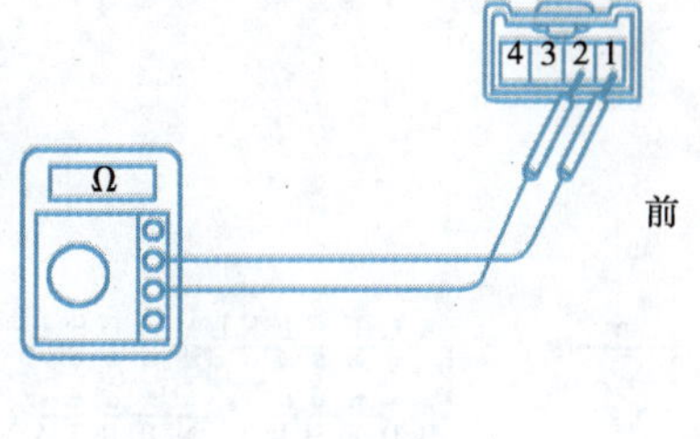

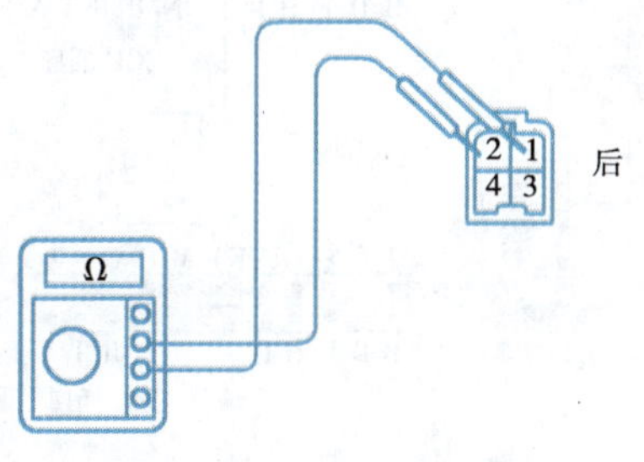

图 5-28　电控悬架执行器各端子电阻检测

3.3　马自达车系电控悬架系统的检修

马自达 929 轿车、MX-6 轿车和 M-7 轿车上装有自动调节悬架系统,在 MPV 轿车上装用了车身高度控制悬架系统。

3.3.1　自动调节悬架系统

马自达 929 轿车、MX-6 轿车和 M-7 轿车上装用的自动调节悬架能根据行驶条件和运行状况自动调节减振器阻尼力,使汽车具有良好的乘坐舒适性和操纵稳定性。它属于半主动悬架系统。电子控制系统电路图见图 5-30 所示。

(1)电源电路及搭铁电路检查:

①拆下后座及隔板,拔开电控悬架 ECU 插接器,接通点火开关,用电压表分别检查插接器 M 端子与搭铁之间以及 a

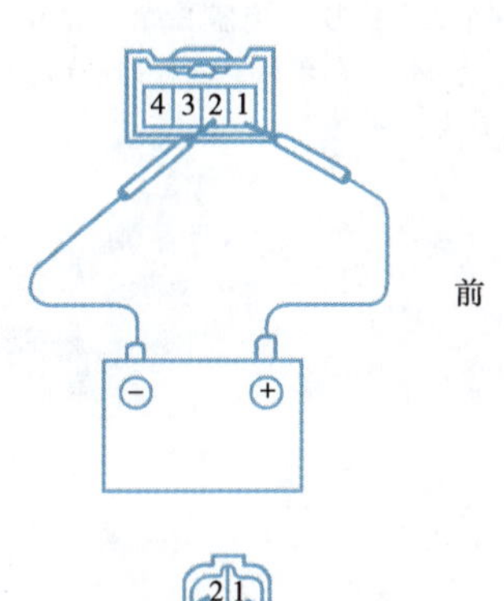

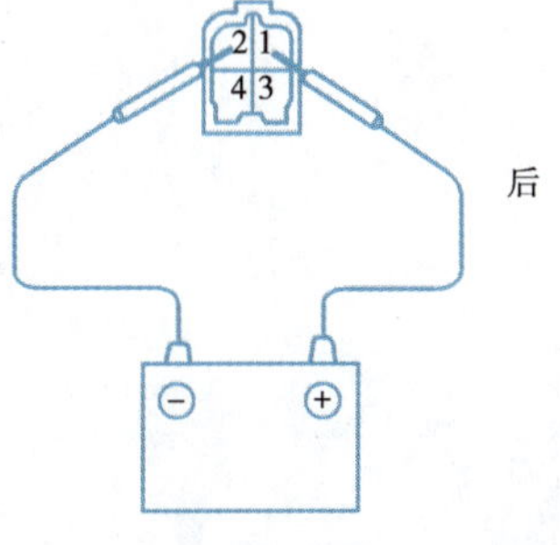

图 5-29　电控悬架执行器动作检查

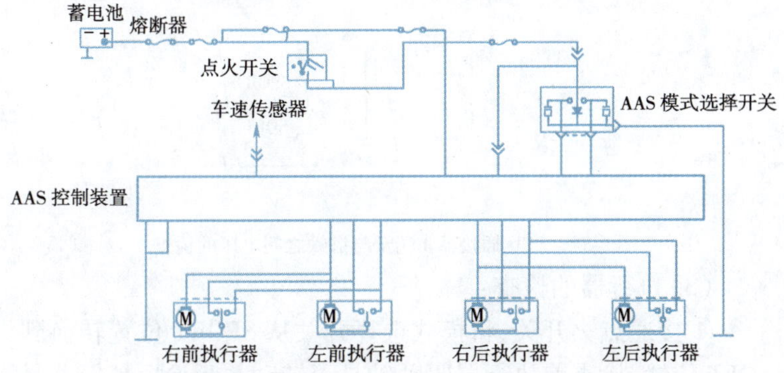

图 5-30　马自达 929 轿车电控悬架系统电路图

端子与搭铁之间的电压(如图5-31所示)。其正常值应为12V。

②分别检查控制器插接器B端子与搭铁之间以及b端子与搭铁之间是否导通(如图5-32所示)。如果不导通,则应检查或修理电源电路或搭铁电路。

(2)模式选择开关的检查:

①拆下后座及隔板,拔开电控悬架ECU插接器,接通点火开关,当模式选择开关位于SOFT位置时,用电压表检查控制装置插接器的I端子与搭铁之间的电压(如图5-33所示)。正常值应为12V。

②当模式选择开关位于SOFT位置时,用电压表检查ECU插接器的J端子与搭铁之间的电压(如图5-34所示)。正常值应为12V。如果不符合要求,应检查模式选择开关及其电路。

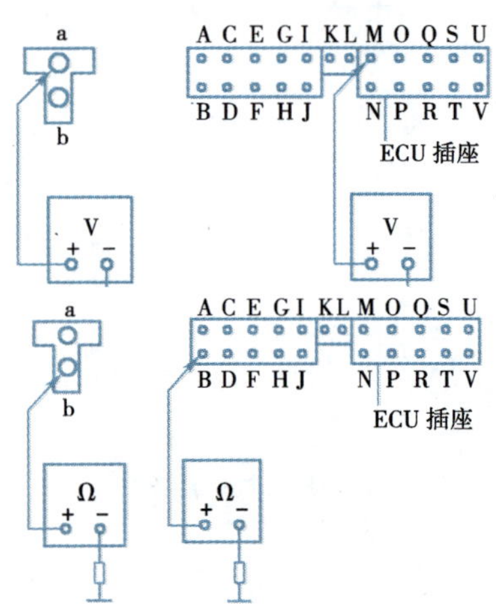

图5-32 ECU插接器B端子和b端子与搭铁之间导通的检查

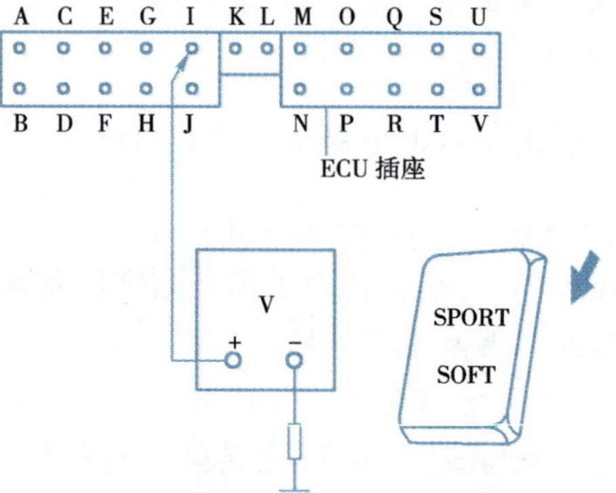

图5-33 ECU插接器I端子与搭铁之间电压的检查

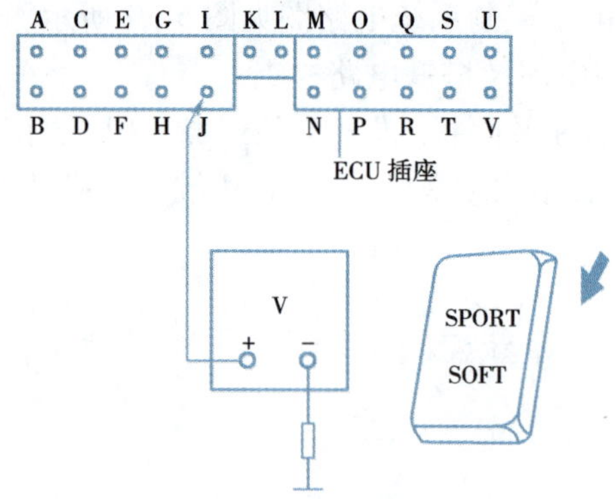

图5-34 ECU插接器J端子与搭铁之间电压的检查

(3)执行器的检查:

①接通点火开关,将模式选择开关从SPORT位置转换到SOFT位置,检查前执行器驱动轴是否转动并听诊后减振器是否工作(如图5-35所示)。

②如果执行器轴不转动，则应拔开执行器插接器，将一电压表正极连接到插接器a端子上，负极连接到插接器c端子

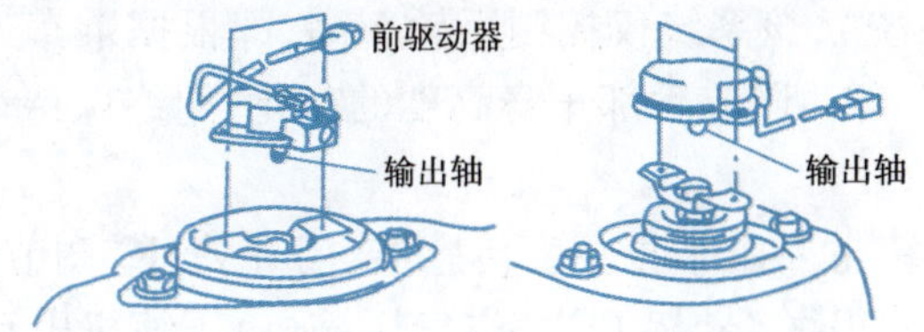

图 5-35　执行器驱动轴转动情况的检查

上（如图 5-36b），将模式选择开关置于 SPORT 位置，电压表应指示 12V（检测时间为 1s）。

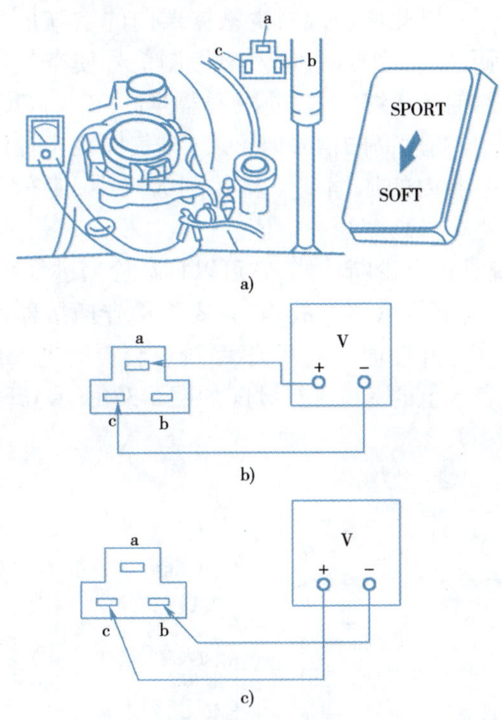

图 5-36　执行器各端子电压的检查

a）检测部位；b）检测 a 端子与 c 端子之间电压；c）检测 c 端子与 b 端子之间的电压

③将电压表正极与插接器 c 端子相连，负极与 b 端子相连（如图 5-36c），将模式选择开关置于 SOFT 位置，电压表应指示 12V（检测时间为 1s）。如果不符合要求，应更换执行器。

（4）车速传感器的检查：

拆下后座及隔板，拔开 ECU 插接器。安全地顶起汽车，缓慢转动后轮，用万用表电阻档检查 ECU 插接器 H 端子与搭铁之间应间歇导通。如果不符合要求，应检查或更换车速传感器或其电路。

3.3.2 车身高度控制悬架系统

马自达 MPV 轿车上安装了车身高度控制悬架系统(简称 ALL 系统),该系统仅控制后轮车高,即根据乘车人数及载荷的变化,自动调节后部车身高度的变化,始终保持车辆的正常姿势。

该系统主要由车身高度传感器、门开关、IC 调节器(发电机)、制动灯开关、悬架 ECU、空气压缩机、压缩机电动机继电器、干燥器、排气阀和减振器等部件组成,其控制方框图如图 5-37 所示。

悬架 ECU 根据车身高度传感器传来的信号,控制空气压缩机及排气阀,以此增加或减少减振器内的空气量。当 ECU 得到车身高度低的信号时,便发出控制信号使空气压缩机工作,向减振器输送压缩空气,使减振器伸长,车身高度上升;当 ECU 得到车身高度高的信号时,便向排气阀发出控制信号使其打开,减振器内的压缩空气排放到大气中,使车身高度降低,从而保持车身高度为一定值。

该系统具有自诊断功能,它可以自动检测进气系统、排气系统和车身高度传感器的故障,只要将检查插接器的诊断端子接地(搭铁)并接通点火开关,系统就会自动进入自诊断模式,位于仪表板上的 ALL 指示灯(如图 5-38 所示)开始闪烁。

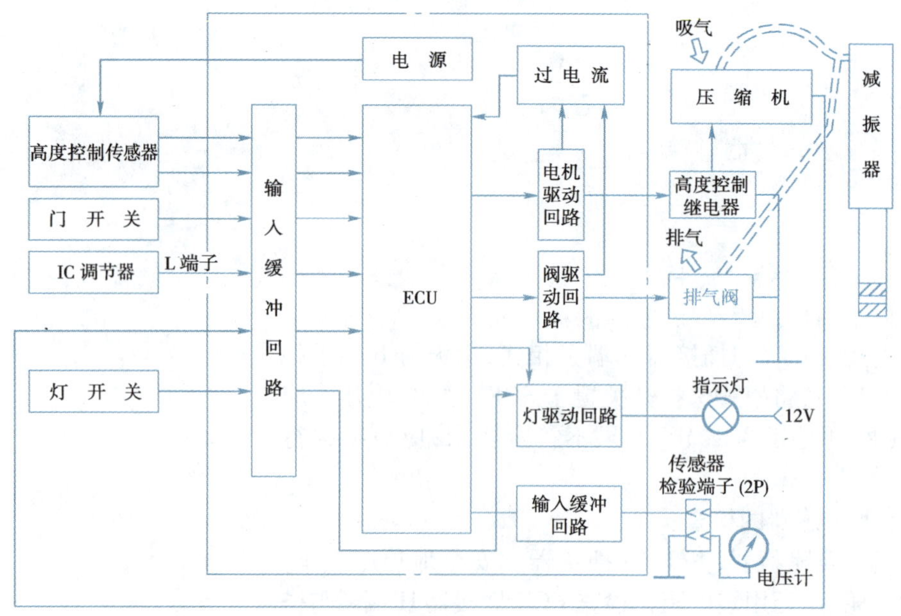

图 5-37 车身高度控制方框图

进行系统自诊断前,应先保证轮胎气压正常,使汽车空载,停在水平路面上,将发动机室继电器盒内的检查插接器搭铁,接通点火开关,但不起动发动机,此时车身高度应返回标准高度:ZWD(两轮驱动)车型为 390～410mm,4WD 车型为 392～412mm,测量位置是从后轮中心到车轮最上端挡泥板下沿的距离,此时,ALL 指示灯开始闪烁,根据指示灯的闪烁情况可以确定发生故障的原因。

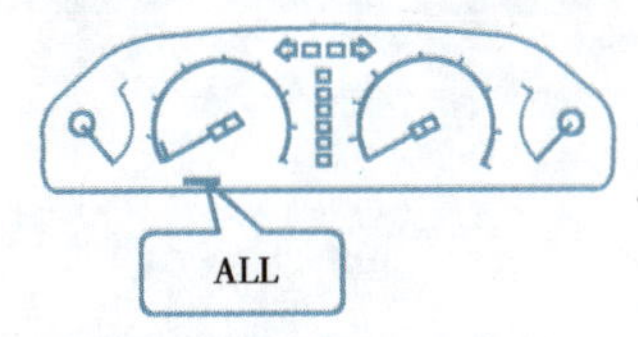

图 5-38　仪表板上的 ALL 指示灯

(1)空气管路检查:

①在压缩机插接器 a 端子(右上)和 d 端子(右下)之间施加 12V 电压,使压缩机运转,使空气管路有压力。

②在空气管路接头处涂上中性肥皂水,检查管路接头处是否有气泡出现。如果有气泡,则漏气,应进行必要的修理。

(2)车身高度传感器的检查:

拆下车身高度插接器,用电压表检查插接器 a 端子与搭铁之间的电压应为 5V。在①～⑤位置(如图 5-39 所示)之间移动高度传感器控制杆时,检查插接器 c 与 a、d 与 e、b 与 d 之间的电压应符合表 5-7。

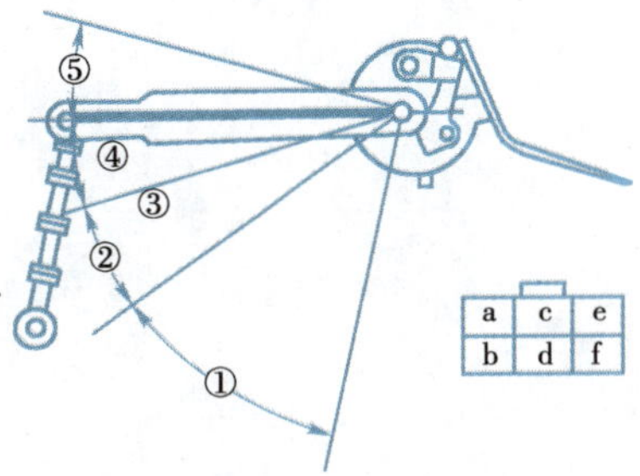

图 5-39　车身高度传感器的检查

车身高度传感器各端子之间的电压　　表 5-7

传感器控制杆位置	车身高度	插接器端子之间的电压(V)		
		c－a	d－e	b－d
①	过高	0～0.5	4.5～5.5	0～0.5
②	高	0～0.5	4.5～5.5	4.5～5.5
③	中高	0～0.5	0～0.5	4.5～5.5
④	低	4.5～5.5	0～0.5	0～0.5
⑤	过低	4.5～5.5	4.5～5.5	0～0.5

(3)后减振器的检查:

检查空气减振器橡胶囊应无损坏,如果怀疑减振器漏气,应拆下减振器并向减振器中施加 489kPa 的压缩空气,将减振器浸入水中,如有气泡,表明减振器漏气,应予以更换。

(4)空气压缩机的检查:

①顶起汽车,拔下减振器上的空气管并连接压力表。

②在压缩机插接器 a 端子和 b 端子之间施加 12V 电压(见图 5-40a),使空气压缩机转动,关闭压力表上的截止阀,检查压缩机输出压力应为 1～1.3MPa。

③使压缩机停止转动并保持上述压力不变,在压缩机插接器 c 端予和 d 端子之间施加 12V 电压(见图 5-40b),检查排气阀是否打开,压力是否逐渐下降,压力表最终压力应为 19.3～758kPa,如果系统压力不符合要求,则应修理或更换空

气压缩机。

(5)空气压缩机继电器的检查:

①从发动机室内的继电器盒上拆下压缩机继电器,在继电器b端子和a端子之间施加12V电压,检查继电器c和d之间应接通(见图5-41a)。

②撤掉继电器b端子和a端子之间的电压,继电器c和d之间应断开(见图5-41b)。

③如果不符合上述要求,则应更换压缩机继电器。

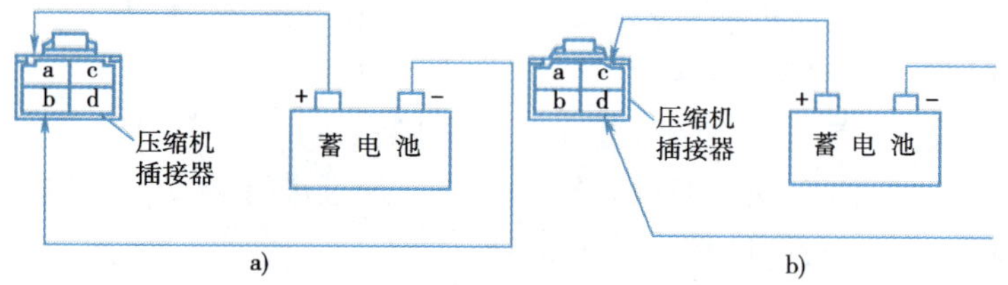

图5-40 空气压缩机的检查

a)在a和b端子之间施加12V电压;b)在c和d端子之间施加12V电压

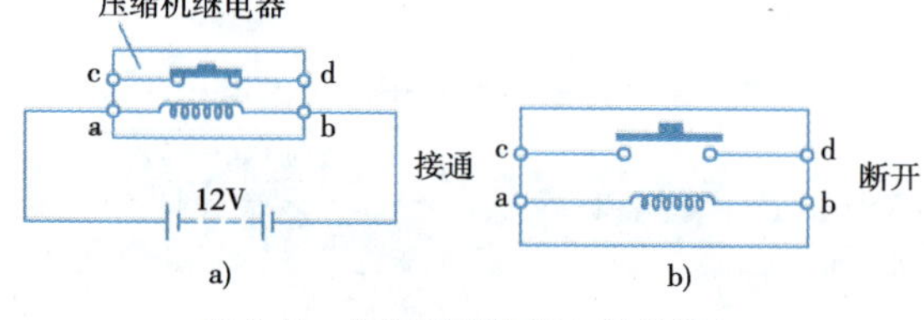

图5-41 空气压缩机继电器的检查

a)继电器接通;b)继电器断开

思考与练习

一、判断题

1. 根据阻尼系数和刚度是否可调,悬架分为主动悬架和被动悬架两种。 ( )

2. 主动悬架是在悬架系统中采用控制元件组成的一个闭环控制系统。 ( )

3. 装有电控悬架系统的汽车,在水平路面上高速行驶时,车身会变高,弹簧会变软。 ( )

4. 装有电控悬架系统的汽车,在凹凸不平的路面上高速行驶时,车身会变高,弹簧会变软。 ( )

5. 在进行车身高度调整后,应对汽车进行车轮定位的检查与调整。 ( )

二、选择题

1. 装有电控悬架系统的汽车,在水平路面上高速行驶时

(　)。

A. 车身会变高,弹簧会变软

B. 车身会变低,弹簧会变软

C. 车身会变高,弹簧会变硬

D. 车身会变低,弹簧会变硬

2. 装有电控悬架系统的汽车,在凹凸不平的路面上高速行驶时,会自动提高汽车的(　)。

A. 制动性能　　　　B. 通过性能

C. 加速性能　　　　D. 经济性能

3. 装有电控悬架系统的汽车,防止纵向仰头及横向倾斜,保持前照灯光轴(　),以自动提高汽车的安全性能。

A. 不变　B. 随时变化;　C. 视需变化

4. 当汽车行驶速度超过一定设置水平时,减振力和弹簧分别转换为(　)状态,以提高直线行驶稳定性和操纵性能。

A."中等"和"坚硬"

B."低"和"坚硬"

C."高"和"标准"

5. (　)不会导致汽车车身高度出现不规则变化。

A. 空气泄漏　　　　B. 车身位移传感器故障

C. 悬架 ECU 有故障　　　　D. 压缩机电动机有故障

三、简答题

1. 对电控悬架的要求是什么?

2. 电控悬架具有哪些功能?

3. 电控悬架的传感器及开关有哪些? 各有何作用?

4. 电控悬架的执行器有哪些? 各有何作用?

5. 试述电控悬架的工作原理。

6. 凌志 LS400 轿车电控悬架的一般检查项目有哪些? 如何进行检查?

7. 如何读取与消除凌志 LS400 轿车电控悬架的故障代码?

单元六　电控动力转向系统的构造与维修

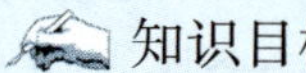

学习目标

知识目标

1. 简单叙述电控动力转向系统的作用、类型、组成与工作过程和典型汽车电控动力转向系统故障诊断与检修方法；

2. 正确描述电控动力转向系统故障诊断和检修的一般内容和方法。

能力目标

1. 能安全正确检修各传感器；

2. 能正确使用检测设备对传感器性能和控制电路进行检查。

1　概　　述

电控动力转向系统(EPS－Electronic Control Power Steering),根据动力源不同可分为液压式和电动式。液压式 EPS 是在传统的液压动力转向系统的基础上增设了控制液体流量的电磁阀、车速传感器和 ECU 等。ECU 根据检测到的车速信号,控制电磁阀,使转向动力放大倍率实现连续可调,从而满足高、低速时的转向要求。电动式 EPS 是利用直流电动机作为动力源,ECU 根据转向参数和车速等信号,控制电动机扭矩的大小和方向。电动机的扭矩由电磁离合器通过减速机构减速增扭后,加在汽车的转向机构上,使之得到一个与工况相适应的转向作用力。通过电子控制动力转向系统可使驾驶员在汽车低速行驶时转向轻便、灵活;而在中、高速行驶时又可以增加转向操纵力,使驾驶员的手感增强,从而可获得良好的转向路感和提高转向操纵的稳定性。

2　液压式电控动力转向系统

2.1　反力控制式 EPS

2.1.1　组成

反力控制式电控动力转向系统简称 PPS（Progressive Power Steering）。它由转向控制阀、电磁阀、分流阀、动力缸、转向油泵、转向器、车速传感器及 ECU 等组成，如图 6-1 所示。

PPS 可按照车速的变化，由电子控制油压反力，调整动力转向器，从而使汽车在各种行驶条件下转向盘上所需的转向操纵力达到最佳状态。故称反力式电子控制动力转向系统。

（1）动力转向器总成。扭杆上端与控制阀轴 10、下端与小齿轮轴以销钉连结，小齿轮轴上端用销钉与回转阀连结，转向盘通过转向轴与控制阀轴连结。因此，转向盘回转力，可通过扭杆与控制阀传递到小齿轮。

当扭杆受到转矩作用时，控制阀与回转阀相应发生回转运动。并使各种油孔连通状态发生变化，可控制动力缸的油压流量，变化动力缸左、右室油路通道。在油压反力室受到高压作用时，柱塞将推动控制阀轴。此时，扭杆即使受到转矩作用，由于柱塞推力的影响，也会抑制控制阀轴与回转阀相对回转。

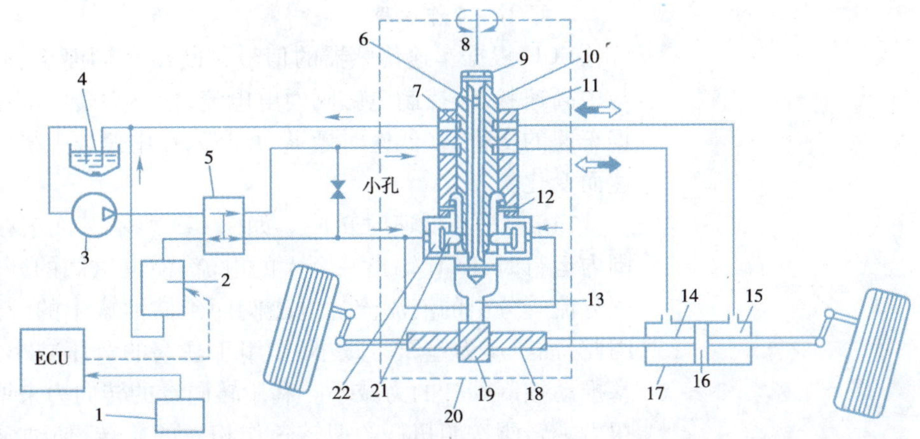

图 6-1　反力控制液压电控动力转向系统

1-车速传感器；2-电磁阀；3-动力转向油泵；4-储液罐；5-分流阀；6-扭力杆；7-通道；8-转向盘；9、12-销子；10-控制阀轴；11-回转阀；13-小齿轮轴；14-左油室；15-右油室；16-动力缸活塞；17-动力缸；18-齿条；19-小齿轮；20-动力转向器总成；21-柱塞；22-油压反力室

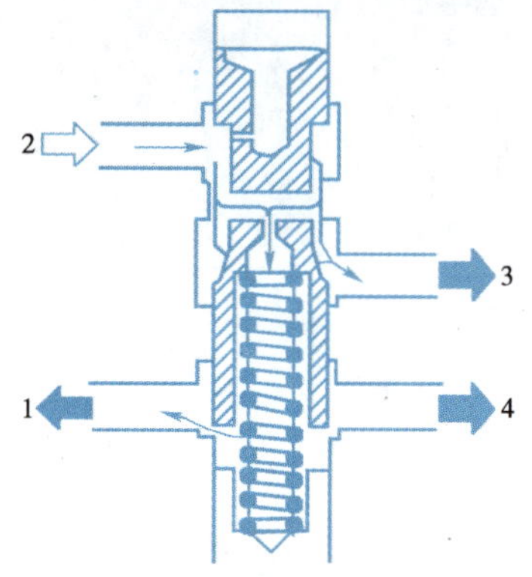

图 6-2　分流阀结构示意图
1-到电磁阀;2-来自转向油泵;3-至转阀;4-至油压反力室

(2)分流阀。分流阀的结构如图 6-2 所示,主要由阀门、弹簧和进、出油口组成。分流阀的主要功用是将来自转向油泵的液流分头到转阀、油压反力室和电磁阀。送到电磁阀和油压反力室中的液流量是由转阀中的油压来调整的,当转动转向盘时,转阀中的油压增大,此时,分配到电磁阀和油压反力室中的液流量随转阀中的油压增大而增加;当转阀中的油压达到一定值后,转阀中的油压便不再升高,而分配给电磁阀和油压反力室的液流量则保持不变。

(3)电磁阀。电磁阀油路的阻尼面积,可随电磁线圈通电电流占空比(通断比)变化。车速较低时,通电电流大,电磁阀的节流面积(开度)变大,流回储油罐的液流量增加,分到油压反力室的液流量减少,而油压减少,使转向轻便。随着车速升高,电流减小,油液回流量也减少,而使分流阀分到油压反力室的流量增加,油压增大,使转向"沉重"。当车速超过 120km/h 时,ECU 则保持恒流控制。

(4)车速传感器。车速传感器的主要功用是检测汽车行驶速度,通常安装在变速器输出轴上。

(5)ECU。PPS ECU 输入信号为车速传感器提供的车速信号,执行器为比例电磁阀,ECU 通过控制通入比例电磁阀的电流,实现相应的控制功能。车速提高时,为了增大转向操纵力,需要加大电磁阀的电流;而当车速超过 120km/h 时,为了防止电流过大而造成过载,ECU 则使通往电磁阀的电流保持恒定。

2.1.2　工作原理

ECU 根据车速传感器的信号判断出车辆停止、低速状态与中高速状态,控制电磁阀通电电流,使动力转向液压系统根据车速的变化,在低速时操纵力减轻,在中速以上操纵力随车速而变化。

(1)停车与低速时转向。如图 6-3 所示。汽车在低速范围内运行时,ECU 输出一个大的电流,使电磁阀的开度增加,由分流阀分出的液流流过电磁阀回到储油罐中的液流增加。因此,油压反力室压力减小,作用于柱塞的背压减小,于是柱塞推动控制阀杆的力减小。利用转向盘的转向力来增大扭杆扭力。转阀按照扭杆的扭转角作相对的旋转,使油泵油压作用于转向动力缸的右室,活塞向左方运动,从而增强了转向力,此时,驾驶员仅需提供一个较小的操纵力,就可以产生一个较大的助力,使转向轻便、灵活。

(2)中高速直行时转向。如图 6-4 所示。汽车转向盘在

中、高速直行微量转动时，控制阀杆根据扭杆的扭转角度而转动，转阀的开度减小，转阀里面的压力增加，流向电磁阀和油压反力室中的液流量增加。当车速增加时，ECU 输出电流减小，电磁阀开度减小，流入油压反力室中的液流量增加，反力增大，使得柱塞推动控制阀杆的力变大。液流还从量孔流进油压反力室中，这也增大了油压反力室中的液体压力，故转向盘的转动角度增加时，将要求一个更大的转向操纵力，从而获得了稳定且直接的手感。

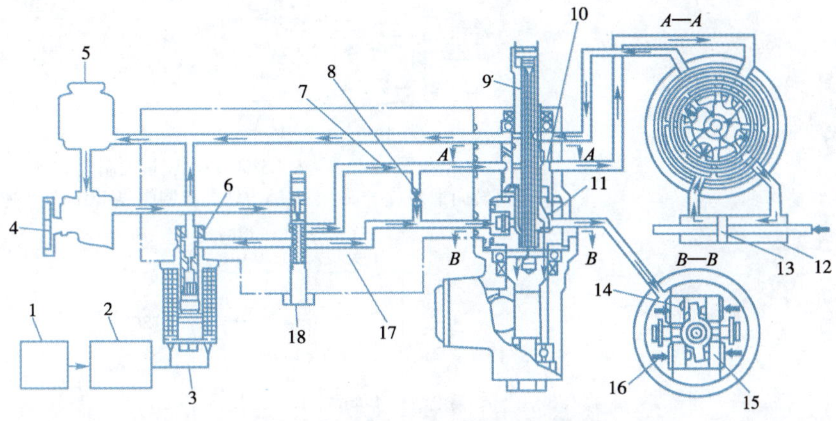

图 6-3　PPS 在停车或低速行驶时的转向作用

1-车速传感器；2-ECU；3-电磁阀；4-叶片泵；5-油罐；6-电磁阀开度（大）；7-压力增加；8-量孔；9-扭杆；10-转阀；11-油压反力室；12-动力缸；13-活塞；14-阀杆；15-柱塞；16-压力减小；17-至反力室；18-分流阀

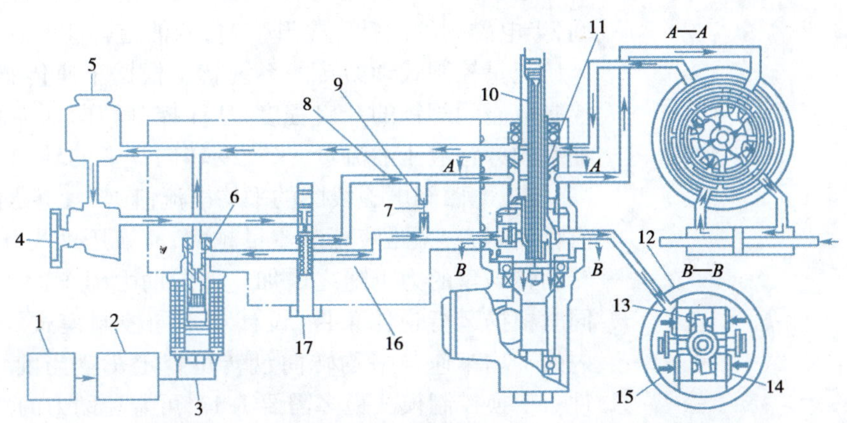

图 6-4　PPS 在中、高速行驶时的转向作用

1-车速传感器；2-ECU；3-电磁阀；4-叶片泵；5-油罐；6-电磁阀开度（小）；7、9-量孔；8-压力增加；10-扭杆；11-转阀；12-油压反力室；13-控制阀杆；14-柱塞；15-压力增加；16-流量增加；17-分流阀

2.2 流量控制式 EPS

2.2.1 丰田凌志轿车 EPS

如图 6-5 和图 6-6 所示，凌志轿车 EPS 系统主要由车速传感器、电磁阀、整体式动力转向控制阀、动力转向液压泵和 ECU 等组成。

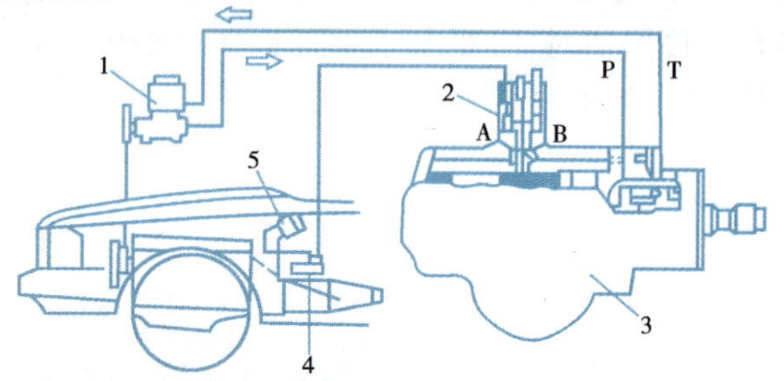

图 6-5 凌志 LS400 轿车流量控制式 EPS
1-转向油泵；2-电磁阀；3-动力转向控制阀；4-ECU；5-车速传感器

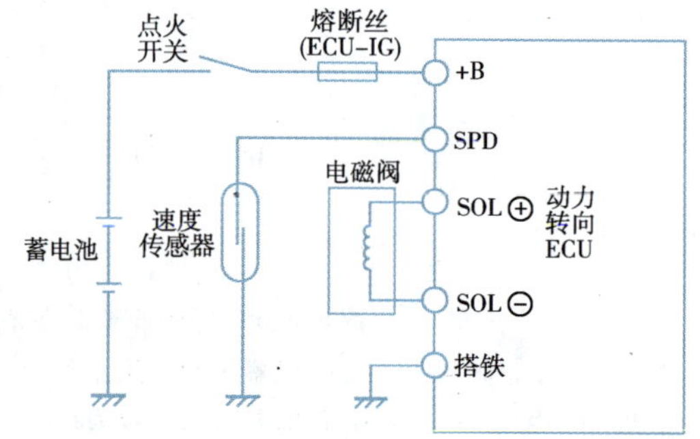

图 6-6 凌志轿车 EPS 电路图

电磁阀安装在通向转向动力缸活塞两侧油室的油道之间，当电磁阀的阀针完全开启时，两油道就被电磁阀旁通。

流量控制式动力转向系统就是根据车速传感器的信号，控制电磁阀阀针的开启程度，从而控制转向动力缸活塞两侧油室的旁路液压油流量，来改变转向盘上的转向力。车速越高，流过电磁阀电磁线圈的平均电流值越大，电磁阀阀针的开启程度越大，旁路液压油流量越大，而液压助力作用越小，使转动转向盘的力也随之增加。转向助力随车速提高而减小，同时根据运行道路条件，设计了不同控制模式。可根据 20s 内的平均车速与平均转向盘转角判定车辆当前运行道路条件。变换控制模式最多需要 1.1s，可避免助力的急剧变化。

2.2.2 蓝鸟轿车电控动力转向系统

如图 6-7 和图 6-8 所示。在一般液压动力转向系统上再增加旁通流量控制阀、车速传感器、转向角速度传感器、ECU 和控制开关等。在转向液压泵与转向器体之间设有旁通管

路，在旁通管路中又设有旁通油量控制阀。根据车速传感器、转向角速度传感器和控制开关等信号，ECU 向旁通流量控制阀按照汽车的行驶状态发出控制信号，控制旁通流量，从而调整转向器供油的流量（如图 6-9 所示）。当向转向器供油流量减少时，动力转向控制阀灵敏度下降，转向助力作用降低，转向力增加。驾驶员可变换仪表板上的转换开关，满足不同的行驶条件（选择不同的转向力特性，如图 6-10 所示）。同时，ECU 也可根据转向角速度传感器输出信号的大小，在汽车急转弯时，对转向力特性实施最优控制，如图 6-11 所示。

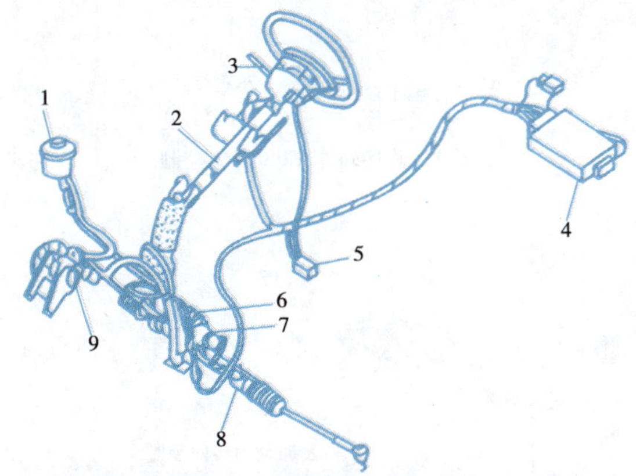

图 6-7 蓝鸟轿车 EPS 的组成

1-转向油罐；2-转向管柱；3-转向角速度传感器；4-ECU；5-转向角速度传感器增幅器；6-旁通流量控制阀；7-电磁线圈；8-转向齿轮联动机构；9-油泵

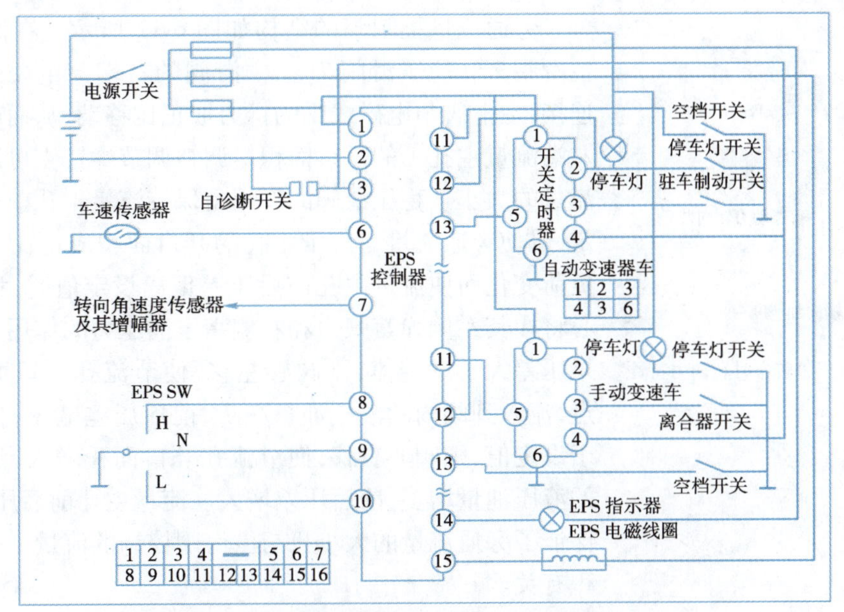

图 6-8 蓝鸟轿车流量控制式 EPS 的电路图

ECU接收车速传感器、转向角速度传感器及变换开关的信号,以控制旁通流量控制阀的电流,并具有故障自诊断功能。

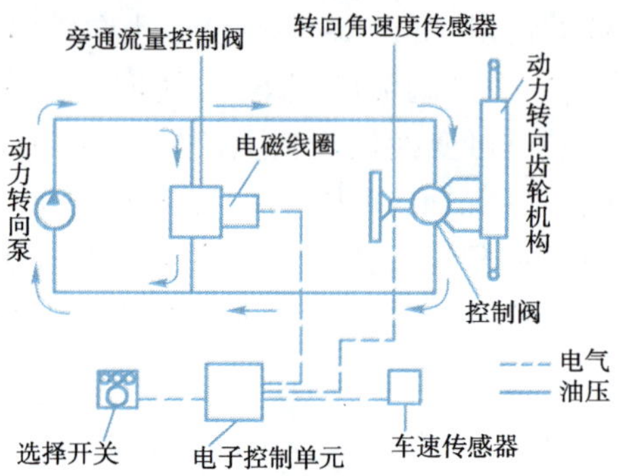

图6-9　蓝鸟轿车EPS液流控制

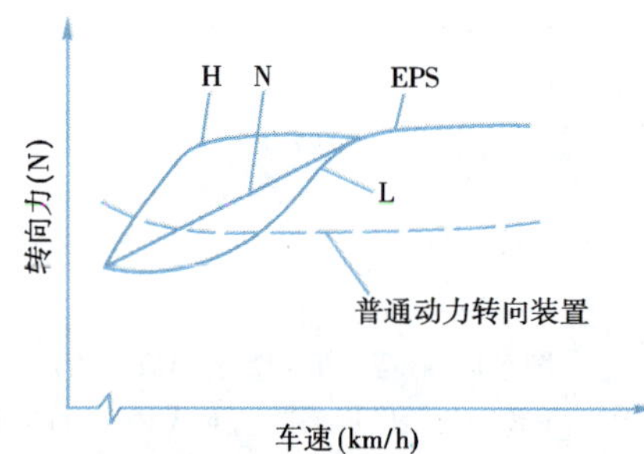

图6-10　蓝鸟轿车EPS三种不同的转向特性曲线

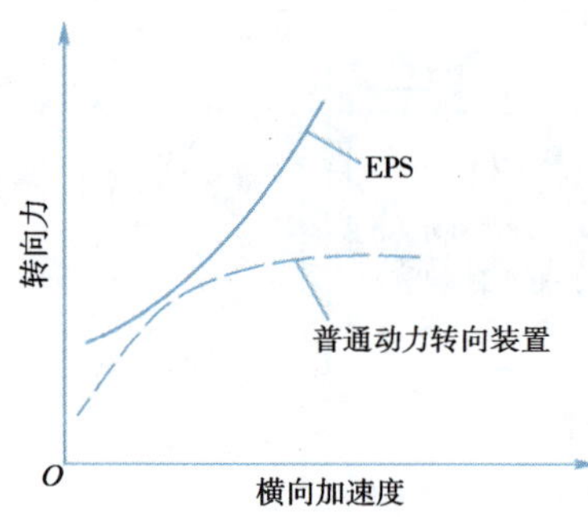

图6-11　蓝鸟轿车急转弯时转向力特性

旁通流量控制阀的结构如图6-12所示。在阀体内装有主滑阀2和稳压滑阀7,在主滑阀的右端与电磁线圈柱塞3连接,主滑阀与电磁线圈的推力成正比移动,从而改变主滑阀左端流量主孔1的开口面积。调整调节螺钉4可以调节旁通流量的大小。稳压滑阀的作用是保持流量主孔前后压差的稳定,以使旁通流量与流量主孔的开口面积成正比。当因转向负荷变化而使流量主孔前后压差偏离设定值时,稳压滑阀阀心将在其左侧弹簧张力和右侧高压油压力的作用下滑移。如果压差大于设定值,则阀心左移,使节流孔开口面积没有污点,流入到阀内的液压油量减少,前后压差减小;如果压差小于设定值,则阀心右移,使节流孔开口面积增大,流入到阀内的液压油量增多,前后压差增大。流量主孔前后压差的稳定,保证了旁通流量的大小只与主滑阀控制的流量主孔的开口面积有关。

总之,流量控制式EPS是一种通过车速传感器信号调节动力转向装置供应压力油,改变压力油的输入、输出流量,以

控制转向力的大小。它在原来液压动力转向功能上再增加压力油流量控制功能,所以结构简单、成本较低。但是,当流向动力转向机构的压力油降低到极限值时,对于快速转向会产生压力不足、响应较慢。

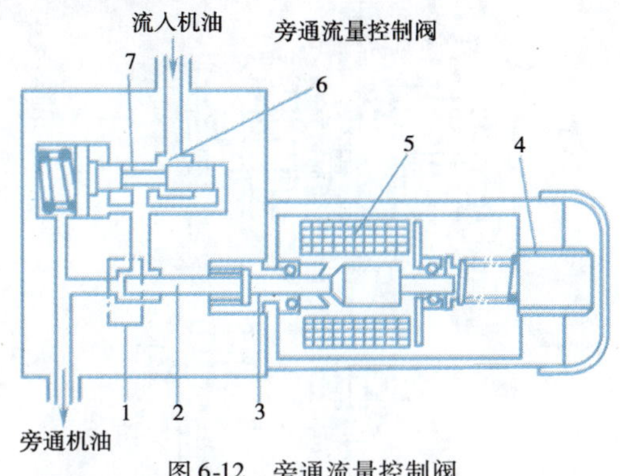

图6-12　旁通流量控制阀

1-流量主孔;2-主滑阀;3-电磁线圈柱塞;4-调节螺钉;5-电磁线圈;6-节流孔;7-稳压滑阀

2.3　阀灵敏度控制式EPS

灵敏度控制式EPS根据车速控制电磁阀,直接改变动力转向控制阀的油压增益(阀灵敏度)来控制油压的。这种转向系统结构简单、部件少、价格便宜,而且具有较大的选择转向力的自由度,与反力控制式转向相比,转向刚性差,但可以最大限度提高原来的弹性刚度来加以克服,从而获得自然的转向手感和良好的转向特性。

灵敏度控制式EPS的结构如图6-13所示。主要由转子阀、电磁阀及ECU等组成。

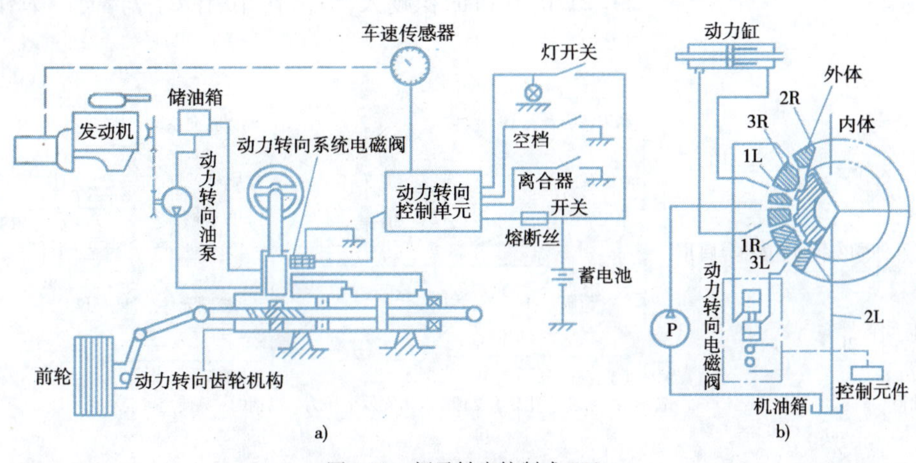

图6-13　阀灵敏度控制式EPS

a)系统示意图;b)转子阀

2.3.1 转子阀

转子阀的结构如图6-14所示,圆周上有6或8条沟槽,各沟槽利用阀外体,与泵、动力缸、电磁阀及油箱连接。

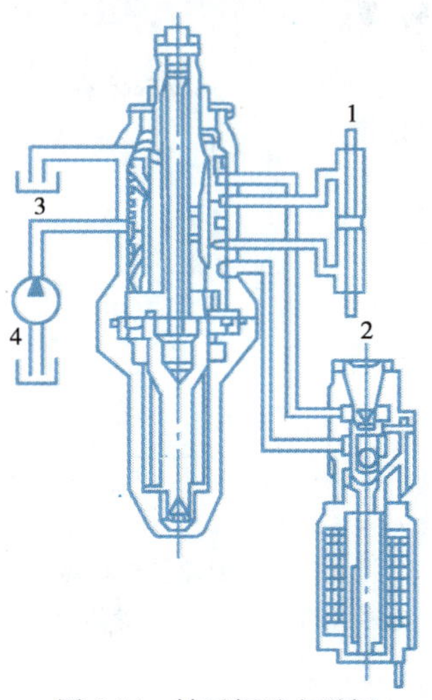

图6-14 转子阀及电磁阀

1-动力缸;2-电磁阀;3-油箱;4-油泵

如图6-15所示,转子阀的可变小孔分为低速专用小孔(1R、1L、2R、2L)和高速专用小孔(3L、3R)两种,在高速专用可变孔的下边设有旁通电磁阀回路,其工作过程是:当车辆停止时,电磁阀完全关闭,如果此时向右转动转向盘,则高灵敏度低速专用小孔1R和2R在较小的转向扭矩作用下即可关闭,转向液压泵的高压油液经1L流向转向动力缸右腔室,其左腔室的油液经3L、2L流回储油箱。所以,此时具有轻便的转向特性。而且施加在转向盘上的转向力矩越大,可变小孔1L、2L的开口面积越大,节流作用就越小,转向助力作用越明显。

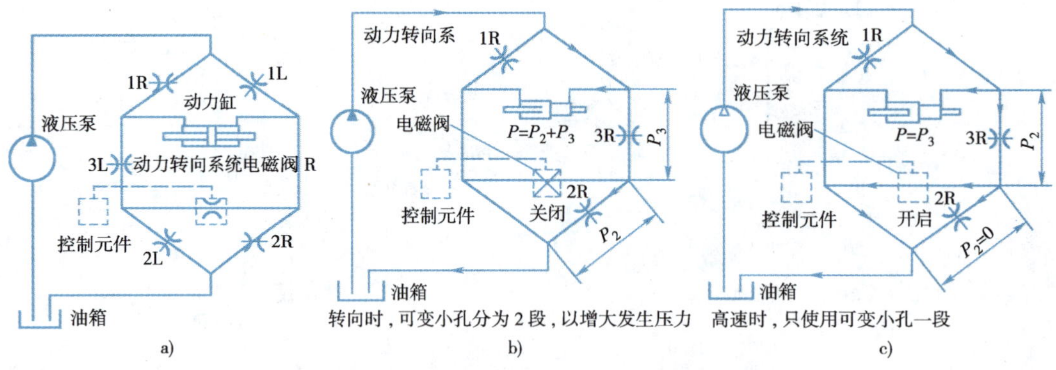

图6-15 阀灵敏度控制EPS阀部的等效液压回路

随着车辆行驶速度的提高，在ECU的作用下，电磁阀的开度也线性增加，如果向右转动转向盘，则转向液压泵的高压油液经1L、3R旁通电磁阀流回储油箱。此时，转向动力缸右腔室的转向助力油压就取决于旁通电磁阀和灵敏度低的高速专用孔3R的开度。车速越高，在ECU的控制下，电磁阀的开度越大，旁路流量越大，转向助力作用越小；在车速不变的情况下，施加在转向盘上的转向力越小，调整专用小孔3R的开度越大，转向助力作用也越小，当转向增大时，3R的开度逐渐减小，转向用力作用也随之增大。由此可见，阀灵敏度控制式EPS可使驾驶员获得非常自然的转向手感和良好的速度转向特性。

2.3.2　电磁阀

如图6-14所示，电磁阀上设有控制上下流量的旁通油道，是可变的节流阀。在低速时向电磁线圈通以最大的电流，使可变孔关闭，随着车速升高，依次减小通电电流，可变开启；在高速时，开启面积达到最大值。该阀在左右转向时，油液流动的方向可以逆转，所以在上下流动方向中，可变小孔必须具有相同的特性。为了确保高压时液体有效作用于阀，必须提供稳定的油压控制。

2.3.3　ECU

接受来自车速传感器的信号，控制向电磁阀和电磁线圈输出电流。控制系统的回路如图6-16所示。

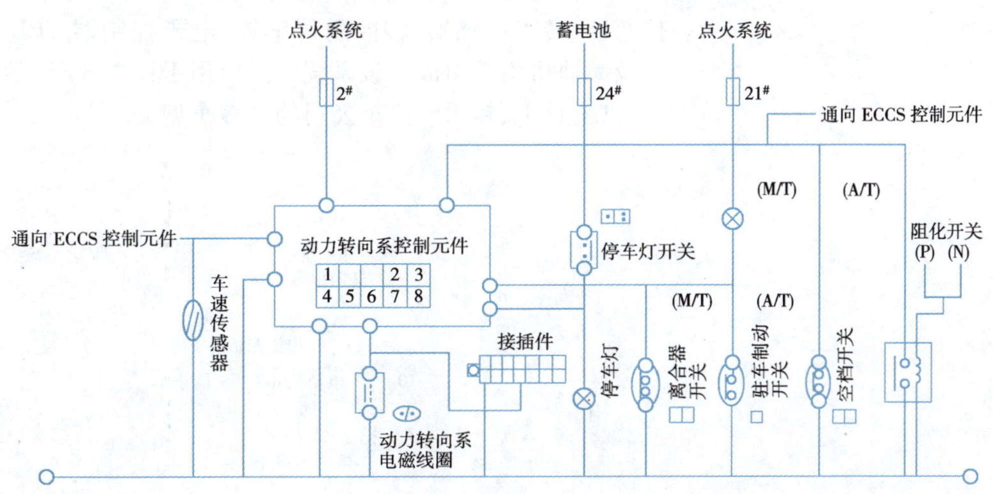

图6-16　阀灵敏度控制式EPS电路图

3　电控电动式动力转向系统

3.1　电控电动式动力转向的特点

液压式 EPS 利用液压缸对转向传动机构加力，其动力由发动机驱动的液压泵供给，用分配阀来控制油液的流动方向；电动 EPS 则利用电动机代替了液压缸，电动机由汽车电源供电。当驾驶员转动转向盘时，传感器检测出其运动情况，使电动机产生足够的动力带动转向轮做适当的偏转。

电动式 EPS 能根据不同的情况产生适合各种车速的动力转向，不受发动机停止运转的影响，在停车时，驾驶员也可获得最大的转向动力；汽车在行驶过程中，电子控制装置可调整电动机的助力以改善路感；电动式 EPS 的质量可比液压式转向系统轻 25%（零部件少，质量轻）；由于该动力转向装置不是发动机直接驱动的，电动机只是在转向时才接通，故可节省燃油。

总之，电动式 EPS 有许多优点，它比液压式动力转向系统更轻便、紧凑、可靠。对控制计算机编程，可提供不同程度的动力转向，而且它能与汽车上其他电气设备相连接，有助于四轮转向的实现，并能促进悬架系统的发展。

3.2　电控电动式 EPS 的基本组成

电控电动式 EPS 的基本组成如图 6-17 所示，主要由车速传感器、转矩传感器、转向角传感器、电子控制器 ECU、电动机及减速机构等组成。该系统广泛应用于日本日产、三菱、大发、富士重工、铃木等汽车公司的许多车型上。

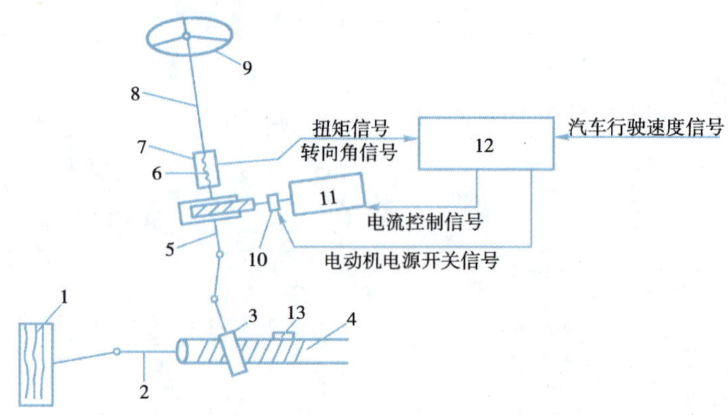

图 6-17　电动式动力转向系统的基本组成

1-转向车轮；2-横拉杆；3-小齿轮；4-齿条；5-输出轴；6-扭杆；7-扭矩传感器；8-转向输入轴；9-转向盘；10-电磁离合器；11-ECU；12-电动机；13-转向角传感器

3.2.1　电动机

电控电动式 EPS 所用的电动机与起动发动机用直流电动机原理基本相同，但通常采用永磁磁场。最大电流一般为30A 左右，电压为 12V，额定转矩为 10N·m 左右。

图 6-18 所示为控制直流电动机要正反转的控制电路。a_1、a_2 为触发信号端。当 a_1 端得到输入信号时，晶体管 VT_3 导通，VT_2 得到基极电流而导通，电流经 VT_2、电动机 M、VTM_3、搭铁而构成回路，于是电动机正转；当 a_2 端得到输入信号时，电流经 VT_1、M、VT_4、搭铁而构成回路，电动机则因电流方向相反而反转。只要控制触发信号端电流的大小，就可以控制通过电动机电流的大小，即可以控制电动机输出转矩的大小。

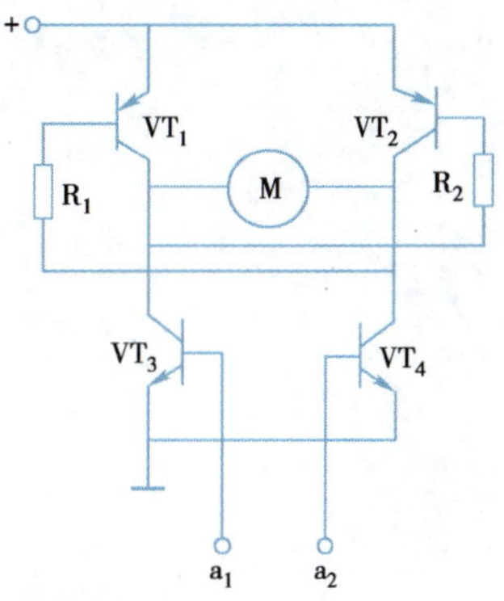

图 6-18　电动机正、反转控制电路

3.2.2　电磁离合器

电磁离合器的结构如图 6-19 所示，主要由电磁线圈、主动轮、从动轴、压板等组成。

工作时，电流通过滑环进入电磁线圈，主动轮便产生电磁吸力，带花键的压板就被吸引，并与主动轮压紧，于是电动机的输出转矩便经过输出轴→主动轮→压板→花键→从动轴，传递给执行机构（蜗轮蜗杆减速机构）。

电磁离合器可保证电动助力只有在预定的车速范围内起作用。当汽车行驶速度超过系统限定的最大值时，电磁离合器便切断电动机的电源，使电动机停转，离合器分离，不起传递转向助力的作用。另外，在不传递助力的情况下，离合器还能消除电动机的惯性对转向的影响；当该动力转向系统发生故障时，离合器还会自动分离，此时又可恢复手动控制转向。

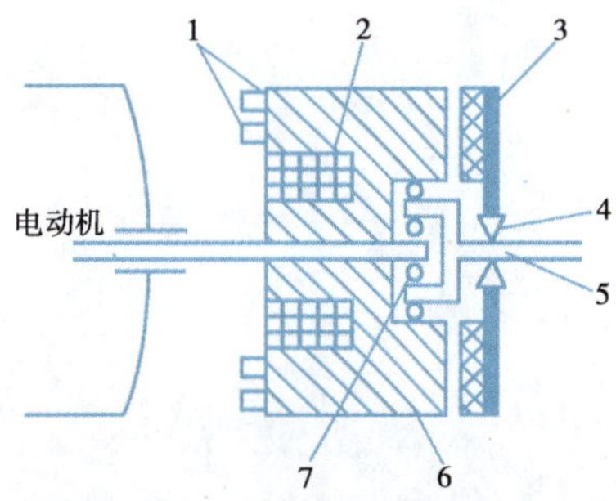

图 6-19　电磁离合器

1-滑环；2-电磁线圈；3-压板；4-花键；5-从动轴；6-主动轮 7-球轴承

3.2.3　减速机构

减速机构主要由蜗轮 9 和蜗杆 10 构成，如图 6-20 所示。蜗杆的动力来自于电磁离合器和电动机，经蜗轮减速增扭后，传送给转向轴，然后再通过其他部件传送给转向轮，以实现转向助力。

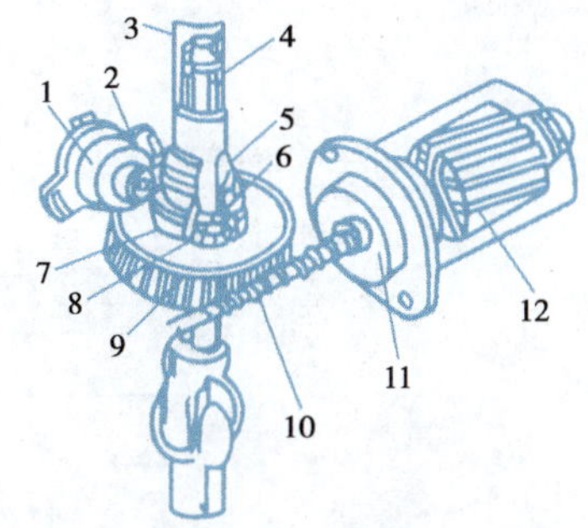

图 6-20　减速机构

1-转矩传感器；2-控制臂；3-输入轴；4-扭杆；5-滑块；6-球槽；7-滑环；8-钢珠；9-蜗轮；10-蜗杆；11-电磁离合器；12-电动机

3.2.4　ECU

如图 6-21 所示，工作时，转向转矩和转向角信号经过 A/D 转换器被输入到中央处理器（CPU），中央处理器根据这些信号和车速计算出最优化的助力转矩。ECU 把已计算出来的参数值作为电流命令值送到 D/A 转换器并转换为模拟量，再将其输入到电流控制电路；电流控制电路把来自微处理器的电流命令值同电动机电流的实际值进行比较，产生一个差值信号。该差值信号被送到驱动电路，该电路可驱动动力装置并向电动机提供控制电流。也即当转矩传感器和转向角传感器的信号经 A/D 转换器处理后,微处理器就在其内存中寻找与该信号相匹配的电动机电流值,然后将此值输送给 D/A 转换器进行数字模拟转换,处理后的模拟信号再送给限流器,由限流器来决定电动机驱动电路电流值的大小。微处理器同时给电动机驱动电路输出另一个信号,即决定电动机(左转或右转)的转动方向。

3.3 电控电动式 EPS 的工作原理

电动式 EPS 利用电动机作为助力源,根据车速和转向参数等,由 ECU 完成助力控制。当操纵转向盘时,装在转向盘轴上的转矩传感器不断地测出轴上的转矩信号,该信号与车速信号同时输入到 ECU。ECU 根据这些输入信号,确定助力转矩的大小和方向,即选定电动机的电流和转向,调整转向辅助动力的大小。电动机的转矩由电磁离合器通过减速机构增扭后,加在汽车的转向机构上,使之得到一个与汽车工况相适应的转向作用力。

当车速为 0 ~ 45km/h 时,根据车速决定转向助力的大小。当车速高于 43 ~ 52km/h 时,停止对电动机供电的同时,使电动机内的电磁离合器分离,按普通转向按普通转向控制方式工作,以确保行车安全;在转向器偏转至最大时,由于此时电动机不能转动,所以注入电动机的电流达到最大值,为了

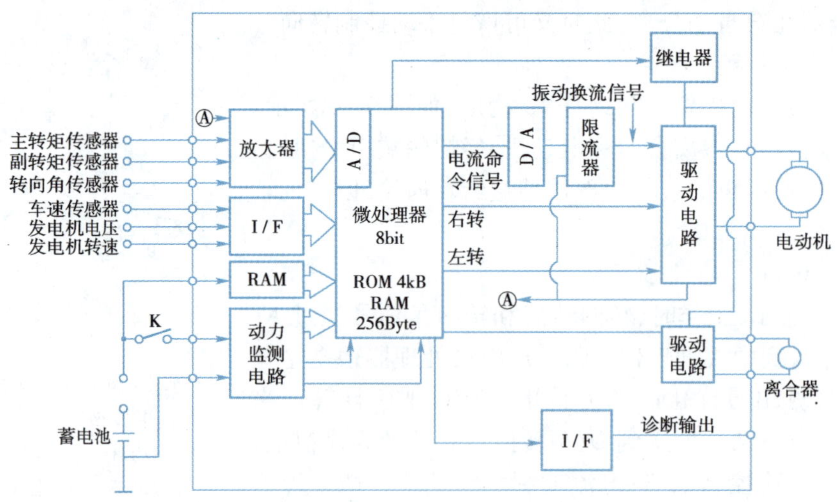

图 6-21　电动动力转向 ECU 及其控制系统

避免持续的大电流使电动机及控制组件发热损坏，所以每当较大电流连续通过30s后，系统就会控制电流使之逐渐减小。当临界控制状态解除后，控制系统就会再逐渐增大电流，一直达到正常的工作电流值为止。

该系统的ECU具有故障自诊断功能，当ECU检测出系统存在故障时，可显示出相应的故障代码，以便采取相应的措施。当ECU检测到系统的基本部件（如转矩传感器、电动机、车速传感器等）出现故障而导致系统处于严重故障的情况下，系统就会使电磁离合器断开，停止转向助力控制，确保系统安全、可靠。

4　典型车辆电控动力转向系统的故障诊断与检修

4.1　丰田凌志LS400轿车EPS的故障诊断与检修

该车电控动力转向系统控制电路及连接器如图6-22所示，故障诊断流程如图6-23所示。

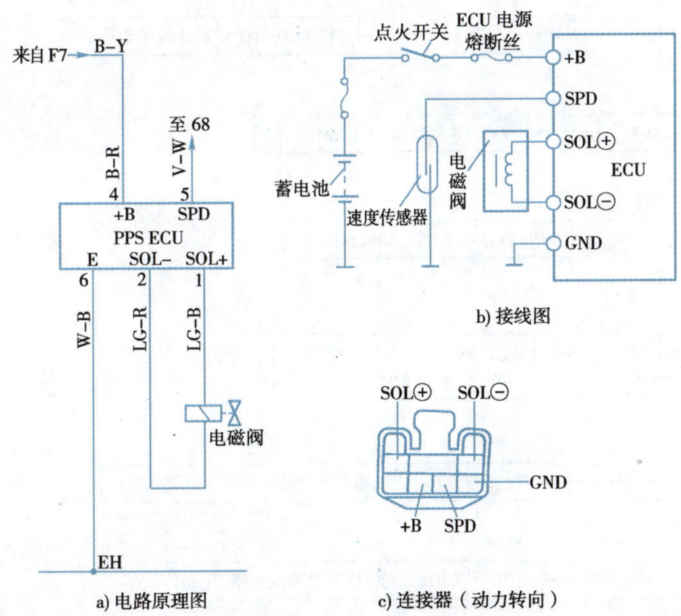

图6-22　丰田凌志LS400 EPS电路及其连接器

（1）油路的常规检修。包括储油罐液面高度的检查、转向液中是否含有空气及油泵出油压力的检查。

（2）车速传感器信号的检查。顶起汽车，旋转后轮，测量接线柱SPD与GND之间的电压，应为0～5V。

(3)电磁阀的检修。检测线圈,线圈电阻值应为 6 ~ 11Ω。用弹簧秤在切线方向拉转向盘周边,怠速时,拉动力为 68.6N;再以 12V 电压通入电磁阀,阀出现咔嗒声(时间不得越过 30s),弹簧秤拉力应为 39.2N(是则表示反力腔作用良好)。

4.2 米拉(Mira)轿车电动式 EPS 的故障诊断与检修

4.2.1 故障自诊断系统

将万用表直流电压档的正测试棒接在诊断连接器(如图 6-24 所示)的 2 号接柱上,负测试棒接搭铁,接通点火开关 ON 档,故障代码即由小到大的顺序显示出来,故障码及含义如表 6-1 所示,故障的类型及检修项目如表 6-2 所示。

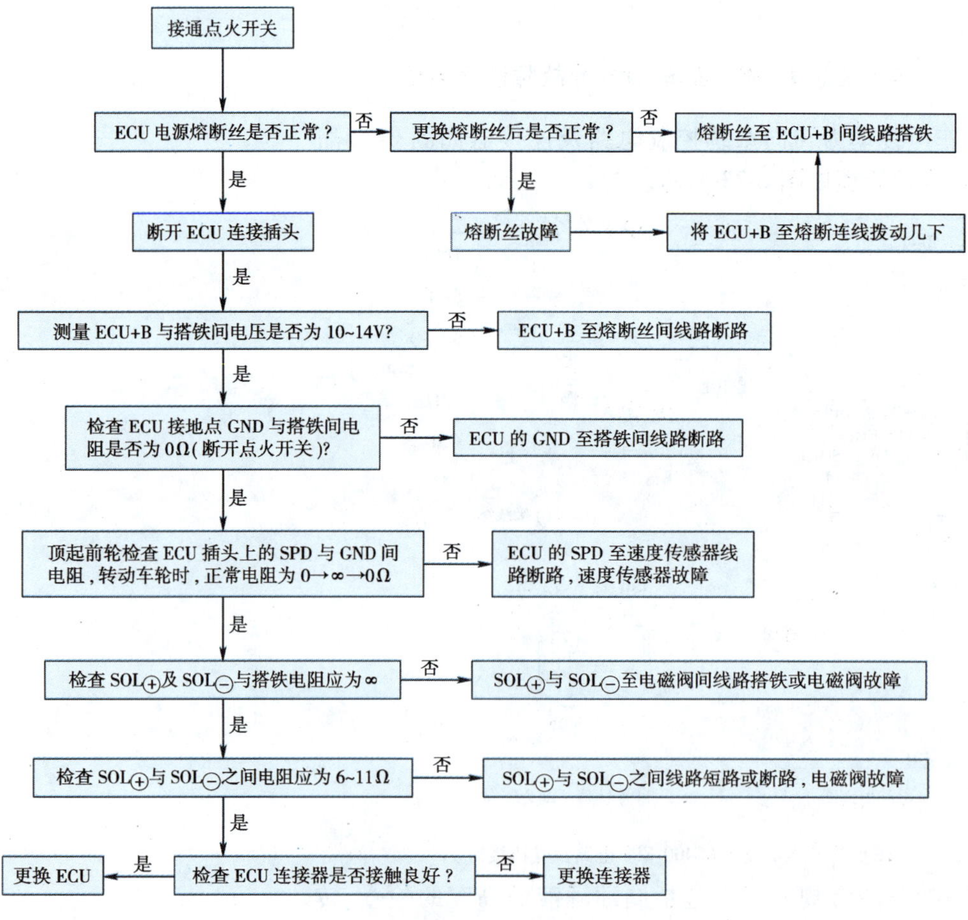

图 6-23 丰田凌志 LS400 EPS 故障树

Mira 轿车电动式 EPS 故障代码表　表 6-1

故障码	诊断项目	故障码	诊断项目
0	正常	41	直流电动机
11	转矩传感器(主)	42	直流电动机电流
12	转矩传感器(副)	43	直流电动机过电流
13	转矩传感器(主、副侧电压差过大)	44	直流电动机锁止
21	车速传感器(主)	51	电磁离合器
22	车速传感器(主、副侧电压差过大)	54	ECPS 控制装置
23	车速传感器(主)电压急减	55	转矩传感器 E/F 回路不良
31	交流发电机 L 端子	—	ECU 不良

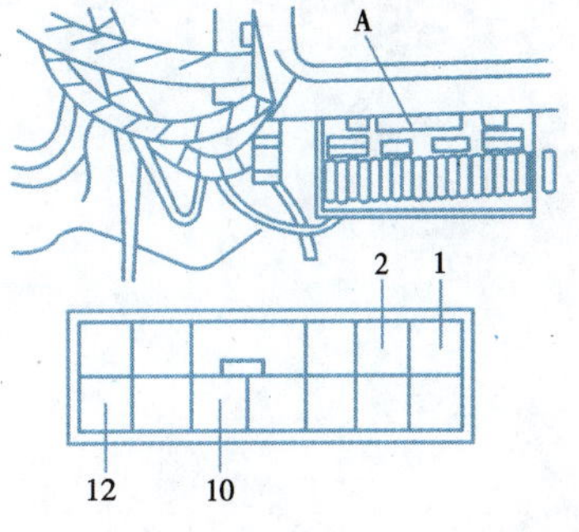

图 6-24　米拉轿车自诊断连接器
1-多点燃油喷射(MPI);2-电动助力转向;A-连接片

Mira 轿车电动式 EPS 故障的类型、原因及检修项目　表 6-2

故障的类型	故障的原因及检修内容
扭矩传感器信号系统	扭矩传感器本身异常;扭矩传感器信号线短或断路
ECU	ECU 异常
电动机信号线	电动机信号线短或断路
车速传感器信号系统	车速传感器本身不正常、车速信号线短或断路、过去曾长时间的预试
电动机	到电动机的连线短或断路、温度传感器线路短或断路、有异常信号
继电器	继电器本身不正常或连线短或断路
电源系统	蓄电池严重亏电、发电机有故障
制动信号系统	制动信号线短或断路
点火脉冲信号系统	点火信号线短或断路

4.2.2　系统线路及机件检修

(1)警告灯的检查。当点火开关处于 ON 时,警告灯应点亮,发动机起动后警告灯熄灭为正常。警告灯不亮时,检查灯泡是否损坏,熔断丝和导线是否断路。若发动机起动后,警告灯仍亮时,首先应考虑该系统是否处于保险状态(只有常规转向工作,无电动助力),并通过其自诊断系统作必要的检查。

(2)转矩传感器的检查。从转向器总成上拆下转矩传感器及其插接器(如图 6-25 所示),测定转矩传感器主侧端子③和⑤之间和副侧端子⑧和⑩之间的电阻,标准值为 2.18 ± 0.66kΩ。若不符合要求,则为转矩传感器异常,应更换转向器总成。

转向盘处于中间位置时,测量上述各端子之间的电压,电压为 2.5V 为良好,4.7V 以上为断路,0.3V 以下为短路。

(3)电磁离合器的检查。从转向器上断开电磁离合器的

导线插接器,将蓄电池的正极接电磁离合器端子①上,蓄电池的负极与端子⑥相接,在接通与断开端子⑥的瞬间,离合器应

图6-25　三菱轿车电动式EPS转向装置导线插接器

a)直流电动机导线插接器;b)转矩传感器电磁离合器导线插接器;c)车速传感器导线插接器

有工作声音。若没有声音,表明电磁离合器有故障,应更换转向器总成。

(4)直流电动机的检查。从转向器上断开电动机的导线插接器,给电动机加上蓄电池电压时,电动机应有转动声音。若没有声音,应更换转向器总成。

(5)车速传感器的检查。从变速器上拆下车速传感器,用手转动车速传感器的转子,检查其能否顺利运转,若有卡滞应予以更换。

测定车速传感器导线插接器的主侧端子①与②之间及侧副侧端子④与⑤之间的电阻值,其值等于165±20Ω为良好。若与上述不符,则必须更换车速传感器。

4.2.3　故障诊断实例

装有E-H22AC发动机的某三菱电动EPS轿车,故障警告灯点亮,只有常规转向,无电动动力转向,完全处于保险状态。经反复调取故障代码操作确认,具有代码为41和42的故障。

(1)代码41故障的检查:

①起动发动机,不转动转向盘,观察故障代码是否再次出现。再现时,按照代码含义检查相关部件;不再出现时,转动转向盘检查电动机的工作状态。

②拆下电动机导线插接器,用万用表检测。电动机两接线端子之间的电阻导通为正常,不导通则表明内部断路;电动机的两接线端子与地(外壳)之间不导通为正常,导通则表明两接线端子与外壳之间有短路故障。

③若电动机及其接线端子均正常,应检查转向器总成到ECU之间的导线是否良好(用手晃动导线插接器固定是否松动),若导线正常,则表明ECU不良。

④检查导线无异后,再进行行驶试验,若故障代码不再出现时,转动转向盘,检查电动机的工作状态。

(2)代码42故障的检查:

起动发动机,缓慢转动转向盘,查看故障代码是否再现。

①42 故障代码不再现时,检查导线也无异常时,通过路试进行再现试验。

②42 故障代码再现时,而且又发生 11、13 号代码时,可考虑是由转矩传感器系统的导线,或者是由转向器总成异常造成的。

代码 43 故障的检查:起动发动机,不转动转向盘,检查代码是否再现。若再现则表明 ECU 不良;不再现而转动转向盘时再现,检查导线。

代码 44 故障的检查:起动发动机,不转动转向盘,检查代码是否再现。若再现,应检查与电动机有关的导线,若导线没有异常,用好 ECU 替换原车 ECU,进行对比比较。若代码不再现时,把点火开关由 OFF/ON 档之间来回操作 6 次,并使点火开关在 OFF5s 以上。如此反复检查,就能把某种故障的部位查清楚。

4.3　三菱轿车 EPS 的检修

故障码的读取与清除步骤如下:将点火开关置于 OFF,在诊断座 4-12 端子之间跨接 LED 灯;将点火开关置于 ON,从 LED 灯读取故障代码闪烁信号;拆下蓄电池负极搭铁线 15s 以上再装上,即可清除故障代码。故障代码的含义如表 6-3 所示。

三菱轿车 EPS 的故障代码及内容　　表 6-3

故障码	内　容	故障码	内　容
11	EPS 主 ECU 电源不良	13	EPS 电磁阀工作不良
12	VSS 车速信号不良	14	EPS 主 ECU 故障

思考与练习

一、判断题

1. 装用电控动力转向系统的汽车,在高速行驶时,转向助力较小。　（　）

2. 装用电控动力转向系统的汽车,在低速行驶时,转向操纵力较小。　（　）

3. 分流阀的作用是将来自转向油泵的液流分送到转阀、油压反力室和电磁阀。　（　）

4. 装用电控动力转向系统的汽车,在高速行驶时,可使转向轻便。　（　）

5. 电磁离合器的功用是保证电动助力只有在预定的车速范围内起作用。 ( )

二、选择题

1. 装用电控动力转向系统的汽车,在低速行驶时转向( )。

A. 轻便　B. 沉重　C. 取决于转向器的形式

2. ( )电控动力转向系统,有助于四轮转向的实现,并能促进悬架系统的发展。

A. 电控液压式　B. 电控电动式

C. 液压反力式　D. 流量控制式

3. 装用电控动力转向系统的汽车,车速提高时,为了增大汽车转向的操纵力,ECU( )注入比例阀的电流。

A. 增大　B. 减小

C. 保持恒流　D. 视需而调整

4. 电控动力转向系统的缩写是( )。

A. EPS　B. PPS　C. EDS　D. ABS

5. 装用电控电动转向系统的汽车,车速高于 80km/h 越多,动力转向系统的电动机( )。

A. 转得越快　B. 转得越慢

C. 不工作　D. 转速恒定

三、简答题

1. 试述液压式 EPS 的组成与工作原理。

2. 试述电动式 EPS 的组成与工作原理。

3. 液压式 EPS 有哪几种类型? 各有何特点?

4. 对电控动力转向系统有何要求?

参考文献

1 解福泉. 电控发动机维修. 北京:高等教育出版社,2002
2 解福泉. 汽车发动机燃油喷射系统的检修. 北京:中国环境科学出版社,1995
3 乔维高. 现代汽车电子装置结构原理与维修. 北京:高等教育出版社,1999
4 (美)J. 厄尔贾维克. 汽车自动变速器与变速驱动桥. 北京:机械工业出版社,1998
5 李京申、刘波等编. 自动变速器. 北京:教育科学出版社,2003
6 TOYOTA. 1993 repair manual LS400. 日本丰田海外公司,1993
7 TOYOTA. 丰田培训手册(电子控制变速器第三级第四册). 日本丰田(中国)培训中心用. 1997
8 吴际璋等. 当代汽车电控系统结构原理与检修. 北京:人民交通出版社,2002
9 崔心存. 现代汽车新技术. 北京:人民交通出版社,2001
10 姜立标等. 现代汽车最新安全控制装置构造与检修实务. 北京:人民交通出版社,2003
11 赵良红. 汽车底盘电控技术. 北京:机械工业出版社,2002
12 汪立亮等. 现代汽车电子控制系统原理与维修. 北京:电子工业出版社,1998
13 吴基安. 汽车电子装置图解检修手册. 北京:人民邮电出版社,2001
14 王遂双. 汽车电子控制系统的原理与检修. 北京:北京理工大学出版社,2002
15 潘旭峰等. 现代汽车电子技术. 北京:北京理工大学出版社,2002
16 屠卫星. 自动变速器的构造与维修. 北京:高等教育出版社,2002